복음서 이야기와 신학

권종선 지음

복음서 이야기와 신학

지은이	권종선
초판발행	2010. 10. 29
펴낸이	배용하
책임편집	한상미
등록	제258호
펴낸곳	엘도론 www.eldoron.com
	대전광역시 동구 삼성동 285-16 T. 042.673.7424
ISBN	978-89-92257-48-0

책값은 뒤 표지에 있습니다.
※ 이 책의 내용 전부나 일부를 지은이의 허락 없이 복사하거나 복제를 금합니다.

차례

서언 ··· 7

제1장 서론 ·· 11
    복음서 연구의 중요성 ···································· 13
    복음서의 장르 ··· 18
    복음서의 성격 ··· 26
    복음서의 형성과 기록 ···································· 40
    처음 세 복음서 문제 ····································· 50
    복음서의 기록 배경 ······································ 59
    복음서 해석 ··· 72

제2장 마가복음 ··· 83
    배경적 이해 ··· 88
    예수 이야기 ··· 97
    특징 및 신학 ·· 123

제3부 마태복음 ·· 159
    배경적 이해 ··· 162
    예수 이야기 ··· 173
    특징 및 신학 ·· 195

차례

제4부 누가복음 ·· 247
    배경적 이해 ·· 249
    예수 이야기 ·· 254
    특징 및 신학 ·· 273

제5부 요한복음 ·· 331
    요한복음과 처음 세 복음서 ···························· 334
    요한복음 해석 ··· 338
    배경적 이해 ·· 341
    예수 이야기 ·· 347
    특징 및 신학 ·· 364

서언

이 책은 복음서를 이해하기 위한 입문서이다. 이 책의 제목이 말해주듯이 본서는 복음서의 '이야기'와 '신학'이라는 두 개의 큰 항목에 집중하고 있다. '이야기' narrative는 복음서가 기록되고 서술된 형태로서 이야기 서술 narration의 요소와 방식 또는 기술技術들을 이해하며 복음서를 읽는 것은 복음서 이해를 풍요롭게 해준다. 1980년대 중반에 미국에서 시작하여 현재 복음서 해석에서 중요한 방법론 중 하나로 위치를 확고히 한 '서사 비평' narrative criticism은 이야기로 복음서를 이해하는 데에서 핵심적인 이론이다. 본서는 서사 비평 방법론을 전문적으로 소개하는 대신에 서사론적 narratological 관점으로 각 복음서 이야기를 정리해서 제시할 것이다. 독자들은 복음서 이야기를 서사론적으로 이해하는 것이 전통적인 복음서 이야기 이해와 어떻게 다른지를 쉽게 발견하게 될 것이다. 서사 비평에 대한 기본적인 소개나 중요한 개념들에 대한 간단한 설명은 본서의 처음 장(章)에서 하게 될 것이다.

복음서 신학을 제시하는 것은 간단히 말해서 각 복음서의 주요 주제들을 발견하고 설명하는 일이라고 할 수 있다. 이러한 주제 발견과 설명은 당연히 복음서별로 개별적으로 제시되어야 한다. 성서신학적인 접근의 성격으로 볼 때에 이러한 개별적 이해는 아주 근본적이며 타당한 것이다. 예를 들어, '하나님의 왕국(통치)'라는 주제가 처음 세 복음서 모두에 있어서 중요한 주제이지만 본서는 복음서별로 이 주제를 다룬다. 같은 주제를 다루고 있다고 해도 각 복음서는 그 신학적 강조나 표현에서 차이를 보이기도 한다. 본서는 각 복음서 신학의 차이를 더욱 쉽게 이해할 수 있도록 필요에 따라 병행 본문들의 대조표를 제공할 것이다. 각 복음서의 신학을 제시하면서 본서는 가능한 한 무리한 역사적 추정으로 나아가지 않고 복음서 본문을 중심으로 저자의 문체나 단어 사용 등을 통해 보다 분명한 설명을 하려고 노력할 것이다.

  이 책은 복음서의 입문서로서 학자들의 중요한 견해들을 소개하되 지나치게 전문적인 논의는 피하고 간략하게 그것들을 소개한다. 본서는 일반적으로 가장 먼저 기록된 복음서로 알려진 마가복음을 먼저 다루며 일반적으로 받아들여지는 기록 순으로 복음서를 다룬다. 본서는 우선 복음서 이해를 위한 전체적인 서론으로서 복음서 연구의 중요성, 복음서의 장르 및 성격, 복음서의 형성 및 기록, 복음서의 해석 등을 다룬다. 이어서 각 복음서를 크게 세 부분으로 나누어 다루게 된다. 첫 부분에서는 각 복음서에 대한 배경적 논의로서 복음서 이해를 위해서 기본적으로 필요한 정보인 저자, 독자, 시기 등에 대한 논의를 제시할 것이다. 이러한 논의에서 불필요한 논쟁적 논의들은 피하며 필요한 논의들을 요약해서 제시할 것이다. 둘째 부분에서는 각 복음서의 전체 이야기의 흐름과 내용을 제시할 것이다. 복음서의 이야기를 이해할 수 있도록 큰 부분으로 나누어 요약해서 제시하되 이야기로서 복음서의 특징을 잘 이해할 수 있도록 서사 비평적인 관점에서 이야기를 정리해 제시할 것이다. 세 번째 부분에서는 각 복음서의 특징 및 신학을 제시할 것이다. 각 복음서의 특징과 내용을 이해하는 데에 중요한 주제들을 제시하고 설명할 것이며 그 특징적 신학이 분명하게 드러나도록 제시할 것이다. 독자들의 계속적인 연구를 위해서 본서는 장마다 참고도서 목록을 제시하고 있는데, 이것은 그 분야의 연구를 위한 '추천도서 목록'의 의미로 제시된 것이다. 본서가 참조한 도서 중 특히 중요하다고 생각되는 것들이나, 또는 계속적인 연구를 위해 추천할만한 도서들을 참고도서 목록에 제시했고, 그 이외의 도서들이나 더 주변적인 도서들은 각주에 제시하였다.

  복음서를 이해하고 해석하는 일은 쉬운 작업이 아니다. 복음서 해석은 곧 성서 해석이라고 말할 수 있을 정도로 복음서 연구에는 모든 종류의 해석 방법들이 사용되고 있다. 현대의 신약성서 해석이 거의 모든 종류의 학문분야와 연관을 맺는 것을 볼 때에 복음서의 해석도 이러한 다양한 접근의 대상이 된다. 이 책은 모든 종류의 복음서 해석 방법을 다루지는 않을 것이다. 이 책은 현재 복음서 연구의 중요한 방법으로 그 위치를 확고히 하는 서사 비평을 독자에게 간단히 소개하고 맛볼 수 있도록 해 주는 것만으로도 작은 의미가 있다고 보며, 또한 각 복음서의 신학적 주제들에 대한 논의를 통해서 복음서를 이해하는 데에 있어서 독자에게 실제적인 도움을 줄 수 있다면 큰 의미가 있을 수 있다고 본다. 이 책이 독자들에게 이러한 도움을 줄 수 있는 좋은 안내서가 되기를 기대한다.

2010년 7월
저자 권 종 선

제 1 장

서론

Introduction

복음서 연구의 중요성 • 13

복음서의 장르 • 18

복음서의 성격 • 26

복음서의 형성과 기록 • 40

처음 세 복음서 문제 • 50

복음서의 기록 배경 • 59

복음서 해석 • 72

서론

복음서 연구의 중요성

복음서는 서신서보다 늦은 시기에 기록된 것으로 보이지만 정경에서 신약성서 책 중 처음에 등장하고 있다. 이처럼 복음서는 신약의 처음 책들이라는 점에서 주목받을 만하며, 또한 종종 그 내용이 중복되고 있음에도 네 권이나 되는 책들이 실려 있다는 점에서도 주목받을 만하다. 복음서는 오늘날의 독자들에게 있어서 이처럼 주목받을 만할 뿐만 아니라 또한 실제로 중요성을 지닌 책들이라고 할 수 있다. 첫째, 복음서는 예수의 삶과 가르침을 전하는 독점적인 책들이라는 점에서 중요하다. 복음서보다 먼저 기록되어서 초기 기독교 교회들의 신앙과 삶을 잘 보여주는 서신서들은 의외로 기독교 신앙의 주主 되신 예수의 삶과 가르침에 대해 놀라울 정도로 미미한 정보를 제공하고 있을 뿐이다. 이와 비교한다면 복음서는 그 대부분 내용을 예수 자신의 삶과 가르침에 할애하고 있다는 점에서 큰 의미를 지닌다. 즉, 예수에 대해 충분한 정보를 얻으려고 한다면 우리는 거의 전적으로 복음서에만 의존해야 한다. 사실상 성서 이외의 당시 다른 일반 문헌들에서 얻을 수 있는 예수에 대한 정보도 극히 적다는 것을 염두에 둔다면 예수의 삶과 가르침을 이해하는 데에서 복음서는 거의 유일한 정보의 근원이라고 볼 수 있다.[1]

만일 복음서가 없었다면 나머지 신약성서 책들을 통해서 우리가 예수에 대해 알 수 있는 것들은 그리 많지 않다. 예를 들어, 다음에 열거하는 것과

---

1) 외경 복음서들도 예수의 삶과 가르침을 전하고 있지만 대부분의 외경 복음서들은 정경 복음서들에 비해 훨씬 후기에 기록된 것으로서 외경 복음서들에 담긴 정보의 진정성은 보통 인정되지 않는다.

같은 내용은 오로지 복음서를 통해서만 알 수 있는 것들로서 이것들은 우리가 가진 예수에 대한 이해가 거의 전적으로 복음서에 의존하고 있다는 것을 확인시켜준다. 복음서가 없었다면 우리는 예수께서 구유에서 탄생하신 것, 동방 점성가들과 양치기들의 방문 등을 포함한 예수의 탄생 이야기, 씨 뿌리는 자의 비유, 탕자의 비유, 선한 사마리아인의 비유 등과 같이 우리에게 익숙한 비유들을 포함한 여러 모든 비유, 오병이어의 기적, 나사로를 살리신 일을 포함한 거의 모든 이적, 중풍병자를 포함한 수많은 사람을 고치신 일들, 주기도를 포함한 산상수훈의 가르침과 다른 여러 교훈, 그리고 예루살렘에서 성전을 정화하신 일 등, 예수의 삶에서의 수많은 중요한 사건들이나 가르침들을 거의 알 수 없었을 것이다. 이처럼 복음서는 '예수'를 아는 데 있어서 가장 중요한 독점적 자료라는 점에서 우선적 중요성을 지닌다.2)

　예수의 삶과 가르침에 대한 우리의 지식이 사실상 전적으로 복음서에 의존하고 있으므로 그 삶과 가르침의 의미, 예수의 삶과 가르침에 담긴 사상이나 신학에 대한 이해도 역시 복음서에 의존하고 있다. 일반적으로 처음 세 복음서의 중심 주제로 알려진 '하나님의 왕국(통치)'과 같은 중요한 개념은 당연히 우선하여 복음서를 근거로 설명될 수밖에 없다. 또한, 마가복음 13장 등에 나타나는 '종말'에 관한 예수의 가르침이나, 요한복음 14~16장의 '성령'에 관한 말씀 등은 그 주제들에 대한 신학적 이해의 근거를 제공해 준다. '영생'에 대해 가장 많이 언급하는 요한복음은 당연히 영생에 대한 이해에 있어서 가장 중요한 본문이 된다. 이러한 신학적 주제들에 대한 이해에서 복음서가 중요한 것은 복음서가 그것들에 대해 단순히 많은 언급을 하고 있을 뿐만 아니라 그 주제들에 대한 '예수' 자신의 말씀을 전하고 있기 때문이다.

---

2) 복음서 기록의 대부분의 역사적 사실성에 대해 회의적인 태도를 지니고 있는 역사적 예수 연구 학자들에게 있어서도 여전히 복음서는 그 역사적 예수 연구에 있어서 독보적인 자료다.

복음서는 이처럼 예수에 대한 거의 모든 정보와 중요한 신학적 주제들을 제공해 줄 뿐만 아니라 예수의 삶과 가르침을 통해 중요한 윤리적 교훈이나 신앙적 실천적 요구들을 제시해 준다. '사랑', '용서', '차별하지 않음', '재물을 나눔', '겸손', '섬김과 희생' 등에 대한 예수의 가르침은 복음서 전체를 통해 나타나며, '기도', '열매 맺음' 그리고 '선교' 등에 대한 요구도 강조되고 있다. 물론 사도 바울이나 다른 서신서 저자들도 근본적으로 같은 것을 강조하고 있지만, 복음서에서는 그것이 역시 '예수' 자신의 가르침과 요구라는 점에서 특별한 의미를 지닌다. 이처럼 복음서는 예수에 대한 정보나 지식에서 독점적이며, 따라서 예수가 말씀하신 중요한 신학적 주제들의 이해를 제공해 주는 데 있어서 독점적이며, 예수 자신이 가르치신 윤리적 교훈이나 신앙적 요구를 제공하고 있는데 있어서 독점적이다.

둘째, 복음서는 예수의 주변 인물들과 당시의 종교적·사회적 상황을 이해하는데 있어서 중요한 정보를 제공해 준다. 물론 복음서는 예수 시대가 아닌 후기 교회 시대에 기록되었으며, 따라서 교회 시대의 상황을 반영하고 있는 것도 사실이지만, 근본적으로 그 이야기는 예수 사건의 "처음부터 목격자와 말씀의 일꾼 된 자들"눅1:2로부터 온 것으로서, 당연히 예수 시대의 삶의 자리Sitz im Leben를 바탕으로 하고 있다. 복음서는 세(침)례자 요한의 탄생과 사역에 대해 전하며, 예수의 열두 제자의 명단을 제공해 주며, 다른 제자들, 예수를 따랐던 여인들, 예수가 치유하신 많은 사람에 대해 언급해 주고 있으며, 특히 예수께서 '죄인과 세리'와 같은 계층들과 함께 어울리셨다는 특별한 정보를 제공해주기도 한다. 또한, 복음서는 예수의 적대자들로 등장하는 대제사장, 장로, 바리새인 등과 같은 당시 유대교의 주요 인물들에 대한 이해에 있어서 중요한 자료가 되기도 한다. 복음서에 등장하는 계층이나 직업은 왕, 백부장, 병사, 주인, 종, 상인, 지주, 소작인, 노동자, 농부, 어부, 세리, 관원, 회당장, 제사장, 레위인, 장로, 서기관, 바리새인, 사두개인, 재판장, 선생, 제자, 과부, 병자, 어린 아이, 죄인, 사마리아인 등 아주 다양해서 당시의 정치, 경제, 사회, 종교를 이해하는데 도움을 줄 수 있다. 특히 예수 시대의 중요한 종교적 배경인 유대교의 분파, 정결법, 전통, 절기, 성전, 율법, 사상 등의 이해에 큰 도움을 준다. 복음서 이야기가 얼마나 예수 시대를 반영하고 있으며 얼마나 사실적인 정보를 제공하고 있는지를 정확히 구분해내기 어려운 것이 사실이지만 복음서는 여전히 예수 시대의 인물과 상황 등을 이해하는데 있어서 아주 중요한 근거가 된다.

셋째, 복음서는 복음서 기록 당시 교회의 신앙, 삶, 상황 등에 대한 이해에 도움을 준다. 복음서는 예수의 이야기를 후대에 기록한 것으로서 앞서 언급한 바와 같이 예수 시대의 삶의 자리를 보여줄 뿐만 아니라, 복음서 기록 당시 삶의 자리를 반영하고 있기도 하다. 예를 들어, 예수께서는 "네 형제가 죄를 범하거든 가서 너와 그 사람과만 상대하여 권고하라 만일 들으면 네가 네 형제를 얻은 것이요 만일 듣지 않거든 한두 사람을 데리고 가서 두세 증인의 입으로 말마다 확증하게 하라 만일 그들의 말도 듣지 않거든 교회에 말하고 교회의 말도 듣지 않거든 이방인과 세리와 같이 여기라"라는 권면은 분명히 교회 시대를 배경으로 하고 있다.마18:15~17 예수의 생전에는 아직 교회가 존재하지 않았을 시기인데 예수께서는 교회라는 단어를 언급하시며 교회에서 범죄 한 자를 어떻게 다룰 것인지에 대해 교훈하고 계신다. 원래 죄 범한 자를 회당에서 어떻게 처리해야 하는지에 대한 교훈이었을 수 있는 예수의 말씀을 복음서 저자가 기록 당시의 교회를 향한 교훈으로 전달하는 것으로 보인다. 즉, 마태복음 18장 15~20절은 당시 교회에서 범죄 한 형제를 다루는 일종의 교회의 규칙을 시사해 주고 있다고 할 수 있다.

이렇게 비교적 분명하게 교회의 상황을 드러낸 구절 이외에도 대부분 예수의 가르침은 단순히 예수 시대에 그를 따르던 사람들만을 위한 것이 아니라 복음서 기록 당시의 교회를 위한 가르침이기도 하였다. 대부분의 비유나 윤리적인 교훈, 종말이나 성령에 대한 것과 같은 신학적 가르침, 선교 명령 등 예수께서 하신 말씀들은 후대에 그리스도인들에게는 자신들을 위한 말씀으로 이해되거나 해석되어 자신들의 신앙과 삶을 위한 말씀으로 기록되었을 것이다. 이처럼 교회를 위해 기록된 복음서에서 예수의 교훈과 교회를 위해 해석된 교훈을 정확히 구분하기는 사실상 어려우며 또한 그러한 구분 자체가 바람직하지도 않다. 복음서는 예수 시대에 대한 기록인 동시에 교회 시대를 위한 말씀이기도 하다. 복음서는 이처럼 교회 시대를 위한 말씀으로서 기록 당시의 교회의 상황이 반영되어 있다고 할 수 있다. 당시 복음서의 최초의 독자였던 교회의 역사적 상황을 본문을 통해 찾아내거나 재구성해내는 것은 사실상 어려운 일이다. 하지만, 복음서는 분명히 교회를 위한 책으로 기록되었으므로 당시 교회의 신앙, 삶, 상황 등에 대한 이해에 많은 빛을 던져 줄 수 있다.

넷째, 복음서는 현대 교회를 위한 예수의 말씀으로서 중요한 의미를 지닌다. 복음서는 기록 당시의 교회를 위한 책이었을 뿐만 아니라 그 이후 신약성서의 정경이 되어 현재까지 교회를 위한 예수의 말씀으로서 권위를 지닌 책으로 읽히고 있다. 오늘날 그리스도인들이나 교회에서는 바울 서신과 같은 서신서들에 더욱 관심을 보이거나 그것들에 더 큰 비중을 두게 되는 모습을 볼 수도 있다. 특히 특정한 교리에 관심을 보이는 그리스도인들이나 교회는 그 특성상 바울 서신, 그중에서도 특히 로마서나 갈라디아서에 관심을 집중하기도 한다. 이러한 교리적인 관심으로 말미암아 상대적으로 복음서 자체나 복음서의 신학과 메시지의 중요성이 약화되기도 한다. 복음서의 대주제大主題라고 할 수 있는 '하나님의 왕국(통치)'과 바울 서신의 '이신칭의'以信稱義라는 주제를 비교해 볼 때에 교회는 후자에 더 큰 관심을 보이며 더 많이 언급하는 것으로 보인다. 복음서는 하나님의 왕국 즉, '하나님의 그 왕권통치' $ἡ\ βασιλεία\ τοῦ\ θεοῦ$의 미래적 국면뿐만 아니라 그 현재적인 국면과 현재에서 개인의 신앙적·실천적 책임을 강조하고 있지만, 교회는 주로 그 미래적인 국면에 관심을 집중하는 것으로 보인다. 종교적 형식보다 사람을 중시하고 세리와 죄인과 함께하며 사람을 차별하지 않음으로써 하나님이 왕으로서 통치하는 삶의 모습의 일면을 보여주신 예수의 삶과 가르침, 그리고 복음서의 다른 여러 메시지는 당시와 마찬가지로 오늘날 교회에서도 계속하여 강조되어야 한다. 또한, 희생과 고난, 섬김, 포기 등으로 대표되는 예수의 제자의 삶에 대한 요구도 오늘날 교회에서 계속되어야 한다. 이처럼 복음서는 오늘날 교회에서 마땅히 중시되어야 하는 많은 중요한 예수의 메시지를 전하고 있다는 점에서 중요성을 지닌다.

이러한 복음서 자체의 중요성 이외에도, 복음서 연구는 그 접근이나 방법론 면에서도 신약학에서 대단히 큰 비중을 지닌다. 자료 비평, 양식 비평, 편집 비평, 서사 비평 등 신약성서 해석에서 중요한 여러 방법론은 대부분 복음서 연구에서 비롯되고 발전하였다고 할 수 있다. 복음서의 비유 해석사는 곧 신약성서 해석사라고 말할 수 있을 정도로 복음서 비유 해석에는 수많은 다양한 방법들이 사용되기도 했다. 복음서의 기적 이야기는 종교사적宗教史的 접근의 대상이 되기도 하였다. 복음서에서 '공동체'를 연구하거나 '역사적 예수'를 연구하는 것은 신앙적·신학적 본문에서 어떻게 역사를 재구성해 낼 수 있는지를 보여 주기도 한다. 사실상 복음서 해석에는 신약성서 연구와 해석의 모든 방법이 사용되고 있다고 할 수 있다. 이렇게 볼 때에 다양한 방법으로 복음서를 폭넓고 진지하게 연구하는 것은 성서 해석에 독자의 해석적 지평을 넓혀 주며 자신 나름의 해석 방법을 찾고 수립하는 데에도 큰 도움을 줄 것이다.

복음서의 장르

복음서는 신약성서의 처음 책들로서 전술한 바와 같은 중요성을 지니고 있는데, 실제로 복음서 연구를 시작하게 되면 그 큰 중요성만큼이나 크고 많은 난관에 봉착하게 된다. 또한, 복음서 연구의 긴 역사와 수많은 학자가 투자한 노력에 비한다면 현재 우리가 얻게 된 연구의 결과물들은 실망스러울 수도 있다. 복음서는 그 장르, 저자, 기록 시기, 기록 장소, 독자(대상),

경위 등 그 이해를 위한 가장 기본적인 요소들에 관해서 어느 하나 확실하게 알 수 있는 것이 없다. 이와 비교한다면 바울 서신은 이러한 기본적인 요소들에 대해 비교적 더 많이 알 수 있다. 이러한 차이는 바울 서신과는 다른 복음서의 성격에서 기인한다고 볼 수 있다. 바울서신은 일반적으로 분명히 정해진 수신 교회에 그 교회의 특별한 문제나 상황을 해결하기 위해 바울 자신이 기록하여 보낸 것으로서, 바울서신 내에는 이러한 교회의 문제나 상황들을 알 수 있는 언급들이 종종 나타나며, 사도행전이나 다른 바울서신들을 통해서도 간접적으로 이것들에 대한 정보를 얻을 수 있다. 이와 비교해 볼 때, 복음서들은 예수 자신이 기록한 것이 아닐 뿐만 아니라, 예수 시대로부터 수십 년이 지난 후대에 자신을 밝히지 않은 저자들에 의해 기록되었다. 또한, 누가복음을 제외하고는 그 최초 독자도 언급되고 있지 않으며, 누가복음과 요한복음에서 볼 수 있는 간단하고 일반적인 기록 목적 이외에는 분명한 기록 경위나 상황 등이 언급되고 있지 않아서 이것들에 대해 분명히 알 수 없다.눅1:1~4; 요20:30~31 그 기록 시기와 기록 장소에 대해서도 분명히 알 수 없다.

　예수의 삶과 가르침이 사도 시대 초기에는 구두口頭로 선포되고 전해졌던 것이 분명한데, 어떤 과정을 통해서 수십 년이 지나고 나서 기록된 문서로 완성되게 되었는지도 분명하지 않다. 다음에 다루게 되겠지만, 거의 유사한 내용으로 진행되는 복음서가 세 권이나 되는 것, 유사한 내용임에도 또한 실제로 많은 차이를 보이는 것, 또한 이 세 권(처음 세 복음서)과 아주 다른 내용을 지닌 복음서(요한복음)가 하나 더 있다는 것 등도 설명되어야 하는 문제다. 예수 시대로부터 수십 년 후에, 때로는 직접적인 제자나 증인도 아닌 저자에 의해, 예수의 언어와는 다른 헬라어로 기록된 복음서들, 그것도 서로 간에 많은 차이를 보이는 복음서들에 대해서 얼마나 그리고 어떻게 그것들을 역사적이거나 정확한 정보라고 설명할 수 있을지도 고민해야 할 것이다. 실제로 이와 같은 복음서에 관한 문제들이나 이들에서 파생되는 세부 문제들까지 제시하자면 끝이 없을 정도다. 이처럼 복음서는 그 이해를 위한 가장 기본적인 정보조차 제공하지 않고 있어서 그 연구나 해석에서 큰 어려움을 주고 있다고 할 수 있다.

복음서를 연구할 때에 보통 가장 먼저 하는 일은 복음서의 장르genre를 정하는 것이다. 복음서의 장르 설정이 중요한 이유는 그것이 곧 복음서의 성격을 규정하는 일로서 복음서의 성격 규정은 바로 복음서의 이해와 해석에서 결정적인 요인이 되기 때문이다. 구약성서와 마찬가지로 신약성서의 모든 책은 원래 별도의 제목 없이 기록되었으며 전파되었다. 신약성서의 책들은 각각 개별적으로 전파되다가 어느 시점에서 함께 읽히게 되었을 것인데, 이처럼 함께 읽히게 된 이후에 편의상 구분을 위해서, 아니면 그 책의 성격을 나타내려고 각 책에 제목이 붙여지게 된 것으로 보인다. 신약성서는 정경으로 확정된 그 최종 형태로 볼 때에 크게 네 가지 형식의 책들 즉, 복음서, 사도행전, 서신서, 계시록으로 분류된다. 하지만, 헬라어 원문의 제목을 볼 때에 제목이 그 책의 장르나 성격을 나타내 주는 것은 사도행전πράξεις ἀποστόλων과 계시록ἀποκάλυψις Ἰωάννου뿐이다. 즉, 사도행전은 말 그대로 '행위들' πράξεις에 대한 기록이며, 계시록은 요한의 '묵시' ἀποκάλυψις로 표현되어 있다. 하지만, 복음서나 서신서들의 제목은 그 책들의 성격을 나타내지 않고 있으며, 복음서는 그 저자명을, 그리고 서신서들은 저자명이나 수신자명을 제목으로 사용하고 있다. 예를 들어 마태복음의 제목은 '마태에 의한' κατὰ Μαθθαῖον이라고만 표기되어 있으며 우리말 신약성서의 제목처럼 '복음' 이라는 언급은 없다. 즉, 원래 이 제목은 당시 저자로 알려진 자가 누구인지 그의 이름만 알려 줄 뿐, 이 책의 성격이 어떤 것인지는 나타내고 있지 않다. 하지만, 주후 2세기부터 이 처음 네 책은 '복음' 이란 이름으로 전해지고 있고 고대 저술가들은 이 저자들을 '복음전도자' evangelist로 언급하였다.

복음서가 기록될 시기까지 실제로 '복음' εὐαγγέλιον이라는 단어는 어떤 기록된 문서를 지칭하는 데 사용되지 않았다. 말 그대로 그것은 '좋은 소식' good news을 의미하는 일반적인 단어로서 그리스-로마 세계에서는 아우구스투스 황제의 탄생 등과 같은 사건을 언급하는 데 사용되기도 하였다. 바울서신을 통해서 볼 때에 초기 교회의 그리스도인들은 '예수 그리스도의 탄생과 삶, 죽음과 부활을 통해 하나님께서 믿는 자들에게 주신 구원의 메시지'와 같은 소식을 복음으로 이해했던 것으로 보인다.롬1:1~4,16 이렇게 볼 때에 예수 그리스도의 탄생, 삶, 죽음과 부활을 다루는 이 네 책을 복음이라고 부르는 것은 적합해 보인다. 복음서 중 가장 먼저 기록된 것으로 알려진 마가복음은 그 서두를 "하나님의 아들 예수 그리스도의 복음의 시작이라"막1:1는 구절로 시작한다. 여기서 "복음"이라는 표현은 마가복음 전체의 내용이나 메시지를 의미할 수도 있지만, 많은 학자가 그렇게 생각하듯이 그것은 복음서로서의 문학 형태를 의미할 수도 있다. 이것이 문학 형태를 의미하고 있다면 마가는 '복음(서)'이라는 장르의 책을 처음으로 저술하고 그것을 '복음(서)'이라고 명명命名한 최초의 인물이라고 할 수 있다. 이처럼 하나의 새로운 문학 장르로서 '복음'이라는 언급은 마가로부터 시작되었을 수도 있고, 또는 주후 2세기에 네 복음서가 함께 읽혔을 때에 시작되었을 수도 있다. 어느 경우든지 이전에는 문학 장르의 명칭으로 사용되지 않았던 용어가 특정한 문학 장르를 나타내는 명칭으로 새롭게 사용되게 된 것은 분명하다.

그리스-로마 전기. 복음서 장르에 대한 논의는 오랫동안 계속되어왔으며 이에 대해서는 수많은 견해가 제시되고 있다. 현재 일반적으로 가장 많은 지지를 받는 견해는 복음서를 '그리스-로마의 전기傳記'로 분류하는 것이다.[3] 한 인물을 주인공으로 하여 그의 생애를 다루는 헬라어로 저술된 복음서를 그것과 동시대의 문화권에 있던 가장 유사한 문학 형태에 위치시키려는 것은 당연한 시도라고 할 수 있다. 복음서를 일종의 전기傳記로 이해하는 것은 일찍이 주후 2세기 순교자 저스틴에게서 발견할 수 있는데, 그는 주후 153년경에 기록한 『변증』에서 복음서를 사도들의 '회고'

---

[3] 복음서의 장르와 전기로서의 복음서에 대한 보다 충분한 논의를 위해서는 권종선, "전기(Βίοι)로서의 복음서 장르에 대한 논의와 평가," 「복음과 실천」, 43집 (2009 봄): 13-42를 참조하라.

ἀπομνημονεύματα, memories라고 언급하고 있다.Apology, 66 19세기 후반부터 신약학계에서도 복음서를 전기로 이해하는 견해가 제시하기도 하였다.Ernest Renan, 1863 복음서의 장르를 전기로 이해하는 견해는 이처럼 일찍부터 있었지만, 20세기 초에 양식 비평이 나타나면서 그것은 한동안 주목을 받지 못하기도 했다. 양식 비평은 본질적으로 기록된 복음서 자체나 그 장르에 관심을 보이지 않았고 복음서 기록 이전의 구전 전승에 관심을 보이고 있었기 때문이다. 양식 비평은 복음서를 분명한 장르 형태를 지닌 기록으로 이해하지도 않았다. 양식 비평에서 복음서는 교회 안에 있던 전승들이 자연스럽게 모여져 기록된 수집물 정도로 이해되었으며, 복음서는 주로 신앙고백이나 선포kerygma의 성격을 지닌 문서로 이해되었기 때문에 그것을 당시의 그리스-로마 문학 작품과 같은 것으로 생각될 수 없었다.

복음서 이야기가 일반적인 전기와 다르다는 점도 복음서를 전기로 이해하려는 견해에 걸림돌이 되기도 하였다. 일반적으로 전기가 한 인물의 탄생으로부터 그 이야기를 시작하는 것과 비교할 때에 마가복음과 요한복음에는 예수의 탄생 이야기가 없는 것, 탄생 이야기뿐만 아니라 예수의 공생애 이전의 삶에 대해서 복음서들이 거의 함구하고 있다는 점, 등장인물들이나 장소, 시간, 배경 등에 대한 설명이 거의 구체적이지 않다는 점, 예수 생애의 마지막 한 주간에 너무 많은 지면을 할애하고 있다는 점 등은 복음서를 전기로 이해하는 견해를 반대하는 일반적인 근거로 자주 거론되었다. 하지만, 오늘날 복음서가 전기라는 견해를 지지하는 학자들은 이러한 반박들이 고대의 전기에 대한 현대적인 오해에서 비롯된 것이라고 주장한다. 즉, 이러한 반박들은 고대의 전기의 성격을 올바로 이해하지 못하고 현대적인 의미의 전기의 개념에 맞추어 복음서를 이해하려는 잘못된 접근에서 기인했다는 것이다. 근래에 복음서가 전기라는 견해에 가장 큰 영향을 준 버리지Richard A. Burridge는 이러한 오해를 피하려고 오해의 여지가 있는 '전기' biography라는 용어를 사용하는 대신에 당시 그리스-로마 세계의 용어였던 βίοι lives, 생애를 사용한다.[4] 버리지가 제시하는 전기 즉, βίοι는 현대적인 의미의 전기보다 훨씬 더 광범위한 장르라고 할 수 있다. 이것은 여러 가지 다양한 하위 장르들을 포함하는 광범위하고도 유동적인 장르로서, 여기에는 플루타크와 같은 '영웅담'이나 '회고' 또는 '아레탈로지' Aretalogy[5] 등이 포함된다. 버리지가 제시하는 전기란 이러한 장르들 이외에 '역사'나 '소설'까지도 포함할 수 있는 광범위한 것으로서 그의 견해를 따른다면 복음서를 이 장르에 포함하는 데에 아무런 문제가 없다. 버리지는 자신 나름대로 체계화된 장르 비평 방법론을 제시했으며, 그 방법론에 따라 연구한 결과로서 복음서를 $\beta\iota o\iota$라고 결론지었다. 이러한 그의 연구가 이후의 복음서 장르 연구에 미친 영향력은 대단히 크며, 현재 대다수 학자가 복음서를 이와 같은 그리스-로마의 전기로 분류하는 뜻을 취하고 있다.

유대 소설. 복음서를 당시 그리스-로마의 문학 형태에 위치시키려는 시도가 지배적이지만, 복음서의 내용이나 성격으로 볼 때에 복음서는 그리스-로마의 문학이 아닌 유대교 문학에서 그 장르의 유사성을 찾아야 한다는 주장도 있다. 버리지는 장르 비평에는 문학의 외적 형식뿐만 아니라 주제나 내용과 같은 내적인 요소도 고려해야 한다고 주장했지만, 결과적으로 볼 때에 그의 연구는 복음서의 내적인 요소를 충분히 반영하지 못한 것으로 보인다. 전체적으로 복음서가 그리스-로마의 전기와 가장 유사하다고 해도 실제로 복음서의 많은 부분은 구약의 사상을 바탕으로 하고 있고, 구약성서를 인용하고 있고, 유대교를 배경으로 하고 있다. 특히 마태복음은 그 내용이나 사상에 있어서 뿐만 아니라 종종 그 서술 형식이나 구성에서도 구약과 유사한 것으로 이해되기도 한다. 마태복음을 구약의 오경과 비교하여 소위 ; '오경 구조'로 이해하려는 시도나, 예수 탄생 이야기를 모세의 탄생 이야기와 비교해서 설명하려는 견해 등을 예로 들 수 있다.

복음서의 장르를 유대교 문학에서 찾으려는 시도는 주로 구약 성서, 구

---

[4] Richard A. Burridge, *What Are the Gospels? A Comparison with Graeco-Roman Biography* (Cambridge: Cambridge University Press, 1992), 61-2.
[5] "아레탈로지"는 주로 한 인물의 기적이나 놀라운 삶을 통해 교훈을 제시하거나 신(神)을 찬양하는 문학 형태라고 말할 수 있다.

약 외경, 미드라쉬, 랍비 전기들과 복음서의 유사성이나 연관성에 관심을 보이고 있다. 바인즈Michael E. Vines는 단순히 복음서의 외적 형태에 근거하지 않고 그 내적인 이념적, 신학적 관점에 주목하면서 마가복음을 에스더, 수산나, 다니엘 1~6장과 같은 유대 소설로 볼 수 있다고 주장한다.[6] 또한 콜린즈Adela Yarbro Collins는 마가복음을 에녹일서나 다니엘서와 비교하여 그 장르를 '묵시적 역사 논문' apocalyptic historical monograph이라고 주장하기도 했다.[7] 복음서의 장르를 주로 그 외적 형식을 중심으로 그리스-로마 세계에 위치시키려는 시도와 함께 이처럼 그 내용과 사상에 주목하며 그것을 유대 세계에 위치시키려는 시도도 계속 되고 있다. 하지만, 전자에 비한다면 후자는 상대적으로 활발히 진행되지 못하고 있으며 큰 지지를 받지 못하는 것으로 보인다.

고유의 장르.sui generis 복음서의 장르를 그리스-로마나 유대적 배경에서 찾으려는 시도 모두가 부적합하다는 인식하에 복음서를 당시의 어떤 일반적인 장르와도 일치하지 않는, 그 자체로서 기독교의 고유한 문서로 이해하는 견해도 꾸준한 지지를 받아왔다. 오래전에 양식 비평 학자들도 복음서는 원래 구전口傳이 모체로서, 어떤 문학적 장르에 따라 저자가 기록한 것이 아니라 교회의 여러 삶의 자리에서 자연스럽게 생겨나게 된 일종의 민간 문학folk literature으로 이해했다. 따라서 그들은 복음서의 최종적 문학 형태보다는 그 구전적 성격에 더 많은 관심을 보였고, 복음서를 주로 초대 교회의 '선포' kerygma, Rudolf Bultmann나 '설교' preaching, C. H. Dodd로 이해했다. 복음서를 그리스-로마 전기로 규정하는 버리지의 견해는 복음서의 독특한 내용이나 신학, 주제 등을 설명하는 데에 충분치 못하다는 평가를 받기도 하는데, 이런 면에서 복음서를 기독교 고유 장르로 보는 견해가 지지를 받기도 한다. 단순히 한 인물의 역사적 생애를 서술하고 있지 않으며

---

6) Michael E. Vines, *The Problem of Markan Genre: The Gopel of Mark and the Jewish Novel*, Academia Biblica, 3 (Atlanta: Society of Biblical Literature, 2002), 153.
7) Adela Yarbro Collins, *The Beginning of the Gospel: Probings of Mark in Context* (Minneapolis: Fortress Press, 1992).

그의 탄생과 삶과 죽음에 나타난 '하나님의 왕권 통치'와 '구원'의 의미와 메시지를 전하는 복음서를 단지 전기로 이해하는 것은 분명히 적절하지 못하다. 또한, 복음서는 그 형성 과정이나 기록 목적에서도 당시의 전기와는 크게 다르다. 복음서는 저자에 의해 단번에 기록된 것이 아니라, 수십 년간 교회에서 구전으로 전해지던 전승과 자료에 근거해서 기록된 것이다. 또한, 그것은 신앙인들로 하여금 계속 확신과 믿음을 갖도록 독려하는 목적을 지니고 있는요20:31 신앙인을 위한 신앙 문서였다. 헐타도Larry W. Hurtado는 복음서와 당시 그리스-로마의 전기가 형식적으로 유사하기도 하지만, 복음서는 그리스-로마 배경의 문학적 활동의 산물이라기보다는 초기 그리스도교가 가졌던 종교적·사회적 활동과 필요, 질문들에서 나온 것으로서 "종교적 성향이 있는 전기라기보다는 오히려 특정한 전기 문학의 특징을 지닌 교회 문서로 보아야 한다"라고 주장하며 특히 복음서의 내용, 전제들, 주요 모티프들 그리고 문학 구조 등을 신앙적인 배경에서 온 독특한 것으로 이해한다.[8] 구약성서의 창조 이야기, 율법, 지혜 문학 등은 종종 당시 주변 세계의 일반 문학 형태와 내용과 비교되어 그 유사점이 언급되기도 했다. 그들 간에 많은 유사점이 있다고 해서 창조 이야기를 신화로, 구약 율법을 일반 세계의 법과 같은 것으로, 지혜 문학의 교훈을 단순한 개인적 정치적 처세술로 이해할 수는 없다. 이와 마찬가지로 복음서가 형식적으로는 당시 전기 문학의 틀을 사용하였다고 해도 복음서 기록의 동기나 복음서의 주제, 강조점 등으로 볼 때에 그 독특성은 인정되어야 한다. 이런 입장에서 학자들은 마가복음의 장르를 그 복음서가 사용한 표현 그대로 '복음'이라고 설정하기도 한다.[9]

이야기 설교. 복음서 장르 연구의 목적은 단순히 복음서의 문학 형태를 분류하는 데 있기보다는 복음서의 이해나 해석에 실제적인 도움을 주는 데에 있어야 할 것이다. 이런 실제적인 의미로 볼 때에 복음서를 그리스-로

---

8) Larry W. Hurtado, "복음서(장르)," 『예수 복음서 사전』, 377-82.
9) John R. Donahue and Daniel J. Harrington, *The Gospel of Mark*, Sacra Pagina Series, vol. 2, ed. Daniel J. Harrington (Collegeville: The Liturgical Press, 2002), 16.

마의 βίοι로 이해하는 것은 복음서 이해나 해석에 실제적인 큰 도움을 주지 못하는 것으로 보인다. 그리스-로마의 βίοι 장르 자체를 연구하든지 또는 이 장르에 속하는 그리스-로마 문헌들을 다 조사하고 분석하고 연구하는 것이 복음서의 이해와 해석에 얼마나 실제적인 도움을 줄 수 있을지는 의문이다. 이에 비하면 오히려 유대적인 배경에서 복음서 장르를 설정하는 것이 복음서 이해에 더 큰 도움이 될 수도 있다. 전술한 바와 같은 세 가지 입장과는 다른 장르 이해도 가능하다. 문학 형태의 측면이 아닌 서술 방법의 측면에서 그 장르를 이해하는 것으로서 복음서를 '이야기' 서사, 敍事, narrative로 이해하는 것이다. 복음서의 서사적 성격은 일반적으로 인정되고 있는데, 복음서를 반드시 당시의 어떤 문학 형태에 일치시켜야 하는 것이 아니라면 이러한 복음서의 서술 방법에 주목하여 그 장르를 설정하는 것도 유익할 것이다. 서사의 서술 방법 연구는 복음서의 설명이나 관점, 주제, 인물, 플롯plot 등을 이해하는 데에 큰 도움을 줄 수 있으며 이는 복음서의 이해와 해석에서 실제적인 도움이 될 것이다. '장르'의 개념을 한 시대의 사회적으로 일반화된 문학 형태를 가리키는 것으로 국한하지 않아도 된다면 필자는 복음서의 장르를 '이야기 설교' narrative preaching라고 제시할 것이다. '이야기' 라는 것은 그 서사적 서술 방법을 말하며, '설교'는 그 의도나 기능을 말한다.

복음서의 성격

복음서의 장르에 대한 이해는 곧 복음서의 본질과 성격에 대한 이해라고 할 수 있으며, 이는 곧 복음서의 이해와 해석에 직결된다. 만일 복음서의 장르를 전기 또는 역사라고 한다면 독자는 복음서를 읽을 때에 복음서 서술에서 정확한 사실성을 기대하고 그것을 읽게 될 것이다. 복음서를 선포로 이해한다면 선포되는 중요한 신학적 명제나 내용에 비중을 두게 될 것이다. 복음서를 이야기로 이해한다면 복음서에서 역사적 사실을 찾기보다는 그 이야기의 전체적인 흐름이나 플롯, 등장인물 등에 더 많은 관심을 보이게 될 것이다. 복음서를 설교로 이해한다면 복음서가 요구하는 신앙적·실천적 메시지에 귀를 기울일 것이며, 그것을 어떻게 삶에 적용할 것인가를 고민할 것이다. 사실상 복음서는 이와 같은 여러 가지 장르의 성격을 모두 지니고 있다고 할 수 있다. 그래서 복음서의 성격을 한 가지로 규정하기 쉽지 않은데, 복음서에 대한 적절한 이해와 해석을 위해서 복음서의 성격과 관련하여 다음과 같은 점에 주목할 필요가 있다.

해석된 역사. 복음서는 현대적인 의미에서의 과학적인 역사기록이 아니다. 이는 복음서 내용이 비역사적非歷史的이거나 복음서 서술에 역사적 정확성이 없다는 의미가 아니다. 복음서의 성격이나 중점이나 우선적 의도가 예수를 단순히 역사적으로 설명하거나 제시하려는 것이 아니었다는 것이다. 최초의 복음서로 받아들여지는 마가복음은 "하나님의 아들 예수 그리스도의 복음의 시작이라"막1:1는 구절로 시작한다. 즉, 마가복음은 그 자체를 '좋은 소식' good news, 복음이라고 언급하고 있으며, 전기나 생애나 역사라고 언급하고 있지 않다. 복음서들이 우선하여 의도하는 것은 예수와 그의 삶을 단순히 사실적으로 소개하는 것이 아니라, 그의 생애가 어떻게 독자들에게 실제로 복된 소식이 되는가를 보여주려고 하는 것이다. 복음서의 우선적 관심이 복음에 있다고 해서 그 내용의 역사성이 과소평가 되거나 무시되어서는 안 된다. 누가는 누가복음을 저술하는 데 있어서 예수 사건을 처음부터 '목격한 사람들'과 '말씀의 일꾼들'에게서 전해 받은 그대로, 많은 이들이 저술했으며, 누가도 그 모든 일을 근원부터 자세히 미루어 살펴서 기록했다고 전한다.눅1:1~4 요한복음의 최종 기록자도 요한복음이 근본적으로 예수의 일들의 증인의 기록이며 그의 증언은 진실사실, $\alpha\lambda\eta\theta\eta s$이라고 전하고 있다.요21:24 이처럼 복음서는 예수의 증인들에게서 나온 사실에 근거한 기록임이 분명하다. 하지만, 그렇다고 해서 복음서의 모든 구절이 예수의 말과 행동을 정확하게 그대로 재현하고 있다고 생각해서는 안 된다. 실제로 우리가 내용 서술이 서로 다른 네 개의 복음서를 가지고 있다는 것 자체가 복음서들이 예수의 말과 행동을 그대로 재현하고 있지 않다는 사실을 보여준다.

사실 복음서 저자들은 원래부터 현대인들이 기대하는 그러한 과학적 정확성을 추구하지 않았을 것으로 생각된다. 하지만, 물론 당시 그들의 기준이나 평가로 볼 때에 복음서는 정확한 것으로 이해될 수 있었을 것이다. 우리는 신약성서 기자들이 구약성서를 인용하는 방법을 관찰해 봄으로써 이러한 문제들을 더욱 잘 이해할 수 있게 된다. 신약성서 기자들은 수많은 구약성서 구절을 인용하고 있다. 신약성서 기록 당시 즉, 복음서나 서신서가 아직 성서로 인정되기 이전에 그들이 갖고 있던 유일한 성서는 구약이었다. 즉, 당시에 구약은 하나님의 말씀으로서의 권위를 지닌 책이었다. 현대 그리스도인들이 하나님의 말씀을 인용하려고 한다면 사소한 자구字句 하나라도 틀리지 않게 정확하게 인용하려고 노력할 것이 분명하다. 하지만, 당시의 신약성서 저자들이 구약을 인용한 사례들을 조사해 보면 많은 경우에서 그 인용문은 구약성서 구절들과 자구적으로 정확히 일치하지 않는다. 게다가 어떤 경우는 구약의 각기 다른 책에 있는 구절들에서 각각 일부분씩을 인용해서 합쳐서 하나의 구절처럼 제시하기도 하며마2:6, 구약의 어느 부분에서 인용한 것인지 그 출처를 밝히기 어려운 경우도 종종 있다.마2:23 이것이 무엇을 의미하는가? 당시 신약성서 저자들은 하나님의 말씀을 인용하는 데 있어서 부주의했거나 부정확했다는 것을 의미할까? 그렇다고 할 수 없다. 아마도 그들은 하나님의 말씀을 인용할 때에 현대 그리스도인처럼 언제나 반드시 자구를 있는 그대로 인용해야만 한다는 생각을 하지 않았음이 분명하다. 그들은 자신들이 알고 이해한 말씀의 의미를 충실히 전하는 것이 곧 정확하게 잘 전하는 것으로 생각했을 것이며 따라서 구약성서 구절의 자구에 제한되지 않고 자신들이 이해한 대로 그 의미를 전하려고 노력했던 것으로 보인다. 이렇게 자신들이 이해한 그 의미에 충실하게 구약성서의 구절을 전했다면 그것을 전한 사람이나 듣거나 읽는 사람 모두에게 있어서 그것은 옳고 정확한 것으로 생각되었을 것이다. 예수의 삶과 말씀의 증인들이나 복음서 저자들도 이와 마찬가지였을 것이다. 그들은 그들이 보았거나 들었거나 전해 받은 것을 자신들이 정확히 이해한 대로 충실하게 전했을 것이며 이렇게 기록된 복음서를 읽은 당시의 독자들은 이런 의미에서 복음서를 정확한 것으로 받아들였을 것이다. 이처럼 복음서 기록 당시의 그리스도인들과 현대 그리스도인들 사이에는 하나님의 말씀을 인용하거나 다루는 방법에서 그리고 그 정확성에 대한 개념에 차이를 보이는 것으로 보인다. 따라서 현대적 이해를 따라 복음서 서술들을 역사적으로 부정확한 것으로 평가하는 것은 적절하지 않다.

　복음서를 현대적 이해를 따라 비역사적인 것으로 평가하려는 것도 문제이지만, 또한 복음서에서 현대적 의미의 정확한 역사적 사실을 요구하며 그것을 찾아내려는 것도 문제가 된다. 복음서 본문에서 역사적 예수의 말씀이나 역사적 사실을 찾아내려는 시도는 종종 그 노력에 비한다면 극히 적은 결과를 얻는 데에 그치는 것이 보통이다. 그러한 시도가 복음서에서 일부의 역사적인 정보를 찾아내는 데에 성공했다고 해도, 그들이 그렇게 해서 찾은 구절이나 본문에 대한 '역사성'의 확인과 선언은 결국 그렇게 선언된 구절들을 제외한 대다수의 나머지 본문에 대해 '비非역사성'을 선언하는 셈이 되는 것이다. 예를 들어, 네 복음서에서 각각 서술에 차이를 보이는 병행본문이 있다고 할 때에 연구를 통해서 그 중 한 복음서에 있는 서술이 가장 '역사적'이라는 결론을 얻었다고 가정해보자. 그것은 곧 나머지 세 복음서의 서술들은 그에 비해 덜 역사적이거나 비역사적이라고 결론을 내리는 셈이 된다. 즉, 이러한 시도는 정확한 '역사'를 추구하지만, 학계의 역사적 예수 탐구가 보여주듯이, 그러한 추구의 결과는 사실상 복음서의 많은 본문이 '비非역사적'이거나 정확하지 않다고 선언하고 있다는 것은 아이러니다.

　이미 언급한 바와 같이 복음서 저자들은 원래 처음부터 그러한 과학적 정확성에 관심이 없었을 수 있다. 그리고 그들이 복음서에서 전하는 것은 일종의 해석된 역사이다. 어떤 사건이나 사실은 그것을 직접 보았거나 경험했거나 그것에 참여한 증인이 전한다고 해도, 그에 의해 전해지는 순간 그것은 그의 이해대로 해석된 역사가 되며 그의 말로 표현된 역사가 된다. 이렇게 볼 때에 복음서는 증인들에 의해, 교회에 의해, 복음서 저자에 의해 해석된 역사라고 할 수 있다. 이처럼 이미 해석된 역사에서 소위 '순수한' 객관적 사실만을 골라낸다는 것은 사실상 거의 불가능하다. 우리가 가진 복음서가 해석된 역사라는 것을 보여주는 가장 단순하고 확실한 증거는 그것이 헬라어로 기록되었다는 점이다. 예수 시대에 예수와 그의 제자들이 헬라어를 알고 있었을 가능성을 전혀 배제할 수는 없지만, 그들이 사용하던 일상 언어는 아람어였음이 분명하다. 즉, 예수께서는 아람어로 대화하시고 가르치셨을 것이며, 예수께서 돌아가신 후 초기 교회에서도 그 전승은 아람어로 전달되었을 것이다. 하지만, 수십 년이 지난 후의 교회들의 대부분은 헬라어 문화권에 있었으며, 복음서 저자들은 그들을 위해 헬라어로 복음서를 기록하였다.10) 한 언어가 다른 언어로 옮겨진다는 것은 그 자체가 해석이다. 예수의 말씀이 헬라어로 기록되었다는 것만으로도 그것은 이미 해석된 말씀이다. 우리에게 외국 서적을 우리말로 아주 정확하게 잘 번역한 번역서가 있다고 가정해 보자. 비록 그 번역이 아주 정확한 것이라고 해도, 우리는 그 번역서에서 원어 자체를 그대로를 정확히 재현해 낼 수 있을까? 이 번역이 원서의 '의미'를 비교적 정확히 전달하고 있을 수는 있지만 그렇다고 해서 그것이 원서 자체는 아니며 원서의 세밀한 표현이나 뉘앙스nuance까지 그대로 전달할 수는 없다. 이처럼 헬라어로 기록된 복음서도 예수의 말씀과 그 의미를 충실히 전달하고 있지만 그렇다고 해서 그것이 예수가 직접 사용하신 원어는 아니다. 따라서 헬라어로 옮겨진 예수의 말씀에서 정확한 원래 그대로의 예수의 말씀ipssisima verba을 무리하게 추출해 내려는 시도는 바람직하지 않으며, 실제로 그것은 거의 불가능하다.

---

10) 이런 점에서 복음서는 그 성격상 바울서신과는 다르다. 복음서는 예수의 아람어 말씀을 후대에 다른 이들이 헬라어로 기록한 것이지만, 바울서신은 헬라어를 사용하는 바울 자신이 헬라어로 직접(또는 대필로) 헬라어를 사용하는 교회에게 기록해 보낸 것이다.

우리가 가진 복음서는 예수의 말씀과 삶을 정확하게 잘 전달하고 해석한 것이라는 확신으로 그 말씀에 귀를 기울이는 것이 복음서를 복음서답게 대하는 태도일 것이다.

독특한 네 편. 우리는 서로 차이를 보이는 네 편의 예수 이야기를 하고 있다. 즉, 우리는 공인된 네 가지 버전version의 복음서를 갖고 있는데, 이처럼 복음서가 네 편이라는 점을 어떻게 이해하고 수용하느냐에 따라 우리는 복음서를 풍성하게 체험할 수도 있고, 반대로 복음서 이해에서 곤궁에 빠질 수도 있다. 무엇보다도 먼저 우리는 각각 다른 저자에 의해서, 다른 시기에, 다른 독자들을 위해서, 다른 강조점을 가지고 기록된 고유한 네 복음서가 우리에게 있다는 인식을 할 수 있어야 한다. 보통 처음 세 복음서와 요한복음 간의 차이는 분명하게 드러나므로 쉽게 구별되지만, 처음 세 복음서 간의 차이는 쉽게 인식되지 못하는 편이다. 처음 세 복음서의 차이를 간과하기 쉬운 이유 중 하나는 일반적으로 사용되는 '공관복음 共觀福音이라는 용어에 대한 잘못된 이해에서 비롯된다. '공관' 共觀 synoptic이란 의미는 말 그대로 '함께 본다' 는 의미인데, 이와 같이 공관복음이란 '저자들이 함께 본,' 즉, '저자들이 같은 관점으로 본' 복음서라고 설명되기도 한다. 사실상 세 복음서의 전체적인 내용이 서로 유사한 것이 분명한 상황에서 이것들을 같은 관점에서 기록된 복음서들이라고 설명하는 것은 당연하게 여겨질 수 있다. 또한, 이런 의미에서 처음 세 복음서를 '공관복음' 이라고 부른다면 세 복음서 간의 차이나 각 복음서의 독특성은 간과될 수밖에 없다. '공관복음' 이란 용어는 원래, 처음 세 복음서의 유사성 때문에, 이 세 복음서는 독자가 이해하려 할 때에 '함께 놓고 보아야 하는 복음' 이라는 의미였던 것이 분명하다.[11] 즉, '저자들이 함께 본' 복음이 아닌, 독자가 그 것들을 '함께 놓고 비교, 분석, 종합해서 보아야 하는' 복음이라는 것이 이 용어에 대한 더 적절한 설명이다.[12] 어떤 이유에서든지 이 처음 세 복음서

---

11) E. P. Sanders and Margaret Davies, *Studying the Synoptic Gospels* (London: SCM Press, 1989), 3 참조.

의 이해에는 보통 그 개별성보다는 공통성, 그 차이점보다는 유사성이 더욱 주목받아 온 것이 분명하다. 그 내용이나 순서에서 처음 세 복음서가 많은 유사점을 지닌 것이 사실이지만 그럼에도 이 셋은 각각 '다른 관점'으로 이야기를 서술하고 있으므로 많은 차이를 보이고 있다. '네' 편의 복음서를 실제로 '네' 편으로 이해하는 가장 기본적인 단계는 각 복음서의 차이를 통해 각 복음서의 독특성을 이해하는 것이다.

네 편의 복음서가 보여주는 수많은 차이는 특히 복음서에서 정확한 역사적인 사실을 찾아내려는 관심으로 복음서를 읽는 독자에게 큰 혼란과 어려움을 가져다준다. 각각 다른 저자에 의해, 다른 시기에, 다른 독자들을 위해 기록한 네 권의 책이 서로 차이를 보이는 것은 사실상 당연하다. 복음서 간에 나타나는 차이들이 어떻게 해서 생겨나게 되었는지 그 원인은 다음과 같은 몇 가지로 설명될 수 있을 것이다.

첫째, 그것은 원래부터 반복된 예수의 말씀이나 행동에서 비롯된 것일 수 있다. 예수께서는 어떤 중요한 요구나 가르침을 여러 시기에 여러 장소에서 반복해서 말씀하셨을 수 있으며, 때로는 같은 행동을 반복해서 하셨을 수도 있다. 이런 때 그 말씀이나 행동이 항상 정확히 그대로 반복되었을 것으로 기대할 수는 없다. 즉, 복음서 서술의 차이는 예수 자신에게서 나왔을 수 있다.

둘째, 복음서 서술들의 차이는 저자들이 전해 받은 전승이나 그들이 참조한 자료에서 온 것일 수 있다. 물론 그 전승이나 자료의 차이도 원래 예수의 반복된 말씀과 행동에 기인했을 수 있지만, 복음서 서술은 전승의 전달자 이해나 자료 기록자나 수집가의 이해에 의해 달라졌을 수도 있다. 복음서의 저자들은 나름대로 얻을 수 있는 증언이나 전승 또는 자료를 수집

---

12) '공관복음'이라는 용어에 대한 이러한 부적절한 이해는 그리스도인들에게 편만한 상황이라고 판단되는데, 이러한 용어에 대한 잘못된 이해는 곧 처음 세 복음서에 대한 부적절한 이해를 가져오게 된다. 이런 이유로 필자는 이 용어 사용을 피하고 '처음 세 복음서' (the first three Gospels) 또는 '세 복음서'라는 용어를 주로 사용한다. '공관복음'이란 용어 자체는 문제가 없지만, 그 용어에 대한 일반화 된 부적절한 이해 때문이다.

해서 그것들을 참조해서 복음서를 저술한 것이 거의 분명하다.눅1:1~4 참조 그렇다면, 그들의 저술들은 각각 자신들이 참조한 전승이나 자료에 따라 차이를 보일 수밖에 없었을 것이다.

셋째, 복음서 서술의 차이는 저자 자신에게서 나왔을 수 있다. 저자 자신의 출신이나 교육, 성장 환경 등은 그 저자의 생각이나 신학을 형성했을 것이고 그러한 저자의 신학은 자신이 받은 전승이나 자료를 이해하고 해석하는데 영향을 미쳤을 것이다. 또는 저자 자신이 의도한 저술 의도나 목적에 따라서 전체적인 구성이나 강조점 등이 달라졌을 수도 있다.

넷째, 그 차이들은 독자의 필요나 상황에서 기인했을 수 있다. 그 원래 독자가 작은 교회 공동체였는지 아니면 당시의 일반 그리스도인들이었는지 확실히 알 수는 없지만 어쨌든 복음서들은 각각의 독자들을 염두에 두고 기록되었을 것이다. 독자들은 각각 나름의 역사적·사회적·신앙적 상황에 있었을 것이고, 그러한 상황에 있던 독자들에게 특히 필요하거나 요구되는 교훈이 있었을 것이다. 저자는 이러한 필요나 요구에 적절한 메시지가 되도록 복음서를 기록했을 수 있다. 이처럼 복음서 간의 차이들은 여러 가지 요인 때문에 생겨났을 수 있는데, 저자의 의도와 상관없이 생겨나기도 했으며, 또한 저자의 의도에 따라 생겨나기도 했다고 볼 수 있다. 복음서 간에 나타나는 수많은 차이에서 어떤 차이가 어떤 이유로 생겨나게 되었는지를 구별해 내는 것은 사실상 불가능하다.

복음서 간의 차이들이 왜 생겨났는지를 이해하는 것도 중요하지만 이러한 차이들의 실재를 분명히 인식하고 그것들을 잘 수용하는 것은 더욱 중요하다. 네 편의 복음서를 더욱 잘 이해하려면 우선 복음서의 서술들 사이에 존재하는 일치와 차이들을 실제로 알아야 한다. 복음서 대조서와 같은 도구는 이와 같은 일치와 차이를 실제로 보게 해주는 데 큰 도움을 준다. 복음서들의 본문 대조를 통해 실제로 확인되는 네 복음서의 차이는 일반적인 예상보다 훨씬 빈번하게 나타나고 또한 크게 나타나기도 한다. 그것은 단순한 표현적 차이에서부터, 강조점의 차이, 등장인물의 차이, 배경의 차이, 설명의 차이, 생략 또는 첨가 등 다양하게 나타난다.

복음서 간 서술의 차이들을 확인하였다면 다음으로 그 차이들을 그대로 인정하고 올바로 수용하는 것이 필요하다. 과거의 일부 보수 신학자들은 이러한 복음서의 차이들을 그대로 인정하지 않고 그 차이들을 무리하게 조화시키려고 시도하기도 하였다. 복음서 간의 차이들을 인정하지 않으려는 것은 곧 복음서가 네 권이라는 것을 인정하지 않으려는 것과 같다고 할 수 있다. 복음서 간의 차이들을 잘 파악하여 인정한다는 것은 곧 우리에게 네 권의 독특한 예수 이야기가 있다는 것을 인정하는 것이다. 그렇게 한다면 우리에게 주어진 예수 이야기는 네 배로 풍부해진다. 보통 일반인의 경우 그들은 종종 복음서의 개별적인 차이나 독특성을 제대로 인식하지 못한 채, 네 편의 복음서 이야기를 서로 혼합하고 종합하여 이해하고 사용하기도 한다. 그들은 이렇게 해서 결과적으로 네 복음서 중 어느 복음서에도 속하지 않은 자신만의 가상의 복음서를 구성하게 된다. 또는 네 편의 복음서의 각각의 특성을 무시한 채, 복음서들에서 자신에게 필요한 부분들만을 임의로 선택해서 사용하기도 한다. 복음서가 네 편이라는 것을 인정하는 것은 각 복음서의 개별적 고유성과 각 저자 고유의 저작권을 인정하고 존중하는 것을 의미한다. 즉, 각각의 저자들이 각기 다른 시기에, 각기 다른 장소에서, 각기 다른 목적으로, 각기 다른 독자를 위해 복음서를 저술했다는 것을 이해하고 인정하는 것이다. 그렇게 할 때에 각 복음서 특유의 사상과 메시지가 살아나게 되며, 네 개의 독특한 이야기들로 복음서의 의미는 더욱 풍성해진다.

예수 이야기. 앞서 필자는 '이야기 설교'로서의 복음서 장르 설정을 제안했다.13) 서술 형식으로 볼 때에 복음서는 '이야기' narrative다. 간단히 말해서, 복음서는 주어진 '배경' setting에서 '등장인물' character들이 말이나 행동을 통해서 '사건' event을 만들어 낸, 계획되고 '구성' plot된 '스토리'

---

13) Frederick J. Murphy, *An Introduction to Jesus and the Gospels* (Nashville: Abingdon Press, 2005), 11도 복음서 장르에 대해 이와 동일한 입장을 보이고 있다.

story로서 이것은 '화자' narrator에 의해 '서술' narration되고 있다. 복음서를 이야기로 이해하는 것은 복음서의 서술 형태로 볼 때에 이에 적합한 접근이다. 이야기의 서술 요소와 서술 방법에 대한 이해는 복음서의 서술 의도, 관점, 요구, 구성 등을 이해하는 데에 큰 도움을 준다.[14] 복음서를 이야기로 이해하는 것은 복음서를 이야기로 대하고 그렇게 읽어야 하는 것을 의미한다. 그것은 다음과 같이 복음서를 읽는 것을 의미한다. 첫째, 그것은 복음서를 처음부터 끝까지 이어서 읽는 것을 의미한다. 복음서는 시작과 과정과 결말이 있는 이야기로서 처음부터 읽어야 하며 이어서 끝까지 읽어야 한다. 이것은 마치 우리가 소설을 읽을 때나 영화를 볼 때에 그렇게 하는 것과 마찬가지다. 복음서 이야기를 처음부터 끝까지 읽을 때에 우리는 처음부터 독자들의 기대를 조성하며 마지막까지 그것을 이끌어 가는 화자의 의도를 이해하게 된다.[15] 이야기에서는 최종적인 결론만이 중요한 것이 아니다. 결론은 시작부터 모든 이야기를 거쳐 나오게 된 마지막 부분이므로, 어떻게 해서 그러한 결론까지 도달하게 되는지 그 진행과 과정을 이해하는 것이 중요하다.[16] 이러한 이어 읽기를 통해 우리는 복음서 전체의 구성이나 흐름을 파악하고 인물들 간 갈등의 진행 상황이나 해결을 통해 전체 이야기의 강조나 의도를 파악할 수 있다. 즉, 전 과정을 통해 도달하게 된 결론을 얻게 된다. 이어 읽기를 통해서 이야기의 전체적인 흐름을 잘 파악하는 독자라면 필요에 따라 부분적인 사건을 독립적으로 다룰 수도 있다. 하지만, 전체 읽기나 이어 읽기는 언제나 부분 읽기보다 우선한다. 복음서를 이야기로 이어서 전체로 읽어야 한다는 것은 복음서를 각 조항으로

---

[14] 이러한 서사에 대한 이론이나 방법을 '서사론' (narratology)이라고 하며, 복음서와 같은 서사물들을 서사론을 이용하여 분석하는 방법을 '서사 비평' (narrative criticism)이라고 한다.
[15] 이러한 서사론적 방법에 익숙하지 않은 독자들은 복음서의 '화자'라는 용어가 생소할 수도 있다. 화자(narrator)란 복음서 이야기 전체를 서술하고 있는 서술자를 의미하며, 즉, 복음서를 기록하고 있는 저자의 목소리를 의미한다고 볼 수 있다.
[16] 처음부터 끝까지 이어서 읽으며 그 진행과 과정을 이해해야 하는 것은 이야기 장르에 해당하는 책들뿐만 아니라 서신서들을 포함한 거의 모든 책들을 읽을 때에도 요구되는 기본적인 읽기 방법이다.

나누어진 법전法典처럼, 또는 중요한 항목별로 나누어진 사전처럼, 필요할 때에 필요한 부분만 그 특별한 필요를 위해서 읽지 않아야 한다는 것을 의미한다. 복음서를 포함한 신·구약성서 전체가 장·절로 구분된 것은 사실상 이어 읽기에 있어서 장애가 되는 요소 중 하나다. 신약성서의 장·절 구분은 독자들의 편의를 위해 후대에 이루어진 것으로서 성서의 책들을 읽을 때는 그러한 장·절 구분을 무시하고 읽는 것이 도움된다. 특히 이야기 형식의 책들을 읽을 때에는 더욱 그러하다.

둘째, 이야기로서 복음서를 읽는 것은 화자의 존재를 인식하며 그의 서술이나 해설에 귀를 기울이며 그것을 따라 읽는 것을 의미한다. 서사 문학에는 그 이야기를 해 주며 이야기 전체를 이끌어 가는 해설자화자, narrator가 있다. 복음서에서는 보통 저자가 해설자로서 모든 이야기를 서술하며 진행해 나간다. 복음서에서 이러한 해설자인 화자는 모든 이야기를 주도하고 있으며, 복음서의 전체 이야기가 무엇을 말하려 하는 것인지 처음부터 요약해서 제시하기도 하며,막1:1; 마1:1 필요하다면 독자들을 위해 필요한 설명이나 해설을 해주며,요2:6 때로는 잘 이해하도록 경고를 함으로써 주의를 환기시키기도 하고,마24:15 때로는 친절히 번역을 해 주기도 한다마27:46. 한 예로, 예수께서 중풍병자를 고치신 이야기 중 "어떤 서기관들이 거기 앉아서 마음에 생각하기를 이 사람이 어찌 이렇게 말하는가 신성 모독이로다 오직 하나님 한 분 외에는 누가 능히 죄를 사하겠느냐 그들이 속으로 이렇게 생각하는 줄을 예수께서 곧 중심에 아시고 이르시되 어찌하여 이것을 마음에 생각하느냐"막2:6~8라는 구절에서 고딕체로 표기한 부분은 모두 화자의 해설이다. 이 부분에서 화자의 해설을 제외하면 단순한 "어찌하여 이것을 마음에 생각하느냐"는 예수의 말씀만 남게 되는데, 이 말씀만으로는 어떤 상황에서 왜 예수께서 서기관들에게 그런 반문을 하셨는지 전혀 알 수 없다. 더군다나 서기관들이 '속으로 생각한' 내용과 예수께서 '생각으로' 아신 내용 즉, 발설되지 않은 서기관과 예수의 속마음까지도 화자가 설명을 해 주고 있는데, 이런 때 화자의 해설은 복음서 이야기의 이해에서 절대적인 중요성을 지닌다고 볼 수 있다. 독자는 이러한 해설자의 이야기와 설명을 신뢰하며 전적으로 그를 따라 복음서 이야기를 읽을 때에 저자가 독자에게 요구하고 의도하는 바를 잘 이해하며 따라오는 가장 이상적인 독자가 된다.17) 일반적으로는 그리스도인들은 복음서를 읽을 때에 주로 예수의 말씀이나 가르침 부분에 집중하며 상대적으로 화자의 해설 부분은 쉽게 지나치기도 한다. 하지만, 이야기로서 복음서를 읽는 독자는 화자의 서술과 해설에 주목하며 화자의 소리에 귀를 기울이고 그를 따라 복음서를 읽는다.

　복음서를 이야기로 이해하고 읽는 것은 많은 장점을 가지고 있다. 역사적-비평적 방법들이 복음서 연구에 많은 공헌을 한 것도 사실이지만 흔히 '가위질-풀칠'로 본문을 조각내며 손상했다는 비판을 받아왔다. 이와 비교해 볼 때 복음서를 이야기로 읽는 것은 완성된 이야기로서 복음서를 이해하며 그 최종 형태에 관심을 보인다는 점에서 이러한 문제에서 벗어날 수 있는 장점이 있다. 복음서 전체 이야기의 흐름이나 플롯 등에 관심을 보임으로써 이야기 전체를 조망할 수 있고 이야기 전체를 통해 저자가 계획하거나 중점을 두는 것이 무엇인지를 알 수 있게 된다. 복음서를 이야기로 읽는 서사론적 접근은 이처럼 장점을 지니고 있어서 중요하다고 할 수 있는데, 실제로 복음서는 "이야기"narrative이기 때문에 이야기로 읽는 것이 적절하다.

　교회를 위한 설교. 복음서의 서술 방법으로 볼 때 그것이 이야기라면, 그 기능으로 볼 때 복음서는 '설교' preaching라고 할 수 있다. 물론 복음서는 설교 이외에도 선포kerygma, 신앙고백, 교훈, 찬양, 변증, 논쟁, 교리문답 등 여러 가지 기능을 하고 있다고 할 수 있다. 복음서를 일종의 설교로 이해하는 것은 복음서 간의 차이가 주로 독자주로 교회 또는 공동체의 상황이

---

17) 서사론적 용어를 사용하자면 여기서 저자는 '내포 저자' (implied author)를 의미하며 이러한 내포 저자의 의도를 따르는 이상적인 독자를 '내포 독자' (implied reader)라고 한다. 서사론과 서사 비평에 대한 보다 충분한 논의를 위해서는 권종선, 『신약성서 해석과 비평』 (대전: 침례신학대학 출판부, 2005), 339-89를 참조하라.

나 필요에서 기인한 것으로 보는 것이다. 즉, 복음서는 독자들이 처한 특정 상황에서 그들의 필요를 충족시키기 위해 기록된 메시지로 이해하는 것이다. 이러한 접근의 장점은 우선 네 복음서의 차이를 일치하지 않는 모순적 서술인 것처럼 보는 역사·사실주의적 입장에서 벗어나도록 해 준다는 것이다. 복음서 간의 차이는 역사적 모순이 아니라 각각 다른 상황에 있던 독자 공동체들을 향한 다양한 메시지들이라고 이해하는 것이다. 일반적으로 설교의 주된 의도나 기능은 정확한 역사 서술이나 정보 제공에 있기보다는 청중의 생각, 태도, 행동에 영향을 주어 하나님이 요구하시는 그리스도인으로 살게 하는 데에 있다. 따라서 복음서를 설교처럼 읽는 독자의 주된 관심은 복음서가 독자에게 어떤 생각, 태도, 행동, 삶을 요구하고 있는지를 파악하고, 어떻게 그것을 실천할 것인가 하는 데에 있어야 한다. 이는 복음서가 어떠한 역사적 정보도 제공하지 않고 있다는 말이 아니며, 또한 복음서에서 역사적 정보를 얻으려는 시도 자체가 잘못된 것이라는 의미도 아니다. 단지 복음서의 주된 의도나 기능은 현대의 설교와 마찬가지로 그러한 정보 제공에 있지 않다는 것이다. 복음서의 주된 기능은 설교처럼 독자 또는 청중의 신앙적 삶에 영향을 주는 데에 있으므로 복음서는 설교처럼 목회적·실천적 책이라고 할 수 있다.

복음서는 우선으로 목회적·실천적 책이므로 복음서에서 역사적 정보를 찾아내려고 복음서를 읽는 것은 바람직하지 않다. 그것은 마치 어떤 역사적 정보를 얻으려고 설교를 듣는 것과 마찬가지다. 또한, 복음서에서 어떤 교리적 정보를 찾아내거나 교리를 추출해 내려는 목적으로 복음서를 읽는 것도 바람직하지 않다. 원래 복음서는 교리적 의도를 가지고 기록된 것이라고 할 수 없으며, 또한 복음서 기록 당시는 아직 현대적인 의미에서의 교리 체계는 형성되지도 않았기 때문이다. 이처럼 복음서를 설교로 이해하는 것은 네 복음서의 차이가 나는 서술을 교회를 향한 다양한 메시지로 이해하여 그 의미를 풍부하게 해주며, 또한 실천적으로 그것에 응답하도록 해준다. 복음서는 당시 '교회'를 위한 설교로서 복음서 연구는 당시 원래 독자였던 교회(공동체)의 상황이나 필요가 어떤 것이었는지를 이해하는데 도움을 줄 수 있다. 하지만, 실제로 복음서 본문에서 어떤 부분이 얼마나 교회의 상황을 반영하고 있는지를 확인하기는 어렵다.

신앙적 선포 또는 고백. 복음서의 중심에는 기독교의 가장 근본적인 신앙적 선포와 고백이 자리 잡고 있다. 복음서 이야기의 주인공은 예수이고 복음서는 예수에 대한 중요한 선포와 고백 위에 기록되었다. 마가복음은 처음부터 예수를 '하나님의 아들'이며 '그리스도' 메시아라고 선포하며,막1:1 마태복음 역시 처음부터 '다윗의 자손'으로 선포하며,마1:1 누가복음과 요한복음도 마찬가지로 예수께서 '그리스도'이며 '하나님의 아들'이라는 고백을 기본으로 하고 있다. 복음서들은 예수가 '그리스도'이며 '하나님의 아들'이란 것을 불신자들에게 전하려고 기록되었기보다는, 우선으로 이미 그것을 알고 그대로 고백하는 그리스도인들을 위해 기록되었다. 서신서의 수신자들이나 계시록의 독자들이 모두 그리스도인들이었던 것과 마찬가지로 복음서의 최초의 독자도 그리스도인들이었음이 분명하다. 즉, 원래 복음서는 예수에 대해 저자와 같은 신앙고백을 하고 있던 그리스도인 공동체를 위해 기록된 책이다. 이런 점에서 현대의 독자들이 복음서의 메시지를 잘 이해하고 그것에 응답하려면 그 최초의 독자들처럼 복음서 저자들과 같은 신앙고백을 할 수 있어야 한다. 물론 복음서는 불신자를 믿게 하기 위한 책이기도 하다. 하지만, 불신자들도 마찬가지로 복음서의 메시지를 충분히 이해하려면 이러한 같은 고백을 하는 독자가 되어야 한다. 즉, 복음서는 예수에 대한 같은 선포와 고백을 하는 사람들을 위한 책으로서 그런 선포와 고백을 공유하는 신앙인 독자들이 그 메시지를 올바로 잘 이해할 수 있는 책이다. 이런 점에서 복음서의 중심이며 전제인 예수에 대한 신앙적 선포와 고백을 처음부터 배제하고 복음서에서 역사적 예수를 찾으려고 복음서를 읽는 독자는 복음서의 진정한 의미를 파악할 수 없다.

복음서의 형성과 기록

신약성서에 의하면 예수께서는 세상에 계실 때에 어떤 기록도 남기신 일이 없으며,18) 제자들에게 어떤 기록을 남기도록 요구하시거나 명령하신 일도 없으며, 제자들 자신이 어떤 기록을 남겼다는 기록도 없다. 교회가 탄생하고 나서도 복음서는 곧바로 기록되지 않았다. 최초의 복음서로 알려진 마가복음도 교회 탄생 후 약 사십 년이나 지나서 나타나게 된 것으로 보인다. 복음서는 어떤 과정을 거쳐서 어떻게 기록되게 되었을까? 복음서의 기록 과정에 대해서는 누가복음의 간단한 언급을 제외한다면눅1:1~4 어떤 복음서도 어떠한 언급하지 않고 있으며 다른 신약성서 책들도 이에 대해서 언급하지 않고 있다. 후대 기독교 저술가들의 저술에서 복음서 기록에 대한 부분적인 언급들이 나타나기는 하지만, 그 정보들은 단순하며, 또한 확실한 것인지도 분명하지 않다. 이런 상황에서 복음서의 형성과 기록의 역사를 재구성해 낸다는 것은 대단히 어려운 일로서, 신약성서의 책들과 교부들의 저술에서 찾아낼 수 있는 부분적인 정보들을 종합하고 초대 교회의 상황을 그려내서 복음서 형성과 기록 과정을 재구성할 수밖에 없는 상황이다.

전승의 시작-증인. 예수께서는 사역의 초기부터 열두 제자를 부르셔서 그들과 함께 하셨다. 열두 제자 이외에도 '제자'로 불리는 다른 사람들도 있었으며,요6:60; 19:38 막달라 마리아를 포함한 여러 여인도 예수를 따랐던 것으로 보인다눅8:1~3. 특히 이 여인들은 제자들이 다 도망가서 하나도 없던 예수의 십자가 처형장에도 있었으며,막15:40~41 예수 부활의 최초의 증인들이 되기도 했다눅24:9. 예수께서 행하신 많은 기적, 병자를 고치거나 귀신을 축출하신 일, 당시 권위자들과 강하게 논쟁하거나 대립하신 일, 성전을 정화하신 일 등이나 비유들을 통한 도전적인 가르침, 원수를 사랑하라

---

18) 요한복음의 간음한 여인 사건에서 땅에 무엇을 쓰신 일은 있지만 그 내용은 알려지지 않고 있으며(요 8:6, 8), 그 본문이 원래 원문에 속한 것인지에 대해서도 논란이 있다.

는 명령 등은 사람들에게 깊은 인상을 주었을 것이 분명하므로 예수에 대한 소문은 그의 생전에도 널리 퍼졌을 것이다.마4:24; 9:26; 막1:28 특히 예수에 의해 고침을 받은 사람들이나 예수와 특별한 개인적으로 만났던 삭개오, 니고데모, 사마리아 여인과 같은 사람들은 자신들이 만난 예수에 대해 주위에 알렸을 것이다. 이처럼 예수의 삶과 가르침에 대한 이야기들은 예수께서 살아 계실 때부터 여러 사람에 의해 구전口傳으로 유포되었을 것이다. 예수의 기적이나 행동, 가르침에 대한 소문이 당시 갈릴리나 예루살렘에 널리 퍼져 있어 사람들에게 큰 인상을 주었다면, 그러한 예수의 체포와 십자가 처형은 그만큼 사람들에게 충격을 주었을 것이다. 누가복음은 예수의 처형과 죽음을 거의 모든 예루살렘 사람들이 알고 있던 것처럼 언급하고 있다.눅24:18 하지만, 예수께서는 죽음에 머물러 계시지 않고 부활하셔서 여인들과 제자들과 오백여 형제와 야고보에게 각각 나타나셨다.눅24:15,36; 고전15:5~7

　예수의 죽음으로 큰 실망과 충격에 빠져 있었을 상황에서 부활하신 예수께서 제자들과 사람들에게 나타나신 것은 그들에게 큰 기쁨과 희망이 되었을 것이 분명하다. 예수의 처형과 죽음의 소식을 온 예루살렘이 알고 있었다면, 예수의 부활 소식은 아직 일부에게만 알려진 상황에서 예수의 부활의 증인들은 하루빨리 사람들에게 부활 소식을 전해야 했을 것이다. 예수의 제자들을 포함해서 예수의 부활을 믿게 된 사람들에게는 부활 사건 자체도 중요했지만, 왜 예수께서 그렇게 죽으셔야 했는지 그 죽음의 의미도 중요했으며, 근본적으로 예수가 누구인지 그 신분이나 정체도 중요했다. 예수를 따르던 제자들을 포함한 그 누구도 예수의 부활 이전까지는 예수가 왜 죽으셔야 했는지 그리고 그가 진정 누구인지 알지 못했기 때문이다. 그들은 그들이 경험했던 예수의 삶, 가르침 그리고 그의 죽음의 의미를 예수의 부활에 비추어 이해하게 되었으며 구약의 여러 말씀도 예수에 관한 예언으로 새롭게 이해하게 되었다.눅24:25~32 그들은 이렇게 새롭게 깨달은 예수의 정체, 삶과 가르침, 죽음과 부활을 전하려고 했을 것이다. 예수께서는 일종의 범죄자처럼 처형당하셔서 당시 사람들 사이에 그 정체에 대해 오해가 편만 했을 것으로 생각할 수 있는데, 그러한 상황이라면 무엇보다도 그의 죽음의 의미와 부활의 사실, 그리고 그의 정체를 알리는 것은 중요하고 시급한 것이었을 것이다.

전승의 확립-교회. 예수의 승천 후, 다락방에 모여 있던 사람들에게 오순절에 성령이 임하심으로써 교회가 시작되었다. 이 새로운 영적 사건을 이해하지 못하고 있던 많은 유대인과 '예루살렘의 모든 사람'을 향해 베드로는 이 사건의 의미를 설교했다.행2:14 그 설교의 내용은 성령이 임하신 것은 요엘 선지자를 통해 말씀하신 하나님의 구원의 때가 온 것을 의미하며,행2:16~21 예수께서는 하나님의 뜻을 따라 넘겨지셨지만, 사람들에 의해 죽으셨으며 구약의 예언대로 하나님께서 그를 살리셨다는 것으로서,행2:23~35 이 설교의 결론은 그들이 죽인 예수를 하나님께서 '주'와 '그리스도' 메시아가 되게 하셨다는 것이다행2:36. 베드로의 설교에서 나타난 이러한 중요한 '선포 내용' 케뤼그마, $\kappa\eta\rho\nu\gamma\mu\alpha$은 베드로뿐만 아니라 여러 사도가 교회 초기에 전파했던 중요한 내용이었을 것이다. 이처럼 초기 교회에서는 주로 예수의 죽음과 부활을 통해서 사람들에게 구원이 왔다는 것과 예수는 주와 그리스도라는 것이 선포되었다.

예수 시대에 예루살렘이나 팔레스타인 지역에서 유대인들이 일상적으로 사용하던 언어는 아람어로서, 갈릴리나 예루살렘에 있던 유대인들이 주축이었던 예루살렘 교회에서 사용하던 언어도 당연히 아람어였을 것이다. 즉, 예수 생전에 예수에 대한 소문이나 이야기와 예루살렘 교회에서 설교되거나 가르쳐진 예수에 대한 이야기는 모두 아람어로 전달되었음이 분명하다. 예수의 여러 행적이나 가르침 등이 예수가 살아 계셨을 때부터 다양하게 구전으로 개별적으로 전파되었겠지만, 초기 교회의 지도자들이었던 사도들이 전한 예수의 죽음과 부활에 대한 증언이나 설교는 주로 공적으로 이루어졌을 것이다. 교회의 공식적인 권위를 지닌 사람들이었던 사도들의 증언과 선포는 개인적인 증언보다 큰 파급 효과를 지녔을 것이다. 초기 교회에서 예수의 고난과 죽음과 부활은 다른 어떤 것보다 자주 설교 되고, 가르쳐지고, 전파되었을 것인데, 이렇게 반복되어 말해지는 과정에서 예수의 고난과 죽음과 부활은 가장 먼저 연결된 긴 이야기 형태를 갖추게 되었던 것으로 보인다.

사도들은 초기부터 전도를 시작했는데 그 대상자는 예루살렘 거민들로서 대부분 유대인이었다. 그들에게 예수가 그리스도라는 것을 알릴 수 있는 가장 좋은 방법은 유대인들에게 절대적인 권위를 가지고 있던 성서를 증거로 사용하는 것이었다. 사도들은 구약성서에서 예수가 하나님께서 예전부터 계획하시고 말씀해 오신 그리스도라는 것을 증거 해주는 많은 말씀을 발견했을 것이다. 그들이 예수의 부활에 비추어 예수를 새롭게 이해하게 되고 그러한 새로운 이해로 구약성서를 읽게 되었을 때에, 그들은 이전에는 예수와 연관 짓지 못했던 수많은 구절의 의미를 예수와 관련지어 새롭게 이해하게 되었을 것이다. 특히 예수가 그리스도라는 것을 증거 해주는 구약성서의 구절들은 유대인 전도를 위해 빈번히 사용되었을 것이며, 주로 변증적인 중요성이나 필요에 의해 이러한 구절들은 따로 모여져 기록 형태로 보존되어 사용되었을 수도 있다.[19]

예루살렘 교회는 그 초기부터 세(침)례를 행했고 주의 만찬을 행한 것으로 보이는데, 그러한 교회 예전禮典의 실행은 당연히 예수의 말씀에 근거했을 것이고, 그러한 예수의 말씀은 세(침)례나 주의 만찬을 시행할 때마다 언급되거나 설교 되었을 것이다.[20] 세(침)례를 행할 때에 또는 세(침)례 전에 간단한 문답이 행해졌다면 계속 반복된 세(침)례식을 통해 이러한 문답도 어느 정도 정형화된 형태를 갖추게 되었을 것이다. 또한, 이러한 문답을 위해 일종의 예비 교육이 있었다면 그 문답은 더욱 일정한 형태로 고정되었을 것이다. 이렇게 형태를 갖추게 된 문답의 내용은 교회에서 간단한 노트(메모) 형식의 기록으로 문서로 만들어졌을 수도 있다. 예루살렘 교회는

---

19) 이런 증거 구절 모음집을 보통 '테스티모니아' (testimonia)라고 칭한다.
20) 후에 바울도 주의 만찬을 언급할 때에 자신이 전해 받은 예수의 말씀을 전하며 그 의미를 설명하고 있다(고전 11:23-25).

"모든 물건을 서로 통용하고 또 재산과 소유를 팔아 각 사람의 필요를 따라 나눠" 주었고 과부를 구제하는 일을 제도적으로 시행하기도 했는데,행 2:44~45; 6:1~4 이러한 제도의 실행도 기본적으로 예수의 정신이나 말씀을 따라 행했을 것이다. 이러한 구제나 나눔의 실행에서 당연히 이에 대한 예수의 말씀과 교훈이 기억되고 언급되었을 것이다. 교회에서 그리스도인들을 위한 교육이 있었을 것이며 그 교육에서 예수의 말씀과 삶은 보다 구체적으로 가르쳐졌을 것이다. 이처럼 예수의 말씀과 삶은 계속 반복적으로 교육되며 시간이 흐르면서 일정한 형태를 갖추게 되었을 것이다. 예루살렘 교회는 오래 지속하지 못하고 박해로 흩어지게 되었는데, 이 교회에서 짧은 기간에 예수에 대한 전승이 어느 정도나 형성되고 사용되고 확고해졌는지는 알 수 없다. 이처럼 기독교 초기 예루살렘 교회에서는 주로 예수의 수난 이야기를 중심으로 세(침)례나 주의 만찬에 관한 말씀이나, 재물의 나눔이나 구제에 관한 말씀들이 아람어로 반복되고 전파되며, 수난 이야기는 비교적 긴 이야기 형태로 그리고 다른 말씀들은 짧은 말씀으로 형태를 갖추게 된 것으로 보인다.

예루살렘 교회가 박해로 인해 해산되고 그리스도인들은 사마리아, 베니게, 구브로, 안디옥, 다메섹 등 점차 이방 지역으로 나아가 전도를 하게 된다.행8; 11:19 예루살렘 교회나 사도들은 박해 이전부터 또는 박해 후에 유대나 갈릴리와 같은 지역을 먼저 전도했을 것이며, 이 지역들에도 교회가 생겨나게 되었을 것이다.행1:8 참조 특히 박해 후에는 이방 선교가 활발해진 것으로 보이는데, 이들이 이방 지역으로 나아가서 우선 전도한 대상은 이방인이 아닌 디아스포라 유대인들이었다.행11:19 이러한 여러 이방 지역에도 전도를 통해 교회들이 생겨났을 것이며, 이러한 이방 지역 교회 중에 안디옥 교회는 오랫동안 이방 선교의 중심지로 중요한 역할을 하기도 했는데, 이러한 이방 지역 교회들의 교인들은 여전히 대부분 유대인이었다. 단, 그들은 '디아스포라' 유대인들로서 그들의 주된 언어는 헬라어였다. 따라서 설교나 교육은 이제 헬라어로 행해졌으며, 사도들의 설교나 가르침 또는 예루살렘 교회로부터 온 그리스도인들이 전하는 예수의 말씀이나 행적, 가르침 등은 모두 헬라어로 통역되었을 것이다. 이러한 디아스포라 교회는 지역적으로나 문화적으로 이방인들을 향해 열려 있었으며, 따라서 자연스럽게 이방인 선교에 많은 관심을 보일 수 있었을 것이다. 또한, 유대교의 율법 준수에 대해서는 팔레스타인 지역의 유대인들보다 상대적으로 자유로운 입장을 취하고 있었을 것이다. 이들은 헬라어로 번역된 예수의 가르침을 가지고 있었으며, 디아스포라 유대인 그리스도인들로서 자신들의 입장과 상황에 적절한 예수의 말씀과 가르침을 찾아 사용하고 보존했을 것이다.

안디옥 교회는 이방 선교의 중심이 되어 선교사를 파송하기도 했는데행 13:1~2 이방인에 대한 적극적인 관심이 커질수록 전통적인 유대교와는 점점 멀어졌을 것이며, 그럴수록 믿지 않는 유대인들과의 사이가 벌어졌을 것이다.[21] 이러한 상황에서 바리새인이나 전통적인 유대교 지도자들과 예수가 충돌하신 사건이나 예수께서 그들을 책망하신 여러 말씀도 기억되었을 것이다. 안디옥 교회는 여전히 예수의 삶과 가르침에 대해 부활의 증인인 사도들이나 다른 증인들로부터 직접 증언을 들을 수 있는 위치와 상황에 있었을 것이며, 비교적 오랫동안 존속해 있어서 더 충분한 예수의 이야기를 보존할 수 있었을 것이다.[22] 교회가 지속하는 동안 예배, 설교, 교육, 선교, 교회 예전, 문답 등의 기본적인 필요와 함께 불신 유대인과의 갈등, 논쟁에 대한 해결, 이방 선교 등의 다양한 필요는 그만큼 다양한 예수의 말씀을 찾게 했을 것이다. 예수의 비유나 기적과 같은 짧은 이야기들은 수집되어 구전으로 전달되거나 또는 노트 형식으로 보존되었을 수도 있다.[23]

---

21) Keith F. Nickle, *The Synoptic Gospels: An Introduction* (Louisville: John Knox Press, 2001), 11.
22) 안디옥 교회 이외에도 일반적으로 예루살렘으로부터 멀지 않은 곳에 위치했던 디아스포라 유대인 중심의 교회들이 있었을 것이며, 그들도 안디옥 교회와 유사한 입장에 있었을 것이다.
23) Pheme Perkins, *Introduction to the Synoptic Gospels* (Grand Rapids: William B. Eerdmans Publishing Company, 2007), 67.

또는 예수의 말씀들을 수집해 놓은 어록*logia*이나 어느 정도 이야기 형태를 갖춘 말씀 모음집이 있었을 수도 있다.[24] 안디옥 교회를 포함해서 안디옥 교회와 같이 사도들의 영향력 아래 있던 디아스포라 교회들은 예수에 관한 증거들을 헬라어로 보존해서 전달하는 데에서 중요한 역할을 했을 것이다. 그들은 후에 다수 교회가 되었던 이방 교회들에 헬라어 전승과 자료의 중요한 전달자 역할을 했을 것이다.

바울과 바나바와 같은 전도자들의 활발한 선교 활동으로 점점 더 많은 이방인 교회들이 생겨났다.행13:4이하 참조 이방인 교회 스스로 예수에 관한 전승을 수집하기는 쉽지 않았을 것이며, 그들은 주로 자신들의 전도자들로부터 예수 이야기를 전해 받았을 것이다. 예수께서 이방 지역을 방문하셔서 사람들을 고쳐 주신 이야기나,막5:1~20; 7:24~30 이방인 백부장의 신앙고백막15:39과 같은 이야기들은 특히 이방 교회에서 중요하게 언급되었을 것이다. 주후 70년 예루살렘 멸망 이후에는 이방인 교회가 기독교의 중심적인 역할을 하게 되는데, 이 시기 이전에, 그리고 아직 사도들이 살아 있던 시기에, 사도들의 영향을 받고 있던 유대인 교회들을 중심으로 예수 이야기의 전승은 이미 어느 정도 충분히 형성된 것으로 보인다. 사도들이나 유대인 교회들에 의해 설립된 이방인 교회들과는 달리 바울의 전도에 의해 생겨난 이방인 교회들은 비교적 예수의 삶과 가르침에 대해서는 충분한 전승을 전달받지 못했던 것으로 보인다. 바울은 이방인을 위한 사도로 부르심을 받기 전에 아마도 예수를 알지 못했으며, 부활하신 주를 만나서 소명을 받은 그는 예수의 삶보다는 부활에 더 비중을 두었던 것으로 보인다. 바울 자신의 관심에 따라 바울의 교회들은 예수의 삶과 가르침에 대한 전승보다는 예수의 죽음과 부활의 의미에 더욱 집중했던 것으로 보인다.[25]

복음서의 기록. 최초의 복음서가 기록되기 이전까지는 앞서 살펴본 바

---

24) 이러한 말씀 모음집은 학자들이 마태복음과 누가복음의 자료 중 하나였을 것으로 추정하는 'Q 자료'라고 불리는 문서 자료의 모체가 되었을 수 있다.
25) 바울서신과 비교한다면 디아스포라 유대인이 수신자로 보이는 야고보서나 베드로서는 예수의 말씀을 훨씬 더 많이 반영하고 있다.

와 같이 예수의 전승들은 교회의 다양한 필요를 따라 다양한 삶의 자리에서 반복을 통해 나름대로 형태를 갖춘 전승 단위들로 확립되고 보존된 것으로 보인다. 특히 예수의 말씀 일부는 기록되어 보존되거나 전해지기도 했을 것이다. 하지만, 예수의 생애와 가르침에 대한 충분한 이야기를 담은 문서는 아직 출현하지 않았다. 예수가 세상을 떠나시고 나서 수십 년 동안이나 그러한 문서가 나타나지 않은 이유는 보통 다음과 같은 몇 가지로 제시된다. 첫째, 사도들과 예수 사건의 증인들이 아직 생존해 있었기 때문이다. 바울이 전도해서 생겨난 이방인 교회들을 제외한다면 나머지 교회들은 대부분 사도의 영향력 아래 있었을 것이다. 따라서 이 교회들은 언제나 필요할 때면 직접 사도들로부터 예수 이야기를 들을 수 있었을 것이다. 또한, 다른 여러 증인의 이야기도 언제든지 들을 수 있었다. 따라서 그것을 기록해야 할 큰 필요를 느끼지 못했을 것이다. 둘째, 그들은 일반적으로 마지막 때가 가까웠다는 인식을 하고 살았기 때문이다. 베드로는 오순절 날 성령이 사람들에게 강림한 일을 요엘이 '말세'에 이루어질 것으로 예언했던 사건들이 이루어진 것이라고 설명해주고 있다.행2:16~17 바울의 초기 서신인 데살로니가후서는 당시 그리스도인들이 임박한 종말에 대한 생각을 지니고 있었음을 보여준다.살후2:1~2 즉, 그들은 자신들의 후세까지 생각할 정도로 충분한 기간이 남아 있지 않다고 생각했기 때문에 구태여 예수의 삶을 기록으로 남겨 그것을 전할 생각을 하지 않았을 것이다. 셋째, 유대인들은 일반적으로 구전에 더 익숙한 사람들이었기 때문이다. 아직 교회가 '새로운 성서' 신약성서를 필요로 하지도 않는 상황에서 교회에서 들을 수 있고 구전으로 전할 수도 있는 말씀들을 책으로 펴낼 필요가 없었을 것이다.

주후 60년대 중반이 지나면서 대부분의 사도나 증인들이 세상을 떠나게 된 것으로 보이는데, 이처럼 상황이 바뀌면서 교회는 더는 그들로부터 생생한 증언을 들을 수 없게 되었다. 이제 기독교 교회의 제1세대에 속한 사람들도 점차 세상을 떠나게 되었을 것인데, 이들이 세상을 떠난 시기가 되었어도 세상의 종말은 아직 임하지 않았다.벤후3:4 그리스도인들은 하나님께서 더 시간을 주시고 기다리신다는 생각을 할 수도 있었고,벧후3:9 종말은 그들이 기대해 왔던 것처럼 곧 오지 않을 것이라는 생각도 하게 되었을 것이다눅21:9 참조. 그렇다면, 그들은 좀 더 긴 미래를 생각하며 그것을 준비해야 한다는 생각을 했을 것이며, 자신들의 다음 세대도 예수에 관한 증언을 들을 수 있도록 해야 한다는 생각을 할 수 있었을 것이다.

이방 지역에 교회가 많아지면서 이방 그리스도인의 주된 문화적 배경은 헬레니즘이 되었을 것이고, 이 문화에서 활발했던 저술과 출판도 복음서 기록에 영향을 주었던 것으로 보인다. 이러한 변화 이외에도 그리스도인들이 새롭게 처하게 된 상황들은 분명하게 기록된 예수의 말씀이 필요하게 되었을 것이다. 많은 그리스도인이 로마 정부로부터 또는 유대인들로부터 박해를 받게 되었다. 단지 그리스도인이기 때문에 그리스도인들이 박해를 받아야 하는 상황은 이에 대한 타당한 신학적 설명이나 근거, 또는 격려가 필요하게 되었을 것이다(베드로전서, 마가복음). 디아스포라 유대인 교회나 이방 교회가 대다수였던 당시의 교회들에서 그리스도인들과 불신 유대인들과의 갈등은 계속되었으며(마태복음, 요한복음), 그리스도인들 내에서도 율법 준수 문제는 많은 논란을 일으켰다(마태복음). 영지주의와 같은 잘못된 가르침이나 이단 사상 등도 새로운 문제로 나타나게 되었다. 바울의 교회들이 주로 바울에게서 온 서신들을 통해서 이러한 문제들을 해결했다면, 다른 교회들도 문제 해결을 위해 그러한 종류의 권위 있는 기록을 필요로 하게 되었을 것이다.

마가는 당시 교회들을 통해서 얻을 수 있는 구전들과 일부 기록된 자료들을 근거로 예수 생애 전체 이야기의 틀을 세우고 처음으로 완성된 예수 이야기를 저술했을 것이다. 이렇게 기록된 마가복음은 점차 여러 사람에 의해 읽히게 되었을 것인데, 다른 교회들이나 독자들은 자신들의 상황과 필요에 더욱 적절한 메시지가 필요했을 수 있다. 이러한 상황에서 특별히 디아스포라 유대인 교회는 유대인 독자들을 위해 불신 유대인들, 유대교와 이방선교 등의 당면한 문제들에 더욱 적절한 대답을 줄 수 있는 메시지가 필요했던 것으로 보인다. 마태는 마가복음을 기초로 내용적으로는 예수의 탄생 이야기와 다른 예수의 말씀들을 보충하고 다섯 묶음의 예수의 큰 설교들을 중심으로 예수 이야기를 구성해서, 자신의 교회가 당면한 문제와 필요에 적절한 대답을 줄 수 있도록 복음서를 기록했을 것이다. 누가도 마가복음을 바탕으로 자신이 수집한 탄생 이야기와 다른 예수의 말씀을 보충하여 주로 이방인 독자들에게 기독교 진리에 대한 확신을 주려고 누가복음을 기록한 것으로 보인다. 이방 세계에서의 기독교 확장을 위해서 누가는 특히 로마 당국에 기독교를 변호하고 또한 그리스도인들에게 로마를 변호함으로써 더욱 원활한 기독교 활동을 할 수 있기를 기대했던 것으로 보인다. 또한, 누가는 독자들이 직면하는 부와 가난 또는 재물의 사용과 같은 현실적인 문제들에 대해 교훈함으로써 그들이 세상과 교회에서 그리스도인들로서 올바로 생활할 수 있도록 도우려고 했던 것으로 보인다. 복음서 중 가장 늦은 시기에 기록된 요한복음의 저자는 처음 세 복음서와는 다른 자료들을 참조해서 내용상 독특한 복음서를 저술하였는데, 특히 불신 유대인들과 갈등을 겪고 있던 독자들에게 예수에 대한 그들의 믿음을 계속 간직하도록 독려하기 위해 기록한 것으로 보인다. 네 복음서는 이처럼 각각 다른 상황에서 주후 70년경부터 주후 100년 사이에 기록되었을 것이다.

복음서의 확정. 주후 2세기 중반에는 각각 전해져 읽혔던 네 복음서가 모여져서 함께 읽히기 시작한 것으로 보이는데, 이 시기에 네 복음서에는 구분을 위하여 당시 전해지던 저자의 이름을 따라 제목이 붙여졌던 것으로 보인다. 이 시기에 구약성서를 부인한 말시온Marcion은 누가복음과 열 개의 바울서신만을 기독교의 정경으로 인정함으로써 물의를 일으켰는데, 동시대의 타티안Tatian은 요한복음 구조에 맞추어 나머지 세 복음서를 배열하는 방법으로 네 복음서를 조화시킨 디아테사론diatessaron을 펴냄으로써 사실상 네 복음서 모두를 인정했다. 2세기 말경 이레니우스Irenaeus는 네 복음서를 교회의 네 기둥에 비유함으로써 복음서 중에서는 지금 정경의 네 복음서만 인정한 것으로 보이는데, 이처럼 2세기 말에 네 복음서는 교회에서 권위 있는 책으로 읽혔던 것으로 보인다. 이렇게 네 복음서가 널리 읽힘에 따라 이러한 네 복음서를 보충하려는 의도에서 또는 자신들만의 독특한 신학을 변증 하려는 의도에서 다른 여러 복음이 출현하기 시작했다. 도마복음, 히브리인들의 복음, 나사렛인들의 복음, 에비온복음, 이집트인들의 복음, 베드로복음, 니고데모복음, 빌립복음, 마가의 비밀복음, 도마의 유년기 복음, 야고보 원복음, 유다복음 등 수많은 책이 등장했다. 이러한 복음서들은 그 시기가 대부분 거의 3세기 이후의 것들이며, 일부는 그 내용이나 신학이 네 복음서와는 달라서 전통적인 기독교 교회에서 사용되지 못한 것으로 보인다.[26] 주후 4세기 말 알렉산드리아의 아타나시우스Athanasius는 현재 신약성서 27권을 정경으로 분명하게 제시했다. 이처럼 네 복음서는 2세기 말경에 그 정경적 권위가 확립되기 시작하여 4세기 말에는 그 권위가 확고히 세워졌던 것으로 보인다.

처음 세 복음서 문제

처음 세 복음서는 그 내용에서 많은 공통점이 있어서 자주 함께 연구됐다. 처음 세 복음서는 예수의 탄생 이야기, 비유와 기적들, 산상수훈과 같은 예수의 가르침 등 예수의 삶과 교훈에 관한 많은 내용을 담고 있다. 처음 세 복음서는 내용상 많은 공통점을 가지고 있지만, 그 관점이나 표현에 큰 차이를 보이기도 하기 때문에 학자들은 이 복음서들이 그 형성이나, 기록 순서, 자료 등에 있어서 서로 어떤 관계를 지니고 있는지를 설명하려고 노력해왔다. 오랫동안 진행되어 온 세 복음서의 문제에 대한 관심과 연구는 신약성서 연구 방법론에서도 중요한 발전을 가져왔는데, 신약성서의 자료 비평, 양식 비평, 편집 비평 등, 소위 '역사적-비평적' 방법들은 주로 세

---

[26] 이 중 도마복음서는 정경 복음서와 동시대의 기록이라는 견해도 종종 제시되는데, 아직 논란이 많으며 그 정확한 시기를 알 수 없다.

복음서 문제에 대한 해결책을 찾으려는 시도들에서 발전했다. 요한복음보다 이른 시기에 기록된 처음 세 복음서는 역사적 예수 탐구나 다른 역사적 연구에서도 요한복음보다 우선적인 자료로 인식되고 있어서 이 세 복음서의 기록 순서와 자료를 분명히 밝히는 것은 이러한 연구들에서도 중요하다. 또한, 세 복음서의 공통점과 차이점에 대한 세밀한 연구는 각 복음서의 신학적 강조나 특징을 이해하는 데도 큰 도움을 줄 수 있다.

자료 비평.Source Criticism 다음은 처음 세 복음서 서술의 공통점과 차이점을 보여주는 한 예이다.

보는 바와 같이 전체적인 이야기는 그 내용이나 순서에서 전체적으로 일치한다. 즉, 예수께서 레위마태를 부르심, 세리들과 식사하심, 바리새인들이 비방함, 예수의 말씀으로 이어지는 순서와 기본 내용이 같으며 어떤 부분들은 단어들 자체가 정확히 일치하기도 한다. 하지만, 또한 차이점들도 있는데, 마가복음에서는 많은 세리와 죄인들이 예수를 따랐다는 해설이 제시되어 있고,막2:15 마태복음에만 구약 구절이 인용되어 있으며,마9:13, 호6:6에서 인용 누가복음에는 레위가 '모든 것'을 버리고 예수를 따랐다는 언급과눅5:28 예수께서 죄인을 불러 '회개시키러' 왔다고 하시는 표현이 첨가되어 있으며눅5:32 그 외에 세부적인 표현에서도 차이를 보인다.

막2:14~17	마9:9~13	눅5:27~32
14 또 지나가시다가 **알패오의 아들 레위**가 세관에 앉아 있는 것을 보시고 그에게 이르시되 나를 따르라 하시니 **일어나 따르니라** 15 그의 집에 앉아 잡수실 때에 많은 세리와 죄인들이 예수와 그의 제자들과 함께 앉았으니 **이는 그러한 사람들이 많이 있어서 예수를 따름이러라**	9 예수께서 그 곳을 떠나 지나가시다가 **마태라** 하는 사람이 세관에 앉아 있는 것을 보시고 이르시되 나를 따르라 하시니 **일어나 따르니라** 10 예수께서 마태의 집에서 앉아 음식을 잡수실 때에 많은 세리와 죄인들이 와서 예수와 그의 제자들과 함께 앉았더니	27 그 후에 예수께서 나가사 **레위**라 하는 **세리**가 세관에 앉아 있는 것을 보시고 나를 따르라 하시니 28 그가 **모든 것을 버리고 일어나 따르니라** 29 레위가 예수를 위하여 자기 집에서 큰 잔치를 하니 세리와 다른 사람이 많이 함께 앉아 있는지라

16 바리새인의 서기관들이 예수께서 죄인 및 세리들과 함께 잡수시는 것을 보고 그의 제자들에게 이르되 어찌하여 세리 및 죄인들과 함께 먹는가	11 바리새인들이 보고 그의 제자들에게 이르되 어찌하여 너희 선생은 세리와 죄인들과 함께 잡수시느냐	30 바리새인과 그들의 서기관들이 그 제자들을 비방하여 이르되 **너희가** 어찌하여 세리와 죄인과 함께 먹고 마시느냐
17 예수께서 들으시고 그들에게 이르시되 건강한 자에게는 의사가 쓸 데 없고 병든 자에게라야 쓸 데 있느니라	12 예수께서 들으시고 이르시되 건강한 자에게는 의사가 쓸 데 없고 병든 자에게라야 쓸 데 있느니라 13 너희는 가서 내가 긍휼을 원하고 제사를 원하지 아니하노라 하신 뜻이 무엇인지 배우라	31 예수께서 대답하여 이르시되 건강한 자에게는 의사가 쓸 데 없고 병든 자에게라야 쓸 데 있나니
나는 의인을 부르러 온 것이 아니요 죄인을 부르러 왔노라 하시니라	나는 의인을 부르러 온 것이 아니요 죄인을 부르러 왔노라 하시니라	32 내가 의인을 부르러 온 것이 아니요 죄인을 불러 **회개시키러** 왔노라

처음 세 복음서에서는 서로 유사한 구절들이 세 복음서 모두에 나타나기도 하고, 때로는 두 복음서에 나타나기도 한다. 물론 다른 어떤 복음서에도 나타나지 않고 한 복음서에만 나타나는 고유의 구절들도 있다.

샌더스E. P. Sanders와 데이비스Margaret Davies는 처음 세 복음서의 관계를 다음과 같은 여덟 가지로 제시하고 있는데 이를 요약하자면 다음과 같다:[27] (1) 같은 본문이 종종 세 복음서 모두에 나타난다(삼중 전승); (2) 이러한 삼중 전승에서 세 복음서 모두는 종종 그 자료의 배치에서 일치한다; (3) 내용으로 볼 때, 마가복음의 약 90퍼센트가 마태복음에도 나타나며, 50퍼센트 이상이 누가복음에 나타나고 있다; (4) 마태복음과 누가복음의 구절이 서로는 다르면서 각각 마가복음과 일치하는 경우가 있다; (5) 마태복음과 누가복음의 일치는 마가복음의 시작 부분에서 시작해서 마가복음의 끝에서 끝나고 있다; (6) 개별적인 단화短話들 안에서도 같은 현상이 나타난다. (2)에서부터 (6)까지의 내용은 삼중 전승에서 마가복음이 공유 부분이

---

[27] E. P. Sanders and Margaret Davies, *Studying the Synoptic Gospels*, 53-4.

란 것을 보여 준다; (7) 마태복음과 누가복음은 마가복음에는 없는 약 200구절에서 일치를 보인다(이중 전승); (8) 이 이중 전승에서 자료는 같은 배열을 보이지 않는다. 이와 같은 세 복음서 간의 일치 내용이나 형태를 볼 때에 복음서가 상호의존 관계에서 기록되었다거나 또는 공통 자료를 사용했다고 쉽게 생각할 수도 있다. 하지만, 세 복음서 관계에 대한 결론을 내리려면 복음서 간의 일치 부분들뿐만 아니라 다양하고 복잡한 차이 부분들까지도 설명할 수 있어야 한다.

세 복음서의 문학적 관계를 설명하려는 다양한 시도들이 있었다.[28] 우선 주후 4세기 유세비우스Eusebius는 파피아스Papias를 인용해서 마태복음을 가장 먼저 기록된 복음서로 언급했고, 어거스틴Augustine은 마태, 마가, 누가, 요한의 순서로 복음서가 기록되었다고 언급함으로써 현재 정경의 순서를 그대로 인정했다. 정경의 복음서 순서와 이러한 교부들의 언급들은 이에 대한 당시의 교회의 일반적인 태도를 보여주고 있다고 할 수 있는데 이러한 전통적인 입장은 오랫동안 지지되어 왔다.어거스틴 가설 17~18세기에 학자들은 아람어로 기록된 '원原—복음서' Ur-Gospel가 존재했으며 이에 대한 다양한 번역들이 현재의 복음서들이라는 견해를 제시하기도 했다.원-복음서 가설, R. Simon, 1689; G. E. Lessing, 1776; G. Eichhorn, 1796 19세기에 슐라이에르마허F. Schleiermacher는 예수의 제자들이 기록해 둔 단편적인 메모들이 수집되어 복음서 형태로 배열되었다고 주장했다.단편 가설 그리스바하J. J. Griesbach, 1776는 복음서는 마태, 누가, 마가의 순서로 기록되었으며, 나중에 기록된 복음서는 앞선 복음서를 참조했고, 가장 늦게 기록된 마가복음은 앞선 복음서들을 요약한 것이라고 이해했다그리스바하 가설, 2복음 가설, W. R. Farmer, 1964; D. L. Dungan, 1980; D. B. Peabody, 1987.

라흐만Lachmann, 1835은 가장 먼저 기록된 것으로 받아들여져 왔던 마태복음 대신에 마가복음이 먼저 기록되었다고 주장했고, 마가, 마태, 누가의

---

[28] 이렇게 복음서의 문학적 의존관계나 자료 사용을 다루는 방법을 '자료 비평' (source criticism)이라고 한다. 이에 대한 자세한 논의를 위해서는 권종선, 『신약성서 해석과 비평』, 243-57을 참조하라.

순서로 기록되었다고 생각했다.마가의 우선성 이러한 마가의 우선성은 앞서 제시한 세 복음서의 관계에 대한 여덟 가지 요약 중 (2)부터 (6)까지의 특징을 잘 설명해 줄 수 있는 것으로서 현재까지 가장 많은 지지를 받고 있다.29) 스트리터B. H. Streeter, 1924는 마가복음의 우선성에 근거하여 마가복음과 함께 보통 Q자료라고 불리는 말씀 자료가 있었다고 가정하고 마가복음과 Q자료가 사용되어 마태복음과 누가복음이 기록되었다고 주장했다.2자료 가설; 옥스퍼드 가설 30) 이 2자료 가설은 가장 큰 지지를 받는 마가의 우선성에 근거하고 있을 뿐만 아니라 마가복음에는 없는 마태복음과 누가복음의 일치 부분까지도 설명해 줄 수 있는 것으로서, 현재까지도 세 복음서 문제에 대한 가장 유력한 해결책으로 인정되고 있다. 하지만, 이러한 2문서 가설로 설명할 수 없는 본문들도 있어서 그 문제가 지적되기도 한다. 마가복음에는 없지만, 마태복음과 누가복음 사이에 일치하는 부분은 가상적인 Q자료로 설명할 수 있다고 해도, 마가복음에도 나타나는 삼중 전승에서 마가복음과는 다르며 마태복음과 누가복음 사이에 일치를 보이는 부분이나, 누가복음이 마태복음을 참조한 것으로 보이는 구절들에 대해서는 이 가설로 충분히 설명할 수 없다는 것이 대표적인 문제로 언급된다. 또한, 2문서 가설은 그 존재, 성격, 범위 등 여러 가지 측면에서 규명이 어려운 가상의 자료인 Q를 전제로 하는 것도 문제가 된다.31) 이러한 문제들을 고려해서

---

29) Robert H. Stein, *Studying the Synoptic Gospels: Origin and Interpretation* (Grand Rapids: Baker Academic, 2001), 94-5는 마가의 우선성의 근거 일곱 가지를 제시하는데, 요약하면 다음과 같다: (1) 길이가 짧다; (2) 문법이 세련되지 못하다; (3) 병행본문의 경우 더 어려운 본문이 나타난다; (4) 삼중 전승이나 이중 전승의 일치와 순서가 마가를 따른다; (5) 마태가 마가를 요약하거나 마가를 따른다; (6) 마태와 누가의 편집을 보면 마가를 자료로 사용한 것을 알 수 있다; (7) 마가가 더 초기의 신학을 반영하고 있다. 최근에 Craig A. Evans, "Sorting Out the Synoptic Problem: Why an Old Approach Is Still Best," *Reading the Gospels Today*, ed. Stanley E. Porter (Grand Rapids: William B. Eerdmans Publishing Company, 2004), 1-26은 마가의 우선성을 재확인 해 준다. 마태의 우선성을 지지하는 견해로는 John Wenham, *Redating Matthew, Mark, and Luke: A Fresh Assault on the Synoptic Problem* (Downers Grove: InterVarsity Press, 1992)을 보라.
30) 스트리터는 마태복음이 사용한 개별적인 자료(M)과 누가복음의 개별적인 자료(L)도 가정하였는데, 따라서 이러한 그의 가설을 '4자료 가설'이라고 부르기도 한다.
31) Q자료에 대한 연구는 현재까지도 주로 '국제 Q 프로젝트'(The International Q Project)를 통해서 활발히 진행되고 있다. 최근의 대표적인 연구들로는, John S. Kloppenborg,

세 복음서의 관계에 대한 새로운 여러 견해가 제시되기도 하지만,32) 어떤 견해도 세 복음서 간에 나타나는 일치와 불일치를 모두 다 설명해 주지는 못하고 있다. 혹시 어떤 이론이 이러한 문제를 논리적으로 잘 설명해 줄 수 있다고 해도, 그것이 실제로 세 복음서가 그런 순서로 기록되었다거나 그런 자료를 사용했다거나 그런 관계에 있다는 것을 증명해 주지는 못한다. 즉, 논리적이고 합리적인 견해가 항상 사실이라고는 할 수 없다. 세 복음서의 관계에 대한 이러한 자료 비평적 논의는 앞으로도 계속되겠지만 새로운 결론에 도달하기는 어려울 것으로 보인다. 복음서들을 이해하고 해석하는 데에서 더 실제적인 도움을 얻으려면 세 복음서의 공통점과 차이점에 대한 이러한 자료 비평적인 논의보다는 그러한 차이의 내용과 성격에 대한 실제적인 이해와 설명이 필요할 것이다.

양식 비평.Form Criticism 전술한 바와 같이 19세기 초부터 마가의 우선성이 제시되어 이를 따르는 학자들에게 마가복음은 Q와 함께 마태복음과 누가복음의 문서 자료로 생각되었으며, 따라서 먼저 기록되었으며 다른 복음서들의 자료로 인정된 마가복음의 역사성은 다른 복음서들의 역사성보다 더 인정받는 상황에 있었다. 브레데W. Wrede, 1901는 마가복음에서 후대 교회의 신학이 반영되었다고 생각되는 '메시아 비밀'과 같은 모티프를 찾아 연구함으로써 마가복음을 역사적인 자료라기보다는 후대 교회의 신학을 반영하는 신학적 문서로 이해하는 길을 열어 놓았고, 학자들로 하여금

Excavating Q: The History and Setting of the Sayings Gospel (Minneapolis: Fortress Press, 2000); John S. Kloppenborg, *The Formation of Q* (Harrisburg: Trinity Press International, 2000); J. M. Robinson, P. Hoffmann, and J. S. Kloppenborg, *The Critical Edition of Q* (Minneapolis: Fortress Press, 2000); Harry T. Fleddermann, *Q: A Reconstruction and Commentary* (Dudley: Peeters, 2005); Richard Valantasis, *The New Q: A Fresh Translation with Commentary* (London: Clark, 2005) 등을 들 수 있다. 하지만 여전히 Q를 인정하지 않는 견해도 계속 제시되고 있는데, 대표적으로 Mark Goodacre, *The Case against Q: Studies in Markan Priority and the Synoptic Problem* (Harrisburg: Trinity Press International, 2002)을 들 수 있다.

32) 다양한 새로운 견해들에 대해서는 E. P. Sanders and Margaret Davies, *Studying the Synoptic Gospels*, 67-111을 보라.

복음서 기록 이전의 구전시대에 눈을 돌리도록 하였다. 슈미트K. Schmidt, 1919는 구전시대의 복음서 전승의 개별 단위들을 연구했으며, 디벨리우스 M. Dibelius, 1919는 처음으로 '양식사' 樣式史, 양식 비평, Formgechichte라는 용어를 사용했고 복음서의 양식樣式, form을 분류해 냈으며, 불트만R. Bultmann, 1921은 복음서의 전승사傳承史 연구를 통해 전승의 발전 상황을 연구했고, 복음서의 양식을 디벨리우스와는 다르게 분류하고 양식들을 세부적으로 구분했다. 이렇게 양식 비평이 대두하였는데, 양식 비평은 원래 구약성서 연구에서 시작된 성서 기록 이전 시기의 구전에 대한 연구로서 "신약성서의 양식 비평은 주로 복음서에서 구전 전승 단위들의 양식들forms을 분별해 내며, 그 전승들의 발전 역사를 추적해 내고, 그러한 전승 단위들이 확고한 양식들로 자리 잡게 된 삶의 자리Sitz im Leben를 연구하는 방법"이다.[33] 자료 비평이 복음서 기록에서 복음서 간의 상호의존관계나 자료의 사용 및 성격을 다루고 있다면, 양식 비평은 복음서 기록 이전의 구전 전승에서 그 전승의 단위와 발전, 그리고 그 전승이 사용된 삶의 자리에 관심을 보인다.

양식 비평 학자들에 의하면 복음서는 기록되기 이전에 작은 단위의 전승으로 교회에서 구전으로 사용되었으며, 교회의 예배, 논쟁, 교육 등의 필요에 의해 그러한 구전들이 계속 거듭해서 사용되면서 그 삶의 자리나 기능에 따라 각각 다른 형태양식, form를 지니게 되었다.[34] 양식 비평 학자들은 복음서는 이미 수십 년을 걸쳐 교회 안에서 이처럼 여러 형태를 갖추게 된 전승들이 수집되어 기록된 것으로 생각했다. 따라서 그들은 기록된 복음서 안에서 먼저 여러 양식을 분류해 내고, 그 양식들이 구전시대에 교회에서 어떻게 반복되어 사용되어서 그런 형태들로 고정되게 되었는지 그 삶의 자

---

33) 권종선, 『신약성서 해석과 비평』, 260.
34) 예를 들어, 디벨리우스는 양식들을 '범례'(paradigm), '이야기'(novellen), '전설'(legend), '신화'(myths), '권고'(paranesis) 등으로 분류하며, 불트만은 '경구'(apophthegms), '기적 이야기'(miracle stories), '주의 말씀'(dominical sayings), '역사 이야기와 전설' 등으로 분류한다.

리를 추정해내고, 그 원래 전승의 단위와 발전을 연구했다. 이들은 이전 연구들이 관심 보이지 못했던 구전시대의 전승과 발전 그리고 당시 교회의 삶에 대해 많은 빛을 제공해 주었다. 하지만, 양식 비평은 전승의 작은 단위들에 관심을 보임으로써 복음서 본문을 조각내고 있으며, 원래 전승이 교회 안에서 많은 변화와 발전을 겪었다고 전제함으로써 복음서 기록에서 원래 예수의 말씀을 찾기 어려운 것으로 만들고 있다는 점 등에서 많은 비판을 받았다. 또한, 양식 비평에서 가장 중요하게 생각되는 양식의 분류에서도 학자마다 서로 차이를 보이는 점도 심각한 문제이며, 복음서를 이미 교회가 다 형성해 놓은 전승들의 수집물 정도로 이해함으로써 복음서 저자의 역할이나 중요성을 간과하는 것도 문제로 지적된다.

편집 비평.Redaction Criticism 양식 비평 이후에 학자들은 양식 비평이 간과했던 복음서의 저자에게 관심을 보였다. 또한, 양식 비평이 관심 보이지 않았던 세 복음서 간의 차이에도 다시 관심을 돌렸다. 자료 비평이 세 복음서의 차이를 설명하기 위해 복음서 간의 관계와 사용 자료들에 관심을 보였다면, 편집 비평은 세 복음서의 차이를 설명하기 위해 각 복음서 저자가 자료들을 사용한 방법이 다르다는 점에 주목하고 그것을 통해 저자의 의도(신학)를 알아내려고 하였다. 마태와 누가가 함께 마가복음을 사용했다고 생각되는 본문에서도 마태와 누가가 마가의 내용을 서로 다르게 기술하는 것이 종종 나타난다. 즉, 단순히 자료의 연구로는 이러한 차이를 설명해 낼 수 없다. 같은 자료를 사용했다고 해도 서로 다른 '입장이나 관점'에서 다르게 기술할 수도 있기 때문이다. 편집 비평 학자들은 복음서 본문의 차이들 속에서 이러한 저자의 '입장이나 관점,' 또는 '신학'의 차이를 발견하려고 하였고, 나아가서 그러한 신학의 차이가 나타난 이유를 주로 독자(교회)의 상황과 필요에서 찾으려고 하였.

보른캄G. Bornkamm, 1948, 1954, 1960은 마태복음과 마가복음의 병행 본문을 비교하여 마태복음이 '제자도,' '종말론,' '교회,' '율법' 등에 특별한 강조를 두고 있다는 것을 발견하였다. 그는 이러한 신학적 강조를 통해서 마태복음의 독자 교회의 상황을 재구성해내었다. 콘첼만H. Conzelmann, 1953은 누가복음이 '구속사'를 중심으로 편집되었다고 주장했고, 마르크센 W. Marxsen, 1959은 마가복음이 특별히 '갈릴리'라는 지리를 이야기의 틀frame로 사용하는 것에서 마가의 신학을 찾아내었고, 마가복음 독자의 상황을 재구성해 내었다. 이러한 편집 비평적인 연구는 현재까지도 복음서 연구에서 중요한 방법의 하나로 인정되며 사용되고 있다. 편집 비평의 유용성은 그것이 자료 비평이나 양식 비평과는 달리 복음서 이해와 해석에서 실제적인 많은 도움을 줄 수 있다는 데에 있을 것이다. 각 복음서 저자의 특징적인 의도나 강조 또는 신학을 알 수 있다면 독자는 그 복음서를 여는 열쇠를 지닌 것과 마찬가지일 것이다. 하지만, 편집 비평은 다음과 같은 한계를 지니기도 한다. 편집 비평은 근본적으로 자료 비평에 근거하고 있는데, 보통 2자료 가설을 바탕으로 하고 있어서 이 가설의 전제를 그대로 따르고 있다. 즉, 마가의 우선성과 Q자료의 존재를 전제로 하고 있는데, 이러한 전제가 틀린다면 이러한 방식의 편집 비평은 이루어질 수 없다. 또한, 편집 비평은 주로 저자의 편집이라고 판단되는 세부적인 부분을 찾아내고 그것을 연구하는데, 따라서 복음서의 나머지 부분들이나 복음서 전체를 보지 못하는 경향이 있다.[35] 또한, 편집 비평은 종종 독자 교회의 상황을 재구성해 내는 역사적 비평 도구로 사용되어 문제가 되기도 한다. 복음서의 편집 부분에서 저자가 구상한 복음서의 틀이나 의도한 신학을 찾아내는 것과 그것을 근거로 독자 교회의 역사적 상황을 재구성해내는 것은 별개의 문제다. 역사적 사료에 근거하지 않고 문학적(문체적) 연구 결과를 근거로 재구성된 역사는 대부분 가설이나 추정에 머물 수밖에 없다. 또한, 교회 삶의 자리에 대해 지나게 강조함으로써 마치 복음서에서 예수의 삶의 자리를 찾을 수 없는 것처럼 보이게 한다.

---

[35] 학자들은 이러한 문제를 보완하기 위해서는 복음서 저자의 세부적인 편집부분에만 집중하지 않고 복음서 저자가 계획하고 구성한 복음서 전체의 저작형태에 관심을 보여야 한다고 제안하기도 한다. 이렇게 저자의 복음서 전체의 구성 방법에 관심을 보이는 접근을 편집 비평과 구분하여 '구성 비평'(Composition Criticism)이라고 부르기도 한다.

자료 비평, 양식 비평, 편집 비평 즉, 대표적인 이 세 가지 역사적-비평적 방법들은 사실상 우선으로 '문학적'인 관심을 지닌 방법들이다. 자료 비평은 문학적 의존관계에, 양식 비평은 문학적 형태에, 편집 비평은 문학적 편집이나 문체에 관심을 보이기 때문이다. 이처럼 원래 문학적 성격을 지닌 방법들을 본문 배후의 역사적 삶의 자리를 찾아내거나 독자 교회를 역사적으로 재구성을 해내는 데 사용하는 것은 사실상 적절하지 않으며 또한 그 결과도 만족스럽지 못하다. 편집 비평은 우리가 그것을 과도하게 사용하지 않고, 지나치게 편집부분에만 집중하지 않으며, 독자공동체의 역사적 재구성을 위한 도구로도 사용하지 않고, 복음서의 전체적인 구성 또는 문학적-신학적 틀이나 저자의 편집신학을 발견하고 설명하는 도구로 사용한다면 복음서 해석에서 훌륭한 도구가 될 수 있다.

복음서의 기록 배경

저자. 복음서 해석을 위해서는 보통 다른 신약 책들의 해석의 경우와 마찬가지로 저자, 기록 시기와 장소, 독자, 기록 경위와 목적 등 그 기록 배경에 대한 기본적인 이해가 필요할 것이다. 하지만, 서신서들과 비교해 볼 때 복음서에서 이러한 기본적인 정보를 얻기는 대단히 어렵다. 우선 저자에 대해서 언급하자면, 어떤 복음서도 그 본문에서 분명하게 저자의 이름을 밝히는 경우는 하나도 없다. 사실상 요한복음만이 "이 일들을 증언하고 이 일들을 기록한 제자가 이 사람이라"라고 저자에 대해 언급하고 있을 뿐,요 21:24 나머지 복음서들은 저자에 대해 어떠한 언급도 하고 있지 않다. 요한복음의 이 구절도 단지 '이 사람이 그 제자' Οὗτός ἐστιν ὁ μαθητὴς 라고만 언급하고 있는데, 예수의 사랑하시는 제자라고 알려진 이 제자의 이름은 요한복음에서 밝혀져 있지 않다. 이처럼 복음서의 저자에 대해서는 요한복음의 간단한 간접적 언급을 제외하고는 다른 복음서들에서는 어떠한 언급도 찾을 수 없어서 일단 본문으로부터는 정보를 얻을 수 없다. 이미 언급한 바와 같이 현재 저자의 이름을 따라 붙여져 있는 복음서의 제목은 내증內證에 의한 것이 아니며 후대에 첨가된 것이다. 대략 주후 2세기 중반경에 복음서에 이러한 제목이 붙여졌을 것으로 보이는데, 그렇다면 그것은 당시의 복음서 저자들에 대한 교회들의 이해를 반영하고 있다고 할 수 있다. 물론 당시 교회들의 이해가 정확한 것일 수도 있는데, 그 시대의 저자에 대한 개념은 현대의 그것과는 다를 수도 있다.36) 고대의 기독교 문헌들에서 저자의 이름들은 무명無名으로 나타나기도 하고 가명假名으로 붙여지는 일은 흔했다. 복음서의 경우에 반세기 이상 복음서가 저자에 대한 언급 없이 전달되고 읽힌 것은 당시 독자들이 복음서 저자에 대해 크게 중요하게 생각하지 않았기 때문이라고 볼 수도 있다. 복음서 기록 초기에 각 복음서의 독자들은 그 저자를 알고 있었을 것이다. 하지만, 오랜 시간이 흐르고 복음서들이 원래 저술된 장소에서 멀리 떨어져 읽히게 되면서 후대의 독자들은 저자를 알 수 없게 되었을 것이다.

복음서 저자에 대한 내증이 없는 상황에서 보통 복음서 저자에 관한 논의는 외증外證에 의존할 수밖에 없다. 예를 들어, 마태복음의 저자에 대한 논의에는 대표적으로 주후 4세기 유세비우스의 『교회사』에서 인용한 파피아스Papias, 주후 120-140년경의 언급이 중요한 외증으로 다뤄진다: "마태가 로기아λόγια, 신탁, 말씀를 히브리어(아람어)로 수집(편집)하였고 각 사람은 그것을 할 수 있는 대로 번역하였다"Eccl. Hist. 3.39.16. 이 파피아스의 말이 마태의 저작권을 인정하는 것으로 사용되지만, 논란의 여지가 많다. 우선 마태가 수집한 것을 '복음'이라고 하지 않고 '신탁' λόγια, 말씀이라고 하고 있으며, 마태가 그것을 '히브리어(또는 아람어)'로 수집했다고 하며, 각 사

---

36) Ben Witherington III 는 여러 자료들이 수집되어 이루어진 문서에 있어서 가장 주된 자료 제공자의 이름을 붙이는 고대 습관에 주목하며, 마태복음의 처음 1-2장(마태의 특수자료)이 마태에서 온 것으로서 그것이 복음서 서두에 나오는 처음 자료이고 가장 현저한 자료였기 때문에 마태복음 전체에 그의 이름을 붙인 것으로 생각한다. *Matthew, Smyth & Helwys Bible Commentary* (Macon: Smyth & Helwys Publishing Inc., 2006), 5.

람은 "번역하였다"라고 언급하고 있다. 이 말에 따르면, 마태가 수집한 것은 아람어로 된 예수의 말씀이다. 현재 마태복음의 원문은 헬라어로 된 것으로서, 그 문체 등을 볼 때에 다른 언어로부터의 번역이 아니라는 것이 거의 확실하다. 또한, 아람어로 된 마태복음의 사본은 발견된 일이 없다. 이 파피아스의 말을 현재의 헬라어 마태복음과 조화를 시킨다면, 마태복음에 기록된 예수의 말씀 중 어떤 부분들이 실제로 마태가 수집한 아람어로 된 말씀을 번역한 자료에서 온 것으로 생각해 볼 수 있다. 하지만, 파피아스의 말은 정확히 그렇게 말하고 있지 않다. 또 하나의 외증은 이레니우스에게서 온 것으로 이레니우스는 『이단반박』에서 "마태는 베드로와 바울이 로마에서 복음을 전하며 교회를 설립하던 때에 히브리인 중에서 그들 자신의 지역 언어로 복음서를 저술했다"Haer., 3.1.1고 전하는데 즉, '아람어'로 기록했다고 파피아스와 같게 표현하고 있지만 파피아스가 '신탁'을 수집했다고 표현한 것과는 달리 이레니우스는 '복음서'를 기록했다고 한다. 이처럼 두 외증이 일치하는 부분도 있지만 서로 일치하지 않는 부분이 있어서 어느 것도 정확하다고 말할 수 없다. 이처럼 복음서의 저자에 대해서는 요한복음의 경우만 간접적 언급을 하는 것을 제외하고는 모든 복음서에서 분명한 내증이 없으며, 외증은 정확하지 않기 때문에 확실히 알 수 없다. 하지만, 복음서들에 후대에 붙여진 제목들을 따라서 즉, 당시 교회가 저자 또는 공헌자로서의 이해하고 인정認定했던 당시의 저작권 이해 방법을 따른다면 붙여진 제목 그대로의 저작권을 받아들일 수 있다. 본서는 이런 의미에서 당시 교회의 이해를 따라 복음서 제목의 저자 이름을 그대로 사용할 것이다.

　복음서가 저술된 이후 복음서는 반세기 이상이나 저자에 대한 명시 없이도 복음으로 읽히며 그 위치를 확고히 했다. 이는 복음서의 권위가 그 저자가 아닌 그 내용에서 나왔다는 것을 의미한다고 할 수 있다. 이처럼 복음서에 저자명-제목이 첨가된 것은 권위를 확보하기 위해서가 아니었다.[37] 복음서의 내용과 진리는 그리스도인의 신앙의 대상이지만 복음서의 저자나 저작권은 신앙의 대상이 아니다. 바울서신의 경우에는 바울이 스스로 저자임을 밝혔고 그러한 저작권이 제목이 아닌 본문에 기록되어 있다는 점에서 복음서의 경우보다는 그 저자를 확인하기가 훨씬 수월하다. 이와 같은 상황에서 복음서의 연구에서 저자에 대해 불필요하게 많은 논의를 하는 것은 생산적이지 못하며 저자에 대한 어떤 결론도 확실하다고 할 수 없다. 따라서 본서는 복음서의 저자에 대한 논의는 될 수 있으면 간단히 할 것이며 복음서의 내용이나 신학에 대한 논의에 더 많은 지면을 할애할 것이다.

시기. 그렇다면, 복음서의 저작 시기는 정확히 알 수 있을까? 저자에 대해서와 마찬가지로 복음서 자체는 그것이 언제 기록되었는지를 어떠한 언급도 하고 있지 않다. 따라서 학자들은 복음서의 내용에서 그 기록 시기를 추론해 낼 수 있는 암시나 언급이 있는지를 찾아내려고 노력했다. 복음서 자체에서 그 기록 시기를 추론할 수 있는 단서로서 대표적으로 거론되는 것은 주후 70년의 예루살렘 멸망 사건이다. 시기를 추론하는 방법은 단순한데 즉, 예루살렘 멸망 사건을 언급하는 것으로 보이는 종말에 관한 말씀에서 그 사건이 아직 이루어지지 않은 것처럼 언급되고 있는지 아니면 이미 이루어진 것처럼 언급되고 있는지를 구분하는 것이다.

다음의 대조표에서 보는 바와 같이 예루살렘 멸망 사건에 대한 예언으로 보이는 병행구절에서 누가복음은 다른 두 복음서와 비교해 볼 때에 예루살렘 멸망 사건을 더 구체적으로 표현하고 있다.

---

37) 복음서들의 원제목은 모두 κατὰ 다음에 저자명을 사용하여, '…에 의한' (따른, according to)이라고 되어 있으며 '…의' (of)로 표현되어 있지 않다는 것은 당시에도 저자가 복음 자체보다 중요하게 인식되지 않았다는 것을 보여주는 것일 수 있다. Joel Marcus, *Mark 1-8: A New Translation with Introduction and Commentary, The Anchor Bible* (New York: Doubleday, 2000), 18; Robert H. Stein, *Mark* (Grand Rapids: Baker Academic, 2008), 1을 보라.

막13:14	마24:15~16	눅21:20~21
14 멸망의 가증한 것이 서지 못할 곳에 선 것을 보거든 (읽는 자는 깨달을진저) 그 때에 유대에 있는 자들은 산으로 도망할지어다	15 그러므로 너희가 선지자 다니엘이 말 한바 멸망의 가증한 것이 거룩한 곳에 선 것을 보거든 (읽는 자는 깨달을진저) 16 그 때에 유대에 있는 자들은 산으로 도망할지어다	20 너희가 **예루살렘이 군대들에게 에워싸이는 것**을 보거든 그 멸망이 가까운 줄을 알라 21 그 때에 유대에 있는 자들은 산으로 도망갈 것이며 성내에 있는 자들은 나갈 것이며 촌에 있는 자들은 그리로 들어가지 말지어다

학자들은 이를 근거로, 마가복음을 참조한 누가는 예루살렘 멸망을 그 사건 이후에 아는 저자였기 때문에 마가복음의 구절을 자신이 이해한 대로 예루살렘이 로마 군대에 의해 포위된 상황을 언급하는 구체적인 표현으로 바꾸어 기록했다고 생각한다. 따라서 학자들은 누가복음이 주후 70년 이후에 마가복음이나 마태복음보다 늦게 기록되었다고 추정한다. 하지만, 이러한 표현이 반드시 누가복음이 주후 70년 이후에 기록되었음을 증거 해주고 있다고 할 수 있는지는 의문이다. 원래 예수께서 하신 말씀 자체가 누가복음의 표현과 같은 것이었을 수도 있다. 즉, 예수께서는 마가복음이나 마태복음의 표현과 함께 누가복음의 표현과 같은 말씀을 하셨을 수도 있다. 그 말씀들이 따로 전승되어 두 가지로 나뉘어 기록되었을 수도 있다. 그랬다면 이러한 누가복음의 구절을 반드시 마가복음 구절에 대한 사건 이후의 해석이라고 할 수는 없다. 물론 이러한 가정도 여러 가지 추측 중 하나에 불과하다. 결국, 단순히 이 구절을 근거로 누가복음의 기록 연대를 정하기는 어렵다고 할 수 있다.

종말에 관한 신약성서의 말씀들은 주로 구약의 사상과 표현들을 사용하고 있다. 구약적 배경에서 이해한다면 누가복음의 이 구절은 주후 70년의 예루살렘 멸망 사건을 언급한 것이 아니라 주전 586년(또는 587년) 바벨론에 의한 예루살렘 멸망을 언급하는 것이라는 견해가 제시되기도 한다.C. H.

Dodd 즉, 옛날 예루살렘 멸망 사건을 언급함으로써 또 다른 미래의 예루살렘 멸망 사건을 예언했다고 볼 수 있다는 것이다. 이러한 해석이 옳다면 이 구절은 누가복음이 마가복음보다 늦게 기록되었다거나 주후 70년 이후에 기록되었다는 주장은 성립할 수 없다. 어쨌든 이러한 한 구절이 저작 시기를 설정하는 데 있어서 과연 결정적이며 충분한 역할을 할 수 있는지 의문이다. 또한, 이 병행구절에 의하면 마태복음은 마가복음과 같이 비교적 모호한 표현을 사용하고 있는데, 그렇다면 마태복음의 저작 시기도 일반적으로 추정되는 마가복음 저작 시기와 같게 주후 70년 전후에 기록된 것으로 이해해야 옳다. 하지만, 일반적으로 마태복음의 저작 시기 결정에는 이 병행구절을 사용하지 않는다.

마태복음은 보통 그 저작 연대를 주후 70년 이후로 추정하는데, 그 근거 중 하나로서 마태복음 22장 1~13절의 혼인 잔치의 비유에서 "임금이 노하여 군대를 보내어 그 살인한 자들을 진멸하고 그 동네를 불사르고"마22:7라는 표현이 나타나고 있음을 지목한다. 이 표현이 주후 70년의 예루살렘 멸망 사건을 가리킨다고 해석하는 것이다. 앞서 언급한 예수의 종말에 대한 설교에서 예루살렘 멸망에 대한 마태복음의 예언은마24:15 이미 실현된 사건을 말하는 것처럼 분명한 표현으로 기록되어 있지 않고 마가복음을 따라서 모호한 표현으로 기록되어 있다. 그럼에도, 혼인 잔치의 비유 속에 나타난 간접적 표현에서 예루살렘 멸망 사건을 찾아내어 그것을 근거로 저작 시기 설정의 근거로 삼는 것은 모순처럼 보인다. 군대를 보내어 사람들을 죽이고 동네를 불사르는 일은 당시 전쟁에서 흔히 있는 일이어서 이 표현이 반드시 주후 70년의 멸망 사건을 가리키고 있다고 할 수 없다.[38] 혹시 그것이 예루살렘 멸망을 가리키는 언급이라고 해도 그것은 사전事前의 예언일 수도 있다. 즉, 저자가 예루살렘 멸망 사건을 겪은 이후에 그것을 언급한 것인지를 확인할 수는 없다. 또한, 어떤 이가 마가복음이나 마태복음

---

38) R. T. France, *Matthew: Evangelist and Teacher* (Guernsey: The Guernsey Press Co., 1989), 84.

에 나타나는 모호한 표현도 예루살렘 멸망 사건 이후에 기록한 것이라고 주장해도 이를 확실하게 반박하기도 어렵다. 이와 같은 방법으로 기록 연대를 결정하는 것은 사실상 그 구절의 내용이나 표현보다는 학자들의 그 구절에 대한 해석에 근거하고 있다고 할 수 있으므로 그들의 해석에 따라 여러 다양한 견해가 제시될 수 있다. 이처럼 단순히 이 구절들을 근거로 기록 연대를 정하기는 어렵다.

주후 70년의 예루살렘 멸망 사건 이외에 복음서 저작 시기 설정을 위해서 학자들이 주목하는 또 하나의 중요한 사건은 '회당으로부터의 그리스도인들의 추방'이다. 예루살렘 멸망 후 얌니아에 있었던 유대인 당국이 선포한 것으로 보이는 '이단 저주문' *Birkat ha-Minim*에는 당시 이단들을 저주하는 표현이 담겨 있다. 이 저주문에 있는 저주의 대상에는 그리스도인들도 포함되어 있는데, 그것은 이 저주문이 선포된 시기에는 회당에서 그리스도인들이 유대인과 함께 회당에 있을 수 없었다는 것을 시사하고 있다. 따라서 복음서에서 회당이나 유대교와의 강한 대립이나 결별을 나타내 주는 내용이 나타난다면 그것은 그 복음서가 이 저주문 선포 시기나 그 이후에 기록된 것임을 보여주는 근거가 될 수 있다는 것이다. 그 이단 저주문의 연대를 보통 주후 85년경으로 추정하지만, 그 정확한 연대를 알 수는 없다. 많은 학자가 마태복음이 이러한 회당으로부터의 그리스도인의 축출과 관련된 것으로 보고 그 기록 상황과 연대에 대해 논의를 하기도 한다. 마태복음 기록 당시 마태의 독자 그리스도인들이 회당 안에 있었는지 아니면 회당과 결별한 상태였는지에 대해서는 아직도 많은 논란이 있다. 더 근본적으로는 마태복음 자체가 실제로 얼마나 저작 시대의 상황, 즉, 교회의 삶의 자리를 반영해 주고 있는지도 정확히 판단하기 어렵다. 이처럼 내증을 근거로 이 이단 저주문과 마태복음을 연관시켜 마태복음의 연대를 설정하기는 대단히 어렵다.

마태복음 저작 시기에 관한 외증에는 앞서 인용한 이레니우스의 "마태는 베드로와 바울이 로마에서 복음을 전하며 교회를 설립하던 때에…기록했다"*Haer.*, 3.1.1는 언급이 사용된다. 이 표현에 근거한다면, 마태복음은 베드로와 바울이 살아 있는 동안에 기록된 것으로서 그 기록 시기는 60년대 중반을 넘을 수 없다. 현대에도 마태복음을 이른 시기의 저작으로 보는 학자들은 이러한 이레니우스의 언급에 큰 비중을 둔다. 이처럼 내증에 근거를 두고 있다고 믿는 학자들의 추정 연대도 그 근거가 되는 구절이나 내용에 대한 해석에 따라 여러 가지로 달라질 수 있을 뿐만 아니라, 외증은 또 다른 기록 시기 설정을 요구하고 있다. 사실상 학자들이 제시하는 마태복음의 저작 연대는 40년대부터 주후 100년까지 다양하다. 이러한 시기에 대한 논의들을 볼 때에, 학자들은 자신들이 선호하는 시기를 먼저 선택하거나 설정한 다음에 그것을 지지해 줄 수 있는 근거와 논리를 찾아내는 것*a priori* 같은 인상을 준다. 마태복음뿐만 아니라 다른 복음서들의 시기 설정도 이와 비슷한 상황이다.

독자와 장소, 목적. 복음서의 기록 대상 즉, 최초의 독자와 그들의 상황에 대해서 많은 것을 알 수 있다면, 그 기록 시기나 장소 또는 기록 목적을 이해하는 데도 큰 도움이 될 것이다. 하지만, 복음서가 알려 주는 독자에 대한 정보는 그리 많지 않다. 누가복음만이 "데오빌로 각하"라고 독자를 언급하고 있을 뿐 나머지 복음서는 누구에게 기록하고 있는지 전혀 언급하고 있지 않다. 마태복음은 복음서 중 유일하게 예수 시대에는 아직 존재하지 않던 '교회'를 예수께서 언급하는 말씀들을 전하는데, 이는 기록 당시의 상황을 반영해서 기록한 것이라고 할 수 있다. 특히 범죄를 한 형제그리스도인를 어떻게 해야 하는지를 언급하는 구절은 기록 당시의 독자들을 향한 권고임이 거의 분명하다.마18:17 이 권고는 범죄를 한 형제가 개인적인 권면이나, 두세 증인의 권면도 듣지 않는다면 교회에 말하고, 교회의 말도 듣지 않는다면 이방인과 세리와 같이 여기라고 하고 있다.마18:15~17 이어지는 말씀에 비추어 볼 때 이 권고는 개인보다는 교회를 향한 것으로 보이는데 즉, "너희가 땅에서 매면 하늘에서도 매일 것이요 무엇이든지 땅에서 풀면 하늘에서도 풀리리라"라는 말씀과 이어지는 구절을 볼 때에 그러하다.

마18:18~20 39) 즉, 마태는 예수가 제자들에게 하신 말씀을 기록하고 있지만, 그 말씀을 통해 마태는 교회에 권면하고 있음을 볼 수 있다. 이렇게 볼 때에 단지 '교회'를 언급하는 구절뿐만 아니라 마태복음 전체가 그 교회를 독자로 교회를 위한 권면으로 기록되었다고 할 수 있다. 요한복음은 더 분명하게 "오직 이것을 기록함은 **너희로** 예수께서 하나님의 아들 그리스도이심을 믿게 하려 함이요 또 **너희로** 믿고 그 이름을 힘입어 생명을 얻게 하려 함이니라"라고 독자를 가리키며 그 기록 목적을 밝히고 있다.요20:31 요한복음의 독자에 대해서는 후에 더 자세히 논의하겠지만, 여기서 '너희'는 이미 믿고 있던 그리스도인으로서의 독자를 가리키는 것이라고 볼 수 있다. 누가복음은 데오빌로를 수신자로 명시하고 있지만 다른 복음서들과 함께 교회에서 읽혔고, 또한 교회에서 정경으로 받아들여진 것을 볼 때에, 이 복음서가 원래부터 데오빌로 개인을 위해 기록되었다고 보기는 어렵다. 이처럼 복음서들은 일반적으로 어떤 그리스도인 교회나 공동체를 대상으로 기록되었다고 받아들여진다.

편집 비평 학자들은 복음서 저자들의 편집 부분을 찾아내고, 그 부분이 의도하는 신학을 밝히려고 노력을 해 왔는데, 그들은 보통 그러한 저자들의 편집 신학이 그 복음서 독자 공동체의 특별한 상황이나 필요에 대한 저자의 응답에서 왔다고 이해했다. 즉, 그들은 일반적으로 복음서의 독자는 이처럼 특별한 상황이나 필요에 처해 있던 어떤 지역의 공동체였다고 전제하고, 복음서를 통해 그 공동체의 상황이나 역사를 재구성해 내려고 노력했다. 이러한 전제나 연구는 현재에도 비교적 많은 지지를 얻는 편이다. 하지만, 대부분의 역사적 접근이 그렇듯이 공동체에 대한 역사적 재구성은 그 방법에서 문제점을 안고 있으므로 그 결과도 신뢰하기 어렵다. 이러한 연구는 복음서의 대부분 내용이 당시 교회를 위한 것이라고 전제함으로써 복음서의 삶의 자리를 거의 전적으로 예수 시대가 아닌 교회 시대에 위치시키며, 따라서 복음서가 먼저 예수 시대에서 예수의 삶과 가르침을 전하

---

39) 18절부터 2인칭 단수 동사 대신에 2인칭 복수 동사(δήσητε)가 사용되고 있다.

고 있다는 사실을 거의 외면한다. 그들은 복음서의 각 부분이 거의 모두 공동체의 '특별한 필요'에 응답하는 것으로 가정하고 있으며, 특히 다른 복음서들과 색다르거나, 특이하거나, 강조한 권면이나 서술은 그 독자 공동체의 특별한 상황이나 문제에 대한 것으로 이해하는 경향이 있다. 예를 들어, 마태복음 7장에서 나타나는 '거짓 선지자들'에 대한 교훈을 근거로마 7:15~23 마태공동체 내에는 부도덕한 '이단 집단'이 있었으며 마태는 이들에 대항하여 기록하고 있다고 한다든지,G. Barth 요한복음에서 사마리아나 사마리아 여인에 대해 호의적인 태도를 보이는 예수의 말씀은 요한공동체의 역사에 있어서 사마리아인들이 그 공동체에 합류하게 되었다는 것을 보여주는 것이라고 이해하기도 하며,요4장, R. Brown 요한복음에서 세(침)례자 요한이 예수가 자신보다 우월하다는 것을 특히 강조해서 선언하는 것은 요한복음 기록 당시까지 세(침)례자 요한을 메시아로 생각하거나 그를 추종하는 집단이 있어서 그들의 오해를 지적하는 것이라고 제시되기도 한다요 1:29~34.

보통 복음서 공동체에 대한 연구는 이처럼 복음서 구절들이 일반적으로 공동체의 상황에 대해 말하고 있다고 전제하고, 그러한 구절들을 찾아내어 그 표현이나 서술의 배경이 된 공동체의 상황을 추론하여 공동체를 재구성하는 식으로 진행된다. 사실상 모든 복음서가 독자 공동체에 대해 직접적으로 표현하거나 언급하고 있지 않은 상황에서, 서술된 이야기 형태로 전해진 구절들에서 그 배후에 있을 것으로 추정되는 공동체의 '구체적인 역사'를 재구성해내는 이러한 전제나 방법은 그 자체에 문제가 있다. 일단 우리는 복음서 저자가 분명히 독자나 독자의 상황을 언급하지 않는 한 그들에 대해 분명히 알 수 없다는 것을 인정해야 한다. 공동체에 대해 '역사적'인 정보를 얻으려고 한다면 그는 그 공동체에 대해 직접 언급하는 사료史料를 찾아내야 할 것이다. 복음서가 독자에 대해 언급하고 있지 않다고 해서 우리가 독자에 대해 '전혀' 알 수 없는 것은 아니다. 예를 들어, 마태공동체의 경우 그들이 헬라어를 사용하던 유대인이었다는 것이나, 자신들의 정체성 때문이었는지 아니면 외부의 불신 유대인들과의 갈등 때문이었는지 그 이유는 정확히 알 수 없지만, 그들은 구약이나 율법 문제에 많은 관심을 보이고 있었다는 것, 이방 선교를 향해 열려 있던 독자들이었다는 것 정도는 말할 수 있을 것이다. 하지만, 마태공동체가 회당 안에 있었는지 아니면 밖에 있었는지조차 아직도 많은 논란이 있어서 판단이 어려운 현재 상황을 본다면, 우리가 얼마나 독자에 대해 '구체적으로' 알 수 없는지를 알 수 있다.

큰 이견을 보이지 않는 일반적인 이해를 따라, 마태의 독자는 디아스포라 유대인이었고, 율법이나 유대교에 관심이 있었고, 이방선교에 관심을 보이는 그리스도인들이었다고 한다면, 그 정도의 정보로는 그들의 상황이나 기록 목적, 또는 그들이 살았던 지역에 대해 구체적으로 알 수는 없다. 마태공동체가 있던 장소로 가장 많이 거론되는 곳은 시리아 안디옥으로서, 사실상 이 지역은 이러한 마태공동체의 일반적인 모습과 잘 어울린다. 마태공동체가 있었던 지역으로 거론되는 지역은, 안디옥 이외에도 가이사랴 마리티마, 두로, 시돈, 예루살렘, 에데사, 벨라, 갈릴리, 트랜스요르단 등 다양하다. 이들 중 안디옥이 선호되는 이유는 사도행전이나 바울서신을 통해서 안디옥에 대해 일반적으로 얻을 수 있는 정보가 다른 어떤 지역들에 대한 것보다 더 풍부하기 때문일 수 있다. 즉, 일반적으로 우리가 가질 수 있는 정보의 범위로 볼 때에 그중에 안디옥이 가장 유력한 장소라고 생각하는 것이지 실제로 마태공동체가 그곳에 있었다고는 누구도 확실히 말할 수 없다. 결국, 복음서에 근거해서 독자에 대해 얻을 수 있는 것은 단지 그들의 일반적인 모습 정도로서 그 기록 시기나 장소 목적 등에 대해서는 어느 것도 분명히 말할 수 없는 상황이다. 물론 다른 복음서에서도 독자에 대한 구체적 정보나 역사적 정보를 얻기 어려운 것은 마찬가지다.

복음서의 독자를 특정한 지역에 있던 특정한 공동체라고 이해하며 복음서는 이러한 공동체의 상황과 필요에 대한 응답이라는 일반적인 견해에 큰 도전이 있었다. 복캄Richard Bauckam은 자신을 포함해 여러 학자의 글들을 엮어 펴낸 책에서 복음서의 독자는 특정한 지역의 특정한 그리스도인 공동체가 아닌 전 지역에 있던 모든 그리스도인이었다고 주장하였다.[40] 가장 분파적 성격을 드러내고 있다고 인식되는 요한복음까지도 모든 일반 그리스도인들을 위해 기록된 것이었다고 주장한 복캄의 견해는 신약학계에 상당한 충격을 주었다.[41] 복캄은 복음서는 그 장르로 볼 때에 서신서와는 달라서, 특정한 공동체를 대상으로 기록한 것이 아니라 당시 일반적인 기독교 운동을 배경으로 나온 것으로서, 복음서 간 서술의 차이도, 특정 공동체의 상황이나 필요 때문이 아니라 복음서 저자들 자신이 자신들의 독특한 신학적 또는 연대기적 관점을 독자에게 보여주려는 저자들의 의도에서 나온 것이라고 주장했다.[42] 이러한 주장은 우선은 공동체의 역사적 재구성에서 한계를 느끼는 학자들에게 공감을 불러일으키기도 했다. 하지만, 네 복음서가 모두 당시 일반적인 모든 그리스도인을 위한 것이었다는 그의 견해는 널리 받아들여지지 못하고 있다. 사본의 연구는 지역의 차이에 따라 성서 사본이 그런 지역 특성이 있을 수 있다는 것을 보여 주었고, 후기에 나타난 외경 복음서 중에는 특정한 신앙 집단에서 나온 것으로서 그 집단의 독특한 신학이나 내용을 담은 것들이 많이 있다는 것이 드러났다.[43] 마태복음과 같은 유대적 성격을 지닌 복음서나 요한복음과 같이 독특한 용어와 신학을 사용하는 복음서가 다른 복음서들과 함께 모두 같이 일반적인 그리스도인 독자를 대상으로 기록된 것이라고 보기는 어려울 것 같다.

복음서 간의 내용이나 용어, 신학 등의 차이를 확인해 볼 때에 그것이 각

---

40) Richard Bauckham, ed., *The Gospel for All Christians: Rethinking the Gospel Audiences* (Grand Rapids: William B. Eerdmans Publishing Company, 1998).

41) Richard Bauckham, "John for Readers of Mark," *The Gospel for All Christians: Rethinking the Gospel Audiences,* ed. Richard Bauckham (Grand Rapids: William B. Eerdmans Publishing Company, 1998), 147-71.

42) Richard Bauckham, "For Whom Were Gospels Written?" *The Gospel for All Christians: Rethinking the Gospel Audiences,* ed. Richard Bauckham (Grand Rapids: William B. Eerdmans Publishing Company, 1998), 9-48.

43) David C. Sim, "The Gospel for All Christians? A Response to Richard Bauckham," *Journal for the Study of the New Testament,* 84 (2001): 21-2.

각 다른 대상을 염두에 두고 기록되었다고 볼 수 있다. 그 대상은 어떤 특정한 지역의 공동체일 수도 있고, 아니면 나름대로 같은 종류의 상황에 처해있는 공동체들일 수도 있다. 또한, 저자는 예수의 삶과 교훈을 그가 염두에 둔 독자들의 상황에 적합한 메시지로 기록했을 것이다. 즉, 독자로서 특정한 공동체는 존재했으며 저자는 먼저 그들을 위해 기록했다고 볼 수 있다. 문제는 이러한 독자의 성격이나 상황을 파악하고 재구성해내기 어렵다는 데에 있다. 따라서 복음서 독자에 대해 알기를 원한다면, 본문으로부터 독자 공동체의 역사적 상황을 재구성해 내려고 노력을 하기보다는, 본문이 강조하는 메시지를 파악함으로써 독자의 신앙적 분위기나 상황을 이해하려는 노력이 더욱 유효할 것이다. 복음서의 기록 목적에 대한 이해도 복음서 독자의 상황에 대한 구체적인 지식을 가질수록 더 분명해지겠지만, 현실적으로 그것을 기대하기는 어렵다. 믿음이나 확신을 하게 하려고 기록했다는 아주 일반적인 목적 기술 이외에 분명한 기록 목적에 대한 언급이 없는 상황에서 구체적인 기록 목적을 제시하는 것도 어렵다.눅1:4; 요20:31

정리하자면, 복음서 이해나 해석을 위해서 도움을 줄 수 있는 가장 기본적인 지식인 저자, 시기, 독자, 장소, 목적 등의 기록 배경에 대해 확실하게 얻을 수 있는 정보는 극히 적은 것으로서 복음서 이해에 실제적인 도움이 되지 못하는 상황이다. 혹시 우리가 어느 복음서의 저자나 시기나 독자를 확실히 알 수 있다고 해도 그것이 실제로 복음서 해석에 큰 도움을 주지 못할 수도 있다. 예를 들어, 마태복음의 저자가 분명히 마태라고 해도 우리가 복음서를 통해 그에 대해서 알 수 있는 것은 열두 제자 중 하나이며 세리였다는 것 정도뿐으로, 그 정도의 지식은 마태복음 전체를 해석하는 데 있어서 큰 영향을 주지 못한다. 시기나 독자에 대한 것도 마찬가지이다. 단지 저자, 독자, 기록 연대 등을 아는 것은 큰 도움이 되지 못하며, 이에 대해 보다 정확하고 충분한 지식이 있어야 해석에 도움이 될 수 있다.

복음서 해석

이제까지의 모든 기본적인 논의는 결국 복음서를 적절히 이해하고 해석하려는 데에 그 목적이 있다고 할 수 있다. 이제 이러한 기본적인 논의를 바탕으로 복음서를 어떻게 이해하고 접근해야 할 것인지 제안하고자 한다.

전제 및 접근. 앞선 논의에서 수차례 지적한 바대로, 첫째, 역사적 접근의 위험성을 인식해야 할 것이다. 이미 논의한 바와 같이 복음서 자체가 비역사적非歷史的이라는 의미가 아니다. 현대인들이 추구하는 역사성이라는 의미가 주로 과학적 사실성을 의미하는바, 이러한 추구가 복음서의 원래 성격에 적합하지 않고 또한 그러한 추구를 통해서 복음서에서 얻을 수 있는 것이 실제로 별로 없다는 것이다. 과학적 사실보다는 신앙적 실재와 현실을 인식하는 자세로 복음서에 접근하는 것이 바람직하다. 살펴본 바와 같이, 신앙적인 의도로 기록된 본문에서 구체적인 역사적 정보를 얻거나 역사를 재구성하려는 시도는, 그것이 저자에 관한 것이든, 공동체, 시기, 장소 등에 관한 것이든, 어떠한 시도도 그 결과로 볼 때 성공적이라고 할 수 없다. 18세기부터 복음서에서 '역사적 예수'를 찾으려는 시도가 있었고 지금도 많은 학자가 이러한 시도를 하고 있다. 그들은 근본적으로 '역사적 예수'는 '신앙의 그리스도'와 다르다는 전제로 역사적 예수를 찾으려고 한다. 즉, 복음서에서 신앙의 그리스도를 배제하고 역사적 예수만을 찾으려고 한다. 마가복음과 마태복음은 처음부터 예수께서는 하나님의 아들이며 메시아라고 선언하고 복음서를 시작하며 누가복음과 요한복음도 본질적으로 같은 신앙고백을 담고 있다. 이처럼 본질적으로 독자들에게 신앙의 그리스도를 선언하며 독자들과 그러한 신앙의 공유를 확인하고 독자들의 믿음을 굳건히 하려는 의도를 지니고 기록된 복음서에서, 그 본질을 제거하고 그 속에서 역사적 예수를 찾으려고 노력하는 것은 그 자체가 모순으로 보인다. 그들이 원하는 역사적 예수를 찾으려면 그들은 신앙의 그리스도를 전제로 하지 않고 역사적 예수를 전제로 하는 역사적 문서를 먼저 찾아야 할 것이다.

　오늘날의 역사적 예수 연구의 결과도 결국 슈바이처A. Schweitzer에게서 일단락되었다고 하는 제1의 역사적 탐구의 결과를 벗어났다고 말할 수 없다. 여러 학자의 각양각색의 예수상들 속에서 역사적 예수의 모습은 점점 분명해지기보다는 모호해지고 있는 것으로 보인다. 역사적 예수를 찾으려는 시도 자체는 문제가 없으며 좋은 것일 수 있다. 단, 복음서에서 복음서에 적합하지 않은 전제를 가지고 역사적 예수를 찾으려는 데에 문제가 있을 뿐이다. 80년대부터 계속 진행되고 있는 소위 제3의 역사적 탐구도 진정한 예수의 모습을 제시하는 데는 실제로 큰 공헌을 했다고 볼 수 없다. 오히려 그들의 연구는 예수 자신보다는 주후 1세기의 유대교나, 유대교 교사, 선지자, 기적 수행자miracle worker, 귀신 축출자exorcist, 마술사, 치료자, 견유학파 교사 등의 연구에서 큰 공헌을 한 것으로 보인다. 이처럼 복음서에 대한 여러 가지 역사적 접근은 큰 의미가 없는 것으로 보인다.

　둘째, 복음서에 대한 교리적 접근의 한계를 인식해야 한다. 이는 원래부터 복음서는 교리서가 아니었기 때문이다. 복음서는 예수에 대한 신앙적 확신으로 자신의 삶에서 하나님의 통치를 구현하도록 요구하는 실제적인 책이다. 마태복음은 "나더러 주여 주여 하는 자마다 다 천국에 들어갈 것이 아니요 다만 하늘에 계신 내 아버지의 뜻대로 행하는 자라야 들어가리라"마7:21라고 선언함으로써 단순한 교리적 이해나 입술의 고백이 아닌 삶의 열매로 그리스도인 됨을 입증하라고 요구한다. 복음서가 현대적 의미에서의 교리를 전혀 포함하고 있지 않다고는 할 수 없다. 하지만, 가장 기본적인 기독론 이외에 다른 교리들을 복음서에서 추출하기는 어렵다. 교회론이나 종말론, 구원론 등을 찾아낸다고 해도 복음서를 통해서 이러한 주제들에 대해 충분한 교리를 세우기는 어렵다.[44] 실제로 복음서가 기록되었던

---

44) 사실상 신약성서의 모든 책들은 원래 목회적·실천적 성격을 지닌 것으로서 교리의 근원으로 사용하는데 있어서 큰 주의가 필요하며, 교리의 수립을 위해서는 먼저 신약성서전체에 대한 성서학적인 충분한 이해가 있어야 한다.

시대는 아직 교리상으로 체계화를 이루었던 시대가 아니었다. 당시 교회는 여러 지역에 따라 존재했으며 각 교회의 여러 가지 상황은 다양한 강조와 메시지를 낳게 했다. 또한, 이러한 모든 교회를 통합해서 조정하는 기구나 힘이 존재하지 않았다.45) 따라서 당시에는 교회들은 가장 기본적인 기독론을 제외하고는 나름대로 다양한 신학들을 지니고 있었을 것이다. 현재 접하는 체계화된 교리적 입장으로 복음서를 대하는 것은 복음서의 성격이나 의도에 적합하지 않은 접근이며 시대착오적인 접근으로서 바람직하지 않다.

셋째, 어떤 이유에서든지 네 복음서 중 특정한 복음서를 중시하는 것은 바람직하지 않다. 특히 복음주의에서는 그 교리적인 입장을 가장 잘 지지해 줄 수 있다고 보는 요한복음에 더 큰 권위를 두고 있을 가능성이 많다. 네 복음서 모두를 정경으로 인정한다면 네 복음서 모두에 정경으로서의 비중과 권위를 두어야 한다. 서신서에서든지 복음서에서든지 어떤 특정한 책을 더 중요하거나 우월한 책으로 인식하고 그렇게 접근하는 것은 그 책을 '정경 안에 정경' the canon in the canon으로 만드는 것이다. 이것은 실제로 성서의 모든 책을 똑같은 정경으로 인정하지 않는 잘못된 태도라고 할 수 있다.

문학적 접근-서사 비평. 앞서 세 복음서에서 논의할 때에 역사적-비평적 방법에 대해 언급하였다. 그 중 편집 비평은 주로 복음서의 독특한 신학을 발견하고 설명하는 일에 관여하고 있는데, 많은 학자는 여기서 그치지 않고 그러한 신학을 낳게 한 공동체를 재구성하는 일에 관심을 보였다. 이러한 역사적 재구성의 문제점은 이미 논의하였다. 편집 비평은 역사적 재구성 작업까지 나아가지 않는다면 세 복음서 연구에서 유용하게 사용할 수

---

45) 초기 교회들에 있어서 중대한 문제들은 예루살렘의 '사도와 장로 회의'에서 처리했던 것으로 보인다(행15장). 하지만 교회가 점점 더 넓은 지역으로 확산되었고 바울의 경우 나중에 독자적으로 사역을 했던 상황을 볼 때에 이러한 회의가 계속해서 전 교회들에게 영향을 주기 힘들었을 것으로 보인다. 더구나 거의 모든 사도가 세상을 떠났으며 예루살렘까지 멸망한 주후 70년 이후에는 이러한 회의 자체가 불가능했을 것이다.

있는 도구라고 할 수 있다. 그것은 세 복음서 각각의 독특한 관점과 신학이 무엇인지 알게 해 주기 때문이다. 사실상 비평적 도구는 그 도구를 사용하는 사람이 그것을 어떻게 사용하는가에 따라 유익할 수도 있고 그렇지 않을 수도 있다. 편집 비평의 또 다른 약점은 그것이 주로 복음서의 세부적인 편집 부분과 복음서 간의 차이에 집중하고 있기 때문에 복음서의 큰 틀이나 전체적인 흐름에 나타난 저자의 의도를 파악하는 일에 소홀하다는 것이다. 이러한 단점을 보완하기 위해 저자가 복음서 전체의 저작을 통해 보여 주는 의도나 신학을 파악하는 데에 강조를 두어야 한다는 요구도 있었다. 이처럼 복음서 전체의 저작 구성을 파악함으로써 저자의 신학적 틀이나 구성을 이해하려는 접근을 '구성 비평' composition criticism이라고 부르는데 이것은 편집 비평과 근본적으로 다른 새로운 방법이 아니며 새로운 강조점을 지닌 편집 비평이라고 이해하는 것이 좋을 것이다. 역사적-비평적 방법의 하나인 편집 비평은 '역사적'인 관심보다 '문학적'인 관심에 더 많은 비중을 둘 때에, 더 유용한 도구로서 사용될 수 있을 것이다.

역사적-비평적 방법들의 지나친 가위질-풀칠이나 불확실한 역사적 재구성에 대한 비판은 역사적-비평적 방법과 같은 통시적通時的, diachronic 방법이 아닌 공시적共時的, synchronic 방법에 관심을 기울이게 했다. 이처럼 역사적-비평적 접근에 대한 일종의 반작용으로 등장한 공시적 접근은 크게 두 분야로 나타났는데, 사회적 세계와 상황context에 관심을 보인 '사회 과학 비평' social scientific criticism과 문학적 본문text에 관심을 보인 '서사 비평' narrative criticism이 그것이다. 사회 과학 비평은 본문을 낳게 한 사회 체계나 가치 등을 일반 사회과학 이론들이나 모델들을 사용하여 분석함으로써 고대 사회를 이해하려고 하였고, 서사 비평은 본문 자체로 들어가 본문이 독자를 이끌어 가는 방법을 일반 문학 이론을 사용하여 분석함으로써 본문의 이야기 세계를 이해하려고 하였다. 서사 비평은 그것이 철저하게 본문 중심의 방법이라는 점과 그것이 어느 정도 방법론으로 체계화되어 비교적 사용이 쉽다는 점에서 많은 관심을 받았다. 1980년대 중반부터 복음서 연구에 사용되기 시작한 서사 비평은 복음서들의 차이를 비교하는 방법을 사용하지 않고, 역사적 배경에 대한 정보 없이, 역사적인 물음이나 재구성과 상관없이 모든 복음서에 사용할 수 있는 문학적 해석 방법으로서 로우즈David Rhoads와 컬페퍼R. Alan Culpepper 등에 의해 처음 등장하게 되었다.[46)] 서사 비평은 일반 문학 이론에서 주로 소설 분석 방법으로 사용되는 서사론narratology을 복음서 해석에 적용시킨 것으로서, 텍스트의 의미 전달 방법에 주된 관심을 보인다.

서사 비평에서는 텍스트 안에서 모든 가치관이나 의미를 지배하는 총체를 '내포 저자' 內包 著者, implied author라고 지칭하며 이 내포 저자의 생각과 가치관과 인도에 따라 그대로 생각하고 행동하는 이상적인 독자를 '내포 독자' 內包讀者, implied reader라고 지칭한다. 텍스트에서 실제로 이야기를 서술하고 이끌어 가는 화자話者, 서술자, narrator는 내포 저자가 자신의 의도대로 그 목적을 달성할 수 있도록 이야기의 완급을 조절하기도 하고, 분명하게 설명을 하기도 하고, 암시를 주기도 하고, 등장인물들의 말과 행동을 통해 메시지를 전하기도 하고, 사건이나 갈등을 통해서 긴장감을 유발하기도 하면서 전체 이야기를 따라 독자를 이끌어 간다. 화자는 이처럼 내포 저자의 실제 목소리로서 또는 대행자로서 전체 이야기를 주도하고 있는데, 복음서에서는 저자가 곧 화자가 된다. 서사 비평은 그 화자 또는 저자의 '역사적' 실체나 정체에 대해서는 관심이 없다. 그의 역사적 정체와 상관없이 그는 복음서 본문을 통해서 하고 싶은 모든 말을 하며 독자와 의사소통을 하고 있기 때문이다. 즉, 현재의 독자가 이미 실제로 접할 수 없는 저자와 의사소통할 수 유일한 매체는 복음서 본문이기 때문에, 독자는 그 본문 속에서 그의 목소리를 듣고 그의 마음을 이해하고 그의 의도를 따라가며 그의 요구를 실행하면 된다. 이처럼 서사 비평은 논란 많은 역사적 저자에 대한 논쟁과 상관없이 본문 속에서 본문을 통해서 저자를 알고 이해하도록

---

46) 서사 비평에 대한 충분한 설명을 위해서는 권종선, 『신약성서 해석과 비평』, 339-83을 참조하라.

요구한다. 서사 비평은 역사적 저자뿐만 아니라, 앞서 논의한 독자, 시기, 장소 등 대부분의 역사적 배경에 관심이 없다. 화자는 본문을 통해 복음서가 의도하는 이상적인 독자가 어떠한 독자인지 가리켜 주며, 그 의도와 강조와 목적도 알 수 있도록 이야기를 이끌어 가기 때문에 문제가 없다. 이러한 면에서 서사 비평은 비역사적이라는 비판을 받을 수도 있는데, 비역사적이라기보다는 원래부터 역사적인 접근과는 다른 문학적인 접근을 하는 방법이라고 하는 것이 옳다. 복음서 해석자가 역사적 정보는 역사적 접근을 통해서 얻으며 이와 동시에 이와 같은 문학적 접근을 병행한다면 더 풍부한 해석을 할 수 있을 것이다.

서사 비평에서 주로 관심을 보이는 요소로는 화자(내포 저자), 내포 독자, 관점, 플롯, 인물, 해설 등을 들 수 있다. 우리는 이러한 요소들을 연구함으로써 결국 화자가 전체 이야기를 통해 어떤 '방법'을 사용해서 어떤 '관점'에서 의미를 전달하고 있는지를 발견할 수 있게 된다. 화자가 어떤 '방법' 수사법을 사용하는가를 파악하려면 우선 등장인물들 또는 사건들이 어떻게 전체 이야기의 흐름을 구성하고 있는지 그 플롯plot을 살펴보는 것이 필요한데, 주로 등장인물들 간에 나타나는 대립이나 갈등, 그리고 그러한 갈등의 원인, 성격, 내용, 그 갈등의 흐름과 고저高低를 파악하는 것은 이러한 플롯 이해에 도움을 준다. 예를 들어, 복음서에서는 주로 예수와 유대교 지도자들과의 갈등이 그 플롯을 주도하고 있고 그 갈등의 내용은 예수의 권위와 관련된 그의 정체라고 할 수 있다. 이야기의 주인공인 예수가 어떻게 화자에 의해서 선언되거나 설명되고 있는지, 예수 자신의 말과 행동을 통해 어떻게 묘사되고 있는지, 다른 등장인물들은 예수에 대해 어떤 평가나 반응을 보이는지를 관찰하는 것도 중요하다. 다른 주요 등장인물들에 대한 관찰도 중요한데, 특히 독자가 가장 자신을 동일시할 수 있는 대상인 제자들에 대한 연구는 본문의 독자들에 대한 요구를 이해하는데 도움을 준다.

화자나 등장인물의 분명한 선언이나 고백, 또는 하나님의 음성이 하는 말씀 등은 당연히 복음서가 지향하는 관점 이해에 중요하다. 반대로 등장인물이 특별히 이해하지 못하거나오해, misunderstanding, 반어적인 말이나 행동이나 상황, 자신도 모르는 중에 진리를 선언하고 있거나, 자신은 조롱이나 모욕적인 의도로 어떤 말이나 행동을 하고 있지만 실제로 그러한 말과 행동 자체가 진리를 표현하고 있다면irony, 이러한 것들은 화자의 간접적인 암시적 해설로서 일종의 문학적 기법이므로 주의 깊은 관찰과 이해가 요구된다. 이러한 모든 것에 주목하면서 화자를 따라서 복음서 이야기를 처음부터 끝까지 읽어 가는 동안 독자는 내포 저자의 의도에 따라 감격하기도 하며, 긴장하기도 하며, 슬퍼하기도 하며, 분노하기도 하며, 동조하기도 하며, 결단하기도 하며 이야기로서 복음서가 주는 모든 것을 경험하게 된다. 서사 비평은 이처럼 이야기로 서술된 복음서를 충실하게 이야기로서 읽으려는 시도로서 복음서 해석에서 아주 유용한 도구라고 할 수 있다. 흔히 서사 비평을 포함한 문학적 접근들에 대해 '세속적' 도구를 거룩한 신앙의 책에 사용한다는 비난을 하기도 한다. 사실상 성서 해석의 방법들이나 도구 중 세속적이지 않은 것은 하나도 없다. 사실상 신학의 전분야가 그러한 도구들을 사용하고 있다. 즉, 성서해석학을 포함한 모든 신학분야는 사실상 역사, 문학, 철학, 사회학 등의 학문의 방법론을 빌어서 사용하고 있다. 이러한 학문적 도구보다 그 도구를 사용하는 사람의 기본적인 전제나 태도, 신앙이 성서해석을 세속적으로 만들 수도 있고 성스럽게 만들 수도 있다.

실제적 제안. 이제까지의 모든 논의를 바탕으로 다음과 같이 복음서 읽기를 위한 간단한 안내guideline를 제안하려 한다.[47] 첫째, 복음서 전체를 처음부터 끝까지 읽는다. 원래 복음서는 장절 구분이 없이 연결된 이야기이다. 처음 서두에서 나타나는 예수에 대한 호칭이나, 설명, 선언 등은 나머지 이야기를 읽는 데 있어서 중요하다마태, 마가, 요한. 화자는 처음부터 독자에게 예수의 정체나 신분을 밝히고 이야기를 시작하고 있으므로 독자는

---

47) Ibid., 113-28을 참조하라.

이후 이야기에서 사람들이 예수에 대해 이해하지 못하고 있다고 해도, 냉담하거나 배척한다고 해도 상관없이 자신이 이미 들은 예수의 정체와 신분을 그대로 믿고 읽으면 된다. 등장인물들의 말과 행동뿐만 아니라 화자의 해설에 주목하면서 이야기 전체를 읽음으로써 이야기 전체의 분위기와 흐름, 그리고 전체 구조를 파악하는 것이 필요하다. 복음서 전체를 통해서 강조되거나 반복되는 사건, 용어, 모티프가 있는지 확인하는 것도 필요한데 이는 그 복음서의 신학 이해에서 중요하다.

둘째, 복음서를 비교해서 읽는다. 이는 처음 세 복음서 해석에서 필수적이다. 좋은 복음서 대조서를 통해서 복음서 본문을 세부적으로 비교해야 한다. 물론 본문의 정확한 비교는 헬라어 원문을 통해서 진행해야 한다. 본문을 비교하는 이유는 그 공통점과 차이점을 찾아내기 위함이다. 마가의 우선성을 전제로 한다면 마가복음을 기준으로 마태복음이나 누가복음이 어떤 부분은 그대로 옮기고 있고 어떤 부분은 다르게 옮기고 있는지 확인하고, 마가복음에는 없는 새로운 부분이 첨가되어 있는지도 확인한다. 특별히 차이점에 주목하면서 이러한 차이가 일회적으로 나타나서 우발적인 것으로 보이는지, 아니면 반복적으로 나타나서 의도적인 것으로 보이는지 판별한다. 특히 반복적으로 같은 종류의 차이가 나타난다면 그것은 그 복음서의 특징적인 신학에 해당한다고 볼 수 있다. 또한, 다른 어떤 복음서에도 등장하지 않는 인물, 용어, 사건, 내용 등이 한 복음서에만 나타나고 있다면, 그것은 가장 분명하게 그 복음서의 특징을 보여줄 수 있는 중요한 것들로서 특히 주목해야 한다. 특히 어떤 한 복음서에 자주 등장하는 것으로 판단되는 용어들은 그 사용된 빈도를 확인하여 비교하는 것도 중요하다. 어떤 한 복음서에서 다른 복음서에서보다 특별히 많이 사용되고 있는 용어가 있다면 그것은 그 복음서 이해에 중요한 용어임이 분명하다. 이처럼 복음서의 공통점과 차이점의 세밀한 비교를 통해서 발견한 모든 결과의 데이터는 각 복음서의 독특한 특징과 신학을 이해하는 중요한 근거를 제공해 준다. 이러한 차이에만 집중하지 말고 공통으로 나타나는 부분도 주목해야 한다. 예를 들어, 성전정화 사건이나 오병이어의 기적 등은 네 복음서 모두에 기록되어 있는데, 그것은 그만큼 중요한 사건으로 취급되어야 한다는 것을 의미할 수 있다.

셋째, 이러한 개별적 읽기와 비교 읽기를 통해서 얻은 데이터를 종합하여 각 복음서의 특징 및 신학을 정리한다. 이렇게 정리된 특징과 신학을 바탕으로 각 복음서를 독특한 것으로 개별적으로 이해한다. 이러한 개별적인 이해 없이 섣불리 복음서의 내용이나 신학을 종합하는 것은 바람직하지 않다. 어떤 중요한 주제나 신학도 우선 하나의 복음서를 개별 단위로 개별적으로 연구한다. 복음서에 대한 이러한 개별적인 이해가 분명할 때에 다음으로 전체적인 종합을 하도록 한다. 네 개의 복음서는 각각 다른 저자에 의해, 다른 시기에, 다른 독자에게, 다른 강조점을 가지고, 다른 의도로 기록되었기 때문에 어떤 주제는 일관성 있게 또는 체계적으로 정리되지 않을 수도 있다. 이럴 때 무리하게 종합하지 않도록 한다. 이처럼 복음서를 개별적이고 독특하며, 따라서 넷 모두를 같이 중요한 것으로 인식하고 이해하는 것이 우선으로 중요하며, 이러한 개별적 이해를 바탕으로 전체적인 이해를 지닌다면 복음서에 대한 이해가 한층 더 풍부해 질 것이다.

참고자료

Barton, Stephen C., ed. *The Cambridge Companion to the Gospels.* Cambridge: Cambridge University Press, 2006.

Bauckham, Richard, ed. *The Gospel for All Christians: Rethinking the Gospel Audiences.* Grand Rapids: William B. Eerdmans Publishing Company, 1998.

Bockmuehl, Markus and Donald A. Hagner, eds. *The Written Gospel.* Cambridge: Cambridge University Press, 2005.

Burridge, Richard A. *What Are the Gospels? A Comparison with Graeco-Roman Biography.* Cambridge: Cambridge University Press, 1992.

Goodacre, Mark. *The Synoptic Problem: A Way through the Maze.* London: Sheffield Academic Press, 2001.

McDonald, Lee Martin. "The Gospels in Early Christianity: Their Origin, Use, and Authority." *Reading the Gospels Today.* Ed. Stanley E. Porter, 150-78. William B. Eerdmans Publishing Company, 2004.

Murphy, Frederick J. *An Introduction to Jesus and the Gospels.* Nashville: Abingdon Press, 2005.

Nickle, Keith Fullerton. *The Synoptic Gospels: An Introduction.* Louisville: John Knox Press, 2001.

Perkins, Pheme. *Introduction to the Synoptic Gospels.* Grand Rapids: William B. Eerdmans Publishing Company, 2007.

Porter, Stanley E., ed. *Reading the Gospels Today.* Grand Rapids: William B. Eerdmans Publishing Company, 2004.

Powell, Mark Allan, ed. *Fortress Introduction to the Gospels.* Minneapolis: Fortress Press, 1998.

Puskas Charles B. & David Crump. *An Introduction to the Gospels and Acts.* Grand Rapids: William B. Eerdmans Publishing Company, 2008.

Sanders, E. P. and Margaret Davies. *Studying the Synoptic Gospels.* London: SCM Press, 1989.

Stanton, Graham N. *Jesus and Gospel.* Cambridge: Cambridge University Press, 2004.

Stein, Robert H. *Studying the Synoptic Gospels: Origin and Interpretation.* Grand Rapids: Baker Academic, 2001.

권종선. 『신약성서 해석과 비평』. 대전: 침례신학대학 출판부, 2005.

『예수 복음서 사전』

제 2 장

마가복음

The Gospel of Mark

배경적 이해 • 88
예수 이야기 • 97
특징 및 신학 • 123

마가복음

앞장에서 복음서 해석을 위한 여러 문제를 언급하며 실제적인 제안을 하였다. 이제 본서는 각 복음서에 대한 설명을 세 부분으로 나누어 제시하게 될 것이다. 첫 부분은 '배경적 이해'로서 각 복음서의 저자, 독자, 목적을 다루게 된다. 이들에 대해서는 주요 견해들을 소개하고 그 견해들에 대한 간단한 평가를 제시할 것이다. 둘째 부분에서는 '복음서 이야기'를 다루게 되는데 복음서 전체 이야기의 흐름과 화자저자의 서술 방법에 주목한다. 앞서 복음서를 '이야기' narrative로 이어 읽도록 제안한 바 있는데, 이처럼 이야기 전체를 서술하는 화자narrator의 서술과 해설을 따라서 이야기를 요약할 것이다. 배경과 사건들 안에서 인물들이 어떠한 갈등을 유발하며, 줄거리와 사건들이 어떻게 연결되어 진행되는지, 그 플롯plot에 관심을 보이며 복음서 이야기를 소개할 것이다. 이러한 설명을 통해서 독자에게 이야기로서 복음서를 읽는 '서사론적 읽기' narratological reading를 소개하며 전체 이야기를 이해하도록 도울 것이다.[1] 셋째 부분에서는 각 복음서의 특징 및 신학을 다루게 된다. 이 부분에서는 각 복음서의 주요 특징 및 신학을 주제별로 제시하게 되는데, 각 주제가 나타난 본문들을 찾아내 간단히 설명하며 종합하는 방식으로 진행한다. 각 복음서에서 특징이나 신학을 찾아내는 작업은 주로 용어 사용의 빈도頻度를 조사하거나 다른 복음서들과의 비교를 통해 차이점들을 찾아냄으로써 이루어지는데, 이는 일종의 '편집 비평적'인 접근이라고 할 수 있다. 이렇게 찾아낸 복음서의 신학을 정리하는 데 있어서 본서는 과거 종교사학파宗敎史學派의 관심과 같이 당시의 주변의 역사적 정황 등에 대해서는 관심을 보이지 않을 것이며, 가능한 한, 각 복음

---

[1] 이러한 '서사 비평' (narrative criticism)에 대해서는 앞 장(章)에서 이미 소개하였다.

서의 신학은 그 복음서의 본문들을 통해서 설명하려고 노력할 것이다.[2] 이는 각 복음서의 독특성을 인정해야 한다는 앞선 논의를 따른 것으로서, 가능하면 복음서 전체를 통합하는 신학보다는 각 복음서의 신학을, 각 복음서 안의 범위에서, 각 복음서의 본문을 근거로 설명하려고 할 것이다. 이러한 신학 연구에서도 특정 주제가 나타나는 본문들을 다룰 때에 그 본문의 문맥이나 전체 이야기를 고려하며 그 주제를 설명하려 할 것이다.

마가복음은 복음서 중 가장 먼저 기록된 것으로 받아들여진다. 예수의 공생애부터 시작하는 이 가장 짧은 복음서는 예수의 생애에 대한 이야기 narrative에 최초로 '복음' εἰαγγέλιον이라는 용어를 사용하고 있어서 특히 그 장르에 대한 논의에 주목을 받기도 한다.[3] 다른 복음서들과 비교해 볼 때에 마가복음은 교회 역사에서 아주 오랫동안 교회의 관심의 대상이 되지 못했었다. 신약성서 정경의 순서에서 보듯이 초기 교부들이 가장 선호하고 많이 사용했던 복음서는 마태복음이었다. 마가복음은 정경에서 마태복음 다음에 있음에도 복음서 중 가장 적게 사용되었다. 어거스틴Augustin은 주후 400년경 그의 저서 『복음서 기자의 일치에 관해서』에서 "마가는 마태를 종복從僕처럼 모방했고 그의 복음을 축약縮約한 자로 간주 된다"라고 언급했는데De Consensu Evangeliorum, 1.2.4, 이러한 생각은 당시에 지배적이었던 것으로 보인다. 마가복음은 마태복음보다 나중에 기록되었으며 마태복음을 요약한 것에 불과하다는 인식은 그 이후 19세기가 될 때까지 계속되었다. 19세기 초에 라흐만Lachmann, 1835에 의해 마가복음이 가장 먼저 기록된 것이라는 견해가 제시되었는데, 이러한 마가의 우선성이 그 이후 일반적인 견해로 자리 잡게 됨에 따라 마가복음에 대한 관심도 그만큼 커지게

---

[2] 필자는 이처럼 성서의 각 책을 단위로 성서의 범위 안에서 특징적 주제를 설명하는 것이 '성서신학'에 있어서 중요한 일이라고 주장한다. 권종선, 『신약성서 해석과 비평』 (대전: 침례신학대학 출판부, 2005), 195-203.
[3] 본서는 앞 장(章)에서 복음서의 장르에 대해 논의하였다. 특히 마가복음의 장르로 제시되는 견해로는 앞에서 언급한 기본적인 장르 이외에도 '묵시 드라마' (Norman Perrin, 1982; F. J. Murphy, 2005), '헬라 비극' (M. A. Beavis, 1989), '헬라 로맨스' (M. A. Tolbert, 1989), '비(悲)-희극(喜劇)' (Tragi-Comedy, D. O. Via, 1975), '변증서' (H. N. Roskam, 2004) 등 다양하다.

되었다.

마가복음이 최초의 복음서로 인정되면서 마가복음은 다른 복음서들에 비해 비교적 예수의 삶의 자리를 더 많이 보여줄 수 있을 것으로 기대되었으며, 따라서 역사적 예수 연구나 다른 역사적 연구를 위한 자료로서 가장 선호됐다. 또한, 마가복음이 갈릴리 지역을 중심으로 서술하는 것이나, 특히 제자들을 부정적인 모습으로 제시하는 점, 또는 예수가 메시아라는 것을 함구하도록 명하는 것(메시아 비밀, Messianic secret) 등은 마가복음에서 눈에 띄는 특징으로서 특히 많은 관심과 연구의 대상이 되어왔다. 이처럼 마가복음은 복음서의 장르 연구, 역사적 예수 연구, 초기 기독교 연구, 또는 신학적 연구에서 중요한 위치를 차지하고 있다고 할 수 있다. 하지만, 현재에도 일반 그리스도인들에게 있어서 마가복음은 여전히 복음서 중에서 가장 주목을 받지 못하는 위치에 있는 것으로 보인다. 그 이유는 단순한데, 우선 신약성서에 마태복음이 먼저 수록되어 있어서 그것을 먼저 읽게 되며, 마가복음의 거의 모든 내용이 마태복음에 중복되어 나타나고 있기 때문일 것이다.[4] 즉, 정경의 순서대로 먼저 마태복음부터 읽은 독자들은 마태복음을 통해서 이미 마가복음의 내용을 거의 다 알게 되는데, 따라서 마가복음을 읽을 때에 새로운 다른 복음서를 읽고 있다는 생각을 하기 어려우며, 실제로 여러 가지 면에서 차이점들이 나타나고 있어도 그것을 인식하기 어렵다. 또한, 교회에서는 복음서 병행구절은 보통 마태복음의 본문을 대표로 인용하는 경향을 보인다. 이 역시 마태복음이 신약성서에서 처음에 실려 있는 것에서 비롯된 것으로 보인다. 마가복음을 마태복음과 자세히 비교해 보고 읽지 않고 일견一見해 본다면 마가복음은 마태복음의 요약본 정도로 생각될 수 있다. 이처럼 일반 독자들에게도 마가복음의 독특성이나 중요성은 새롭게 인식되어야 할 필요가 있다. 마가복음을 새롭게 이해하기 위한 가장 단순한 방법의 하나는 마가복음을 마태복음보다 먼저 읽는 것이다.

---

[4] 실제로 병행본문들 중 마태복음이나 누가복음에 나타나지 않고 오직 마가복음에만 기록되어 있는 것은 세 개의 단화(短話) 뿐이며(막 4:26-29; 7:31-37; 8:22-26) 나머지 내용은 모두 중복된다.

배경적 이해

앞서 살펴본 바와 같이 복음서의 저자, 독자, 시기, 장소, 목적 등의 배경적인 정보는 정확히 알 수 있는 것이 거의 없으며 학자들의 견해는 거의 추정의 수준에 머무르는 상태이다. 따라서 본서는 이러한 문제들에 대해 불필요하게 많은 논의를 하지 않을 것이며 일반적인 견해들을 간단히 소개하는 것으로 대신할 것이다.

저자. 마가복음 자체는 저자에 대해 어떤 정보도 제공해주고 있지 않지만, 현재 헬라어 복음서에는 '마가에 의한' *KATA MAPKON*이라는 제목이 붙여져 있다. 당시에 아주 흔한 이름이었던 마가Mark, Marcus는 누구이며, 그는 마가복음을 기록한 실제 저자일까? 이 복음서가 마가의 이름으로 전해졌다는 것은 그가 당시 교회들에 잘 알려졌던 인물이라는 것을 나타내준다. 그가 교회에 잘 알려진 인물이었다면 그는 신약성서에서 등장하는 인물일 가능성이 크다. 신약성서에는 여러 번 마가라는 이름이 언급되고 있다. 우선 사도행전에서 요한이라는 유대적 이름을 동시에 사용하고 있던 마가가 언급된다.행12:12 이 구절은 예루살렘에 있는 그의 어머니 마리아의 집이 그리스도인들의 모임 장소로 사용되었다고 언급한다. 바나바와 사울은 예루살렘에서 마가를 데리고 안디옥으로 돌아오며,행12:25 그들은 선교사로 파송되어 처음 선교여행을 떠날 때 마가를 수행원으로 데리고 간다행13:5. 마가는 버가에서 임의로 바울을 떠나 예루살렘으로 돌아가고,행13:13 후에 다음 선교여행 때에 이 일로 바나바와 바울이 심히 다투게 되며 결국 바울은 실라와 함께 떠나고 마가는 바나바가 따로 데리고 떠나게 된다행15:36~41. 이처럼 사도행전에 나타나는 마가의 모습은 다소 부정적이다. 바울서신에도 마가에 대한 언급이 나타나는데, 여기서 마가는 바울에게 도움이 되는 동역자로 등장 한다.골4:10~11; 몬1:24; 딤후4:11 베드로전서에서도 한 번 마가가 언급되는데, 여기서 마가는 베드로, 실라실루아노와 함께 로마 교회에 있는 것으로 나타나며, 베드로는 그를 "내 아들"이라고 부르고 있다.

벧전5:12~13 종합해 본다면, 마가는 예루살렘 거민으로서, 바울의 선교여행에 동참했었으며, 바울과 갈등이 있었지만, 후에는 바울의 동역자로 바울을 도왔고, 베드로와 친밀한 관계로 실라와 함께 베드로 곁에 있었다. 이처럼 신약성서에서 마가는 초기 교회에서 주된 인물로 나타나고 있다고 볼 수는 없지만, 전체적으로 바울이나 베드로와 가깝게 지냈으며 그들의 사역에 도움이 되었던 인물로 나타나고 있다.[5] 하지만, 마가가 복음서나 어떤 기록을 남겼다는 언급은 신약성서에 없다. 이처럼 신약성서는 마가라는 인물의 존재와 그의 사도들과의 연관성 정도만 말해주고 있을 뿐, 그가 이 복음서의 저자라는 것을 말해주지는 않는다.

이런 상황에서 학자들은 아주 중요한 외증에 주목한다. 유세비우스Eusebius는 자신의 『교회사』에서 파피아스Papias, 주후 120-140년경를 인용하는데, 이 책에서 파피아스는 마가는 베드로의 통역자였다고 하며 그는 자신이 기억하는 모든 것을 정확하게 기록했다고 전한다Eccl. Hist. 3.39.15. 또한 이레니우스Irenaeus, 주후 170년경도 『이단반박』에서 마가를 베드로의 통역자로 언급하며Haer. 3.1.1, 유세비우스의 『교회사』에 의하면 알렉산드리아의 클레멘트Clement of Alexandria, 주후 180년경도 베드로를 오랫동안 따랐던 마가는 그의 말을 기억해서 복음서를 기록했다고 전한다Eccl. Hist. 6.14.6-7. 이외에도 오리겐Origen, 주후 200년경, 터툴리안Tertullian, 주후 200년경, 유세비우스Eusebius, 주후 324년경, 제롬주후 400년경 등 이후 교부들의 언급들은 모두 이처럼 마가를 베드로와 연관시키고 있다. 이러한 외증들은 마가가 베드로와 함께 있는 베드로전서의 구절과 일치한다고 볼 수 있다.벧전5:13 즉, 외증들이 정확하다면 마가복음의 저자는 요한 마가라고 할 수 있다. 이처럼 비교적 강한 외증의 지지를 받은 마가의 저작설은 마가복음 자체를 볼 때에도 인정될 수 있다. 마가복음의 저자는 헬라어로 복음서를 기록했으며 아

---

[5] 마가라는 이름이 당시에 아주 흔한 이름이었다는 것을 고려할 때에 특히 베드로와 함께 있던 마가가 반드시 요한 마가를 지칭하고 있다고 말할 수 없으며, 또한 외증들이 이 복음서의 저자로 언급하고 있는 마가가 요한 마가라는 것도 확인할 수 없다는 반론이 제시되기도 한다.

람어도 알고 있었다.3:17,22; 5:41; 7:11,34; 9:43; 10:46; 14:36; 15:22,34 유대 이름과 헬라 이름 모두를 가지고 있던 요한 마가는, 역시 두 가지 이름을 가지고 있었던 바울처럼, 두 언어 모두를 알았을 것이다. 그가 예루살렘 거민으로서 후에 바울과 바나바를 따라 이방지역 선교에 동참하는 것을 볼 때에 그가 두 언어를 알고 있었을 가능성은 크다고 할 수 있다. 또한, 마가복음에서 나타나는 라틴어 표현들은5:9; 6:27; 15:16 등 저자와 로마의 연관성을 시사해 주는데 이것은 또한 외증과 일치한다. 또한, 마가복음의 저자가 마가가 아니거나 잘 알 수 없는 상황이었다면 그 책의 권위를 위해서라도 보통 사도 중 한 사람이나 아니면 비교적 유명한 인물의 이름이 붙여졌으리라 생각할 수 있다. 즉, 요한 마가 이외에 잘 알려진 또 다른 마가가 없는 한, 마가복음 제목의 마가는 요한 마가라고 하는 것이 좋을 것이다. 하지만, 이런 논의의 결론은 말 그대로 마가복음 제목에 언급된 마가는 신약성서에 나타난 요한 마가라는 것을 의미할 뿐, 그 마가가 실제 마가복음의 저자라는 것을 입증해주지는 않는다.

  대체로 마가복음의 저자를 마가로 보는 견해는 비교적 강한 지지를 받고 있는데, 마가복음이 베드로를 포함한 제자들을 특히 부정적으로 묘사하는 것 등은 마가의 저작설에서 문제로 지적되기도 한다. 이미 앞서 복음서의 저자 문제에 대해서 논의했듯이, 모든 복음서의 저자에 대해서는 그 복음서 자체가 분명하게 언급하지 않는 한 어떤 저작설도 완전한 지지를 받을 수 없다. 그리고 마가복음의 저자가 마가라고 해도 우리가 마가에 대해 알 수 있는 정보는 위와 같은 것들이 전부이다. 즉, 그 정도의 정보는 복음서 해석을 좌우할 수 있을 만큼 충분한 것이 아니다. 이러한 상황에서 저자에 대해 지나치게 많은 관심을 보이거나 세세한 논의를 하는 것은 바람직하지 않다. 복음서의 제목은 후대에 첨가된 것이고 복음서의 본문에서는 저자에 대해 어떠한 언급도 하지 않기 때문에 사실상 저자에 대해서는 정확히 알 수 없다. 하지만, 후대 교회의 이해를 따라서 편의상 복음서 제목에 나타난 이름대로 마가복음의 저자를 마가라고 해도 좋을 것이다.

독자. 독자 공동체의 존재나 성격, 재구성의 문제는 이미 앞 장章에서 다루었다. 필자는 이미 이에 대한 논의에서 복음서의 수신자로서 특별한 독자 공동체의 존재는 인정하되 복음서 본문을 통해 그 공동체의 위치나 상황을 파악하거나 그것을 역사적으로 재구성하는 것은 어렵다는 견해를 밝혔다. 현재 마가공동체에 대한 연구는 여전히 그 공동체의 성격, 상황, 위치를 파악하려는 시도가 진행되는 가운데, 복캄Richard Bauckham을 따라 공동체에 관한 연구 자체를 인정하지 않는 견해도 제시되고 있다.[6] 마가복음 자체는 독자에 대한 어떠한 직접적인 정보도 제공하고 있지 않다. 마가복음의 독자에 대해 단순하며 분명하게 알 수 있는 것은 그 공동체가 헬라어를 사용했으며, 아람어를 알지 못하는 자들이었다는 것이다. 또한, 복음서 서술을 통해서 볼 때에 그들은 예수를 하나님의 아들이며 그리스도로 알고 있었으며, 특별한 설명 없이도 예수의 제자들을 포함한 주요 인물들이나 중요한 지리가 언급되고 있는 것을 볼 때에 이러한 인물들이나 지리에 대해서도 기본적인 정보를 가지고 있었을 것으로 생각된다.[7] 사실상 이와 같은 정보는 너무 일반적이어서 마가공동체를 설명하거나 그 위치를 찾아내는 데는 도움이 되지 못한다. 학자들이 일반적으로 의견의 일치를 보이는

---

6) Richard Bauckham, ed., *The Gospel for All Christians: Rethinking the Gospel Audiences* (Grand Rapids: William B. Eerdmans Publishing Company, 1998). 최근에 Michael F. Bird는 복음서의 독자가 특정한 공동체였다는 것을 부정하는 복캄의 견해가 옳다는 것을 여섯 가지 점에서 재확인하고 있는데 이를 요약하면 다음과 같다: 첫째, 마가복음 자체가 그것이 어떤 공동체에서 나왔거나 어떤 공동체를 위해서 기록되었다는 것을 증거하고 있지 않다; 둘째, 마가복음이 공동체와 관련이 있다고 해도 그것이 공동체를 위해서 기록된 것인지, 공동체에 관해서 기록된 것인지, 공동체 안에서 기록된 것인지, 그 공동체와의 관계의 성격이 모호하다; 셋째, 공동체가 일방적으로 본문에 영향을 주었다고 가정할 수 없는데 그것은 상호 영향을 주었다고 보아야 하기 때문이다; 넷째, 요한 마가의 경우, 여러 장소를 다녔을 것인데, 따라서 한 특정한 그리스도인 공동체를 대상으로 기록했다고 볼 수 없다; 다섯째, 복음서의 '복음' 또는 '이야기'(narrative)로서의 형태(장르)로 볼 때 그것이 교회의 문제 해결을 위한 것으로 저작되었다고 보기에 적합하지 않다; 여섯째, 본문이 예수의 삶을 언급하고 있는지 아니면 그것이 교회의 삶을 암시하고 있는지 확인하기 어렵다. "The Markan Community, Myth or Maze? Bauckham's The Gospel for All Christians Revisited," *Journal for Theological Studies*, vol. 57, no. 2 (October 2006): 474-86.
7) 이는 공동체의 역사적 재구성이 아닌 복음서 본문의 서술을 통해 그것이 전제하고 있을 것으로 보이는 독자를 추론한 것으로서, 보다 자세한 내용은 Robert H. Stein, *Mark* (Grand Rapids: Baker Academic, 2008), 9-10을 보라.

마가공동체에 관한 이해 중 하나는 마가공동체가 '핍박'이라는 상황과 관련이 있다는 것이다. 즉, 마가공동체는 핍박을 받고 있거나 또는 핍박을 앞둔 공동체였다는 것이다. 다음과 같은 병행구절들에서 마가복음이 보여주는 차이는 마가공동체가 핍박 상황에 있었다는 것을 암시해주고 있다고 볼 수 있다.

막10:29~30	마19:28~29	눅18:29~30
29 예수께서 이르시되 내가 진실로 너희에게 이르노니	28 예수께서 이르시되 내가 진실로 너희에게 이르노니 세상이 새롭게 되어 인자가 자기 영광의 보좌에 앉을 때에 나를 따르는 너희도 열두 보좌에 앉아 이스라엘 열두 지파를 심판하리라	29 이르시되 내가 진실로 너희에게 이르노니
나와 복음을 위하여 집이나 형제나 자매나 어머니나 아버지나 자식이나 전토를 버린 자는 30 현세에 있어 집과 형제와 자매와 어머니와 자식과 전토를 백 배나 받되 박해를 겸하여 받고 내세에 영생을 받지 못할 자가 없느니라	29 또 내 이름을 위하여 집이나 형제나 자매나 부모나 자식이나 전토를 버린 자마다 여러 배를 받고 또 영생을 상속하리라	하나님의 나라를 위하여 집이나 아내나 형제나 부모나 자녀를 버린 자는 30 현세에 여러 배를 받고 내세에 영생을 받지 못할 자가 없느니라 하시니라

이 본문은 예수께서 모든 것을 포기하고 따른 제자들에게 그들이 받게 될 보상에 대해 말씀하시는 부분이다. 우선 마가복음은 "나와 복음을 위하여"라는 표현을 통해 이 말씀이 독자의 시대를 위한 것임을 보여주고 있는데, 예수 시대에는 아직 '복음'이라는 용어가 사용되지 않았거나 기독교적인 의미가 없었음이 분명하다. 또한, 본문에서 주목해야 할 것은 예수와 복음을 위해 포기를 실행한 사람들이 받게 될 보상은 현세의 것과 내세의 것으로 나뉘는데, 현세지금 이때, νῦν ἐν τῷ καιρῷ τούτῳ에 받게 될 것 중에 '박해' διωγμός의 복수가 사용됨이 포함되어 있다는 것이다. 막10:30 복음서 중 마가복음에만 있는 이 복수형은 보통 마가공동체의 상황을 보여주는 것으로

해석된다.8) 로스캄H. N. Roskam은 마가복음의 이 구절과 마가의 편집을 보여주는 다른 구절들을 근거로4:1~20; 8:34~9:1; 13:9~13 마가가 특별히 박해라는 주제에 관심을 보이고 있음을 확인하고 "마가가 볼 때에 그의 독자들은 박해의 위협 하에 살고 있었다"라고 주장하였다.9) 또한, 마가복음의 후반부에서 세 번에 걸친 예수의 고난과 죽음에 대한 예고가 중심적인 역할을 하고 있다는 것이나,10) '메시아 비밀'과 같은 비밀 모티프11) 등도 이와 같은 박해 상황을 지지해 주는 근거로 사용된다. 마가복음이 전체적으로 박해나 고난을 강조하는 것은 거의 분명하다. 따라서 마가복음의 독자들이 박해 상황에 있었다고 추정하는 데에 무리가 없다. 마가는 이런 상황에서 독자들을 격려하고 위로하려고 마가복음을 기록한 것으로 보이는데, 마가는 고난이나 박해가 그리스도인에게 당연하거나 필수적인 것으로서,12) 그러한 고난은 하나님의 계획의 일부이며 하나님의 왕국(통치)의 도래의 과정 중 하나라고 말하는 것으로 보인다.13)

기록 시기와 장소. 마가복음의 기록 시기와 장소를 찾아내려는 노력은 주로 이러한 박해 상황, 마가의 지리 이해와 언어 사용 등을 근거로 이루어졌다. 하지만, 이처럼 복음서로부터 역사적 정보를 찾아 상황을 구성해 내고 확정하려는 시도는, 그러한 시도들이 보통 그렇듯이, 어떠한 결정적인 결론에도 도달하지 못하고 있다. 마가공동체가 있었던 장소 즉, 마가복음

---

8) '박해' διωγμός라는 명사는 신약성서 전체에서 10회, 복음서에서는 3회 사용되고 있는데, 마가복음에 2회, 마태복음에 1회 사용되고 있다.
9) H. N. Roskam, *The Purpose of the Gospel of Mark in Its Historical and Social Context* (Leiden: Brill, 2004), 72-3.
10) 마가복음에서 예수의 고난 예고는 예수의 고난과 죽음에 대한 제자들의 몰이해나 몰이해적 행동 등과 교차되어 나타남으로써 예수의 고난과 죽음의 심각성과 중요성을 더욱 부각시키고 있다.
11) 즉, 박해 때문에 공개적으로 예수에 대해 선포할 수 없는 상황이거나, 예수를 메시아로 선언할 때에 정치적인 의미의 메시아를 선포하는 것으로 오해되어 박해를 받을 수 있는 상황이기 때문에 예수가 메시아라는 것을 말하지 않도록 명하고 있다고 보는 것이다.
12) 마가복음 10장 30절은 박해에 예외가 없음을 언급하고 있고, 마가복음 8장 34-35절의 제자도(弟子道)에 대한 말씀도 제자들이라면 당연히 죽음에까지 이르는 고난이나 박해를 받아들여야 함을 시시해 주고 있다.
13) Ibid., 73.

의 기록 장소로 가장 일반적인 지지를 받은 곳은 로마다. 이는 우선 베드로와 함께 마가를 로마에 위치시키고 있는 많은 외증들과 베드로전서 5장 13절에 의해 지지가 되기 때문에 유력하며 또한 마가복음의 라틴어 표현 사용 등에 의해 지지가 된다.14) 비교적 최근에 인시그네리Brian J. Incigneri는 특히 헬라어 문서에 라틴어를 섞어 사용하는 것은 당시에 로마 이외에 어떤 곳에서도 발견할 수 없는 특별한 용례라고 지적하며 마가복음을 로마에 위치시켰다.15) 학자들은 마가복음이 전제하는 박해 상황을 로마에 위치시킬 때 더 적절히 이해할 수 있다고 생각하기도 한다. 이 경우는 보통 마가복음 13장의 상황을 로마의 네로 황제의 박해와 연관시킨다.

로마 이외에 마가공동체의 장소로 자주 거론되는 곳으로는 갈릴리를 들 수 있다. 마가복음의 이야기가 전체적으로 갈릴리를 중심으로 진행되고 있고, 특히 예수께서 부활 후 제자들과 다시 만날 장소로 갈릴리를 지명하셨다는 것,14:28; 16:7 갈릴리는 주후 66~70년 사이에 있었던 유대 전쟁의 주된 무대였으므로 박해의 장소였다는 것, 마가는 갈릴리의 지리를 다른 어떤 곳보다 정확히 알고 있었다는 것 등이 그 지지의 근거로 제시된다. 로스캄은 마가복음은 유대인과 로마 정부 모두로부터 박해를 받고 있었다는 것을 시사하고 있는데, 그러한 상황은 갈릴리에 잘 어울린다고 이해하며, 마가복음은 주후 70년 예루살렘 멸망 후에 갈릴리에서 기록되었다고 결론짓는다.16) 하지만, 이 견해는 유대 전쟁 때에 팔레스타인에서 '그리스도인들'이 로마로부터 박해를 받았다는 것을 보여주는 증거가 없으며, 전쟁 상황에서 복음서 같은 문서가 기록되었다고 보기 어렵다는 면에서 반박되기

---

14) 마가복음에 나타나는 라틴어 표현으로는 μόδιος(modius, 말, 됫박,4:21), 군대 λεγιών(legio, 군대, 군단, 5:9, 15), σπεκουλάτωρ(speculator, 시위병, 6:27), ξέστης(sextarius, 주발, 단지, 7:4), κῆνσος(census, 세금, 12:14), κοδράντης(quadrans, 고드란트, 12:42), φραγελλόω(flagellare, 채찍질하다, 15:15), πραιτώριον(praetorium,, 브라이도리온, 관저, 15:16), κεντυρίων(centurio, 백부장, 15:39) 등이 있다.
15) Brian J. Incigneri, *The Gospel to the Romans: The Setting and Rhetoric of Mark's Gospel* (Leiden: Brill, 2003), 102.
16) H. N. Roskam, *The Purpose of the Gospel of Mark in Its Historical and Social Context*, 113-4.

도 하며, 학자들로부터 큰 지지를 받지 못한다.

마가복음의 저작 장소로 시리아수리아, Syria가 거론되기도 하는데, 그곳은 헬라어를 사용했고, 이방선교에 열려 있었으며, 또한 유대 교회가 박해를 받아 피신한 장소로서, 이는 유세비우스Eccl. Hist. 3.5.3 에피파니우스 Epiphanius, Panarion 29.7.7-8의 언급과도 일치하며, 마가복음의 박해 상황도 시리아에서의 전쟁 상황과 잘 일치하고 있다는 것들이 그 근거로 제시된다.17) 일반적으로 제시되는 바와 같이 마태복음의 기록 장소가 시리아 안디옥이었고 마태가 마가복음을 자료로 사용했다고 한다면, 마가복음은 마태가 손쉽게 입수하여 사용할 수 있는 위치인 시리아 또는 시리아 안디옥에 유포되어 있었다고 할 수 있다. 그 외에 남부 시리아의 시골 마을이 거론되기도 하지만,H. C. Kee 이러한 모든 견해는 당시의 역사적 상황과 복음서의 상황 모두가 분명하고 확실할 때에 수용될 수 있는 것으로서 어느 견해도 정확하다고 말할 수 없다. 정리한다면, 마가복음은 바울과 베드로의 동역자였던 요한 마가가 기록한 것으로서, 로마에서 주후 70년 예루살렘 멸망 전후前後 몇 년 사이에 기록되었다고 보는 것이 가장 일반적이다. 하지만, 살펴본 바와 같이 독자공동체가 위치했던 장소나 시기, 그것이 처했던 상황이나 그것의 성격 등을 구체적으로 알 수는 없다.

목적. 복음서 자체가 목적을 밝히지 않아서 분명한 목적을 알 수는 없다. 일반적으로 복음서들이 그러하듯이, 서신서들과는 달리 마가복음은 전체적으로 이단 문제 등과 같은 특별한 문제를 다루는 것으로 보이지는 않는다. 유대교 율법이나 로마 정부에 대한 문제들이 있었으리라 생각할 수 있지만, 그러한 것들은 당시 그리스도인들이 일반적으로 겪을 수 있는 것들로서 마가공동체의 특별한 문제라고 말하기는 어렵다. 마가는 마가공동체를 박해하는 로마 정부나 유대인들을 자극하지 않으려고 메시아 예수의 사역은 이스라엘의 회복과 같은 정치적인 것이 아니었다는 것을 마가공동체

---

17) Joel Marcus, *Mark 1-8: A New Translation with Introduction and Commentary*, The Anchor Bible (New York: Doubleday, 2000), 33-7.

에 확인시키려고 했다는 견해도 제시되지만변증적 목적, Roskam, 마가복음의 기록 목적을 이처럼 구체적으로 말하기는 어렵다.

이처럼 분명하고 구체적인 기록 목적을 알 수는 없지만, 마가복음 본문을 통해서 추정할 수 있는 마가복음의 기록 목적을 다음과 같이 일반적으로 말할 수는 있을 것이다. 첫째, 마가복음의 목적은 다른 복음서들과 같이 그리스도인들의 믿음을 확고히 하려는 데에 있다고 할 수 있다. 마가복음 4장의 씨 뿌리는 자의 비유는 예수의 말씀을 들은 사람들이 겪을 수 있는 네 가지의 일반적인 경우들을 보여주고 있다.4:2~20 이 비유에서 그리스도인으로서의 생활을 위협하는 요소로서 '사탄', '환난이나 박해', '세상의 염려와 재물의 유혹과 기타 욕심'이 거론되고 있는데, 마가는 이처럼 이런 방해 요소에 노출된 독자들이 좋은 믿음을 가져서 결실하도록 권고하고 있다. 예수께서 풍랑을 잔잔케 하신 이야기에서 예수께서는 제자들의 '믿음 없음'을 책망하신다.4:40 독자들에게 이러한 예수의 이야기는 자신들이 겪는 여러 가지 어려움풍랑 속에서 자신들의 믿음을 재확인하도록 해 주었을 것이다. 둘째, 마가복음은 특히 박해와 고난의 상황에서 독자들을 위로하고 격려하려는 데에 그 목적이 있다고 볼 수 있다. 마가복음 이야기의 후반부에서 예수께서는 세 번이나 거듭해서 자신의 '고난과 죽음'에 대해 말씀하시지만, 제자들은 이해하지 못한다. 이처럼 마가복음의 후반부에서 예수는 자신의 제자들과 큰 갈등을 겪고 있는데, 마가는 독자들에게 이러한 갈등의 중심이 된 예수의 고난과 죽음에 대해 주목하도록 강조하는 것으로 보인다. 일반적으로 인정되듯이 마가공동체가 고난과 박해를 겪고 있었다면 마가는 이러한 상황에서 마가공동체를 위로하고 격려하려고 했을 것이다. 마가는 그러한 박해와 고난은 예수를 따르는 자에게 있어서 이해할 수 없는 이상한 일이나 임하지 않아야 하는 잘못된 일이 아니며, 예수께서도 하나님의 뜻을 따라 그것을 겪었듯이 예수를 따르는 자들도 당연히 겪어야 하는 필수적인 것임을 강조함으로써 그들을 격려하고 있다. 마가는 예수께서 고난 받고 죽으실 때에 하나님의 아들로 고백되었던 것처럼15:39 제자들도 고난을 받을 때에 참 제자로 인정된다고8:34 말하려고 한다. 이처럼 고난에 대한 올바른 이해는 예수에 대한 올바른 이해, 그리고 제자도에 대한 올바른 이해와 관련된다. 마가는 예수 이야기를 통해 예수가 누구이며 어떤 일을 하셨는지를 보여주고 있는데, 예수는 하나님의 아들로서 하나님의 통치를 구현하신 분으로 보여준다. 하나님의 통치를 구현하는 삶을 위해서 독자들은 믿음을 가져야 할 뿐만 아니라 고난을 감내해야 한다는 것을 마가는 보여주려고 한다.

예수 이야기

마가복음은 처음으로 그리스도인들에게 읽힌 복음서로서 여러 가지 면에서 그 독자들에게 새롭고 특별한 것이었을 것이다. 예수의 삶에 대한 이야기를 '복음'이라고 명명한 것이라든지,1:1 예수의 탄생이나 어린 시절 이야기로 시작하지 않고 간단한 선언과 이사야의 예언 그리고 세(침)례자 요한의 이야기로 시작하며 바로 예수의 공생애를 다루는 것도 독특하게 여겨졌을 것이다. 특히 마가가 전하는 예수의 제자들에 대한 이야기는 당시에 당연히 제자들에 대한 존경심을 간직하고 있었을 독자 그리스도인들에게 충격적이었을 것이다. 마가는 당시 독자들이 전해들을 수 있었던 예수에 관한 이야기들을 단순히 수집해서 전하지 않고, 일종의 기승전결起承轉結을 가지는 연결된 하나의 이야기로 구성했다. 마가는 갈릴리와 예루살렘이라는 지리적인 틀frame을 바탕으로 예수를 주인공으로 등장시키고 유대 지도자들을 상대역으로, 그리고 예수를 선생으로 따르면서도 예수를 알지 못하며 갈등하는 제자들을 조연으로 등장시켜 전체 이야기를 만들었다. 마가는 화자話者, narrator가 되어 필요할 때에 이야기의 중간 요약을 해 주기도 하고, 등장인물들의 생각을 설명도 해 주면서 이야기 전체를 이끌고 있는데, 곳곳에서 아이러니나 오해 등의 문학적 장치를 사용했을 뿐만 아니라 샌드

위치 배열까지 사용해서 이야기를 효과적으로 만들려고 노력했던 것으로 보인다. 마가의 헬라어 문체는 세련된 것이라고 할 수 없지만, 마가는 최선을 다해 훌륭한 예수 이야기를 구성했다.

마가의 예수 이야기에서 주인공은 예수이며 따라서 이야기의 초점은 진정 그가 누구인지를 보여주는 데에 맞추어져 있다. 이 예수의 정체에 맞추어진 초점은 이야기 진행에서 예수의 정체identity와 관련하여 등장인물들 사이에 갈등이 생겨날 때 더욱 강하고 분명해진다.[18] 즉, 예수의 정체에 대해서 사람들이 갈등할수록 독자들에게 예수의 정체는 더욱 분명해진다. 사실 마가는 이야기의 처음부터 예수를 하나님의 아들이며 그리스도메시아라고 독자에게 선언하고 이야기를 시작하고 있기 때문에 독자는 처음부터 예수의 정체를 분명히 알고 있어서 등장인물들이 예수의 정체에 대해 갈등을 나타낼 때에 독자는 동요되지 않고 과연 어떻게 예수가 하나님의 아들이며 메시아로 결론 내려질지를 기대하며 이야기를 읽는다. 마가의 이야기에 나타나 있는 여러 사건에서, 여러 사람이 예수께 보이는 태도들이나 말들이나 행동들과 이에 반응하시는 예수의 태도나 말씀들과 행동들과 통해서, 그리고 이러한 이야기를 서술하며 해설해주는 화자의 서술을 통해서, 이야기가 진행되면서 예수의 정체는 점점 분명해진다. 마가가 이야기라는 형식으로 예수를 전하고 있다는 것은 마가복음에서 예수의 정체에 대한 단순한 명제적 결론을 찾으려고 해서는 안 된다는 것을 보여준다. 즉, 마가는 단순히 예수가 하나님의 아들이라는 '결론적 명제'를 전하려고 복음서를 기록한 것이 아니라 긴 이야기를 통해서 예수가 '어떻게' 해서 '어떠한' 하나님의 아들로 선언되는지를 보여주려고 한다. 독자는 화자가 인도하는 그대로 그 이야기의 시작부터 그를 따라 이야기의 여러 사건을 다 경험하며 끝까지 가다 보면 자연스럽게 예수가 어떻게 해서 어떠한 하나님의 아들로 나

---

18) David Rhoads and Donald Michie, *Mark as Story: An Introduction to the Narrative of a Gospel,* 2d ed. (Philadelphia: Fortress Press, 2008), 73은 '갈등'은 대부분의 이야기의 심장(heart)라고 선언한다.

타나는지 그 결론에 이르게 된다.

하나님의 아들/그리스도 예수의 복음의 시작.1:1~13 마가복음의 시작에서 화자는 자신이 하려는 이야기는 바로 "하나님의 아들 예수 그리스도의 복음"1:1이라고 명확하게 선언하고 있다. 이처럼 마가는 예수가 누구신지 처음부터 명확한 결론을 제시해 주고 있다. 화자는 예수의 이러한 정체를 믿으라고 요구하거나 명령하지 않는다. 이것은 이미 독자가 알고 있고 독자가 믿는 것으로 전제한다. 이제 예수가 '어떻게' 해서 '어떠한' 하나님의 아들이며 메시아로 나타나시는지를 정확히 알려면 이야기 세계로 들어가서 화자를 따라서 끝까지 가면 된다. 이야기의 과정에서 사람들이 예수께 어떤 반응을 보인다고 해도, 가장 하나님께 가까이 있었다고 생각되었던 유대 지도자들이 예수를 배척한다고 해도, 심지어 예수를 따랐던 제자들까지 예수를 이해하지 못한다고 해도, 예수가 체포되어 처형된다고 해도, 예수가 하나님의 아들이며 그리스도라는 것은 변함없으니 독자는 처음부터 화자의 선언을 믿고 이러한 이야기 전체를 통해서 예수가 '어떻게' 해서 '어떠한' 하나님의 아들이며 메시아로 드러나게 되는지를 확인하면 된다. 이처럼 화자는 독자가 이미 믿는 대로 예수가 하나님의 아들이라는 것은 분명한 진리라는 것을 처음부터 선언함으로써 독자가 처음부터 이야기의 결론을 안 상태에서 확신 속에서 이야기를 읽도록 이끌고 있다.

처음부터 예수가 하나님의 아들이며 그리스도라는 선언을 한 화자는 다음으로 구약의 이사야를 인용해서 예수의 오심의 준비는 구약시대부터 '하나님에 의해서' 계획되고 진행되었다는 것을 강조한다.1:2~3 세(침)례자 요한은 하나님의 사자使者로서1:2 먼저 와서 예수를 예비하고 선포한다.1:4~8 예수의 세(침)례 후에 성령이 임하심으로써 그는 하나님의 성령으로써 '기름부음 받은 자' 그리스도로 확증된다.1:10 복음서에서 하나님께서 직접 나타나시거나 등장하시는 일은 드문 일이지만 하나님께서는 예수를 확실히 인증해 주시려고 이 순간 친히 목소리로 말씀하신다. 하나님은 처음부터 화자가 선언했던 그 선언을 확인해 주신다. "너는 내 사랑하는 아들이라 내가 너를 기뻐하노라"1:11 이야기의 서두부터 예수가 하나님의 아들이라고 선언한 화자의 말에 독자가 아직도 준비되어 있지 않다면, 이제 더는 지체할 수 없다. 이번에는 하나님께서 직접 예수를 자신의 아들이라고 선언하시기 때문이다. 이제 앞으로 전개될 예수의 삶과, 여러 사건과, 이에 대한 사람들의 반응이 어떠하든지 독자는 일반적인 사람들의 관점이나 등장인물들의 관점에서 예수를 볼 이유가 없다. 독자는 하나님의 선언을 통해서 '하나님의 관점' God's point of view이 무엇인지를 분명히 알 수 있기 때문이다. 이제 독자는 일반 '사람들의 관점'이 아니라 '하나님의 관점'에서 예수를 볼 수 있는 '특권적인 위치'에서 이야기를 읽게 된다. 하나님의 아들로 선언된 예수께서는 바로 사탄에게 시험을 받게 되는데, 이는 하나님의 아들로서의 예수의 사역은 본질적으로 사탄과의 싸움이라는 것을 이해하도록 해주며 독자로 하여금 이러한 영적 배경setting에서 이야기를 읽도록 이끌고 있다.1:12~13 이처럼 예수께서는 처음부터 화자에 의해 그리고 하나님에 의해 하나님의 아들과 그리스도로 확증되며 간단히 사탄의 시험을 이기시고 공생애 준비를 마치신다.

하나님의 통치의 시작.1:14~20 화자는 이제 예수의 공생애의 시작을 서술하는데 그는 '갈릴리'에 오셔서 '하나님의' 복음을 전파하여, "때가 찼고 하나님의 나라가 가까이 왔으니, 회개하고 복음을 믿으라"1:14~15라고 선포하셨다고 전한다. 예수께서 전하시는 내용의 핵심은 '하나님의 그 통치' $\dot{\eta}$ $\beta\alpha\sigma\iota\lambda\epsilon\acute{\iota}\alpha$ $\tau o\hat{\upsilon}$ $\theta\epsilon o\hat{\upsilon}$가 이제 실현되기 시작했다는 것이다. 이것은 하나님께서 왕으로 다스리는 통치이지만 그의 사랑하는 아들이 대신해서 그 일을 시작하시고 구현하신다. 즉, 예수께서는 하나님의 아들로서 그가 시작한 공생애 전체는 사실상 하나님의 일을 나타내는 생애가 된다. 전파하시고, 가르치시고, 고치시고, 귀신을 쫓아내는 예수의 모든 사역은 궁극적으로 하나님의 통치를 구현하시는 일이므로, 독자는 이제부터 예수의 삶과 가르침에서 어떻게 '하나님'의 왕권통치가 나타나고 실현되고 있는지 살펴보아야 하며 하나님의 통치의 성격이 어떤 것인지를 알아보아야 한다. 복음을 듣는 사람들은 계속해서 돌이키고(회개하고) 계속해서 복음을 믿음으로써 하나님의 통치를 예수와 함께 이룰 수 있다.1:15 19) 예수께서는 하나님의 통치 구현을 위해 먼저 제자들을 부르신다. 처음 몇 제자를 부르시는 장면은 간단히 서술되는데 예수께서 시몬과 안드레에게 "나를 따라오라"고 하시면 그들은 **곧 버려두고 따르고**,1:16~18 또 야고보와 요한을 **부르시면**, 그들도 **버려두고 따른다**1:19~20. 예수의 부름에 그들은 어떠한 반문이나 망설임도 없이 자신들의 삶의 터전과 생업과 부모를 버려두고 따른다. 독자는 이 이야기를 통해 하나님 왕국 실현의 중요성과 긴급성, 그리고 제자도에 요구되는 포기와 순종을 알게 된다.

하나님의 통치를 나타내심.1:21~45 '전파하심'으로 공생애를 시작하신 예수께서는1:14 제자를 부르시고, 이제 '가르치시며', '귀신들을 쫓아내신다.' 그의 선포와 가르침은 귀신들을 쫓아내시는 능력을 지니신 것으로서 '권위' ἐξουσία 있는 것으로 인정된다.1:27 귀신을 쫓아낸다는 것은 곧 사탄의 통치를 몰아내는 것이며, 이는 하나님의 통치를 세우는 일로서 하나님의 능력과 권위로 할 수 있는 일이기 때문이다. 그러나 사람들은 예수께서 귀신을 쫓아내신 일을 아직은 '하나님'의 권위에서 나온 일로 이해하지 못하며 그저 서기관들과 같지 않은 정도의 권위에서 나온 일로 이해한다.1:22 하나님 통치의 가장 대표적인 적대 세력은 사탄의 지배라고 할 수 있다. 이런 점에서 하나님의 통치를 구현하시는 예수의 처음 기적이 바로 귀신을 쫓아내는 것이었다는 것은 당연해 보인다. 귀신이나 귀신들린 자들은 처음부터 예수가 누구인지 알아본다. 회당의 더러운 귀신들린 사람은 "…우리를 멸하러 왔나이까? 나는 당신이 누구인 줄 아노니, 하나님의 거룩한 자니이다"라고 외침으로써, 예수의 신분뿐만 아니라 예수가 오신 목적까지도 알고 있다.1:24 다른 귀신들도 예수를 알고 있다.1:34 하나님 통치의 반대 세력인 귀신들은 처음부터 자신들의 주적主敵이 누구인지 분명히 알고 있다.

---

19) 마가복음 1장 15절에서 "회개하고 복음을 믿으라"라는 명령은 모두 현재 명령형으로 되어 있어서(μετανοεῖτε καὶ πιστεύετε) 계속적인 요구를 하고 있는 것이라고 할 수 있다.

예수의 사역은 이처럼 먼저 영적인 반대 세력을 축출하는 것을 통해 시작된다. 예수께서는 자신이 '선포하기 위해서' 오셨다고 하시며,1:38 [20] 화자는 예수의 처음 사역들을 '선포'와 '귀신 축출'로 요약하고 있다1:39. 이 처음 이야기들에서 예수의 '교훈', '선포', '귀신 축출'은 함께 진행된 것으로 보이며, 이러한 귀신 축출과 가르침을 통해 하나님의 통치는 권위 있게 선포된다. 독자는 이러한 일련의 사건들을 통해 예수께서는 하나님의 통치를 가져 오시는 하나님의 아들이며, 그의 일에 가장 첫 번째 방해꾼은 귀신들 또는 사탄이라는 것을 인식한다.

이제 화자는 예수께서 나병환자를 고치신 일을 전하는데, 1:40~45 나병환자를 고친다는 것은 죽은 자를 살리는 것만큼 힘든 일로서, 왕하5:7 예수께서는 그에게 손을 대셔서 고치신다. 예수께서는 그에게 손을 대시지만 부정不淨하게 되지 않으시고 오히려 그를 깨끗하게 만드신다. 레13:45~46 참조 이처럼 예수께서는 구약의 정결법도 초월하신 분이며 나병을 고치신 분으로서 독자에게 거듭 하나님의 아들로 확인되는데, 이야기의 등장인물들은 아직 예수의 진정한 신분을 모르는 채 이 일들을 전파하며 예수의 소문은 갈릴리 전역에 퍼지게 된다.1:28,45

유대교 지도자들의 반대. 2:1~3:35 예수께서는 중풍 병자를 고치시는데, 화자는 예수께서 그들의 '믿음'을 보셨다고 설명해 준다. 화자는 이처럼 예수가 무엇을 중시하셨는지, 예수의 '평가 관점' evaluative point of view을 독자에게 보여준다. 예수께서는 병을 고치시기 전에 먼저 중대한 선언을 하시는데, "네 죄 사함을 받았다"라고 선언하신다.2:1~5 서기관들은 이러한 선언을 신성모독으로 생각했는데, 죄 사함은 하나님 한 분만 하실 수 있는 하나님의 권한에 속한 것이기 때문이다. 이제 예수께서는 스스로 분명하게 "그러나 인자가 땅에서 죄를 사하는 권세가 있는 줄을 너희로 알게 하려 하

---

20) 우리말 개역개정판에서는 κηρύξω(κηρύσσω)를 '전도하다'로 번역하고 있는데, 이보다는 '선포하다' (proclaim, preach)로 번역하는 것이 더 적합하다. 선포의 내용은 예수께서 처음에 선포하셨던 '하나님의 복음', 즉, 때가 찼고 하나님의 통치가 가까이 와 있으니 회개하고 복음을 믿으라는 것이었음이 분명하다(1:14-15).

노라"2:10라고 선언하신다. 즉, 이는 분명히 예수께서는 하나님의 '권위' ἐξ ουσία 권세, 권한를 지니고 있다는 선언이다. 앞서 귀신을 쫓아내거나 병자를 고치시는 행동으로 하나님의 권위를 보이신 예수께서는 이제는 자신의 말로 그것을 선언하시며 병자를 고치신다. 결국, 사람들은 이 치유사건에서 하나님의 권위를 인정하게 된 것으로 보인다. 그들은 이 사건을 보고 '하나님'을 영화롭게 했다. δοξάζειν τὸν θεόν 서기관들과 예수 사이에 표면적인 충돌은 일어나지 않은 채 상황이 마무리되었지만, 서기관들은 이야기에 처음 등장하면서부터 예수의 권위를 인정하지 않고 예수께 대해 반감을 품은 자들로 나타난다. 일반 유대인들이 이 사건을 보고 하나님을 영화롭게 한 것과는 달리, 서기관들은 처음부터 반대자로 나타남으로써 예수와 갈등이 유발된다. 아직 표면화된 갈등이라고 할 수 없지만 이제 시작된 이 갈등의 핵심은 예수의 '권위'에 대한 것이다. 즉, 예수가 하나님의 권위를 지니고 있는지에 대한 갈등으로서 서기관들은 그것을 인정하지 않는다.

이어지는 사건에서 서기관들은 예수께서 세리와 죄인들과 함께 식사하시는 것에 대해 그들은 직접 예수를 비난하지는 않지만, 제자들에게 그 불쾌감을 표현한다.2:16 예수께서는 자신은 의인을 부르러 온 것이 아니고 죄인을 부르러 왔다고 분명하게 말씀하신다.2:17 이처럼 예수는 자신이 말씀하신 대로 죄 사하는 권세를 가지신 분으로서2:10 세리와 죄인들과 함께하실 수 있는 것을 보여주신다. 또한, 하나님의 통치는 이처럼 죄인들로 차별받는 사람들 안에서도 구현될 수 있는 것이 분명해진다. 다음 사건에서 사람들은 제자들이 금식하지 않는 것에 대해 예수께 와서 직접 비난하는데,2:18 예수께서는 새 포도주는 새 부대에 넣어야 한다는 교훈으로 대답하신다2:21~23. 이는 당시 사람들의 전통적인 생각과는 다른 하나님의 통치의 성격을 보여주며 그 통치를 실현하시는 예수의 사역의 성격을 알려준다. 하나님의 통치는 일반 사람들의 예상 밖으로 세리와 죄인들이라고 차별받던 사람들을 통해서도 구현될 수 있는 것이며, 새롭게 시작된 하나님의 통치에서는 새로운 삶의 방식이 요구된다. 이어지는 사건들은 하나님의 통치의 삶의 방식이 당시의 율법주의적 삶의 방식과 어떻게 다른지를 잘 보여준다.

이어지는 사건은 안식일에 관련된 것으로서 제자들이 안식일에 밀 이삭을 자른 것에 대해 바리새인은 예수께 와서 비난하는데 예수께서는 다윗의 행동을 예로 들어 제자들을 변호하고 "안식일이 사람을 위하여 있는 것이요 사람이 안식일을 위하여 있는 것이 아니니…"라고 말씀하신다. 이 말씀으로 예수께서는 율법의 준수보다 사람 자체와 사람의 필요가 더 중요함을 가르치신다.2:25~27 더욱이 예수께서는 "인자는 안식일에도 주인κύριος이니라"2:28라고 선언하심으로써 하나님이 제정하신 안식일에 대한 자신의 권위를 선언하신다. 이러한 예수의 하나님의 권위 선언은 사람들에게 수용되지 않았던 것으로 보인다.

또 다른 안식일 사건에서 사람들은 예수께서 행동하시기도 전에 '예수를 고발' 하려는 의도를 가지고 주시하고 있는데 이는 화자의 설명을 통해 알 수 있다.3:2 예수께서는 그들에게 먼저 "안식일에 선을 행하는 것과 악을 행하는 것, 생명을 구하는 것과 죽이는 것, 어느 것이 옳으냐"3:4~5라고 질문하심으로써 그들의 입을 막으시고 손 마른 사람을 고쳐 주신다. 결국, 바리새인들은 이제 헤롯당과 합세하여 강하게 적대감을 표출하게 되는데, 즉 그들은 어떻게 예수를 죽일지를 의논한다.3:6 이와 같이 일련의 네 사건에서 처음에는 예수의 제자들의 문제로 불평을 표현하는 정도의 문제가 나중에는 예수를 죽이려고 모의할 정도로까지 심각해지면서 유대교 지도자들과 예수와의 갈등은 표면화된다. 이 네 사건은 율법 위에 계시는 예수의 권위를 재확인시켜주며, 예수가 구현하시는 하나님의 통치의 성격이 유대교 지도자의 생각과 어떻게 다른지를 보여준다. 즉, 예수가 구현하는 하나님의 통치는 사람들을 차별하지 않고 중시하며, 율법보다 사람과 선행과 생명을 구하는 일을 중시하고 있음을 보여준다.

화자는 유대교 지도자들 이야기는 잠시 뒤로 미루고, 이제 다시 예수께서 사람들을 고치신 사건들을 전하고 있는데, 더러운 귀신들은 복음서 이야기의 처음부터 그랬듯이, '언제든지' 예수를 보기만 하면 그가 누구인지 알아보고 엎드려 "당신은 하나님의 아들이니이다"3:11라고 명백히 선언한다.21) 독자는 화자의 최초의 선언에 이어, 1:1 세(침)례자 요한의 선언, 1:7~8 하나님 자신의 선언, 1:11 귀신들의 선언, 1:24 예수 자신의 선언2:10,28 등 반복된 선언을 통해 분명하게 예수가 누구인지 알고 있지만, 가장 하나님께 가까이 있다고 생각되었던 유대교 지도자들은 이야기가 진행될수록 오히려 예수를 더욱 이해하지 못하며 오히려 예수를 죽이려고 한다. 더러운 귀신들도 예수가 하나님의 아들이라는 사실을 안 것은 유대교 지도자들이 그 사실을 알지 못하고 예수를 죽이려 하는 것과 대조를 이룬다. 이렇게 예수에 대한 배척이 시작되는 상황에서, 예수께서는 한편 자신과 하나님의 통치 구현을 함께할 제자 열둘을 세우신다. 이 열둘은 이후의 사건들에서 예수의 일에 함께 있는 자들로 동참하게 된다.3:14 이제 화자는 잠시 다른 사람들이 예수를 미쳤다고 말하고 있고, 예수의 친족들은 그 말에 동요되어 예수를 붙들러 왔다는 내용을 전한다.3:20~21 이스라엘 종교의 중심지인 예루살렘에서 온, 하나님의 말씀의 전문가인 서기관들이 예수가 바알세불에 사로잡혔다고 하고, 귀신의 왕을 힘입어 귀신을 쫓아낸다고 하며,3:22 더러운 귀신이 들렸다고 모욕한다3:30. 이는 하나님의 권위로 사탄과 대항하여 하나님의 통치를 세우는 귀신 축출을 오히려 하나님의 적대 세력인 사탄이나 귀신에게 속한 것으로 몰아세움으로써, 예수를 통해 나타나는 하나님의 일을 사탄의 일로 모독하는 것이다. 따라서 이런 발언은 성령을 모독하는 죄로 정죄 된다.3:29 이야기는 다시 예수의 어머니와 동생이 예수를 부르러 온 사건으로 바뀌어 예수께서는 '누구든지 하나님의 뜻을 행하는 자들'이 자신의 진정한 가족이라고 정의함으로써 하나님이 통치하시는 하나님의 왕국에서의 새로운 가족이 누구인지를 가르치신다.3:31~35 이처럼 이 부분의 이야기는 점점 심화하는 유대교 지도자들과 예수와의 갈등을 보여주며,

---

21) 여기서 '당신'은 강조적인 용법으로 사용되고 있어서($\Sigma \grave{v}$ $\epsilon \tilde{i}$ $\acute{o}$ $v\acute{i}o\varsigma$ $\tau o\tilde{v}$ $\theta\epsilon o\tilde{v}$), '바로 당신이' 또는 '당신이야말로' 라는 의미로 이해할 수 있다.

이에 더해서 예수의 가족들까지도 예수를 진정으로 이해하지 못하는 상황을 보여준다. 예수의 소문이 갈릴리 전역에 퍼졌지만, 이제는 예수를 미쳤다고 하는 소문이 나돌기도 한다. 귀신들은 처음부터 예수를 분명히 알고 인정하는 것과 비교할 때, 예수의 사역이 계속될수록 유대교 지도자들은 점점 더 예수를 적대시하고, 모욕하며 죽이려 하고, 다른 사람들이나 가족들 사이에서도 오해가 생겨난다.

계속되는 지도자들의 반대, 제자들의 불신과 몰이해. 4:1~8:26 독자는 이러한 상황에서 낙담할 수 있다. 예수의 사역 이야기가 시작한 지 얼마 되지 않아서 예수께서는 벌써 부정적인 반응들에 직면한다. 예수를 따르던 제자들도 이러한 부정적인 반응들에 낙담했을 수 있다. 예수께서는 씨 뿌리는 자의 비유를 말씀하시고 그 의미를 제자들에게만 해석해 주신다.4:1~10 이 비유는 하나님의 말씀을 받는 사람들의 반응과 그 결과에 대해 말해 주는데, 사람들의 반응은 네 가지 종류로 나타난다. 사탄, 믿음의 뿌리를 내리지 못함, 세상의 염려와 재물의 유혹과 기타 욕심 등은 결실하지 못하게 하는 중요 요인들이지만, 좋은 태도와 마음을 지닌 사람은 백배까지 결실할 수 있다.4:14~20 말씀을 전한다고 해도 세 경우에는 여러 가지 장애 요인들 때문에 결실을 볼 수 없지만, 그럼에도 좋은 땅에 씨를 뿌린다면 백배까지 결실할 수 있으니 훨씬 이득이 되는 사역이므로, 방해가 있다고 해서 씨 뿌리는 일을 중단할 수는 없다. 장애 요인들 때문에 결실을 못한다고 낙담하지 말고 계속 전파해야 한다. 또한, 말씀을 들은 사람은 이러한 장애 요인들을 극복하고 많은 결실을 해야 한다. 등불을 당연히 등경 위에 두어 비치게 해야 하는 것처럼 하나님의 통치에 대한 말씀은 계속 전파되어야 한다. 지금은 사람들이 예수를 알아보지 못하지만, 반드시 예수의 정체는 드러날 것이다.4:21~25 반대나 오해의 반응에도 계속 말씀의 씨를 뿌린다면 그것은 자신도 모르는 사이에 자라나서 결실한다.4:26~29 말씀을 선포하는 것이 작은 일일 수 있지만, 그것이 자라나면 하나님의 통치는 상상할 수 없을 정도로 확장되는 것이다.4:30~32 따라서 사람들의 부정적인 반응에 흔들리지 말고 예수와 함께 하나님 통치의 복음을 선포해야 한다. 이처럼 예수께서는 자신이 선택한 제자들을 격려하시며 하나님 통치의 모습을 설명하신다.

이렇게 제자들에게만 하나님 통치의 비밀을 설명해 주시고 그들을 격려하셨지만, 제자들은 바로 그 날 바다에서 풍랑을 만나자 두려워서 잠든 예수를 깨우며 불평한다.4:35~38 예수께서는 제자들의 믿음 없음을 책망하는데, 제자들은 크게 두려워하며 자신들의 선생님이 어떤 분인지 모르고 "이 사람이 도대체 누구냐"Τίς ἄρα οὗτός ἐστιν라고 서로 말하며 당황해 한다.4:41 제자 중 먼저 부르심을 받은 네 명은 거의 초기부터 예수를 따랐고 여러 사건을 통해서 충분히 예수를 알 수 있었을 것인데, '두려움'과 '믿음 없음'이 그들의 눈을 멀게 했던 것으로 보인다. 이런 면에서 화자와 함께 처음부터 예수의 정체를 안 독자는 제자들의 불신과 오해에 당황하기도 하지만, 예수의 정체에 대해서는 분명히 알고 있으므로 전혀 당황하지 않는다. 이처럼 독자는 제자들보다 더 특권적인 위치에서 예수를 알고 있으며 이야기를 읽고 있다.

이러한 제자들과는 대조적으로 이방인 지역에서 만난 귀신들린 사람은 멀리서도 예수를 알아보고 달려와 '절하며' 경배하며, προσεκύνησεν 큰 소리로 "지극히 높으신 하나님의 아들 예수여…"라고 부르짖는다.5:7 초자연적인 또는 영적인 눈으로 예수를 보는 귀신들은 처음부터 아주 분명하게 예수를 알고 고백하며, 육적인 눈으로 예수를 보는 사람들이나, 두려움이나 불신으로 영적인 눈이 가려진 제자들은 전혀 예수를 알아보지 못한다. 계속되는 사건에서 예수께서는 열두 해 동안 혈루증을 앓아 온 여인을 고치시고, 죽은 야이로의 딸을 살리신다. 이 두 기적(치유)은 모두 '믿음'에 기초해 있다: "네 믿음이 너를 구원하였으니 평안히 가라"5:34; "두려워하지 말고 믿기만 하라"5:36. 이 말씀들은 앞선 사건에서 두려워하고 믿지 못했던 제자들을 상기시켜준다. 이야기는 이처럼 예수와 가까이 있는 사람들이 더욱 예수를 인식하지 못하는 것을 보여주고 있는데, 예수께서는 제자들과 함께 고향인 나사렛을 방문하시지만, 사람들은 역시 육적인 눈으로 예수를 단지 마리아의 아들 목수, 야고보와 요셉과 유다와 시몬의 형제로만 인식하며 그를 배척한다.6:1~6 예수께서는 그들의 '불신'에 놀라신다.6:7 아직 제자들도 예수를 제대로 이해하지 못하고 있지만, 예수께서는 열두 제자들을 부르셔서 더러운 귀신을 제지하는 권위를 주시며 보내셔서 자신의 일을 하도록 하시는데, 실제로 그들은 귀신을 쫓아내며, 많은 병자를 고친다.6:7~13 이러한 제자들의 사역은 예수의 능력과 권위를 알리는 데에 큰 도움이 되었을 것이다. 이러한 성공적 이야기는 바로 부정적인 이야기로 이어진다. 화자는 갑자기 세(침)례자 요한의 죽음 이야기를 비교적 길게 전한다.6:14~29 헤롯의 생일잔치 날에 이루어진 요한의 참수와 소반에 담겨온 세(침)례자 요한의 머리는 이야기의 분위기를 암울하게 하며, 무엇인가 앞으로 심상치 않은 일이 일어날 것 같은 전조를 느끼게 한다. 요한은 예수의 선구자로 와서 주의 길을 준비하는 자로서,1:2 그의 죽음은 예수의 죽음을 예감하게 한다.

다시 제자들 이야기로 돌아와, 제자들은 자신들의 여행의 결과를 보고하며, 오천여 명의 큰 무리가 예수를 따랐으므로 예수께서는 그들을 먹이시는 기적을 행하시는데, 제자들에게 자신의 일을 거들도록 시키신다.6:30~44 예수께서는 여기서 사람들을 불쌍히 여기고 먹이시는 목자처럼 등장하신다.겔34:23 참조 예수께서는 이적을 행하심으로써 하나님의 능력을 보이시고 사람들이 경험한 풍성한 식사는 마치 종말론적인 하늘의 식탁을 연상시킨다. 제자들은 바다에서 바람을 만나 어려움을 겪는데 예수께서는 바다 위로 걸어오시지만, 제자들은 알아보지 못한다.6:45~49 예수께서는 "안심하라, 바로 나다! $ἐγώ\ εἰμι$ 두려워 말라!"라고 안심시키시고 바람을 그치게 하시지만, 제자들은 놀란다.6:50~51 독자는 앞서 제자들이 바다에서 풍랑을 만났을 때에 두려워하고 믿음이 없었다는 것을 기억하고 있는데 제자들이 이번에도 그런 모습을 보이는 것에 놀랄 것이다. 화자는 제자들이 예수를 알아보지 못하고 놀라는 이유가 그들이 예수께서 "떡 떼시던 일을 깨닫지 못하고 도리어 마음이 둔하여졌기 때문"이라고 독자에게 설명해준다.6:52 예수께서는 이적을 통해 자신이 누구인지 계속 보여주시고 '바로 나다' ἐγώ εἰμι라고 말씀하기도 하시지만, 제자들은 계속 '두려워하고,' '놀라며,' '이해하지 못한다.' 그렇지만 게네사렛 사람들은 예수를 알아보며 많은 병자가 고침을 받는다. 예수를 알아보지 못하는 제자들과 대조를 이룬다. 전체적으로 볼 때에 예수께서는 제자들을 가르치시며 능력을 주어 파송하고, 동역하고, 위험시에 구출해 주시지만 제자들은 계속해서 두려워하며, 믿지 못하고, 이해하지 못한다. 화자는 이 이야기를 통해서 독자가 제자처럼 두려워하지 않고, 믿으며, 예수를 올바로 인식하도록 요구하고 있다.6:50

화자는 계속해서 예수에 대한 긍정적 반응과 부정적 반응을 대조시키고 있는데, 이제 다시 유대교 지도자들을 등장시킨다. 이번에는 바리새인들과 서기관들이 함께 등장하고 있으며, 이들은 이전의 서기관들처럼 '예루살렘'에서 왔다고 설명된다.7:1 독자는 이러한 인물들의 등장과 그들의 근거지를 아는 것만으로도 앞선 부정적인 사건의 기억을 떠올리게 된다.3:22 이번에는 이들이 장로들의 전통tradition을 지키는 문제로 예수와 충돌한다. 예수의 제자 중 몇 사람이 손을 씻지 않고 먹는 것을 본 바리새인과 서기관들은 이에 대해 예수께 불평한다.7:5 예수께서는 이들의 고소에 대해 이전과는 달리 강한 책망으로 공격적으로 반응하신다. 예수께서는 그러한 전통을 '사람의 계명', '너희가 전한 전통', '너희의 전통', '사람의 전통'이라고 언급하시면서, 사실상 그들은 하나님의 계명보다 사람의 전통을 앞세워 결국에는 그들이 전한 전통으로 하나님의 말씀을 폐하는 결과를 가져왔다고 책망하신다.7:7,8,9,13 앞서 안식일 준수 문제로 충돌했던 때와 마찬가지로 예수께서는 율법이나 전통의 외적인 준수보다 그러한 준수의 내적인 동기나 태도가 더 중요함을 가르치신다.7:14~23 유대교 지도자들과의 이 갈등은 예수 편에서 강하게 공격적으로 대응하셨다는 점에서 그 강도强度가 크다. 예수께서는 이러한 잘못된 지도자들을 '떠나' 이방지역으로 가신

다.7:24

　유대교 지도자들은 제자들을 부정不淨하다고 비난했지만,7:5 이제 예수께서는 스스로 정결하다고 생각하는 그들을 떠나 부정하다고 생각되었던 이방 지역(두로)으로 가셔서 부정하다고 평가되었던 이방 여인을 만나시며, '부정한 영' πνεῦμα ἀκάθαρτον, unclean spirit, 7:25이 들린 소녀를 고치신다.7:24~26 앞선 여러 치유 사건을 안 독자는 이 이야기에 '믿음'이라는 단어가 나타나고 있지 않지만, 이 수로보니게 여인의 말에 믿음이 담겨 있음을 알 수 있다.7:28~29 예수께서는 다른 이방지역까지도 다니시고 그곳들을 거쳐서 갈릴리로 오시는데 이 부분은 이방선교사상을 보여준다. 예수께서는 갈릴리에서 귀 먹고 말 더듬는 자를 고치시며 사람들은 놀란다.7:31~37 사람들은 귀 먹은 사람과 말 못하는 사람이 고침을 받는 일은 미래에 하나님이 통치하시는 때에 가능한 일이라고 생각했겠지만,사35:5~6 예수께서는 메시아로서 지금 그 통치를 보여주신다.

　이제 많은 무리가 예수 곁에 있지만 먹을 것이 없다.8:1~2 독자는 앞서 예수께서 오천 명을 먹이신 기적을 알고 있어서 염려하지 않는다. 독자는 무리가 배불리 먹게 될 것이라고 믿어 의심치 않지만, '제자들'이 이야기에 등장하는 순간, 앞선 이야기에서 그들이 계속하여 보여준 잘못된 모습을 떠올리며 부정적인 예감을 하게 된다. 예수께서는 의도적으로 제자들의 반응을 보시려고 먹을 것이 없는 현 상황을 제자들에게 말씀하시는데, 제자들은 예상대로 "이 광야 어디서 떡을 얻어 이 사람들로 배부르게 할 수 있으리이까"8:4라고 반문함으로써 그 어리석음을 내 보인다. 제자들은 예수와 함께 다니며 그가 행하시는 여러 기적을 보았음에도 자신들과 함께 계신 선생님이 하나님의 대리자로서 하나님의 능력을 지닌 분이라는 것을 아직도 깨닫지 못한다. 예수께서는 이전에 오병이어로 오천 명을 먹이셨던 것처럼, 이번에는 칠병이어로 사천 명을 먹이신다.

　다시 이야기에 바리새인이 등장한다. 바리새인의 등장만으로도 독자는 부정적인 이야기가 전개될 것이다. 이제까지의 이야기 패턴에 의하면 크게 세 집단의 등장인물들이 번갈아가며 등장한다. 계속해서 예수와 심각한 충돌을 보이는 유대교 지도자들, 계속 두려워하거나 깨닫지 못하는 제자들, 그리고 예수의 치료와 급식과 기적의 수혜자가 되는 일반 사람들이 번갈아 등장하며 각기 전형적인 성격을 드러내고 있다. 바리새인들은 예수에게 시비를 걸며 시험하려고 다시 예수께 오는데, 그들은 '하늘로부터 오는 표적'을 요구한다.8:11 그들은 또 다른 기적을 요구하는 것이 아니다. 이미 예수께서는 여러 기적을 보여주셨다. 그들이 원하는 것은 **하늘(하나님)로부터 오는** 표적이었다. 바리새인들은 예수를 **시험하려는** 의도로 예수께 표적을 요구하고 있는데, 그들은 예수의 사역이 바로 '하나님'의 사역이라는 것을 인정하지 않고 있다. 예수께서는 표적을 주시지 않겠다고 말씀하시며 그들을 떠나신다.8:12 그리고 다시 제자들이 등장한다. 제자들은 계속 예수의 말씀을 이해하지 못하고 수군거리는데, 예수께서는 그들의 이해하지 못함을 강하게 질책하신다.8:14~21 그들은 수군거리며, 알지 못하며, 깨닫지 못하며, 마음이 둔하며, 보지 못하며, 듣지 못하며, 기억하지 못하는 자로 책망받는다. 제자들은 이러한 책망을 받음에도 여전히 깨닫지 못한다.8:21 이어서 벳새다에서 예수께서는 맹인을 만난다. 독자는 맹인의 등장만으로도 이 사건의 결말을 충분히 예상한다. 예수께서는 앞서 귀 먹은 자와 말 못하는 자도 고치셨기 때문이다. 그는 다시 보게 되는데, 귀 먹은 자를 고치신 일과 더불어 맹인을 고치신 일은 하나님의 통치 시대의 증거로서,사35:5~6 독자는 예수가 하나님의 아들 메시아라는 사실을 다시 한 번 확인한다8:22~25. 또한, 독자는 바로 이전에 제자들은 듣지 못하고 보지 못하는 자로 책망받은 일을 떠올린다. 듣게 하고 보게 하시는 분 곁에서 그를 따라다니는 제자들은 정작 귀 먹은 자들이요 맹인들이다.

이처럼 이야기 중반이 지나면서 주요 등장인물 집단들의 성격이 점점 더 분명해진다. 유대교 지도자들은 의도적으로 예수를 시험하고, 공격하고, 죽이려 하며, 제자들은 깨닫지 못한다. 예수를 올바로 이해하지 못하고 있다는 점에서 이 두 집단은 같지만, 이 두 집단에 대한 예수의 태도는 전혀 다르다. 예수께서는 유대교 지도자들과 조우하고 대화도 하지만 그들을 교화시키려고 애쓰지 않으시는 것처럼 보인다. 이미 그들은 교화될 수 없는 상태인 것으로 보인다. 하지만, 예수께서는 제자들을 스스로 부르시고 세우시며, 하나님 통치의 비밀을 그들에게만 알려 주시고, 4:11 그들을 데리고 다니시며, 위험에 처해 있을 때에 구해주시고, 그들이 계속 깨닫지 못함에도 그들을 포기하지 않고 계속 돌보신다. 독자는 예수의 가장 친밀한 '내부인' insider인 제자들도 두려워하고 믿지 못하고 깨닫지 못할 수 있다는 것에 놀라고, 또한 그럼에도 자신의 내부인을 끝까지 돌보고 지키는 예수의 사랑에 놀란다.

예수는 누구인가? 8:27~10:52 빌립보 가이사랴 마을로 가는 길에서 예수께서는 "사람들이 나를 누구라고 하느냐"8:27라고 제자들에게 질문하신다. 길에서 하신 이 질문은 긴급성을 느끼게 하며, 예수께서 직접 자신의 정체에 대해 질문하신 것은 그 심각성과 중요성을 느끼게 한다. 제자들의 대답을 들으시고 예수께서는 이제 제자들에게 "너희는 나를 누구라 하느냐" 8:29라고 단도직입적으로 질문하신다. 이제까지 제자들이 예수를 이해하지 못했다는 것을 아는 독자는 "당신은 그리스도메시아이십니다"라는 베드로의 대답에 놀란다. 독자는 처음부터 알고 있었고, 제자들을 포함한 일반 등장인물들은 한 번도 알지 못했던 예수의 정체에 대해 처음으로 베드로가 옳은 대답을 한다.8:29 독자는 제자들의 몰이해로 예수와 제자 사이에 있었던 문제가 이제 모두 해결될 것이라고 기대할 수 있다. 하지만, 예수께서는 이러한 베드로의 대답에 대해 어떤 긍정도 하지 않으며 오히려 자신에 대해서 아무것도 말하지 말라고 '책망하시고' ἐπετίμησεν, 8:30, 자신이 "반드시 δεῖ 많은 고난을 받고 죽고 살아날 것"8:31이라고 처음으로 가르치신다.[22] 이러한 충격적인 예수의 고난에 대한 말씀에 베드로는 예수를 책망하는데

---

22) 헬라어 원문의 어순은 δεῖ τὸν υἱὸν τοῦ ἀνθρώπου πολλὰ παθεῖν …로서 여기서 δεῖ(마땅히, 반드시, it is necessary)는 강조 위치에 있어서 예수의 고난의 필연성과 당위성을 강조해 준다. 우리말 개역개정판은 이 단어를 번역하지 않고 있다.

ἐπιτιμᾶν, 8:32, 이를 보시고 예수께서는 베드로를 책망하신다ἐπετίμησεν, 8:33. 예수께서는 이제까지 어떤 사람들에게도 하지 않았던 심한 책망을 베드로에게 하신다. "사탄아, 내 뒤로 물러가라! 네가 하나님의 일을 생각하지 아니하고 도리어 사람의 일을 생각하는도다"8:33 이 혹독한 책망은 이 이야기의 중요성과 심각성을 보여주고 있는데, 즉 이것은 단순히 예수의 고난을 이해하고 수용할 것인가 말 것인가 하는 정도의 문제가 아니라 하나님의 일을 하는가 아니면 사람의 일을 하는가 하는 중요한 문제라는 것을 보여준다. 하나님의 일을 막는 것은 단순히 사람의 일일 뿐만 아니라 곧 사탄의 일이 된다. 이러한 혹독한 책망에 놀랐을 베드로와 다른 사람들에게 예수께서는 더욱 놀랄만한 말씀을 하신다. 즉, 예수 자신이 당연히 고난받아야 할 뿐만 아니라 자신을 따르려는 자들도 고난과 죽음을 각오하고 따라야 한다고 강조하신다.8:34~35 결국, 베드로는 예수를 그리스도라고 올바로 고백을 했음에도 사실상 고난받는 그리스도로 이해하지 못함으로써 책망을 받고, 예수와 갈등은 더욱 심해진다.

제자들은 예수께서 산에서 변형되셨을 때에도 무서워한다.9:2~6 이때 예수께서 세(침)례 받으실 때처럼 하나님의 음성이 들린다. "이는 내 사랑하는 아들이니 너희는 그의 말을 들으라"9:7 이전에 들렸던 하나님의 음성은 하나님이 '예수께' 직접 하신 말씀 하신 것으로써('너는' 내 사랑하는 아들이라), 화자는 다른 사람들이 듣지 못한 이 음성을 독자에게 직접 전해줌으로써 예수의 정체를 확인하도록 해 주었다1:11. 이번에 하나님의 음성은 '제자들에게' 예수의 정체를 분명히 밝히시며('이는' 내 사랑하는 아들이라) "그의 말을 들으라"라고 명하신다. 예수가 고난받고 죽으신다고 해도 하나님에게 예수께서는 사랑하는 아들임에 틀림이 없으며 부활하실 것이니, 예수께서 어떤 말씀을 하시든지 계속 듣고ἀκούετε, 현재 명령형 이해하고 순종하라고 명하신다. 예수께서는 자신의 부활에 대해 말씀하시지만, 제자들은 여전히 이해하지 못한다.9:9~10

산에서 내려와서 보니 남아있던 제자들은 귀신을 쫓아내지 못하고 변론만 하고 있어 그 믿음 없음을 책망 받는다.9:19 예수께서는 "할 수 있거든이 무슨 말이냐 믿는 자에게는 능히 하지 못할 일이 없느니라"라는 말씀으로 믿음을 갖도록 교훈하시는데, 이 말씀은 마가복음에만 나타난다.9:23 이러한 믿음은 기도의 형태로 표현될 수 있다.9:29 이후에 예수께서는 다시 두 번째로 고난을 예고하시는데 제자들은 깨닫기는커녕 묻기도 무서워한다.9:31~32 화자는 제자들을 언급할 때에 주로 '두려워하는' 자들, '믿음이 없는' 자들, 또는 '깨닫지 못하는' 자들로 묘사하고 있는데, 여기서도 역시 그러하다. 제자들은 고난을 이해하지 못할 뿐만 아니라, 이번에는 가버나움으로 오는 길에 노중路中에서 "누가 크냐하고 쟁론"한다.9:33~34 그들은 예수의 고난과 죽음 자체도 이해하지 못하며, 그 고난과 죽음의 의미는 더욱 이해하지 못한다. 예수께서는 자신의 고난과 죽음을 말하지만, 그들의 관심은 자신들의 신분과 위치의 상승에 있다. 예수께서는 자신의 고난과 죽음의 중요한 의미와 정신 중 하나인 섬김을 가르치신다.9:35~37 요한은 주의 이름으로 귀신을 내어 쫓는 사람들을 '자신들을' 따르지 않는다는 이유로 금지함으로써 여전히 특권의식을 지닌 모습을 드러낸다.9:38 [23]

유대 지경과 요단 강 건너편으로 장소가 바뀌고, 제자들 이야기가 잠시 중단되고 바리새인이 다시 등장한다. 독자는 이들이 예수를 시험하는 것을 보며, 이전부터 계속되던 유대교 지도자들과 예수와의 갈등을 상기하게 된다. 예수께서는 이혼에 관한 바리새인의 질문에 답하시며 율법 속에 담긴 하나님의 마음을 따라 대답하신다.10:1~12 어린 아이들을 예수께 데려오는 것을 제자들이 꾸짖은 것을 예수가 언짢게 생각하시며, 어린 아이처럼 하나님의 통치를 받아들여야 그러한 하나님의 통치 안으로 들어갈 수 있다고 교훈하신다.10:13~16 [24] 이처럼 '하나님의 통치에 들어가는 것', 궁극적으로 '영생을 얻는 것'이 새로운 주제로 등장하며, 영생을 얻는 방법에 대해

---

[23] 마가복음에서 '따르다'(ἀκολουθέω)라는 단어는 18회 사용되고 있는데, 이 구절을 제외하고는 모든 구절들에서 이 단어는 예수를 따르는 것을 가리키는 데에 사용된다. 즉, 화자는 사람들이 따라야 하는 대상은 언제나 예수여야 한다고 생각하고 있지만 이 이야기에서 요한은 자신들을 사람들이 따라야 하는 대상인 것처럼 여기고 있다.

질문한 사람의 이야기가 서술된다.10:17~31 독자에게 있어서 예수의 고난과 죽음도 심각하고 중요한 이야기이지만, 어떻게 영생을 얻는가 하는 것도 중요한 문제임이 분명하다. 계명을 지키라는 예수의 요구와 이것을 어렸을 때부터 다 지켰다는 이 사람의 대답은 모두 놀랍다.10:17~20 하지만, 그래도 부족한 것이 있다는 것, 그 남은 마지막 요구는 "네게 있는 것을 다 팔아 가난한 자들에게 주라"라는 것과 "와서 나를 따르라"라는 말씀이라는 것에는 더욱 놀랄 수밖에 없다.10:21 이러한 놀라운 요구에 이 재물 많은 사람이 슬픈 기색으로 근심하며 갔다는 설명은 공감을 불러일으킨다. 화자는 독자도 이 사람처럼 재물이 많으면서 포기하지 못한다면 함께 근심하도록 이런 이야기를 실었을 것이다. 하지만, 이런 재물 포기의 요구에도 근심하지 않고 당당할 수 있는 사람들이 있는데, 바로 제자들이다. 그들은 예수를 따를 때에 처음부터 생업과 부모와 재산을 포기하고 예수를 따랐기 때문이다. 베드로는 아마도 부자 청년이 약속받지 못한 영생을 확인받으려는 의도로 예수의 시선을 끌면서 자신 있게 "보소서 우리가 모든 것을 버리고 주를 따랐나이다"10:28라고 말한다. 예수께서는 이렇게 예수와 복음을 위해서 재산이나 가족을 포기한 사람들에게 주어지는 보상을 말씀하시는데, 내세에 영생을 받을 뿐만 아니라 현세에도 포기한 것들에 대해 보상을 받을 것을 말씀하신다. 하지만, 현세에는 보상과 함께 '박해를 겸하여' 받는다고 말씀하신다.10:29~30 마치 박해도 모든 것을 포기하고 예수를 따르는 것에 대한 '보상'의 하나인 것처럼 말씀하신다. 영생에 대한 주제를 다루고 있었는데 이처럼 다시 그 주제는 박해로 넘어간다.

  예수께서는 예루살렘으로 가시는 길에 다시 세 번째로 자신의 고난에 대해 예고하신다.10:32~34 이제까지 예수의 가르침에서 이처럼 세 번씩이나 거듭 같은 내용을 반복해서 가르치시는 것을 독자는 본 일이 없다. 독자는

---

24) 우리말 개역개정판은 10장 15절을 "누구든지 하나님의 나라를 어린 아이와 같이 받들지 않는 자는 결단코 그 곳에 들어가지 못하리라"라고 번역하고 있는데, 여기서 '받들다'라고 번역된 단어는 δέξηται(δέχομαι)로서 '받아들이다' (receive)로 번역하는 것이 옳으며 또한 '그 곳'은 '그 것' (αὐτήν)으로 번역하는 것이 옳다.

제2장 마가복음 **115**

더욱 긴장하고 주목해서 이 이야기를 읽게 된다. 이제는 제자들의 몰이해가 종식될 것이라는 기대를 할 수도 있다. 예수께서 고난 예고를 하실 때마다 제자들은 이해하지 못할 뿐만 아니라 오히려 예수의 생각과는 상반되는 어리석은 행동을 했는데, 이번에는 어떨지 궁금해하며 제자들의 행동을 주목한다. 예수께서는 세 번이나 자신의 고난과 죽음과 부활을 말씀하시는 비장한 분위기에서 예수와 가장 가까이 있던 제자들에 속하는 야고보와 요한은 **자신들이 원하는 것은 무엇이든지** 해 달라고 요구하는데, 그들은 예수의 '영광'을 기대하며 $ἐν\ τῇ\ δόξῃ\ σου$, 당신의 영광 가운데서 자신들의 높은 지위를 확보해 달라고 요구한다. 10:35~36 예수께서는 이전에 한 번 "아버지의 영광 가운데서"$ἐν\ τῇ\ δόξῃ\ τοῦ\ πατρός$ 인자가 올 것을 예고하신 적이 있지만, 8:38 자신의 영광에 대해서는 한 번도 언급하신 일이 없다. 오히려 예수께서는 세 번이나 자신의 고난과 죽음에 대해 예고하신 상황이다. 제자들은 예수께서 세 번이나 말씀하신 고난에 대해서 이해하지 못하고 있을 뿐만 아니라, 언급도 하지 않으신 예수의 영광을 기대하며 자신들의 요구를 관철하려고 한다. 예수께서는 그들을 진정시키시고 크게 되려는 것보다 섬기는 것이 중요하다는 것을 가르치시며 "인자가 온 것은 섬김을 받으려 함이 아니라 도리어 섬기려 하고 자기 목숨을 많은 사람의 대속물로 주려 함이니라"10:45라고 자신이 오신 목적을 분명히 밝혀 주신다. 화자는 이제 다시 바디매오라는 맹인 거지가 '믿음'으로 '구원'(치유)되는 이야기를 전하고 있는데, 10:46~52 영적인 맹인들인 제자들과 비교가 된다.

이 부분은 **예수가 누구인가**에 대해서 처음부터 초점이 맞추어져 있었다. 예수께서는 자신을 고난받고 섬기는 인자로 분명하게 제시한다. 예수께서는 세 번이나 같은 내용으로 자신의 고난, 죽음, 부활을 예고하지만, 그때마다 제자들은 이해하지 못하고 오히려 예수가 가시려는 길과 반대되는 행동을 하고 있다. 여기서 예수의 정체(기독론)도 중요한 주제이지만, 그와 함께 예수를 따르는 제자들의 태도(제자도)도 중요한 주제가 된다. 제자들도 예수처럼 고난이나 박해를 받고 죽음을 각오해야 하며, 자신을 낮추고 섬기는 자들이 되어야 하지만, 그들은 영광과 크게 되는 것에 더 관심이 있다. 이런 점에서 예수와 제자는 함께 있지만, 전혀 다른 길을 가고 있다. 예수와 제자 사이의 갈등의 골은 깊어져 해결되지 않은 채 그대로 있다.

하나님의 아들의 고난과 죽음. 11:1~15:47 이제까지 이야기의 주무대主舞臺는 갈릴리였지만 이제 이야기의 마지막까지의 무대는 예루살렘이다. 예수께서는 예루살렘에 입성하신다. 앞서 '예루살렘'에서 온 서기관들 또는 바리새인들과의 충돌을 독자가 기억한다면, 3:22이하; 7:1이하 무대가 예루살렘으로 옮겨지는 것을 보고 부정적인 일이 일어날 것 같은 조짐을 느낄 수 있을 것이다. 예수께서는 나귀를 타고 메시아로서 예루살렘에 들어가시고, 무리의 환영을 받는다. 하지만, 이후 예루살렘에서 일어나는 일들은 거의 모두 부정적인 것들이다. 그는 성전에 들어가서 모든 것을 둘러보시고 나와서 베다니로 가셨다가, 다음 날 열매 없는 무화과나무를 저주하시고 나서 성전으로 들어가신다. 11:10~15 성전에서 예수께서는 매매하는 자들과 돈 바꾸는 자들을 내어 쫓으시고 책망하신다. 책망의 요지는 성전은 '만민' 모든 이방 민족, πᾶσιν τοῖς ἔθνεσιν이 기도하는 집인데 그들은 '강도의 소굴'을 만들었다는 것이다. 11:17 화자의 설명이 없어서 정확히 알 수 없지만, 성전이 이방 민족들도 자유롭게 기도할 수 있는 장소로 제공되지 못했고, 경제적 이윤을 착취하는 장소로 전락하였다는 의미로 보인다. 이 사건은 당시 성전에 관한 권한을 가지고 있었으며 그에 대한 이익이나 특권을 점유했던 유대교 지도자들을 자극했고, 결국 그들이 예수를 죽이려고 모의하게 되는 결정적인 계기가 된다. 11:18 무화과나무를 저주하신 일과 성전을 정화하신 일은 이스라엘에 대한 심판을 예고하는 것으로 보인다. 예수께서는 저주받은 무화과나무가 마른 것을 언급하는 베드로에게 '믿음'과 '기도'를 가르치신다. 11:20~26 아마도 다가올 심판과 관련하여 제자들의 믿음을 견고케 하시려는 것으로 보인다.

예수께서는 다시 예루살렘에 들어가고, 성전에서 대제사장들, 서기관들,

장로들을 만나신다. 이제 그들은 적극적으로 예수께 나와 공개적으로 '무슨 권위' 로 이런 일을 하며 '누가' 이런 일 할 권위를 주었느냐고 질문한다. 11:28 하나님에게서 온 권위인지 사람에게서 온 권위인지를 분명히 밝히라는 것이다. 예수께서는 자신의 권위와 사역의 근원이 하늘에서 온 것임을 우회적으로 주장하신다. 이전부터 계속되어 온 유대교 지도자들과의 갈등의 핵심은 본질적으로 바로 **예수가 하나님의 권위를 가지고 있는가**에 대한 것이었다. 막2:10 참조 예수께서는 멈추지 않으시고 '포도원 농부의 비유' 로 그들을 공격하신다. 12:1~9 포도원 주인이 소출을 받으려고 종들을 보냈지만, 농부들은 그들을 때리거나 죽였으며, 최종적으로 자기의 사랑하는 아들을 보냈지만, 그들은 그도 역시 죽였기 때문에 포도원 주인은 그 농부들을 진멸하고 포도원을 다른 사람에게 주실 것이라는 말씀이다. 이 비유는 예수가 '하나님의 사랑하는 아들' 이라는 것을 알려주며, 그를 배척하는 자들에 대한 심판을 예고하고 있다. 화자는 유대교 지도자들이 이 비유가 자신들을 가리켜 하신 말씀인 것을 **알고** 예수를 잡으려 했다고 설명해 준다. 그랬다면 그들은 이 비유를 통해서 예수가 자신을 하나님의 아들로 제시하신 것도 알았을 것이고, 그것은 곧 앞서 있었던 권위에 대한 질문에 대한 답변이 되었을 것이다. 하지만, 그들은 물러가서 바리새인과 헤롯당에서 사람을 보내어 예수의 말에서 트집을 잡으려고 한다. 12:13 사두개인들, 서기관 등 각 지도자가 와서 예수께 세금, 부활, 가장 큰 계명에 대해 각각 질문하며 예수께서는 답변하신다. 12:18~34

예수께서는 성전에서 여러 교훈으로 가르치신다. 12:35~44 예수께서는 성전에서 나가시면서 제자들에게 가까운 미래 또는 먼 미래에 도래하게 될 심판에 대비하도록 긴 교훈을 하신다. 13장 심판을 대비하여 제자들은 **미혹을 받지 않도록 주의하고**, 13:5 심판이 왔을 때 **조심하고**, 13:9 잡혔을 때 **염려하지 말고**, 13:11 **끝까지 견디도록** 13:13 요구된다. 또한, 이 모든 일을 위해 깨어 있으라고 예수께서는 당부하신다. 13:33~37 원문에서 볼 때에 예수께서는 '깨어 있으라' 는 말씀을 세 번, 13:34, 35, 37 25) '조심하라' βλέπετε 라는 명령을 네 번이나 반복해서 하심으로써 강조하신다13:5,9,23,33. 예수께서는 이 종말에 대한 말씀을 제자들에게 해 주셨지만, 말씀을 마치실 때에는 이 말씀을 '모든 사람에게' 하는 것이라고 하시는데,13:37 화자는 이러한 예수의 말씀을 통해 독자를 향해 깨어 있으라고 교훈하고 있다.

여러 가지 논쟁으로 책잡으려는 유대교 지도자들의 시도가 모두 수포로 돌아갔으므로 그들은 예수를 속임수로 붙잡아 죽일 궁리를 계속 하지만 백성의 소동이 일어날지도 몰라 명절에는 하지 않기로 한다.14:1 베다니에서 한 여인이 향유를 예수의 머리에 부음으로써 예수의 장례를 예시豫示하는데, 이 여인은 예수의 죽음을 미리 안 최초의 인물로 나타난다.14:3~8 한 무명無名의 여인은 예수의 장례를 미리 행하여 예수로부터 인정받고 길이 기억될 것이지만, 예수의 제자 중 하나인 가룟 유다는 대제사장들과 합세하여 예수를 넘겨줄 기회를 찾는다. 유대교 지도자들의 흉계, 예수의 장례, 유다의 배신에 대한 언급은 독자에게 예수의 죽음이 임박했음을 느끼게 한다. 예수께서는 제자들과 마지막 식사를 하시고 감람산으로 가신다. 예수께서는 모든 제자가 자신을 버릴 것이라고 분명하게 예언하시고, 살아난 후 갈릴리로 가시겠다고 말씀하신다.14:27~28 예수께서는 겟세마네에서 힘든 기도를 하시지만 결국 '아버지의 뜻대로' 하시길 구한다.14:32~42

드디어 유대교 지도자들은 유다를 앞세워 무리를 파송해서 예수를 체포한다.14:43~53 이 때 제자들은 예수의 예언대로 다 예수를 버리고 도망한다.14:50 예수께서는 공회에 이송되는데, 대제사장과 공회는 예수의 죄목을 찾으려고 노력하지만, 거짓 증거들이 서로 일치하지 않으므로 당황한다. 이 거짓 증거들에 대해 예수께서 침묵으로 일관하시자 대제사장은 예수께 그가 "찬송 받을 이의 아들 그리스도냐"14:61라고 질문한다. 예수께서는 "내가 그니라" ἐγώ εἰμι라고 긍정하시고, 여기서 그치지 않고 바로 "인자가 권능자의 우편에 앉은 것과 하늘 구름을 타고 오는 것을 너희가 보리라" 14:62라고 말씀하신다. 이처럼 예수께서는 스스로 현재 '하나님의 아들, 메

---

25) 깨어 있으라는 단어는 14장에서도 세 번 반복된다(14:34, 37, 38).

시야' 이며, 부활하셔서 하나님 우편에 앉을 자이며, 재림하실 분이라고 선언하신다. 공회는 이러한 예수의 선언을 신성모독죄에 해당한다고 판단하고 사형으로 정죄한다. 14:63~64 베드로는 대제사장의 집 뜰 안까지 들어와 있었지만 결국 예수의 예언대로 예수를 세 번 부인한다. 14:65~71 베드로는 예수의 예언을 기억하고 울었다고 화자는 전하는데, 이는 독자에게 베드로의 회복에 대한 실낱같은 희망을 제공한다. 14:72 이제 이야기의 마지막까지 제자들은 모두 무대에서 사라져 한 사람도 등장하지 않는다. 예수께서는 자신의 고난과 죽음에 대해 세 번이나 제자들에게 미리 알려 주셨지만, 실제로 예수께서 고난받고 죽으시는 장면에는 어떤 제자도 등장하지 않는다. 새벽에 대제사장들은 공회로 모여 의논하고, 예수를 결박하고 빌라도에게 끌고 가서 빌라도에게 넘겨주며, 빌라도는 "네가 유대인의 왕이냐" 15:1~2고 질문한다. 예수께서는 긍정을 하신다 σὺ λέγεις. 대제사장들이 여러 말로 고소하지만, 예수께서는 다시 침묵하신다. 결국, 예수께서는 '유대인의 왕'이란 죄목으로 십자가형을 당하시고 십자가 아래의 대제사장들과 서기관들은 계속 예수를 조롱하고 모욕하며, 예수께서는 숨을 거두신다. 15:31~37 이것으로 예수와 유대교 지도자들과의 갈등은 막을 내린다.

이 심문과 처형 장면에서는 예수의 정체에 대한 주제와 대화가 여러 번 나타난다. 예수께서는 이전에 종종 자신의 정체에 대해 말하지 말라고 하셨지만, 심문당하실 때는 분명히 자신의 정체를 밝히시며 질문하지 않은 내용까지 스스로 말씀하신다. 또한, 예수께서 제자들의 배신이나 자신의 죽음에 대한 예언은 모두 그대로 이루어진다. 예수를 모욕하는 자들도 자신들은 모르지만 사실상 예수에 대한 진리를 표현한다. 군인들은 예수께 '자색 옷을 입히고', '관을 씌우고', '경례하고', '유대인의 왕'이라고 칭하고 '무릎 꿇고 경배한다.' 15:17~19 십자가의 죄패에는 '유대인의 왕'이라고 기록된다. 15:26 십자가 밑에서 대제사장들과 서기관들은 "그가 남은 구원하였으되 자기는 구원할 수 없도다" 15:31라고 말함으로써 예수를 구원자로 선언하고, 예수를 "이스라엘 왕 그리스도"라고 칭한다. 15:32 그들 자신은 모르고 있지만 이런 모든 행동이나 표현들은 사실상 예수의 정체와 사역에 대한 진리를 거듭해서 선언하고 있으며 독자는 이것들을 통해 거듭 예수의 신분과 정체를 확인하게 된다. 이처럼 예수의 심문과 십자가 처형을 통해서 예수께서는 확실히 '왕-메시아'이며 '다시 오실 인자'로 확인된다. 14:62; 15:17~19,26,31 예수가 숨을 거두자 성소의 휘장이 찢어지고 로마 백부장은 "그렇게 숨지심을 보고", "이 사람은 진실로 하나님의 아들이었도다"라고 고백한다. 15:39 이 장면은 다소 충격적이다. 마가의 예수 이야기 전체를 통해서 귀신들을 제외하고 사람으로서는 누구도 예수를 '하나님의 아들'로 이해하거나 고백하는 사람은 없었다. 화자는 백부장을 통해 자신의 예수 이야기의 결론을 선포하게 한다. 그런데 주목할 것은 이 결론적인 고백을 한 사람은 바로 이방인이었으며, 그는 예수의 부활이 아닌 그의 죽음 장면에서 진정한 하나님의 아들의 모습을 발견했다는 것이다. 이처럼 마가의 예수 이야기의 결론은 예수께서는 죽으시는 하나님의 아들이라는 것이다.

예수의 부활. 16:1~8 예수의 부활 이야기는 막달라 마리아를 비롯한 몇 명의 여인들이 예수의 무덤을 방문하는 것으로 시작한다. 여인들은 무덤에서 예수 대신 한 청년을 발견하는데, 그 청년은 예수의 부활을 여인들에게 알리며, 제자들에게 가서 "예수께서 너희보다 먼저 갈릴리로 가시나니 전에 너희에게 말씀하신 대로 너희가 거기서 뵈오리라"16:7라고 전하라고 한다. 그러나 여인들은 무덤에서 도망하고 무서워서 아무에게 아무 말도 못했다고 화자는 전한다. 16:8 다소 이상하게 끝나는 이 이야기의 나머지는 독자의 몫이다. 이제까지 예수의 예언은 모두 실현되었다는 것을 독자는 알고 있다. 이제 예수의 부활도 예언대로 이루어진 것이 분명하며, 갈릴리에서 제자들을 다시 만나게 될 것도 분명하다. 마지막에 제자들은 다 도망가고, 여인들도 아무 말도 못했지만, 즉, 사람으로서는 아무도 부활을 전하지 못할 상황이었지만 하나님께서 하셨다고 말하려는 것으로 보인다.[26] 또한, 마가복음의 이야기 내내 깨닫지 못하고 믿지 못하는 자들로 나타난 제자들이 결국 깨닫게 되었다거나 믿게 되었는지를 독자는 이야기의 마지막까지도 화자로부터 어떤 말도 듣지 못한다. 원래 화자가 16장 8절에서 이야기를 마친 것이 분명하다면, 제자들의 뒷이야기는 독자에게 맡겨 놓은 것이다. 화자는 처음부터 믿은 독자들을 위해 이야기를 했다. 1:1 믿고 있는 실제 독자들은 제자들을 통해 처음 교회들이 세워졌고 그들의 선교로 여러 지역에 많은 그리스도인이 생겨나서 많은 교회가 세워졌으며 결국 자신들이 믿게 된 것도 그들의 헌신과 순교의 덕택이라는 것을 알고 있었을 수 있다. 그렇다면, 독자들은 제자들의 뒷이야기를 예수의 부활 이후에 완전히 변화된 삶을 살게 되고 또한 순교까지 하게 된 이야기로 채울 수 있었을 것이다.

후기.後記, 16:9~20 나중에 추가된 것으로 보이는 16장 9~20절의 이야기는 그 이후의 사건들을 전한다. 부활하신 예수께서 막달라 마리아에게 나타나셨으며 마리아로부터 부활소식을 들은 사람들은 믿지 못하며, 16:9~11 또한 두 사람에게 나타나시고 그들이 남은 제자들에게 전하지만 제자들 역시 믿지 않는다. 16:12~13 이제 예수께서는 직접 열한 제자에게 나타나셔서 그들을 꾸짖고, "너희는 온 천하에 다니며 만민에게 πάση τῇ κτίσει, 모든 창조물에 복음을 전파하라"라고 명하신다. 16:15 믿는 자들에게 구원과 표적들을 약속하시고 예수께서는 승천하셔서 하나님 우편에 앉으신다. 화자는 계속 믿지 못하던 제자들이 결국 나가서 전파하게 되며 부활하신 '주님'께서는 그들과 함께 역사 하셔서 표적들로써 말씀을 굳건히 하셨다고 결론을 내린다.

---

26) 마가복음은 16장 8절에서 끝난 것으로 보는 것이 일반적이다. 현재 신약성서에 전해지는 마가복음 16장 9-20절은 본문비평상 원래의 것이 아니라고 본다. 마가복음은 원래 16장 8절에서 끝났을 수도 있고, 아니면 그 이후의 본문이 있었지만 손실되었을 수 있다. 원래 결말이 있었지만 손실되었다는 견해에 대해서는 N. Clayton Croy, *The Mutilation of Mark's Gospel* (Nashville: Abingdon Press, 2003), 137-63을 보라(Ben Witherington III; R. T. France). 또는 마가복음은 후편을 염두에 두고 전편으로 기록된 것이지만 후편이 기록되지 못했다거나, 마가복음이 기록되다 뜻하지 않게 중단되어 미완성된 채로 읽혀졌다는 견해도 있지만 큰 지지를 받지 못한다.

종합. 화자는 처음부터 선언한 대로 '하나님의 아들'이며 '그리스도'이신 예수의 복음을 보여주려고 이야기를 들려주는데 '하나님의 아들'로서의 예수께서는 하나님 자신에 의해, 귀신들에 의해 확인되지만, 마지막 십자가 아래서 백부장이 고백할 때까지 어떤 사람도 이를 알거나 고백하는 이는 없다. 예수께서는 이야기 중반에 베드로를 통해 메시아로 고백 되지만, 이 호칭은 '고난과 죽음'이 없이는 완전한 의미를 지니지 못한다. 이처럼 결국 하나님의 아들이나 그리스도라는 예수의 칭호는 모두 예수의 죽으심으로 그 의미가 완전해진다. 즉, 예수께서는 고난받고 죽으시는 하나님의 아들이며 메시아다.

전체적인 플롯에서 갈등은 주로 예수와 유대교 지도자들과의 갈등, 그리고 예수와 제자들과의 갈등으로 진행된다. 유대교 지도자들과의 갈등은 비교적 초반부터 시작해서 점점 고조되고 예수의 성전정화 사건 이후 첨예화되어 예수의 죽음으로 끝나는데 그 갈등의 주제는 주로 '권위' 권세, ἐξουσία에 대한 것으로서 예수가 하나님의 권위를 가진 분인지에 초점이 맞추어져 있다. 예수의 제자들과의 갈등은 이야기 중반부터 시작해서 진행되다가 예수의 고난 예고부터 강하게 드러나는데 그 갈등의 주제는 '고난'이다. 이처럼 전체 이야기에서 화자는 믿지 않는 외부인outsider에게는 예수가 하나님의 권위를 가지신 하나님의 아들 그리스도라는 것을 말하려고 하며, 믿는 내부인insider 독자에게는 예수께서는 고난받고 섬기는 하나님의 아들 그리스도라는 것을 보여주려고 한다.

특징 및 신학

예수. 모든 복음서가 그렇듯이 마가복음은 예수를 주인공으로 하는 그의 삶과 가르침에 대한 이야기이다. 마가는 자신이 알리고자 하는 예수에 관한 모든 것을 시작부터 결말에 이르는 이야기로 구성해 독자에게 서술하고 있다. 이처럼 저자가 이야기 전체를 통해서 설계해 놓은 예수상像은 이야기 전체의 구성이나, 화자의 명시적 또는 암시적 해설, 예수 자신 또는 다른 등장인물들의 예수에 대한 이해나 평가 등 이야기의 다양한 요소들을 연구할 때에 더욱 분명하게 나타날 것이다.[27] 전통적인 기독론 연구는 주로 예수의 호칭들을 중심으로 그 의미를 설명하거나, 대표적인 호칭을 찾아내거나, 호칭 간의 관계를 설정하는 형식으로 진행됐다. 하지만, 다양한 사건들이 포함된 하나의 긴 이야기를 통해서 나타나는 예수상을 단순히 그에 대한 호칭들만으로 이해하는 것은 불충분하다. 주로 예수의 칭호들을 중심으로 종합해 설명하는 전통적인 기독론을 '칭호 기독론' titular christology이라고 부르기도 하는데, 긴 이야기의 등장인물로 이야기 전체를 주도하는 주인공 예수를 이해하는데 있어서 이러한 종류의 접근은 충분한 이해를 제공하지 못할 뿐만 아니라, '이야기'의 형태로 서술되고 있는 복음서에 적합하지 않은 접근이라고 할 수 있다. 따라서 인물을 충분히 파악하려면 이야기에 나타난 인물에 대한 호칭들뿐만 아니라 그 인물에 대한 화자의 묘사와 설명, 다른 인물들과의 관계나 갈등, 그 인물 자신의 말과 행동 등 모든 것을 고려해야 한다. 즉, 이야기로서의 복음서의 성격을 고려해서 그에 적합하게 접근해야 한다는 것이다. 이처럼 이야기의 시작부터 결말에 이르는 이야기 전체에 담겨 있어서 이야기를 읽음을 통해서 경험되고 알게 되는 예수상을 '이야기 기독론' storied christology 또는 '서사적 기독론' narrative christology이라고 한다.[28] 서사적 기독론에서는 이야기 전체의 이야기 진행 과정에서 예수가 어떻게 나타나고 있는지를 관심을 보이며 단순히 '예수는 … 이다' 라는 명제적 결론을 내리려고 하지 않는다. 이 책은 예수상에 대해 논의를 함에 있어서 서사적 기독론 방법을 견지하되, 편의상 우선 예수에 대한 호칭들을 따라 구분하여 예수상을 논의하고자 한다. 하지만, 각 호칭

---

[27] 서사론에서 이야기 구성과 이야기 전체를 통해서 나타나는 저자를 말할 때에 그것은 보통 '내포 저자' (implied author)를 가리킨다. 이에 대해서는 앞 장(章)에서 다루었다.
[28] 이야기로서의 마가복음에 나타난 예수상에 대한 충분한 논의를 위해서는 권종선, "마가복음의 서사적 기독론," 『복음과 실천』, 27집 (2001 봄): 65-102를 참조하라.

을 다룸에 단순히 결론을 내리려고 하지 않고, 이야기의 순서에 따라 서사적인 요소들을 고려하여 논의할 것이며, 그다음에는 호칭의 측면이 아닌 다른 측면에서도 예수상을 논의할 것이다. 이러한 기본적인 서사적 접근은 다른 주제들을 다룰 때에도 계속 견지하도록 할 것이다.

첫째, 마가복음에서 가장 현저한 예수상은 '하나님의 아들'로서의 예수다. 화자는 "하나님의 아들 예수 그리스도의 복음의 시작"이라는 말로 복음서 이야기를 시작하는데, 이는 이야기의 표제이며 결론이라고 할 수 있다.1:1 이처럼 이야기 서두에서의 화자 자신의 선언은 이야기 전체의 예수상 이해에서 대단히 중요한데 그것은 이야기 전체를 설계한 **저자 자신의** 서론·결론적 선언이기 때문이다. 예수의 사역의 시작부터 하나님께서는 직접 자신의 목소리로 예수께 "너는 내 사랑하는 아들"1:11이라고 선언하신다. 하나님께서 예수께 직접 말씀하셔서 아무도 듣지 못한 것으로 보이는 이 하나님의 음성을 독자도 들을 수 있도록 화자가 말해줌으로써, 화자는 독자로 하여금 복음서 이야기 초반부터 분명하게 예수를 하나님의 아들로 인식하며 이야기를 읽도록 해준다. 이후에 예수께서 산에서 변모하셨을 때에도, 다시 하나님께서 음성으로 제자들에게 "이는 내 사랑하는 아들"9:7이라고 말씀해 주신다. 이처럼 두 번에 걸쳐 이야기에 직접 음성으로 등장하시는 하나님의 선언은 복음서 이야기의 예수상 이해에서 결정적인 역할을 한다고 볼 수 있다. 그것은 어떤 사람의 선언도 아닌 **하나님 자신의** 선언이기 때문이다. 예수께서 처음으로 행하신 귀신 축출 사건에서 귀신은 처음부터 예수를 알아보는데,1:23~24 그는 예수를 "하나님의 거룩한 자"1:24라고 부른다. 이 호칭은 '하나님의 아들'과 같은 의미로 볼 수 있다. 더러운 귀신들도 예수를 보기만 하면 "당신은 하나님의 아들이니이다"라고 선언하는데, 예수께서는 자기를 나타내지 말라고 경고하신다.3:10~12 여기서 예수께서는 이 고백이 잘못되었다고 지적하지 않고, 즉, 자기를 '잘못' 나타내지 말라고 하지 않으시고, '자기'(예수)를 나타내지 말라고 경고하심으로써 그 선언이 옳은 것임을 인정하고 있다.[29] 또 다른 더러운 귀신들린 자도 예수를 "지극히 높으신 하나님의 아들 예수"5:7라고 말한다. 마가복음의 결론 부분에서15:39 백부장이 예수를 하나님의 아들이라고 고백하기 이전까지 예수를 따랐던 제자들을 포함한 어떤 '등장인물'도 예수를 하나님의 아들로 알아보지 못하고 있다. 이와 비교해 볼 때에, 귀신(들린 자)들의 예수에 대한 인식은 주목할 만하다. 화자는 독자에게 당시에는 오로지 초자연적인 안목으로만 예수를 인식할 수 있었다고 말해주려고 하는 것으로 보인다. 또한, 독자는 처음부터 화자가 보여주는 대로 초자연적인 안목으로 예수를 하나님의 아들로 인식하며 이야기를 읽도록 인도되고 있다고 볼 수 있다.

예수께서는 하나님을 아버지라고 칭하는데,8:38; 13:32; 14:36 이는 자신을 하나님의 아들로 생각하셨다는 것을 보여 준다. 예수께서는 '포도원 농부 비유'를 통해서 예수의 신적인 권위에 도전하는 유대교 지도자들을 책망하시는데, 이 비유에서 등장하는 '사랑하는 아들'은 자신을 가리키는 것이 분명하다.12:6 이 비유를 들은 대제사장들과 서기관들과 장로들은 이 비유가 자신들에 대한 것임을 알았다고 화자는 전하는데,12:12 이처럼 이 비유는 유대교 지도자들이 하나님의 아들이신 예수를 죽이게 될 것에 대해 말해주고 있다. 예수께서 체포되어 심문받으실 때 여러 거짓 증언에 대해 침묵하시던 예수는 대제사장이 "네가 찬송 받을 이의 아들 그리스도냐"라고 묻자, "내가 그니라"$\overset{\text{ἐγώ εἰμι}}{}$라고 명확하게 대답하신다.14:61~62 예수께서는 이처럼 자신이 하나님의 아들이며 그리스도라는 자의식自意識을 분명하게 가지신 분으로 나타난다.

마가의 이야기에서 예수께서는 처음부터 화자에 의해 하나님의 아들로 선언되고, 하나님으로부터 두 번이나 그렇게 인증되고, 귀신과 같은 초자연적인 존재들은 언제나 이처럼 선언하고, 예수 자신도 자기를 하나님의 아들이라고 인정하고 있다. 하지만 그럼에도, 마가의 이야기에서는 이야기

---

29) 예수께서는 귀신이 자신을 올바로 알고 있다고 인정하고 있음을 화자는 전한다(1:34). 즉, 귀신들의 선언은 예수의 정체에 대한 옳은 선언이었음을 보여준다.

가 결론에 이를 때까지 어떤 '사람'도 그를 하나님의 아들이라고 인정하거나 선언하는 일이 없다. 이야기의 결론에 이르러 이방인 백부장이 사람으로서는 처음이자 마지막으로 예수께 대해 "이는 진실로 하나님의 아들이었도다"15:39라고 선언한다.

막15:39	마27:54
39 예수를 향하여 섰던 백부장이 **그렇게 숨지심을 보고** 이르되 이 사람은 진실로 하나님의 아들이었도다 하더라	54 백부장과 및 함께 예수를 지키던 자들이 **지진과 그 일어난 일들을 보고** 심히 두려워하여 이르되 이는 진실로 하나님의 아들이었도다 하더라

이 백부장이 예수의 능력이나 부활을 본 것이 아니라 예수의 죽음을 보고('그렇게 숨지심을 보고') 이러한 결론적인 고백을 하는 것은 주목할 만하다. 마태복음의 병행구절에서 백부장과 및 함께 예수를 지키던 자들이 "지진과 그 일어난 일들을 보고" 예수를 하나님의 아들이라고 고백하는 것과 비교한다면,마27:54 마가복음은 예수의 죽음에 초점을 맞추는 것이 분명하다. 마가복음에서 사실상 예수의 부활 장면이나 승천 장면은 서술되지 않으며 단지 부활 사실만 전해진다. 이처럼 예수의 죽음은 마가 이야기의 절정이라고 할 수 있는데, 그 장면에서 예수의 정체에 대한 결론이 선언되고 있다. 마가는 예수를, 궁극적으로 자기 목숨을 많은 사람의 대속물로 주심으로써,10:45 하나님의 뜻대로 순종하시는14:36 하나님의 아들로 제시하고 있다. 즉, 죽음에 큰 의미를 둔 죽으시는 하나님의 아들이다. 이처럼 마가는 단순히 한마디로 "예수는 하나님의 아들이다"라고 명제적 결론을 제시하지 않는다. 마가는 이야기를 통해서 독자에게는 처음부터 예수를 하나님의 아들로 선언해주고 필요에 따라 수시로 이를 확인시키면서, 이야기 속에서 제자들을 포함한 등장인물들이 예수를 하나님의 아들로 인식하지 못하고 있다는 것을 보여주고, 특히 제자들은 예수의 고난에 관해서 이해하지 못하는 모습을 부각시키고, 예수의 죽음에 가서야 처음으로 백부장이 예수를 하나님의 아들로 고백하는 것을 서술함으로써 예수의 하나님의 아

들 되심의 성격을 보여주고 있다. 즉, 예수는 죽으심에서 진정한 하나님의 아들의 모습을 드러내신다. 예수는 단순히 하나님의 아들이 아니라 고난받고 죽으시는 하나님의 아들이다.

둘째, 역시 마가복음의 시작1:1에서 화자가 그렇게 선언하는 바와 같이 그리스도메시아도 마가의 이야기에서 중요한 예수상이라고 할 수 있다. 첫 구절에 등장하는 이 용어그리스도는 베드로의 최초의 고백 때까지8:29 이야기에서 단 한 번도 나타나지 않는다. 베드로가 처음으로 예수를 그리스도라고 고백하게 되는데, 예수께서는 이에 대해 어떠한 인정이나 칭찬도 하지 않으시고, 30) 일단 아무에게도 말하지 말라고 책망하신다.ἐπετίμησεν, 8:30 31) 그리고 바로 자신이 '반드시' δεῖ 고난받고 죽임을 당하고 살아나야 할 것을 처음으로 말씀하신다.8:31 베드로는 이 말씀을 듣고 예수를 책망하며ἐπιτιμᾶν, 예수께서는 베드로를 '사탄'이라고 하며 호되게 책망하신다 ἐπετίμησεν, 8:32~33. 마가는 이 이야기에서 '책망하다' ἐπιτιμάω라는 강한 단어를 세 번이나 사용함으로써 베드로의 잘못에 주목하도록 하고 있는데,8:30,32,33 예수의 고난과 죽으심의 의미가 충분히 포함되지 않은 그리스도는 참 의미의 그리스도가 될 수 없다는 것을 보여준다.

---

30) 마태복음은 예수께서 "바요나 시몬아 네가 복이 있도다"라고 하시며 베드로에게 축복 선언을 하시고 약속의 말씀을 주신 것을 전하고 있는 것과 비교해 보라(마 16:17-19).

31) 마가복음이 특별히 예수의 정체에 대해 함구하라고 명하고 있는 부분들에 대해서(1:25, 34, 43-45; 3:12; 5:43; 7:36; 8:26; 8:30; 9:9) 브레데(W. Wrede, 1901)가 '메시아 비밀' 이론을 제시한 이후 많은 논의가 제시되었다. 브레데에 의하면 예수께서는 자신이 메시아라고 말한 일이 없는데, 기독교 시대에 교회는 예수를 메시아로 믿게 되었다. 마가는 복음서 기록 시 이 문제를 해결하기위해, 예수께서 메시아가 아니어서 예수 시대에 예수를 메시아로 선포하는 일이 없던 것이 아니라 예수께서는 메시아였지만 단지 자신이 메시아로 선포하는 것을 원치 않았기 때문에 말하지 말라고 했기 때문에 예수 시대에는 예수를 메시아로 선포하는 일이 없던 것으로 이해하도록 기록했다고 주장했다. 이처럼 예수께서 자신이 메시아임을 말하지 말도록 요구하신 것을 '메시아 비밀' (messianic secret)이라고 하는데, 브레데에 의하면 마가복음에 나타난 메시아 비밀 모티프는 역사적 예수와 후대의 교회의 그리스도 사이의 모순을 해결하기 위해 마가가 제시한 문학적 해결책인 셈이다. 하지만 브레데의 이론은 현재 여러 가지로 반박되고 있다. 예수께서는 '메시아' 라는 용어가 지닌 정치적 의미 때문에, 그리고 고난과 죽음이 포함되지 않은 메시아 개념은 잘못된 것이기 때문에 이 용어 사용을 유보시키셨던 것으로 보인다. 또한 실제로 예수께서 '메시아' (그리스도)라는 호칭을 유보시키신 것은 단 한 번뿐이다(8:29-30). 이처럼 브레데의 '메시아 비밀' 이라는 용어 자체에 문제가 있는 것으로 보인다. 마가복음에서 예수가 항상 자신이 알려지는 것

마가의 이야기에서 예수가 이해하시는 그리스도는 단순히 다윗의 아들이 아니라,12:37 하나님의 아들이다14:61. 일반적으로 다윗의 아들이신 그리스도의 개념에는 예수가 왕이라는 의미를 포함한다.15:32 참조 마가는 예수의 왕 되심에 대해서는 이야기의 종반에 가서야 언급을 한다. 빌라도는 예수를 심문하면서 "네가 유대인의 왕이냐"라고 질문하는데, 예수께서는 "네가 (그렇게) 말한다"σὺ λέγεις라고 대답하시는데 아마도 우회적 긍정을 하신 것으로 보인다.15:1~2 32) 총독인 빌라도의 입에서 나온 "유대인의 왕"이란 표현은 아마도 정치적인 의미가 담겨 있어서 예수께서는 우회적인 표현을 사용하신 것으로 보인다. 이후에 빌라도는 예수를 유대인의 왕으로 호칭하며,15:9,12 군인들은 모욕하며 예수를 유대인의 왕이라고 부르며,15:18 십자가의 죄패에도 "유대인의 왕"이라고 기록되었고,15:26 유대교 지도자들도 예수를 희롱하며, "이스라엘 왕 그리스도"라고 예수를 부른다15:32. 진정한 의미로 예수를 왕으로 호칭하는 것은 아니지만, 이들은 모두 거듭해서 예수가 유대인의 왕이라는 것을 독자에게 말해주고 있다.33) 하지만, 그리스도나 왕이라는 칭호는 마가복음 전체를 통해서 진정한 의미의 고백으로 사용되는 일이 없다. 이처럼 그리스도메시아라는 용어는 비교적 제한적으로

을 원치 않았다고 볼 수는 없다. 예수께서는 "인자가 땅에서 죄를 사하는 권세가 있는 줄을 너희로 알게 하려 하노라"고 하시며 자신의 권위에 대해 분명히 알리신다(2:10). 또한 자신은 죄인을 부르러왔다고 하시고(2:17), 안식일에도 주인이라는 것을 분명히 알리신다(2:28). 자신의 고난과 죽으심에 대해서는 세 번이나 분명하게 알려 주셨다. 예수께서는 자신이 어떤 전통적인 '호칭'에 의해서 이해되기 보다는 자신의 삶이나 사역을 통해서 사람들에게 이해되길 원했을 수 있다. 또는 단순히 '기적을 행하는 자'로 알려지길 원치 않았을 수도 있다. H. N. Roskam, *The Purpose of the Gospel of Mark in its Historical and Social Context*, 187은 이러한 예수 정체에 대한 함구 명령은 예수가 이스라엘의 독립이나 군중들을 선동해서 반란을 일으키려는 것과 같은 정치적 의도를 갖고 있었다고 생각하지 않도록 해서 마가공동체로 하여금 로마로부터 불필요한 의심이나 핍박을 받지 않게 하기 위한 저자의 문학적 구상에서 나온 것으로 이해한다.
32) 이 표현을 보통 일반적인 긍정을 의미한다고 보는 학자들도 많이 있지만, 마가 자신이 14장 62절에서의 대답(ἐγώ εἰμι)과 다른 용어를 사용하고 있는 것을 볼 때에 두 대답이 서로 차이가 있다고 보는 것이 좋을 것이다. Robert H. Stein, *Mark*, 699를 보라.
33) 이처럼 등장인물은 조롱이나 모욕의 의도로 말을 하지만 사실상 자신도 모르게 진리를 말하도록 하는 기법은 '아이러니' (irony)의 종류 중 하나다.

조심스럽게 사용되고 있다. 일반적으로 이 용어가 정치적, 군사적 의미가 있는 것으로 이해되었기 때문으로 보인다.

'하나님의 아들'과는 달리 이 호칭은 하나님도, 귀신들도 사용하지 않는다. 또한, 이 용어는 거의 예수의 고난과 죽으심과 관련되어 사용되는데, 최초의 고난 예고 바로 전부터 사용되기 시작하여 대부분 예수의 심문이나 십자가 처형 시에 사용되고 있다. 이러한 용례들을 종합해 볼 때에 다음과 같이 말할 수 있다. 첫째, 마가의 이야기에서 그리스도의 의미는 고난과 죽으심이 없이는 말할 수 없다. 즉, 예수께서는 고난받는 메시아다. 둘째, 그리스도는 단순히 다윗의 아들이 아닌 하나님의 아들이다. 예수께서는 "그리스도는 다윗의 자손"이라는 서기관들의 이해에 대해 시편 말씀을 인용하여 반박하셨다. 12:35~37 예수께서는 "네가 찬송 받을 이의 아들 그리스도냐"라는 대제사장의 질문에는 분명한 긍정을 하시며 ἐγώ εἰμι, 14:61~62 "네가 유대인의 왕이냐"라는 빌라도의 질문에는 우회적 긍정을 하신다 σὺ λέγεις, 15:2. 이처럼 예수께서는 단순히 다윗 왕의 후손으로 오신 인간 그리스도가 아니라 하나님의 아들이신 그리스도다. 이처럼 마가복음에서 '그리스도'는 '하나님의 아들'과 연결된 개념이라고 할 수 있으며, 마가의 이야기의 결론으로 볼 때에, 15:39 하나님의 아들로서의 예수가 더 중심적인 위치에 있다고 볼 수 있다.

셋째, 예수께서는 자신을 언급하실 때 '인자' 人子, the Son of Man라는 용어를 사용하시는데, 이 용어는 14회나 사용되어 앞의 두 호칭보다 많이 사용된다. 이 용어는 복음서에서 전적으로 예수가 자신을 가리켜서 말할 때에 사용되는 것으로서, 그 기원이나 의미를 파악하기는 어렵다. 실제로 이 호칭은 예수께서만 자신에 대해서 사용하셨기 때문에 제자들이나 교회는 그 진정한 의미를 모를 수도 있다. 그래서 신약성서도 그 의미를 제대로 보존해서 전하지 못했을 수 있다. 이 용어는 구약성서에서 온 것으로 이해되며 보통 다니엘 7장 13~14절의 의미와 연관된 것으로 본다. 이 구절에는 "인자 같은 이가 하늘 구름을 타고 와서" 영원한 권세와 영광과 왕권을 받는 것이 기록되어 있는데, 이는 자신을 인자로 언급하며 해주신 예수의 말씀과 유사하다.13:26; 14:62 주전 2세기경에 기록된 것으로 보이는 구약외경 에녹1서에는 창조 전부터 존재한 '인자'가 등장하는데 그는 "이방인의 빛이요 마음 상한 자의 희망"이 될 것이라고 언급되며,에녹1서 48:4 '선택된 자' 또는 '기름부음 받은 자'로 언급되기도 한다.에녹1서 48:9~10

단7:13~14	막13:26; 14:62
13 내가 또 밤 환상 중에 보니 **인자 같은 이가 하늘 구름을 타고 와서** 옛적부터 항상 계신 이에게 나아가 그 앞으로 인도되매 14 **그에게 권세와 영광과 나라를 주고** 모든 백성과 나라들과 다른 언어를 말하는 모든 자들이 그를 섬기게 하였으니 그의 권세는 소멸되지 아니하는 영원한 권세요 그의 나라는 멸망하지 아니할 것이니라	13:26 그 때에 **인자가 구름을 타고 큰 권능과 영광으로 오는 것을** 사람들이 보리라 14:62 예수께서 이르시되 내가 그니라 **인자가 능력자의 우편에 앉은 것과 하늘 구름을 타고 오는 것을** 너희가 보리라 하시니

마가복음에서 이 용어는 대부분 예수의 중요한 사역 즉, 예수의 죽으심, 고난, 부활, 재림 등과 관련하여 사용된다.8:31,38; 9:9,12,31; 10:33,45; 13:26,29; 14:21,41,62 나머지 두 경우는, 예수께서 자신이 땅에서 '죄를 사하는 권세'가 있음을 알리실 때에,2:10 그리고 자신이 '안식일의 주인' 임을 선언하실 때막2:28 이 용어를 사용하셨다. 전체적으로 '하나님의 권위' 로 행하시는 예수의 중요한 사역을 선언할 때나, 고난, 죽으심, 부활, 재림 등의 주요 사역을 언급할 때 이 용어가 사용된다. 예수께서는 자신의 주요 사역을 언급하실 때, 당시 사람들에게 오해되거나 논쟁이 될 수 있는 메시아나 하나님의 아들과 같은 용어를 사용하는 것을 피하고자 일반적으로 예수에 대한 호칭으로 생각되지 않던 이 용어를 사용하셨을 수도 있다.[34] 당시 유대인

---

[34] Elizabeth Struthers Malbon, "The Christology of Mark's Gospel: Narrative Christology and the Markan Jesus," *Who Do You Say That I Am?* eds., Mark Allan Powell and David R. Bauer (Louisville: Westminster John Knox Press, 1999), 33-48은 '인자' 라는 용어는 화자나 어떤 등장인물도 사용하지 않는 전적인 예수의 용어라는 것에 주목한다. 그녀는 예수께서는 화자(저자)나 등장인물들이 관심 보이는 전통적인 호칭 기독론이 아닌 행동으로 보이시는 '행위 기독론' (enacted Christology)을 제시하고 있으며, 사람들이 예수의 호칭과 정체

들이 가졌던 정치적인 그리스도의 개념은 예수의 사역의 성격에 적합하지 않았으며, 하나님의 아들이란 개념은 특별히 정의된 것이 없었기 때문에 적합하지 않았을 수 있다. 다니엘서에서 사용된 '인자'라는 용어는 '하나님의 권위' 권세, 권능, '영광', '하늘에서 구름을 타고 오심' 등과 같은 예수 자신과 관련된 주제들을 잘 표현해 줄 수 있었을 것이다. 예수께서는 여기에 자신의 중요한 사역인 고난과 죽으심이란 주제를 새롭게 포함해 특별한 의미의 호칭으로 사용하셨던 것으로 보인다.

이제까지 살펴본 세 호칭의 의미 모두 주로 고난과 죽으심과 관련되어 있었다. '하나님의 아들'은 복음서 이야기의 초기부터 나타나지만, 초자연적인 존재들을 제외하고는 마지막에 백부장이 고백할 때까지 어떤 사람도 그러한 고백을 하지 않는다. 등장인물 최초로 베드로가 예수를 '그리스도'라고 한 고백은 예수의 고난과 죽음에 대한 이해를 포함하지 않는다면 책망받을 '사람의 일'로 전락할 수도 있다.8:33 다니엘서의 인자에는 고난이나 죽음의 개념이 포함되지 않지만, 예수께서 사용하신 인자 호칭에는 그러한 개념들이 포함된다. 즉, 이 세 호칭은 모두 예수의 고난과 죽으심이 포함될 때에 비로소 이해될 수 있다. 이러한 호칭들로서 예수의 정체나 사역의 성격을 이해할 수 있지만, 복음서 이야기는 독자를 단순히 예수의 호칭의 의미를 파악하는 데에 머무르게 하지 않는다. 베드로가 예수를 그리스도로 고백하고 나서 예수께서는 함구하도록 명하시고 자신의 고난에 대해 가르치신다. 이를 이해하지 못하는 베드로를 책망하신 예수께서는 "누구든지 나를 따라오려거든 자기를 부인하고 자기 십자가를 지고 나를 따를 것이니라"8:34라고 가르치신다. 하나님은 제자들에게 음성으로 예수를 자신의 사랑하는 아들이라고 선언하시고, "너희는 그의 말을 들으라"9:7고 명하신다. 즉, 기독론은 곧 제자도의 교훈과 연결된다. 복음서는 예수에 대한

에 관심이 있는 것과는 달리 예수께서는 하나님을 향하고 하나님께 관심을 보임으로써 사람들의 기대를 비껴간 '편향 기독론'(deflected Christology)을 견지하고 있다고 주장한다. 즉, 인자 기독론은 마가나 다른 등장인물들이 추구하는 기독론과는 다른 '예수의 기독론'의 핵심이라는 것이다.

호칭의 의미가 무엇인지를 정의하는 것보다는 제자 그리고 독자의 삶에서 예수에 대한 고백이 어떤 **실제적인 의미**가 있는지에 더 관심을 보인다.

넷째, 일반적으로 예수께서는 '선생'으로 불린다. 12회, 4:38; 5:35; 9:17,38; 10:17,20,35; 12:14,19,32; 13:1; 14:14 마가복음에서 수로보니게 여인이 한 번 예수를 '주여' κύριε 라고 부른 것을 제외한다면,35) 누구도 예수를 '주' 라고 부르지 않는다. 사람들이 예수를 부르는 호칭으로 '선생'이 가장 많이 사용된다. '선생'은 다양한 사람들이 예수를 부르는 호칭으로서, 제자들, 4:38; 9:38; 10:35; 13:1; 14:14 일반인들, 5:35; 9:17; 10:17,20 바리새인, 12:14 헤롯당, 12:14 사두개인, 12:19 서기관 12:32 등은 모두 예수를 선생이라고 부른다. '선생' διδάσκαλος 이란 호칭은 다른 어떤 사람에 대한 호칭으로도 사용되지 않으며 전적으로 예수에게만 12회 사용되고 있으며, '가르침' 교훈, διδαχή 이란 단어도 전적으로 예수에게만 5회 사용된다. 1:22,27; 4:2; 11:18; 12:38 '가르치다' διδάσκω 라는 동사는 마가복음에서 사용된 17회 중에서 15회가 예수께 사용되고 있다. 1:21,22; 2:13; 4:1,2; 6:2,6,34; 8:31; 9:31; 10:1; 11:17; 12:14,35; 14:49 36) 가르치는 선생으로서의 예수상은 마가복음에서 가장 일반적인 예수상이라고 할 수 있다.

예수께서는 서기관과 같지 않은, 귀신을 쫓아내거나 병자를 고치시는 능력의 '권위' 있는 '새 교훈'으로 가르치시는 분이며, 1:27 '지혜'와 '권능'으로, 6:2 사람을 '외모로 보지 않고 오직 진리로써' 12:14 가르치시는 분으로 평가된다. 이처럼 예수의 가르침은 단순히 지적知的인 정보를 제공하는 수

---

35) 이 경우도 단순히 '…님' (Sir) 정도의 의미로 호칭한 것으로 이해할 수 있다. Ibid., 353을 보라. 우리말 개역개정판에서 제자들이 예수를 '주' 라고 호칭하는 경우가 7회 나타나는데 (1:37; 8:29; 9:5, 38; 10:35, 37; 14:31), 헬라어 원문에서는 제자들이 예수를 '주' (κύριος)라고 칭하는 경우는 한 번도 없으며, 이 모든 구절들에서 제자들은 예수를 "당신" (σύ, you)이라고 부르고 있다.
36) 예수께 사용되지 않은 경우 2회 중 1회는 예수의 제자들이 선교여행에서 가르친 것을 언급할 때 사용되었으며(6:30), 나머지 1회는 서기관과 바리새인들이 가르친 것을 언급할 때 사용되었다(7:7). 서기관과 바리새인들에 대해 사용된 이 경우는 그들이 잘못 가르치고 있음을 책망하는 문맥에서 이 단어를 사용함으로써 실제로 온전한 의미에서의 이 동사의 사용은 거의 전적으로 예수께만 국한된다고 할 수 있다. 또한 예수께 사용된 이 동사는 주로 미완료로 사용되어 예수의 가르침이 "계속적인" 사역이었음을 보여주고 있다.

단이 아니라 진리를 전달하며 사람들을 고치고 돌보는 수단으로 나타난다. 예수의 가르침은 목자 없는 양과 같은 무리를 불쌍히 여겨 돌봐주시는 한 방법으로 나타나기도 한다.6:34 예수께서는 '모든 무리' πᾶς ὁ ὄχλος, 2:13, '많은 무리' πολὺν ὄχλον, 6:34 또는 '아주 큰 무리' ὄχλος πλεῖστος, 4:1를 가르치시며, '모든 마을을 두루 다니시며' 6:6 가르치시고, '늘 그랬던 것처럼 다시' ὡς εἰώθει πάλιν, 10:1 가르치셨다고 언급된다. 물론 예수께서는 제자들을 가르치셨는데 화자는 특히 예수의 고난과 죽으심과 부활에 대해서 예수께서 '가르치셨다'는 표현을 두 번 사용하고 있다.8:31, 9:31 예수께서 '가르치셨다'는 언급과 함께 가르치신 내용이 전해진 것들로는 '하나님의 통치'에 대한 비유들,4:1~34 '고난과 죽으심과 부활',8:31; 9:31 '그리스도가 다윗의 자손인가'에 대한 대답12:35이 있다. 전체적으로 마가복음은 예수가 계속하여 가르치는 사역을 수행하셨음을 부각시키고 있다. 예수께서는 중요한 진리들은 주로 비유를 통해서 가르치셨으며 내부인인 제자들에게는 그 의미를 해석해 주셨다. 화자는 또 다른 내부인인 독자에게, 제자들에게만 해석해 주신 그 진리의 의미를 전해줌으로써 독자로 하여금 특권적인 위치에서 진리를 이해하도록 해준다. 예수께서는 모든 사람의 선생이시며, 무리를 돌보시는 선생이시며, 특히 이해하지 못하는 제자들을 거듭 가르치시는 분으로 나타난다.

다섯째, 예수께서는 하나님 통치의 복음을 선포하는 자로 나타난다.[37] '선포하다' κηρύσσω라는 동사는 마가복음에 14회 사용되며마7회, 눅7회 이 중 예수께 3회가 사용된다.1:14,38,39 마가복음에서 예수가 공생애를 시작하시면서 갈릴리에 오셔서 가장 먼저 하신 일은 "하나님의 복음을 전파"(선포)하신 것이다.1:14 이 선포의 내용은 하나님의 통치가 가까이 와 있다는 것이다.1:15 예수의 삶이나 가르침은 모두 그 자체로서 하나님의 통치의 모습을 보여주시는 것으로 예수의 삶 자체는 곧 선포 행위였다고 볼 수 있다. 예수

---

37) 칭호를 중심으로 예수상을 다루는 시도의 한계는 이처럼 칭호가 아닌 예수가 '하신 일'로 예수를 묘사하고 있는 부분들을 간과할 수 있다는 것이다.

께서는 마을을 다니시면서 선포하시는데 바로 이를 위해서 자신이 (마을에) 오셨다고 강조하신다. 1:38 화자는 초기에 갈릴리에서 예수께서 하신 일을 "여러 회당에서 전도하시고 또 귀신들을 내쫓으시더라"라고 요약해 주고 있다. 1:39 선포하는 것은 예수의 독점적인 사역이 아니며, 제자들과 3:14; 6:12 예수께 고침을 받은 자들도 5:20; 7:36 하는 일이다.

여섯째, 예수께서는 하나님의 능력을 행하시는 자로 나타난다. 예수께서는 사역 초기부터 귀신을 내어 쫓고, 병자를 고치신다. 화자는 예수의 사역을 종종 귀신을 내어 쫓으시거나 병자를 고치신 것으로 요약해주고 있다. 1:34,39; 3:10~11, 22~30; 6:5,7,13, 54~56 귀신을 내어 쫓는 사건들에서 귀신들은 처음부터 예수를 알아보고 고백하는데, 주로 '하나님의 아들' 이라고 고백한다. 귀신들은 **언제든지** ὅταν 예수를 보기만 하면 그렇게 고백했다고 화자는 전한다. 3:11 이러한 귀신 축출 사건은 단순한 치유 이상의 의미를 지닌다. 그것은 예수가 **하나님의 권위**를 가지신 1:23~27 하나님의 아들이라는 선언이며, 귀신이 나간다는 것은 곧 **하나님의 통치**가 실현되고 있다는 것을 의미한다. 예수께서는 귀신의 왕을 힘입어 귀신을 쫓아낸다는 서기관들의 비난에 대해 답변하시며 그들의 비난을 '성령' 을 모독하는 행위로 간주하신다. 3:22~30 즉, 귀신 축출은 사탄의 통치를 몰아내고 하나님의 통치를 구현하는 성령의 역사다. 이처럼 귀신 축출은 예수를 통한 하나님 자신의 현현顯現, epiphany을 보여주고 있다.38) 이렇게 볼 때에, 예수의 귀신 축출은 단순히 개인적인 어려움이나 병을 치료해 주신 돌봄의 행위 정도로 축소해서 해석되어서는 안 된다. 귀신 축출이나 그것을 통한 치유는 그 수혜의 대상인 '사람들의 편' 이 아닌, 그것을 행하신 '예수의 편' 에 우선적인 초점이 맞춰져야 한다. 그것은 하나님의 권위를 가지신 예수가 하나님의 통치를 사람들에게 구현하신 것이다.

예수께서는 여러 병자를 고치시는데, 열병으로 고생하는 여인, 나병환

---

38) Joel B. Green, "The Gospel according to Mark," *The Cambridge Companion to the Gospels*, ed. Stephen C. Barton (Cambridge: Cambridge University Press, 2006), 147은 마가의 예수 이야기는 궁극적으로 하나님에 대한 이야기라고 한다.

자, 중풍병자, 손 마른 사람, 혈루증 앓는 여인, 귀 먹고 말 더듬는 자, 맹인 등을 고치시고 죽은 자를 살리기도 하셨다. 병자를 고치시는 일은 예수의 '불쌍히 여기는' σπλαγχνίζομαι, 1:41; ἐλεέω, 10:47 마음이나, 선을 행하고 생명을 구하려는 마음을 나타내기도 한다.3:4 또한, 그것은 죄를 사하는 '하나님의 권위'가 예수에게 있음을 보여주는 일이기도 하다.2:10 따라서 이러한 권위를 보게 된 사람들은 **하나님을** 영화롭게 한다.2:12 특히, 귀 먹은 자를 듣게 하시거나 맹인을 보게 하신 일은 예수의 메시아-왕으로서의 통치를 나타내 준다.7:31~37; 8:22~25; 10:46~52 예수께서는 풍랑을 잔잔케 하시거나,4:36~41 바다 위로 걸으심으로써6:49~50 자연을 초월하는 권위도 나타내신다. 오천 명을 먹이신 일이나 칠천 명을 먹이신 일을 통해 사람들에 대한 사랑과 하나님의 권위를 보여주신다. 이처럼 예수의 여러 이적은 하나님의 권위와 통치를 나타내주며, 예수가 하나님의 아들이라는 것을 보여주며, 예수의 사람에 대한 사랑을 드러내 준다. 즉, 예수는 하나님의 아들로서 사랑으로 하나님의 능력을 나타내시는 분이다. 예수께서는 사람들의 생각과 의도를 읽으시며,2:8 자신과 제자들과 세상의 미래를 알고 예언하는 초월적인 지식을 가진 분으로 나타나기도 한다13장.

일곱째, 예수께서는 인간적인 모습으로 나타난다. 예수께서는 배고픔을 느끼기도 하시고,11:12 주무시기도 하신다4:38. 예수께서는 여러 가지 감정을 가지신 분으로 서술되는데, 사람들을 불쌍히 여기기도 하시며σπλαγχνίζομαι, 1:41, 6:34; 8:2, 놀라기도 하시며θαυμάζω, 6:6, 깊이 탄식하기도 하신다ἀναστενάζω, 8:12. 예수께서는 또한 노怒하기도 하며ὀργή, 3:5; ἀγανακτέω, 10:14, 심히 놀라며 괴로워하기도 하며ἐκθαμβεῖσθαι καὶ ἀδημονεῖν, 14:33, 근심하기도 한다περίλυπος, 14:34. 이러한 감정 표현 중 특히 예수께서 '깊이 탄식하며', '노怒하며', '심히 놀라는' 것과 같은 부정적인 감정 표현들은 마가복음에만 나타난다. 예수를 먼저 하나님의 아들로 제시하며 복음서의 초기부터 그의 놀라운 이적을 소개하는 것을 볼 때에, 이러한 인간적인 모습의 예수께서는 다소 어색해 보이기도 한다. 하나님의 아들 예수께서는 이처럼 세상의 초월자의 모습보다는 사람들의 모든 감정을 가지신 한 인간의 모습으로 친근하게 나타난다. 예수께서는 많은 능력으로 사람들을 도울 수 있는 하나님의 아들이기도 하지만 이처럼 사람들 가운데서 그들과 함께 느끼며 그들의 부정적인 감정까지도 이해해 줄 수 있는 친근한 인간이기도 하다.

하나님의 왕권통치. 마가복음 이야기의 주인공은 예수며, 예수의 삶과 가르침에 담긴 큰 주제는 '하나님의 왕권통치'라고 할 수 있다. 예수가 공생애를 시작하시면서 선포하신 것은 "때가 찼고 하나님의 나라가 가까이 왔으니 회개하고 복음을 믿으라"라는 것이었다.1:15 화자는 이것을 "하나님의 복음"이라고 언급한다.1:14 마가가 전한 복음은 결국 하나님의 아들 예수 그리스도의 복음이며1:1 동시에 하나님의 복음으로서, 그 복음의 핵심은 하나님의 통치라고 할 수 있다. 우리말 신약성서에서 '하나님의 나라'라고 번역된 헬라어 문구 ἡ βασιλεία τοῦ θεοῦ에서 βασιλεία를 단순히 '나라'라고 번역하는 것은 적절치 못하다. βασιλεία는 '나라'보다는 '왕국' kingdom 으로 번역하는 것이 더 낫지만, 요즈음 학자들은 '통치' reign, rule로 번역하는 것을 선호한다. βασιλεία는 헬라어 구약성서인 70인 역에서 '통치'의 의미로 가장 빈번히 사용된다. 이 단어는 보통 '왕권' kingship, royal power이나 '통치' 또는 '왕권통치' royal rule, kingly rule를 의미하는데, 따라서 이 단어의 의미를 충분히 전달하려면 '왕권통치' kingly rule로 번역하는 것이 가장 적절하다. βασιλεία는 단순히 통치하거나 다스린다는 의미가 아니라 **왕으로서 통치**한다는 의미이다. 이렇게 볼 때 ἡ βασιλεία τοῦ θεοῦ는 하나님이 왕으로서 다스리시는 '하나님의 왕권통치'가 된다. 하나님의 통치는 어떤 범위나 영역을 가질 수도 있으므로 βασιλεία는 통치 영역realm이나 영토territory의 의미를 포함할 수도 있다. 하지만, 우선적이고 근본적인 의미는 '왕권통치'이다.

복음서에서 '하나님의 나라에 들어간다'는 표현이 등장하고 있어서 10:15,23,24,25 ἡ βασιλεία τοῦ θεου를 쉽게 '영역'이나 '장소'로 이해할 수도 있다. 하지만, 이 구절에서 사용된 '들어가다' εἰσέρχομαι라는 단어는 '생명에 들어간다' εἰσελθεῖν εἰς τὴν ζωὴν, 9:43,45는 표현에도 사용되며, 마태복음에서는 '즐거움에 참여한다' εἴσελθε εἰς τὴν χαρὰν, 마25:21,23 또는 '시험에 든다' εἰσέλθητε εἰς πειρασμόν, 마26:41 는 표현에도 사용되고 있어서, '들어간다' 는 표현이 반드시 하나님 나라가 어떤 영역을 가리키는 말이라고 할 수 없다. 마가복음 10장 15절은 "누구든지 하나님의 나라를 어린 아이와 같이 받들지 않는 자는 결단코 '그 곳'에 들어가지 못하리라"고 번역되어 있는데, 여기서 우리말 '그 곳'은 영어로는 there에 해당하는, '장소'를 가리키는 표현이다. 하지만, 헬라어 원문에서 이 단어는 αὐτήν으로서 영어로는 it(그것)로 번역해야 하는 3인칭 여성 대명사로서 장소를 나타내지 않으며 단순히 하나님의 통치를 가리키고 있다.39) 또한, 하나님 나라를 '받들다'라는 말은 헬라어로 δέξηται로서 '받아들인다' receive라고 번역하는 것이 옳다. 이처럼 "하나님의 통치를 어린 아이와 같이 받아들이지 않는 자는 결단코 그 것에 들어가지(참여하지) 못하리라"라고 번역한다면 이 구절에서 장소의 의미는 더욱 찾기 어려워진다. 파웰Mark Allan Powell은 영어의 'the kingdom of God' 하나님의 왕국이라는 번역도 하나님이 살고 계시는 곳이나 사람들이 사후에 가고 싶어 하는 곳과 같은 장소라는 인상을 줄 수 있어 적합하지 않은 번역이며, the reign of God하나님의 통치이 옳은 번역으로서, 그것은 하나님 통치의 현상phenomenon 즉, 시간과 공간에 제한될 수 없는 활동적 실체로서의 현상을 의미한다고 말한다.40) 이처럼 하나님의 왕권통치는 하나님께서 왕이 되셔서 통치하시는 역동적인 현상이라고 볼 수 있다.41) 이러한 역동적인 현상으로서의 왕권통치에는 영역의 의미가 포함될 수도 있다.

---

39) 마가복음에서 장소로서 '그 곳'를 표현할 때에 거의 항상 장소를 나타내는 부사 ἐκεῖ(거기, 1:38; 2:6; 3:1; 5:11; 6:5, 10, 33; 11:5; 13:21; 14:15; 16:7)가 사용되고 있음을 주목하라.
40) Mark Allan Powell, *Fortress Introduction to the Gospels*(Minneapolis: Fortress Press, 1998), 51.
41) Francis J. Moloney, *Mark: Storyteller, Interpreter, Evangelist* (Peabody: Hendrickson Publishers, 2004), 126은 '왕이신 하나님의 통치하시는 임재' 또는 '하나님의 통치하시는 임재'라고 표현한다면 원래의 의미를 더 잘 전달할 수 있다고 본다.

하나님이 왕으로서 통치하신다는 개념은 구약성서에서 편만한 것으로서 하나님은 종종 '왕'으로 표현 된다.삼상12:12; 사6:5; 33:22 하나님은 자신이 왕이지만 하나님의 마음에 합한 다윗 왕과 같은 대리자를 통해 세상을 통치하시기도 하시는 것으로 이해되었으며, 미래에는 메시아나 인자와 같은 이를 통해 하나님의 통치가 실현될 것으로 기대되기도 했던 것으로 보인다. 예수께서는 하나님에 의해 계획되었던 메시아로서 이 땅에 오셔서 처음부터 "그 때가 ὁ καιρὸς 이루어졌고 πεπλήρωται 하나님의 통치가 가까이 왔으니 회개하고 복음을 믿으라"1:15라고 선포하셨다. 즉, 하나님께서 구약에서 약속하신 결정적인 그 때 ὁ καιρὸς, decisive point가 이루어져서 πεπλήρωται, has been fulfilled 이미 하나님이 통치하시는 임재가 가까이 와 있으니 회개하고 복음을 믿으라는 것이다. 이처럼 하나님의 통치는 마가복음 전체의 주제이며 마가복음에서의 예수의 삶과 가르침의 주제가 된다고 볼 수 있다. 마가복음에서 '하나님의 통치' ἡ βασιλεία τοῦ θεοῦ라는 표현은 모두 14회 나타나는데, 화자의 해설에 나타나는 1회를 제외하면15:43 나머지 13회는 모두 전적으로 예수의 말씀에서 나타나고 있다1:15; 4:11, 26, 30; 9:1, 47; 10:14, 15, 23, 24, 25; 12:34; 14:25. 마가복음은 이처럼 하나님의 통치를 주제로 제시하고 있다고 할 수 있다. 하지만, 마가복음을 포함한 신약성서의 어느 책들에서도 하나님의 통치는 명백히 정의되거나 설명되지 않는다. 따라서 복음서나 신약성서 전체를 통해서 하나님 통치를 정의하는 일은 쉽지 않다.

예수의 삶과 가르침 전체가 하나님의 통치를 나타내고 있다고 본다면, 예수께서 초기에 행하신 귀신 축출이나 병 고침 등은 모두 하나님의 통치를 나타내고 있다고 볼 수 있다. 즉, 귀신 축출은 사탄의 통치가 축출된 것으로 예수를 통해 하나님의 통치가 실현되고 있음을 보여준다. 또한, 다른 이적들도 근본적으로 예수 안에서 역사 하시는 하나님의 권위와 능력을 나타냄으로써 하나님의 통치를 보여준다고 할 수 있다. 그뿐만 아니라 예수의 여러 가르침도 하나님의 통치의 성격을 나타내고 있다. 특히 마가복음 4장의 비유들은 '하나님의 통치'의 비밀에 대한 것으로서4:11 하나님 통치의 성격을 알려주고 있다4:26,30. 이 비유들이 보여주는 하나님의 통치의 모습은 다음과 같다.

첫째, 하나님의 통치는 하나님의 말씀 선포로 시작된다는 것을 알 수 있다.4:14 [42] 씨 뿌리는 자의 비유는 하나님의 통치를 '미래'에 가게 될 '장소'라고 설명하지 않고 '현재'에 시작된 '생명 현상'으로 표현하고 있다.4:1~20 그것은 하나님의 말씀을 사람이 받아들임으로써 '시작'되며, 자라나는 '과정'을 거쳐, 열매 맺는 '결과'를 낸다. 이처럼 하나님의 말씀을 받음으로써 사람 안에 시작된 하나님의 통치는 시작부터 결말로 이어지는 과정이다. 즉, 그것은 사람 밖에 있는 고정된 장소도 아니고, 물건처럼 받는 것도 아니고, 단번에 얻음으로써 끝나는 것도 아니다.

둘째, 말씀에 대한 사람들의 반응에 따라 그들에 대한 하나님의 통치의 결과가 좌우된다. 사람들에 대한 하나님의 통치는 전적으로 그것을 받아들이는 사람의 태도와 반응에 좌우된다. 같은 말씀(씨)이 뿌려지지만, 결실은 땅의 종류에 따라 다르게 나타나게 된다. 마가는 대표적으로 네 종류의 땅에 대해 설명한다. 씨가 뿌려진 초기의 상태로는 하나님 통치의 과정이나 결과를 예측할 수 없다. 땅의 성격에 따라 뿌려진 하나님의 말씀은 전혀 성장하지 못하기도 하며,4:15 잠시 성장하지만, 외적인 박해나 환난 때문에 결실하지 못하기도 하며,4:16~17 내적인 염려나 욕심 등으로 말미암아 결실하지 못하기도 한다4:18~19. 하지만, 좋은 땅이 되기만 한다면, 그 씨는 생명력이 있어서 알지 못하는 사이에 자라나게 되고, 자라나는 씨의 비유, 4:26~29 현재 모습은 미미할 수도 있지만 자라나면 상상할 수 없이 커질 수 있다겨자씨의 비유, 4:30~32. 좋은 땅이 된다는 것은, 환난이나 박해에도 견디며,4:17 세상의 염려와 재물의 유혹과 다른 욕심들을 극복하는 것을 의미한다4:19.

---

42) '하나님의 통치'의 도래의 의미에 대한 여러 견해를 R. H. Stein은 다섯 가지로 요약해준다: (1) 예루살렘에 세워질 다윗의 왕국과 같은 그러한 왕국(정치적 견해); (2) 사람들의 마음에 세워질 새로운 하나님의 영적 통치(비종말적 견해); (3) 임박한 역사의 종말과 최후의 심판(철저한 종말론적 견해); (4) 약속된 하나님의 통치가 실제로서 도래함(실현된 종말론적 견해); (5) 구약의 약속이 성취되고 성령의 역사가 시작되어 하나님의 통치가 현재 시작되었으며, 그 마지막 완성은 아직 미래에 있다는 견해("이미 그러나 아직" 견해). *Mark*, 72.

좋은 땅이 되는 사람은 이러한 모든 포기와 헌신의 중심 태도가 본질적으로 하나님과 이웃에 대한 사랑이라는 것을 이해하고, 사랑으로 그것을 실행하는 사람이다.12:28~34

셋째, 하나님의 통치는 미래에 완성된다. 예수께서는 열매의 '추수 때'에 대해 언급하며,4:29 또한 마지막 만찬 시에도 미래의 하나님의 통치를 언급하신다14:25. 하나님께서는 미래에 세상과 역사에서 자신의 통치를 완성하시며, 영원히 통치하실 것이다. 개인에 대한 하나님의 통치는 내세에 구원과 영생을 약속한다.10:30 43) 어린 아이처럼 겸손하게, 하나님께 의지하며, 신뢰하며, 단순하고, 조건 없이 하나님의 통치를 받아들이는 자가 미래에 하나님의 통치에 들어가게 된다.10:15 44) 재물의 전적인 포기와 함께 10:17~23 예수와 복음을 위하여 집이나 형제나 자매나 부모나 자식이나 전토를 포기하는 적극적인 헌신을 한 자에게 미래의 하나님의 통치에서의 영생이 보장된다.10:17~30 미래의 하나님의 통치는 개인에 대한 심판을 포함하는 것으로서 범죄 하는 것을 그치는 사람들에게 미래에 영생9:43,45 또는 하나님의 통치9:47가 약속되며,45) 계속 범죄 하는 사람들에게는 '게헨나' γέεννα의 불에 들어가게 되는 심판이 선고 된다9:43. 이처럼 개인에게 있어서의 미래의 하나님의 통치는 '구원' 10:26이나 '영생' 10:30으로 표현되기도 하는데, 그것은 그것을 자신의 삶에서 받아들이고, 재물이나 가족을 포기

---

43) 재물이 많은 사람의 질문으로 시작된 마가복음 10장 17-30절의 구절들은 '하나님의 통치'에 대한 것으로서, 바로 이전의 구절들이 이에 대한 것이었으며(10:14-15), 계속해서 본문은 세 번 '하나님의 통치'를 언급하고 있는 것을 볼 때 그렇다(10:23, 24, 25). 이러한 문맥에서 등장하는 '영생을 상속하는 것'이나(10:17, 30) '구원되는 것'은(10:26) 하나님의 통치에 들어가게 되는 것과 유사한 의미로 사용된 것으로 보인다. 마가복음에서 개인이 하나님의 통치에 들어가는 것이 정확히 미래형으로 언급된 경우가 없다. 보통 οὐ μή와 부정과거 가정법이 사용되어 '미래에 있어서' 그 가능성을 강하게 부정(否定)하는 용법으로 사용되는데, 마가복음 10장 15절에서 οὐ μή와 함께 부정과거 가정법 εἰσέλθῃ가 사용된 것은 바로 이러한 실례이다. 또한 이 본문에서 구원되는 것이나 영생을 받는 것은 동일하게 미래에 그렇게 될 것을 의미한다(10:30; 8:35참조).
44) Ben Witherington III, *Mark, Smyth & Helwys Bible Commentary* (Macon: Smyth & Helwys Publishing Inc., 2001), 279-80.
45) 마가복음 10장 17-30절에서와 마찬가지로 (각주 42 참조) 9장 43-47절에서도 '하나님 통치'는 '구원' 또는 '영생'과 바꾸어 쓸 수 있는 의미로 사용되고 있다.

하고, 범죄 하지 않는 삶을 사는 사람들에게 약속된다. 미래의 하나님의 통치는 사람들이 사후死後에 사람들이 가게 되는 '장소'로 나타나지 않으며 구원이나 영생과 같은 '현상'으로 나타난다. 이처럼 하나님의 통치는 지금 개인 안에서 시작해서 성장하고, 결실하며, 미래에 완성되는 사건이며 현상이다.

예수께서는 하나님의 통치의 비밀을 특별히 제자들에게만 설명해 주셨다. 예수와 복음을 위해 "집이나 형제나 자매나 어머니나 아버지나 자식이나 전토를 버린" 제자들에게 내세에 영생(하나님의 통치)이 약속된 것이 분명하다.막10:30 하지만, 마가는 특히 이렇게 전적인 포기를 한 자들이 '박해'를 함께 받을 것이라고 말한다.10:30 '박해'는 하나님의 통치의 성장을 방해하는 중요한 요인要因들 중 하나다.4:17 전적인 포기를 하고 예수를 따른 제자들은 그들이 받게 될 박해를 이겨낼 때에 궁극적인 하나님의 통치에 참여하게 될 것이다. 마가복음의 실제 독자들의 상황도 외적인 박해나 내적인 방해 요인들 때문에 하나님의 통치를 잘 경험하거나 구현하지 못했던 것으로 보인다. 마가는 마가공동체에 그들이 처한 현재의 어려움이나 박해를 이겨내며 하나님 통치의 열매를 맺도록 권면하고 있으며 또한 씨 뿌리는 일을 포기해서는 안 된다고 권면하고 있다.4:21

믿음. 마가복음에서 '믿다' πιστεύω라는 동사는 10회, 명사인 '믿음' πίστις은 5회 '불신' 不信, ἀπιστία은 2회 사용되고 있다.46) 마가의 이야기에서 예수께서는 첫 선포에서 하나님의 통치가 가까이 와 있음을 선포하시고 "회개하고 복음을 믿으라"라고 요청하신다.1:14~15 47) 이처럼 새롭게 시작되는 하나님의 통치를 받아들이는 가장 기본적인 태도로서 회개와 믿음이 요구된다. 예수의 사역의 초기에 중풍병자의 죄를 사하시고 고치신 사건에서 화자는 예수께서 그들의 '믿음'을 보시고 죄 사함을 선언하셨다고 말해준

---

46) 16장 9절 이하의 '긴 결말' 부분을 포함시키지 않은 횟수로서 동사 πιστεύω는 긴 결말 부분에서만도 4회나 사용되고 있다(16:13, 14, 16, 17).
47) 마태복음은 "회개하라 천국이 가까이 왔느니라"라고 전하고 있으며 "믿으라"라는 명령을 생략하고 있다(마 4:17).

다.2:5 즉, 죄 사함이나 병 고침에서 예수께서 중시하시는 것, 즉, 예수의 평가 관점은 '믿음'이라는 것이다. 믿음은 이처럼 죄 사함과 병 고침을 가능케 함으로써 하나님의 통치를 구현한다. 믿음은 계속해서 죽은 자들 살리게 하고,5:34,36 귀신들을 쫓겨나가게 하며,9:27 사람을 고침으로써10:52 하나님의 통치를 나타낸다. 특히 귀신들린 아이를 고치신 사건에서 예수께서는 아이 아버지에게 "할 수 있거든이 무슨 말이냐 믿는 자에게는 능히 하지 못할 일이 없느니라"라고 교훈하시며, 그 아버지는 "내가 믿나이다 나의 믿음 없는 것을 도와주소서"라고 간절히 구하는데, 이 구절들은 오직 마가복음에만 나타난다.9:23~24 처음 세 복음서 중 마가복음에만 있는 독특한 구절들은 아주 적다. 이 구절들은 그 중 그러한 마가의 고유의 구절들로서 여기에서 믿음이 언급되고 강조되고 있는 것은 주목할 만한 일이다. 즉, 마가가 믿음을 강조한 것은 분명하다고 할 수 있다.

사실상 믿음은 산을 옮길 수 있을 정도로 큰일을 이루며,11:23 나아가서 모든 일을 가능케 한다9:23; 11:24. 반대로 불신은 진정한 예수의 정체와 능력을 알아보지 못하게 하며,4:40~41 예수로 하여금 능력을 행하지 못하게 하며,6:5~6 예수로부터 받은 능력을 사용하지 못하게 한다9:18~19. 불신은 종종 두려움을 수반한다. 사람들은 두려워서 믿지 못하거나, 아니면 믿지 못해서 두려워한다.4:40; 5:36; 6:50 48) 불신은 예수께 구함으로써 극복될 수 있는 것으로 나타난다.9:24 믿음의 대상은 다양하게 나타나는데, 복음,1:15 하나님 또는 예수 자신이나 말씀,5:36; 9:23,24,42; 15:32 기도 응답,11:23,24 부활16:13,14,16,17 등이 그것들이다. 마가공동체가 핍박을 앞두고 있거나 핍박 받고 있었다면 그들에게 두려움을 이기고 믿음을 가져야 한다는 요구는 아주 필요하며 중요했을 것이다.

제자/제자도. 마가의 이야기에서 제자들은 예수와 함께 중요한 인물들

---

48) 마가의 이야기에서 제자들이 두려워하는 모습이 4회 나타나는데(4:41; 6:50; 9:32; 10:32), 그들은 예수가 함께 계심에도 불구하고 풍랑에 두려워하며, 예수의 고난예고에 두려워하기도 한다. 이는 박해나 다른 어려움에 있는 마가공동체의 상황을 반영하고 있는 것일 수도 있다.

로 등장한다. 마가의 이야기에서 제자들이 다른 복음서들에서 더 부정적인 모습으로 나타나는 것이 사실이지만, 그럼에도 제자들은 예수 자신에 의해 부르심을 받은 자들이며 예수의 삶에 함께한 자들이다. 예수께서는 그들을 외부인과 구별되는 내부인으로 인정하시며 하나님 통치의 비밀을 그들에게만 설명해 주셨다.4:11 또한, 예수께서는 하나님의 통치에 관한 여러 말씀을 제자들을 향해 해 주셨다.9:47; 10:14~15,23~25 제자들은 예수께서 가르치신 하나님의 통치를 구현해야 하는 대표적인 인물들이라고 할 수 있다.

예수께서는 사역 초기부터 제자들을 부르시고 그들을 자신과 함께 데리고 다니셨다. 처음 부르심을 받은 제자들은 예수가 부르실 때 즉각적으로 생업과 가족을 포기하고 예수를 따라나선다.1:16~20 '포기'는 내세에 '영생'을 약속해 주는 중요한 제자도라는 것을 볼 때에,10:29~30 제자들은 부르심을 받은 처음에 훌륭한 모습으로 그려지고 있다는 것을 알 수 있다. 그들은 예수 사역의 초기부터 예수의 가르침, 귀신 축출, 병 고침, 선포 등의 사역에 동참하여 경험한다. 예수께서는 특별히 열두 제자를 선택해서 계속 자신과 함께 있게 하신다.3:13~19 예수께서는 특별히 제자들에게만 하나님 통치의 비밀을 설명해 주시며 비유들을 그들에게만 해석해 주신다.4:11,34 제자들은 배를 타고 광풍을 만나는데 그들은 두려워하며 예수를 깨우며 예수로부터 불신에 대해 책망을 받는다.4:35~41 베드로와 야고보와 요한은 특별히 예수가 죽은 소녀를 살리시는 일에 선택되어 동참하기도 한다.5:37 예수께서는 제자들을 보내서 선포하게 하며 귀신을 내쫓는 권한도 주셔서,3:13~19 그들은 실제로 귀신도 쫓아내고 가르치기도 한다6:7~13,30. 제자들은 예수께서 오천 명을 먹이실 때 예수의 명대로 그 일을 실행한다.6:39~41 곧이어 바다에서 제자들은 물 위로 걸어오시는 예수를 알아보지 못하고 유령으로 착각한다.6:49 제자들은 예수의 비유적인 말씀을 깨닫지 못한다.7:18 사천 명을 먹이실 때도 예수께서는 제자들을 시켜서 함께 경험하도록 하신다.8:1~10 제자들은 누룩에 관한 예수의 말씀을 이해하지 못하며 예수께서는 그들의 깨닫지 못함을 강하게 책망하신다.8:14~21

예수가 자신을 누구라고 생각하는지 묻자 베드로는 '그리스도'라고 대답하지만 이어지는 예수의 수난에 대한 말씀을 이해하지 못하고 '사탄'이라는 혹독한 책망을 듣는다.8:29~33 이번에도 베드로, 야고보, 요한만 데리고 산에 올라가 예수께서는 변화하시는데, 이들은 무서워하며 이해하지 못한다.9:2~10 산에서 내려와 보니 남아 있던 제자들은 귀신을 쫓아달라는 요구가 있었지만 그렇게 하지 못하여 변론만 하고 있어서 그 믿음 없음을 책망 받는다.9:14~19 예수께서는 두 번째로 고난을 예고하시지만, 제자들은 이를 깨닫지 못하고 묻기도 무서워한다.9:31~32 이런 상황에서 제자들은 서로 누가 크냐고 길에서 쟁론한다.9:33~34 요한은 주의 이름으로 귀신 내쫓는 자를 금하기도 하고,9:38 제자들은 사람들이 어린 아이들을 예수께 데려오는 것을 책망하다가 예수의 분노를 산다10:14. 예수의 세 번째 고난 예고에도 야고보와 요한은 이를 이해하지 못하고 예수의 영광을 기대하고 이와 더불어 자신들의 높은 지위를 요구한다.10:37 가룟 유다의 배신으로 예수께서는 체포되며, 제자들은 다 도망한다.14:50 베드로는 대제사장의 뜰까지 예수를 따라가지만 세 번 부인한다.14:66~72 그 이후 제자들은 복음서 이야기의 무대에서 사라진다.

이처럼 마가복음에 나타난 제자들의 모습은 처음에는 모든 것을 포기하고 즉각적으로 예수를 따르며, 하나님 통치의 비밀을 들으며, 나가서 전파하고 귀신을 내어 쫓는 등 긍정적인 모습으로 등장하지만, 바다에서 광풍을 만나는 사건4:35~41 이후의 제자의 모습은 시종일관 두려워하며 예수의 말씀을 깨닫지 못하는 자로 등장하고, 특히 예수의 고난 예고 때에는 고난을 앞둔 예수의 정신과 반대되는 행동들을 하며, 결국은 모두 예수를 떠난다. 다른 복음서들에 비해 제자들을 특히 더 부정적인 모습으로 그린 마가의 이야기는 많은 주목을 받아왔다. 저자는 아직 제자들의 영향력이 교회들에 남아있으며 제자들에 대한 존경심도 남아있었을 시대에 살았으며 그런 존경심을 가지고 있었을 독자를 위해 기록한 이야기에서 제자들의 모습을 이렇게 부정적으로 그리고 있다는 것은 쉽게 이해되지 않는다. 교부들의 저술에 언급된 것과 같이 저자 마가가 베드로의 통역자이며, 베드로 전서에서 언급되듯이 베드로가 그를 아들이라고 부를 정도로 마가가 베드로와 친밀했다면,벧전5:12~13 베드로를 비롯한 제자들에 대한 부정적인 묘사는 더욱 이해하기 어렵다.

제자들에 대한 마가의 부정적인 서술에 대해 설명하려는 여러 견해가 제시되었다. 첫째, 이러한 제자들의 몰이해를 실제로 제자들에 대한 이야기로 보지 않고 기록 당시 마가공동체 내에 있었던 신학적 갈등을 마가가 예수와 제자들 사이의 갈등으로 표현했다는 것이다. 이러한 견해는 제자들의 이야기를 전적으로 교회의 삶의 자리에서 이해하려고 한다. 이런 견해의 예를 들자면, 교회 안에는 영광이나 권력을 추구하는 신학을 지닌 사람들이 있었는데 그들은 소위 기적과 능력 중심의 '신인神人-기독론'을 지니고 있었기 때문에 '고난받는 종-기독론'을 이해할 수 없었다는 것이다.Theodore Weeden [49] 따라서 마가는 제자들을 고난을 이해하지 못하는 자들로 묘사해서 독자 교회를 교훈하고 있다고 생각한다. 기본적으로 독자 공동체 안에서의 갈등이 마가의 이야기에 반영되어 있다는 뜻은 수용될 수 있다. 하지만, 공동체 안에 있던 문제가 구체적으로 '기독론'과 관련된 것이었는지 아니면 '제자도'에 대한 것인지 확인하기 어렵다. 아니면 둘 모두를 포함하거나 또는 더 복합적일 수도 있다. 그리고 실제로 '신인神人-기독론'이 있었는지는 더욱 확인하기 어렵다.

둘째, 마가의 이야기를 실제 제자들의 이야기로 이해하되 예수 생전의 상황이 아닌 교회 시대의 상황에서의 그들의 이야기로 이해하는 것이다. 타이슨Joseph Tyson은 마가복음은 예수를 다윗가의 메시아-왕으로서 이해하고 있던 예수의 가족과 제자들을 중심으로 구성된 예루살렘 공동체에 대해, 고난받는 인자 기독론을 따랐던 갈릴리의 마가공동체가 논박을 하려고

---

[49] Theodore Weeden, *Mark-Tradition in Conflict* (Philadelphia: Fortress Press, 1971). 이처럼 위든은 제자들의 문제는 곧 공동체의 기독론의 문제였다고 이해하며 그러한 기독론을 교정하기 위해 마가복음을 기록했다고 본다. 이러한 입장의 기독론을 '교정 기독론' (Corrective Christology)이라고 한다.

기록한 것으로 이해했다.50) 켈버Werner Kelber는 마가가 논박하는 것은 예루살렘 공동체의 기독론이 아니라 그들의 '종말론'이라고 생각한다.51) 즉, 제자들을 중심으로 한 예루살렘 공동체는 예수의 재림이 예루살렘에 있을 것이라고 믿고 예루살렘을 떠나지 않음으로써 갈릴리에서 만나자는 예수의 말씀을 따르지 않았으며, 마가는 그러한 제자들을 책망하고 있다는 것이다. 첫 번째 견해는 한 공동체 안에 두 종류의 기독론이 있어서 갈등이 생겨났고 마가는 그것을 해결하려고 했다는 것이었다. 이 두 번째 견해는 다른 신학을 지닌 두 공동체 사이에 갈등이 있어서 그것을 해결하려고 했다는 견해다. 하지만, 타이슨의 주장대로 그러한 다른 구성원들로 이루어진 두 공동체가 각각 예루살렘과 갈릴리에 있었다는 것은 추정에 불과하고 확인할 수 없다.

셋째, 마가의 제자 이야기는 실제 제자들에 대한 서술이라기보다는 독자들에게 교훈을 주려고 기록되었다는 것이다. 즉, 실패나 어려움에 처한 독자들에게 제자들의 실패를 보여줌으로써 교훈을 하며, 고난의 필요성을 가르치려고 문학적으로 제자들의 실패를 서술했다는 것이다.Ernest Best, John R. Donahue 복음서가 독자들에게 교훈을 주고 있다는 것은 사실이지만, 그렇다고 해서 제자들에 대한 이야기가 예수 시대의 이야기가 아니라 전적으로 독자 시대를 위한 이야기라고 할 수는 없다. 그리고 제자들은 예수 생전에 실제로 예수의 정체나 사역의 성격, 고난 등을 이해하지 못했을 것이다. 제자들의 몰이해나 실패는 실제로 당시 제자들의 이야기이면서 동시에 교회시대의 독자들을 위한 교훈으로 이해하는 것이 좋을 것이다.

넷째, 마가는 구약에서 의로운 인물들을 묘사하는 패턴을 따라 예수를 묘사하는 과정에서 제자들이 부정적으로 그려졌다고 보는 견해. 예레미야20:6~11이나 욥이나, 시편 38편 11~12절과 같은 구절에서 묘사되는 바와 같

---

50) Joseph B. Tyson, "The Blindness of Disciples in Mark," *Journal of Biblical Literature,* 80 (1961): 261-8; John R. Donahue, *The Theology and Setting of Discipleship in the Gospel of Mark* (Wisconsin: Marquette University Press, 1983).
51) Werner H. Kelber, *The Kingdom in Mark* (Philadelphia: Fortress Press, 1974).

은 의인은 보통 그들은 적에게 배척당하고 친구들에게도 버림을 당하는 모티프를 지니고 있는데 마가는 예수를 이러한 모티프로 예수를 그리고 있기 때문에 제자들이 그러한 배신의 역할을 하게 되었다는 것이다. 구약에는 또한 인간의 신실하지 못함이나 실패 뒤에 하나님을 만나게 되는 모티프가 많이 나타나는데 이러한 모티프도 마가복음에 나타나고 있다고 보는 견해이다.52) 이 견해를 따른다면 제자들은 주인공 예수를 돋보이게 해주는 단순한 조연foil에 불과하다. 제자들은 예수를 이해하지 못하고 나중에 모두 도망했는데, 이것을 '배신'이라고 말하기는 어렵다.

다섯째, 예수께서 제자를 훈련 시키는 과정으로 이해하는 것이다. 예수께서는 제자를 택해서 예수와 함께 있게 하셨는데 예수와 함께 있다는 것은 곧 하나님의 능력이 함께 하시는 것을 의미했다. 하지만, 제자들은 그것을 깨닫지 못하고 실패하고 있다는 것이다.53) 예수의 고난 예고 등도 모두 제자들을 훈련하고 시험test하기 위한 것으로서 이 모든 시험을 통해 제자들에게 자기 부인, 십자가를 짐, 신실함 등의 필요성을 강조하고 있다고 이해하는 것이다. 그뿐만 아니라 이러한 시험은 실패에도 그들을 다시 부르시고 만나주시는 예수의 신실함도 볼 수 있도록 해준다.54) 이 견해는 무난히 받아들여진다. 하지만, 복음서 이야기를 예수 시대(제1의 삶의 자리)만을 위한 교훈으로 이해하는 것은 충분하지 못한 것으로 보인다.

제자들이 예수의 생전에 그를 올바로 이해하지 못했던 것은 사실이며, 제자들이 도망하거나, 베드로가 예수를 부인한 것도 모두 사실일 것이다. 이런 면에서 마가는 근본적으로 제자들의 모습을 그대로 보여주었다고 볼 수 있다. 일반적으로 그렇게 이해되듯이 마가복음의 독자들이 '고난'이나 '박해' 상황에서 그러한 고난이나 박해를 두려워하고 받아들이기 어려운

---

52) John R. Donahue and Daniel J. Harrington, *The Gospel of Mark* (Collegeville: The Liturgical Press, 2002), 33-4.
53) Suzanne Watts Henderson, *Christology and Discipleship in the Gospel of Mark* (New York: Cambridge University Press, 2006), 236.
54) R. Alan Culpepper, *Mark. Smyth & Helwys Bible Commentary* (Macon: Smyth & Helwys Publishing, 2007), 22-3.

것으로 생각하고 있었다면 마가는 제자들 이야기를 그러한 독자에 적합하도록 구성했을 수 있다. 그들은 예수도 고난받는 메시아로 이해해야 할 뿐만 아니라, 제자도 역시 누구나 고난받아야 한다는 메시지가 필요했을 것이다. 또한, 박해 상황에서 흔히 그러하듯이, 믿는 사람들이 실패하거나 배신하는 일도 있었다면, 제자들의 실패와 배신은 그들을 위한 희망의 메시지가 되었을 것이다. 제자들은 계속 무서워하고, 이해하지 못하고, 배반하고, 도망하지만, 처음부터 그들을 부르신 예수께서는 그들을 계속해서 가르치시고,4:33~34, 7:17~23, 8:34~38, 9:35~37, 10:42~45 능력을 주시며,3:14~15, 6:7~13 그들이 다 도망가서 없어도, 재회하기 원하신다16:7.

당시의 독자들은 마가의 이야기를 읽으며 과거 제자들의 실패한 모습과 예수의 부활 이후 그들이 변화된 지도자로서, 능력으로써 하나님의 통치를 선포했던 모습을 대조시킬 수 있었을 것이다. 실제로 마가복음이 기록될 당시에 베드로를 비롯한 여러 사도는 이미 순교했을 것이며, 교회들은 그들의 순교도 알고 있었을 것이다. 즉, 당시 실제 독자들은 제자들의 실패에서 끝나는 마가복음 결말 이후의 모든 이야기를 다 알고서 그 이야기를 읽었을 것이다. 따라서 독자들이 제자들과 같은 실패를 겪고 있었다면 그들은 그 실패가 반전反轉될 수도 있고 또는 고난과 죽음에 이를 수도 있다는 가르침을 얻을 수 있었을 것이다. 마가의 이야기에서 제자들은 독자가 가장 자신을 동일시할 수 있는 등장인물로 제시되고 있다고 할 수 있다. 실제로 깨닫지 못함과 두려움과 실패를 경험하는 오늘날의 독자에게 있어서도 제자들은 자신과 예수 모두를 보게 하는 좋은 모델이 된다. 또한, 제자들은 상대적으로 예수를 부각시키는 보조적인 역할을 하기도 한다. 그들은 실패하고 배신하는 제자들을 한 번도 버리지 않고 가르치시고 회복시키시는 예수를 더욱더 두드러지게 해 준다.

저자가 제자들을 독자들이 가장 자신들과 동일시할 수 있는 인물들로서 설정했다면 제자 됨에 관한 교훈들은 곧 독자를 향한 교훈들이라고 할 수 있다. 마가복음에서 나타나는 제자도弟子道, discipleship는 다음과 같이 요약

될 수 있다. 첫째, '포기'의 제자도다. 예수께서 처음 제자들을 부르셨을 때에 그들은 모두 생업과 가족을 '버리고' 예수를 따랐다고 언급된다.1:18,20 제자들은 처음 예수를 따를 때뿐만 아니라 계속해서 가족을 떠나서 소유 없이 예수와 함께했음이 분명하다. 제자들은 잠시 파송되어 예수를 떠나 여행할 때에마저도 지팡이 이외에는 아무것도 가져가지 않도록 요구된다.6:8 어려서부터 여러 계명을 다 지켜온 한 사람은 재물을 포기하지 못한 것 때문에 아직도 부족한 사람으로 평가된다.10:17~22 제자들은 소유와 가족을 포기한 자들로서 그들에게는 '영생'이 약속된다.10:30 제자들에게 요구되는 포기는 단순히 포기를 위한 포기가 아니다. 그들은 예수를 '따르는' 자들로서 포기해야 한다. 포기의 삶은 곧 예수를 따르는 삶을 위한 것이다. 제자들은 모두 포기하고 예수를 따랐고, 예수를 찾아온 사람에게도 소유를 가난한 자들에게 나눠주고 와서 예수를 따르도록 요구되었다.10:21 즉, 이러한 포기는 자신을 위한 단순한 결단이 아닌 '예수와 복음'을 위한 결단이며10:29 예수를 따르는 첫 단계이다. 제자가 예수를 따르려고 생업, 소유, 가족뿐만 아니라 자기 자신과 자신의 목숨까지도 포기할 수 있어야 한다.8:34~35 즉, '자기 부인否認'은 제자의 포기에 있어서 중요한 요소이다.

둘째, '추종' following의 제자도다. 제자들은 처음부터 예수를 따랐고1:18; 2:14; 6:1 예수께서도 따르도록 요구하신다8:34. 제자가 되려는 자는 자신이나 소유에 대해서는 전적으로 포기해야 하며 예수에 대해서는 그를 따라야 한다. 제자들을 포함해서 사람들이 따라야 하는 대상은 전적으로 예수다.[55] 예수를 따른다는 것은 예수와 함께 있으며 그의 삶을 그대로 따르고 그의 말을 따르는 것이다. 예수를 따르는 제자들은 선생이신 예수와 마찬가지로 "자기를 부인하고 자기 십자가를 지고"8:34 예수를 따르도록 요구된다. 제자들은 예수를 따르면서 자신들이 가졌던 기대와 전혀 다른 삶을 예수께서 사시며, 그런 삶을 제자들에게도 요구하신다고 해도 선생을 따라

---

55) 본 장(章) 각주 23 참조.

야 한다.

예수를 따르는 것은 예수의 말씀을 듣고 청종聽從하는 것을 포함한다. 이것은 하나님 자신의 명령이기도 하다. 예수께서 산에서 변형되셨을 때에 하나님께서는 직접 목소리로 "이는 내 사랑하는 아들이니 너희는 그의 말을 들으라"9:7라고 명하셨다. 예수께 청종하기 위해서는 우선 예수의 말씀을 올바로 '이해' 해야 한다. 제자들은 '이해하지 못함' 때문에 몇 번 예수께 책망을 들었다.7:18; 8:17,21 그들은 거듭된 예수의 고난에 대한 말씀도 이해하지 못했다. 예수의 말씀을 이해하도록 요구되는 대상은 제자들뿐만 아니라 그의 말씀을 듣는 모든 자들이다.7:14; 13:14 제자들이 예수를 추종하려면 그의 말씀을 올바로 이해해야 할 뿐만 아니라 또한 말씀대로 살아야 한다.3:35 말씀대로 사는 것에는 단호하게 범죄 함을 끊는 일도 포함된다.9:43,45,47 제자들은 예수께 청종하고, 순종順從하며, 예수를 추종追從해야 한다.

셋째, '고난' 의 제자도. 예수를 따르는 자들은 예수와 마찬가지로 박해와 고난을 받아야 한다. 예수가 고난을 '당연히' δεῖ 받아야 했던 것처럼 8:31 예수를 따르는 자들에게도 예외는 없다.εἴ τις θέλει, 8:34 고난은 제자들이 예수를 따르면서 가장 큰 실패에 빠진 문제다. 예수께서 처음으로 자신의 고난에 대해 말씀하셨을 때에 베드로는 이를 이해하거나 받아들이지 못해서, "사탄아 내 뒤로 물러가라"8:33라는 책망을 예수로부터 듣는다. 하나님께서 직접 예수의 말을 청종하라고 제자들에게 명령하셨지만9:7 제자들은 그 이후 두 번이나 거듭된 예수의 고난에 대한 말씀을 이해하지 못한다. 예수께서 잡히셔서 고난받으실 때에 제자들은 더는 예수를 따르지 않고 다 떠난다. 결국, 그들은 예수를 따르는 것이나 예수의 말을 듣는 것 모두에 있어서 실패자가 된다. 제자들의 고난에 관한 큰 실패는 곧 독자들을 위한 중요한 가르침이 된다. 독자는 제자들처럼 실패해서는 안 된다. 박해나 고난은 이처럼 하나님 통치의 성장에 방해되는 요인으로서4:17 이것들을 이겨내서 열매를 맺어야 한다. 이러한 박해나 고난은 부인하거나 피할 수

있는 것이 아니라 견뎌내야 한다. 이것들을 **끝까지 견디는 자는 구원될 것이다**. 13:13

넷째, 섬김의 제자도다. 예수를 따르는 자들은 사람들을 섬기러 오셨고 섬기려고 자신의 목숨까지 내놓는 예수의 삶을 따라야 한다. 10:45 예수의 고난도 본질적으로 사람들을 섬기려고 예수께서 스스로 받으신 것이다. '섬김'은 제자들 내에서, 또는 독자 공동체 내에서 아주 중요한 윤리가 된다. 예수께 대해서는 포기와 따름과 이해와 믿음과 순종 등이 요구되는 한편, 사람들에 대해서는 섬김이 요구된다. 제자들이 서로 누가 가장 큰지 쟁론했을 때에 예수께서는 "누구든지 첫째가 되고자 하면 뭇 사람의 끝이 되며 뭇 사람을 섬기는 자가 되어야 하리라" 9:35라고 가르치셨다. 이러한 섬김의 원리는 특히 이방인들이나 일반인들과는 구분되는 제자들의 삶의 방식으로 강조된다. 이방인들은 사람들을 **지배하고**κατακυριεύουσιν 사람들에게 **권세를 행사한다**κατεξουσιάζουσιν, 10:42. 이것은 제자들이 아닌 일반인들의 삶의 방식이다. 예수께서는 제자들을 불러 그들에게, "**이래서는 안 된다 너희들 안에서는**"이라고 하시며 그들에게 모두를 섬기는 종δοῦλος, 노예이 되라고 하신다. 10:43~44 이 교훈은 예수께서 세 번이나 자신의 '고난'에 대해 말씀하셨음에도 불구하고 이해하지 못하고 예수의 '영광'을 기대하며 10:37 자신들도 그런 영광을 함께 소유하려는 두 제자와, 그런 자리다툼에 자신들이 제외된 것을 분개하는 열 제자에게 주신 것이다. 10:38~41 특히 박해와 고난의 상황에서는 서로 목숨까지 내어 줄 정도로 섬기는 것이 필요하며, 그러한 희생과 섬김은 믿음의 집단을 굳건하게 해주며 박해를 이겨내게 해 줄 것이다.

다섯째, 선포의 제자도다.56) 예수를 따르는 제자들은 예수와 함께 복음

---

56) '선포하다'라는 의미의 헬라어는 κηρύσσω로서 마가복음에 14회(긴 결말 부분에 2회) 나타난다. 우리말 개역개정판에서는 '전파하다' (1:4, 7, 14, 45; 5:20; 6:12; 7:36; 13:10; 14:9; 16:15, 20) 또는 '전도하다' (1:38, 39; 3:14)로 번역되는데, '전도(傳道)하다'라고 번역하는 것은 가장 적절하지 않으며 '선포하다' (announce, proclaim)라고 번역하는 것이 가장 적절하다.

을 선포해야 할 사명을 부여받는다. 예수께서 공생애를 시작하시면서 가장 먼저 하신 일은 '하나님의 복음을 선포' 하신 것이다.1:14 선포하는 일은 예수의 주요 사역 중 하나였다.1:38,39 예수께서는 열두 제자들을 세우시고 그들에게도 선포하도록 하셨다.3:14 제자들은 파송되어 여행할 때에 예수의 명령을 따라 선포하였다.6:12 마가복음의 '긴 결말' 부분에서 예수께서는 제자들에게 온 천하에 다니며 만민에게 복음을 선포하라고 명하셨다.16:15 제자들의 선포는 예수의 선포와 마찬가지로 귀신을 쫓아내는 일을 수반했던 것으로 보인다.6:7; 16:17 이러한 권세는 예수께서 제자들에게 주신 것인데6:7 제자들은 귀신을 쫓아내는 일을 계속하지 못했던 것으로 보인다9:28. 예수께서는 '기도' 외에 다른 것으로는 귀신과 같은 종류들을 쫓아낼 수 없다고 가르치신다.9:29 이처럼 능력 있는 선포를 위해서는 기도가 요구된다.

이제까지 살펴본 마가복음의 제자도를 간단히 요약하자면 다음과 같다. 첫째, 제자의 삶을 살려는 자들에게는 소유에 대해서는 전적인 포기를 해야 한다. 둘째, 예수께 대해서는 청종과 순종과 추종을 해야 한다. 셋째, 고난과 박해에 대해서는 끝까지 견뎌서 이겨내야 한다. 넷째, 서로에 대해서는 희생으로 섬겨야 한다. 다섯째, 세상에 대해서는 복음 선포를 해야 한다.

갈릴리. 마가복음은 이야기의 지리적 배경으로 볼 때에 전반부는 주로 갈릴리를 중심으로 하고 있으며,1~10장 후반부는 예루살렘을 중심으로 하고 있다11~16장. 마가의 이야기는 예수의 탄생 이야기를 전하고 있지 않으므로 베들레헴과 예수를 연관시키지 않고 있으며, 처음부터 예수가 갈릴리 출신임을 알린다.1:9 57) 예수께서는 공생애를 시작하실 때에 최초의 선포를 갈릴리에서 하시며,1:14 처음 제자들을 부르신 일도 갈릴리에서 하시며,1:16 예수의 소문은 온 갈릴리 사방에 퍼진다1:28. 예수께서는 온 갈릴리를 다니시며 전파하시고 귀신을 내 쫓으시고,1:39 갈릴리에서는 큰 무리가

---

57) 마가복음에는 '베들레헴' 이란 지명은 한 번도 나타나지 않는다.

예수를 따른다3:7. 예수께서는 잠시 이방 지역에 다니시지만, 다시 갈릴리로 돌아오신다.7:31 예수께서는 체포되기 전에 제자들이 자신을 버릴 것을 예언하시며 부활 후에 자신이 먼저 갈릴리로 가실 것이라고 말씀하신다.14:28 예수의 부활 후 무덤에 있던 청년은 여자들에게 예수께서 먼저 갈릴리로 가셔서 거기서 제자들을 만날 것이라고 가서 제자들과 베드로에게 전하라고 한다.16:7 이처럼 갈릴리는 예수 사역의 주요 장소였을 뿐만 아니라, 예수 부활 후에 제자들을 만나서 새로운 사역을 시작하실 장소로 이해된 것으로 보인다.58) 또한, 갈릴리에서는 전반적으로 예수의 소문이 퍼지며 많은 무리가 호의적으로 예수를 따르는 한편, 예루살렘에서는 유대교 지도자들의 반대, 성전정화, 고난과 죽음 등 부정적인 사건들이 일어난다. 실제로 예수의 예루살렘 입성 이후 예수께서는 무화과를 저주하신 부정적인 기적 이외에 어떤 기적도 행하지 않으신다. 즉, 예루살렘과 비교해 볼 때, 갈릴리는 예수 사역의 주무대主舞臺로서 등장하며 예수의 부활 이후에도 그곳은 예수의 무대가 될 것으로 예상한다.

이처럼 마가복음에서 갈릴리는 이야기를 구성하는 중요한 틀frame이 되는데, 학자들은 마가가 어떤 이유나 목적으로 갈릴리를 중요한 지리적 배경으로 설정했는지에 관심을 보였다. 어떤 학자들은 마가복음의 이러한 갈릴리 중심의 구성을 보통 마가공동체의 상황과 관련시켜 설명한다. 예를 들어, 초기 교회는 갈릴리 교회와 예루살렘 두 교회가 중심이었는데, 갈릴리 교회는 예수의 형제들을 중심으로 인자 기독론을 견지했고 갈릴리에서 예수가 재림할 것을 기대했으며, 예루살렘 교회는 제자들을 중심으로 메시아 기독론을 지녔기 때문에 두 교회 간의 갈등이 마가복음의 지리 이해에 반영되었다고 보는 것이다.E. Lohmeyer, 1936 또는 예루살렘에 있던 사람들이 예루살렘 멸망을 직감하고 멸망 전에 갈릴리로 피신하여 그곳에서 갈릴리 그리스도인들과 함께 예수의 재림을 기대하고 있었는데, 재림이 이루어

---

58) 누가복음에는 예수가 제자들과 갈릴리에서 만날 것이라고 하신 마가복음의 두 구절을 (14:28; 16:7) 모두 생략되어 있다.

지지 않자 역시 갈릴리 일부인 펠라로 갔고 그러한 그들의 갈릴리 재림에 대한 기대가 마가복음에 반영되었다고도 한다.W. Marxsen, 1959 켈버W. H. Kelber, 1974도 갈릴리에서의 재림 기대가 마가복음에 반영되었다고 주장한다. 이처럼 갈릴리에서의 재림 기대는 학자들의 주요 관심사가 되었었다. 하지만, 예수가 갈릴리에서 제자를 만날 것이라고 하는 두 구절을 근거로 갈릴리 교회의 존재, 구성, 또는 그 교회의 기독론이나 종말론을 언급하기는 어렵다. 이들은 모두 마가공동체가 갈릴리에 있었다는 뜻을 취하는데 현재 이런 견해들은 큰 지지를 받지 못한다.

예수가 부활 후에 제자들에게 갈릴리에서 만나자고 한 것은 예수에 대해 부정적인 유대인 대신에 갈릴리의 이방인을 전도해야 한다는 것을 강조하려는 것이라는 해석도 있다.W. G. Kümmel, 1963 마가복음이 갈릴리 이방인 전도를 강조하면서 동시에 예루살렘으로 대표되는 바리새인 유대교를 비판하고 있는데, 이는 마가복음이 일차적으로 갈릴리 지역에서 편집되었기 때문이라는 해석도 있다.M. Karnetzki, 1961 갈릴리를 이방인이나 이방인 전도의 상징으로 이해하는 것은 그 근거가 희박하다. 실제로 마가의 예수 이야기에서 갈릴리 사역 중 예수가 만난 대부분의 사람은 유대인이라고 보는 것이 옳으며, 예수께서 잠시 이방 지역들을 다니신 것을 제외하면 마가복음이 특별히 이방 전도를 강조하고 있다고 할 수 있는 근거가 없다.

마가는 마태나 누가가 많이 사용하는 '백성' λαός, 눅 36회, 마 14회, 막 2회이나 '이스라엘' 마 12회, 눅 12회, 막 2회이란 용어를 거의 사용하지 않고, 일반 무리를 가리키는 '무리' ὄχλος라는 단어를 주로 사용하는 것에 주목하며 이를 갈릴리와 연결해 마가는 갈릴리의 민중의 친구로서 예수를 제시하려고 했다는 견해도 제시되었다.田川建三, 1968 마가의 이야기에서 많은 무리가 예수를 따르고 있지만 실제로 예수가 선택하고 하나님 통치의 비밀을 알려 주는 대상은 제자들이다. 중요한 예수의 고난 예고도 제자들에게 해 주셨고, 바로 제자들에게 갈릴리에서 다시 만날 것이라고 하셨다. 이처럼 마가복음이 특별히 갈릴리의 민중을 위해서 기록된 복음이라고 말하기는 어렵다.

마가복음의 갈릴리를 신학적으로 접근하는 대신에 문학적으로 접근하려는 시도도 있다. 프랜스R. T. France는 마가복음에서 지리의 문제는 큰 신학적 비중을 둘 문제가 아니라고 지적하며, 마가의 지리적 상징은 실제로 같은 좋은 씨가 뿌려진 대조적인 토양들 즉, 극히 서로 반대되는 반응들을 묘사하기 위해서, 예수 이야기를 극적으로 재서술再敍述, retelling하는 수단이라고 본다.[59] 마가복음에서 대조되는 성격을 보이는 두 지역을 단순히 상징적으로 이해하는 것은 옳지 않다. 마가가 갈릴리를 중요하게 제시한 것은 우선 실제로 예수의 사역이 주로 갈릴리에서 이루어졌기 때문이라는 단순한 생각을 거부할 이유가 없다. 또한, 실제로 예루살렘은 성전 파멸이 예고된 도시이며, 예수께서 성전을 정화하시고, 논쟁하시고, 고난받고, 죽으신 장소다. 마가가 복음서를 기록할 당시에 예루살렘 멸망이 임박해 있거나 이미 멸망한 상황이었다면 마가는 더욱 예루살렘에 새로운 기대를 하기 어려웠을 것이다. 그렇다면, 마가가 갈릴리를 호의적인 장소로, 예루살렘을 부정적인 장소로 설정한 것은 자연스러워 보인다.

문학적 특징. 마가복음은 복음서 중 가장 짧다. 마가복음이 다른 복음서보다 짧은 이유는 다른 복음서들보다 적은 내용이 수록되어 있기 때문이다. 하지만, 실제로 같은 사건을 서술하는 병행본문을 비교해 보면 마가가 가장 자세히 그리고 생생하게 사건을 서술하고 있다. 또한, 마가는 사건 진행을 빨리 진행 시키는데, '즉시' $\varepsilon\dot{\upsilon}\theta\dot{\upsilon}\varsigma$, 곧라는 단어가 42회나 사용된다. 전체적으로 예수의 사역에서 긴 가르침들의 내용을 전하기보다는, 주로 귀신을 쫓아내거나 고치시거나 다니시거나 선포하시는 등 계속되는 그의 행동을 서술해 주고 있다. 사건을 서술함에 있어서 한 사건을 연결해서 끝까지 서술하는 대신 중간에 다른 사건을 언급하다가 다시 돌아가곤 하는데, 이는 보통 '샌드위치 기법' sandwich technique이라고 한다. 예를 들어, 3장 20~35절은 예수의 친족 이야기-서기관과의 충돌-예수의 가족 이야기로 이어지고 있는데, 예수의 친척과 가족이 예수를 올바로 이해하지 못하는

---

[59] R. T. France, *The Gospel of Mark: A Commentary on the Greek Text*, 35.

이야기의 중간에 서기관들의 반대 이야기가 삽입되어 있다. 이 이야기들은 예수에 대해 잘못된 이해와 반응을 보이고 있다는 점에서 연결되어 있다. 11장 12~25절은 무화과나무를 저주하심-성전 정화-무화과나무가 마른 이야기로 진행되고 있다. 이러한 샌드위치 기법은 일종의 긴장을 유지하며 중요한 주제를 반복해서 다룸으로써 강조하는 기능을 하고 있다고 볼 수 있다. 마가는 이러한 기법을 즐겨 사용한다. 또한, 예수의 고난 예고 때마다 고난 예고 직후 제자들이 잘못된 반응이나 행동을 보이도록 배치한 것도 그러한 대조를 통해서 예수의 고난의 중요성을 더욱 강조하기 위한 것으로 보인다. 즉 이러한 대조적 배치도 마가의 특징적 문학적 기법이라고 볼 수 있다. 그 외에 마가는 예수의 고난과 죽으심의 장면에서는 예수를 조롱하거나 비난하는 사람들의 입을 통해서 예수의 정체에 대한 진리를 말하게 하는 방법, 즉, 아이러니 기법을 사용하고 있다. 15:2,9,12,17,18,19 마가복음의 헬라어는 다른 복음서들과 비교할 때에 다듬어지지 않은 문체를 사용하고 있다고 알려졌지만, 이러한 면에서 볼 때에 마가복음의 문학적 수준은 다른 복음서에 필적한다고 할 수 있다.

참고자료

Anderson, Janice Capel and Stephen D. Moore. *Mark and Method: New Approaches in Biblical Studies.* 2d Ed. Minneapolis: Fortress Press, 2008.

Boring, M. Eugene. *Mark: A Commentary.* Louisville: Westminster John Knox Press, 2006.

Culpepper, R. Alan. *Mark. Smyth & Helwys Bible Commentary.* Macon: Smyth & Helwys Publishing Inc., 2007.

Donahue, John R. and Daniel J. Harrington. *The Gospel of Mark.* Collegeville: The Liturgical Press, 2002.

Edwards, James R. *The Gospel according to Mark.* Grand Rapids: William B. Eerdmans Publishing Company, 2002.

Green, Joel B. "The Gospel according to Mark." *The Cambridge Companion to the Gospels.* Ed. Stephen C. Barton, 139-57. Cambridge: Cambridge University Press, 2006.

Henderson, Suzanne Watts. *Christology and Discipleship in the Gospel of Mark.* New York: Cambridge University Press, 2006.

Marcus, Joel. Mark 1-8: *A New Translation with Introduction and Commentary, The Anchor Bible.* New York: Doubleday, 2000.

Moloney, Francis J. *Mark: Storyteller, Interpreter, Evangelist.* Peabody: Hendrickson Publishers, 2004.

Powell, Mark Allan. *Fortress Introduction to the Gospels.* Minneapolis: Fortress Press, 1998.

Rhoads, David and Donald Michie. *Mark as Story: An Introduction to the Narrative of a Gospel.* 2d Ed. Minneapolis: Fortress Press, 2008.

Riches, John, et al. *The Synoptic Gospels.* Sheffield: Sheffield Academic Press, 2001.

Roskam, H. N. *The Purpose of the Gospel of Mark in Its Historical and Social Context.* Leiden: Brill, 2004.

Stein, Robert H. *Mark.* Grand Rapids: Baker Academic, 2008.

Witherington III, Ben. *Mark. Smyth & Helwys Bible Commentary.* Macon: Smyth & Helwys Publishing Inc., 2001.

제 3 장

마태복음

The Gospel of Matthew

배경적 이해 • 162
예수 이야기 • 173
특징 및 신학 • 195

마태복음

마태복음은 기록 이후 교회에서 널리 읽히기 시작하여 교회 역사의 대부분 기간에서 오랫동안 가장 큰 관심을 받아 온 복음서였다. 초기 교부들은 마태복음을 가장 먼저 기록된 것으로 생각했으므로 이 복음서를 가장 중시했던 것으로 보인다. 주후 4세기에 유세비우스Eusebius는 파피아스Papias를 인용해서 마태복음을 가장 먼저 기록된 복음서로 언급했고, 어거스틴Augustine은 마태, 마가, 누가, 요한의 순서로 복음서가 기록되었다고 언급함으로써 현재 정경의 순서를 그대로 인정했다. 또한, 이른 시기부터 이 복음서가 사도였던 마태에 의해 기록된 것으로 인정되었다는 점도 마태복음의 중요성을 가중시켰을 것이다. 주후 4세기경의 복음서 사본들에서도 간혹 다른 복음서들의 순서가 다르게 나타나기도 하지만, 마태복음은 언제나 제일 먼저 나타나고 있다. 마태복음이 교회사에서 가장 많은 관심을 받아 온 이유는 단지 이 복음서가 가장 먼저 기록된 것으로 인정되었다거나 사도에 의해 기록된 것으로 생각되었기 때문만은 아니다. 마태복음은 그 내용으로 볼 때에 주목할 만한 많은 예수의 가르침을 담고 있기도 했기 때문에 초기 교부들이나 교회에서 중요하게 인식되고 사용된 것으로 보인다.

19세기 초에 마가의 우선성이 제시되고 그것이 일반적인 지지를 받게 되면서 마가복음도 학자들의 연구에서 많은 관심과 주목을 받게 되었다. 하지만, 현재에도 마가복음에 특별한 관심을 둔 학자들을 제외한다면, 나머지 대부분의 일반 독자들은 여전히 마태복음을 많이 읽고 있으며 그것을 우선적인 위치에 두고 있다고 할 수 있다. 신약성서의 제일 처음 책인 마태복음은 가장 먼저 읽히게 되기 때문에 일반 독자들에게 있어서 사실상 '대표적' 또는 '표준적' 복음서로 자리 잡게 된다. 예를 들어 세 복음서 모두에 나타나는 병행본문이 있을 때에 독자들은 보통 마태복음의 내용으로 그것을 기억하고 있으며, 병행본문 중 하나를 인용하거나 사용해야 할 경우가 있다면 보통 마태복음에서 인용하는 것이 일반적이다. 이처럼 마태복음은 독자의 의지와 상관없이 이미 오늘날의 독자들에게 있어서도 중요한 위치를 차지하고 있다. 물론 마태복음의 예수 탄생 이야기, 산상설교, 선교 지상명령 등은 대표적으로 자주 인용되는 본문으로서 마태복음의 중요성을 더해주고 있다. 한편, 마태복음에서 아주 중요하게 강조되고 있는 중요한 주제 중 하나인 '행함'과 같은 주제는 여전히 큰 관심의 대상이 되지 못하는 것이 사실이다.

배경적 이해

저자. 마태복음의 저자에 대한 기본적인 논의는 이미 앞에서 진행했다.[1] 마가복음과 마찬가지로 마태복음은 본문 안에서 저자에 대한 어떠한 직접적인 언급도 하지 않고 있다. 마태복음 본문에서 볼 때에, 저자는 마가복음보다 더 세련된 헬라어를 사용했으며 동시에 유대교를 잘 이해하고 있던 유대인이라고 추정된다. 사실상 마태복음 본문으로부터 저자에 대해 더 이상의 정보를 얻기는 어렵다. 외증外證으로 볼 때에, 교부들은 이 복음서를 마태의 것으로 받아들이는 데에서 이견을 보이지 않는다. 또한, 초기의 중요한 마태복음 사본들은 모두 이 복음서를 '마태'라는 이름을 제목으로 하여 전하고 있다. 유세비우스는 자신의 『교회사』에서 파피아스Papias, 주후 120~140년경를 인용하는데, 파피아스는 "마태가 로기아λόγια, 신탁, 말씀를 히브리어또는 아람어로 수집편집하였고 각 사람은 그것을 할 수 있는 대로 번역하였다"*Eccl. Hist.* 3.39.16라고 했다. 또한 이레니우스Irenaeus, 주후 170년경는 『이단반박』에서 "마태는 베드로와 바울이 로마에서 복음을 전하며 교회를

---

[1] 본서 60-2쪽을 참조하라.

설립하던 때에 히브리인 중에서 그들 자신의 지역 언어로 복음서를 저술했다"Haer. 3.1.1라고 전한다. 이러한 외증들은 모두 마태의 복음서가 히브리어 또는 아람어로 기록되었다고 하는 것이 문제가 되기도 하지만 최소한 마태가 복음서를 기록했다는 것을 언급하고 있다.

하지만, 위와 같은 교부들의 마태 저작설은 다음과 같은 몇 가지 이유로 반박되기도 한다. 첫째, 교부들의 언급의 신빙성의 문제다. 파피아스는 '아람어로 된 말씀'을 마태가 기록했다고 하지만 실제로 우리가 가진 현재의 마태복음은 처음부터 헬라어로 기록된 것으로 인정된다. 즉, 파피아스가 언급한 마태의 책을 헬라어로 기록된 현재의 마태복음과 같은 것으로 볼 수 없다는 것이다. 또한, 유세비우스는 주후 4세기에 『교회사』를 기록했고 이 책에서 주후 2세기의 파피아스를 인용하는데, 파피아스는 또한 주로 '장로'라는 사람에게서 들은 정보를 제공하고 있어서 그 정보의 신빙성이 확보되지 않는다는 것이다. 둘째, 보통 마태복음은 그보다 먼저 기록되어 읽혔던 마가복음을 참조해서 기록되었다고 보는데, 마태는 사도이며 예수 사건의 증인으로서 예수의 제자도 아니었던 마가의 이야기를 참조했을 수 없다는 것이다. 이러한 반박은 마가의 우선성에 근거한 것으로서 마가의 우선성이 인정되지 않는다면 성립되지 않는 것으로서, 본질적으로 마태의 저작설 자체에 대한 반박이라고 할 수 없다. 셋째, 마태복음이 진보된 기독론을 나타내고 있으며, 마태복음에 나타나는 유대교에 대한 묘사나 유대교와의 관계 등은 비교적 후기의 유대교의 상황을 보여 주고 있다는 것이다. 즉, 마태복음은 제자들이 이미 세상을 떠난 이후 늦은 시기에 기록되었다고 판단되기 때문에 마태의 기록이라고 보기 어렵다는 것이다. 이러한 반박은 마태복음의 기록 연대 설정에 있어서 역사적 사실이나 분명한 정황에 근거해서 저작 시기를 설정한 것이 아니므로 문제가 있다. 또한, 이 반박은 저작 시기 설정에 근거한 것으로서 근본적으로 마태의 저작설 자체에 대한 반박으로 보기 어렵다. 이렇게 볼 때에 첫 번째 반박만이 고려의 대상이 될 수 있다. 교부들의 언급을 따른다면 아마도 마태는 아람어로 예수의 말씀들을 기록한 것으로 보이는데, 헬라어로 기록된 현재 마태복음은 이러한 마태의 아람어 기록 자료를 기초로 완성된 것이라고 할 수도 있을 것이다. 어쨌든 수십 년간 교회들에서 제목 없이 읽혔던 복음서들에, 그 제목이 교회들에 의해 그 저자 또는 대표적인 자료 제공자라고 판단된 이름을 따라 붙여지게 되었고, 그 제목을 후대 교부들이 이의 없이 받아들이는 상황이라면, 그것을 오늘날 독자들이 반박해야 할 특별한 이유는 없는 것으로 보인다.

독자. 마태복음은 독자가 누구였는지 밝히지 않지만, 그 내용에서 구약과 율법의 성취를 강조하는 것이나, 예수를 주로 다윗의 아들 또는 유대인의 왕과 같은 메시아로 제시한 것이나, 이방인을 외인들처럼 표현하는 것 등은 독자가 유대인이었음을 보여준다. 학자들은 마태복음의 독자가 대부분 유대인 그리스도인이었다는 데에 거의 이견을 보이지 않는다. 물론 이 독자 중에는 어느 정도의 이방인들도 섞여 있었을 것으로 생각된다. 독자에 대한 더 구체적인 상황은 명확히 알 수 없는데, 독자에 대한 정보를 제공하고 있다고 보이는 구절들에 대한 해석, 주후 1세기의 유대교 이해, 그리고 당시의 역사적 상황에 대한 이해에 따라 여러 가지로 추정할 수 있다. 마태복음의 독자가 특정한 상황에 있던 특정한 지역의 공동체였는지 조차도 본문 자체를 통해서 정확히 확인할 수 없다. 대다수 학자가 마태복음의 처음 독자들은 특정한 상황에 있던 특정한 공동체였다는 것을 인정하는 가운데, 여전히 복캄Richard Bauckham과 같은 입장에서 복음서의 독자는 특정한 공동체가 아니라 일반 그리스도인들이었다는 주장과,[2] 마태복음의 독자는 어떤 특정한 상황에 있던 단일의 특정한 공동체가 아니라 여러 공동체이었다는 견해나,[3] 어떤 큰 지역의 일반적인 독자들이었다는 견해도 제시되고 있다.[4]

---

[2] Richard Bauckham, ed., *The Gospel for All Christians: Rethinking the Gospel Audiences* (Grand Rapids: William B. Eerdmans Publishing Company, 1998).

[3] Graham Stanton, "Revisiting Matthew's Communities," *Society of Biblical Literature 1994 Seminar Papers*, ed. E. Lovering (Atlanta: Scholars Press, 1994), 11-2.

특정한 독자로서 마태공동체에 대한 현재까지의 연구들은 주로 마태공동체와 당시 불신 유대인 또는 공식 유대교와의 관계에 대해 집중되어 있다. 이러한 연구들은 마태복음에서 예수께서 바리새인과 서기관에 대해서 신랄한 비판을 하기도 하며 유대교 지도자들과 강하게 대립하는 한편, 율법의 준수 또는 성취를 선언하기도 하며, 때때로 유대인들에 대해 특별히 호의적인 태도를 보이는 말씀을 하신 것 등을 주목한다. 즉, 마태복음이 유대인들에 대해 적대적인 태도를 보이는 것은 마태공동체가 공식 유대교와 결별한 상황을 반영한 것인지, 아니면 율법에 대한 태도나 유대인에 대한 호의적인 모습으로 볼 때에 마태공동체가 아직 유대교 집단에 속해 있었는지 논란이 되고 있다.

우선 마태공동체가 여전히 유대교 회당 안에, 즉, 공식 유대교 안에 있었다고 생각하는 견해가 있다. 키너Craig S. Keener는 유대인 그리스도인이었던 마태공동체가 자신들의 민족적 유대紐帶나, 문화적 그리고 신앙적으로 유대인인 자신들의 정체성을 쉽게 버릴 수 있었다고 생각할 수 없으며 그들은 오히려 회당 공동체의 일원으로 남아 있으려고 애쓰고 있었다고 한다.5) 유대인의 민족적 특성으로 볼 때에 그 정체성의 근거지였던 회당을 쉽게 떠날 수 없었을 것이라는 생각이다. 오버만A. J. Overman도 마태공동체는 여전히 공식 유대교의 한 분파로 남아 있으면서 자신들이 진정 율법을 성취하는 참 유대인이라는 것을 유대교 본진本陣에 알리려고 애쓰고 있었다고 주장한다. 마태복음은 유대인과 그리스도인 사이에 있던 배타적인 갈등을 보여주는 것이 아니라, 다른 두 유대교 집단 사이의 차이를 설명하고 있을 뿐이라는 것이다.6) 즉, 마태공동체는 **그리스도인 집단이었기보다**

---

4) Jeffrey A. Gibbs, *Matthew 1:1-11:1*, Concordia Commentary (Saint Louis: Concordia Publishing House, 2006), 3-5.
5) Craig S. Keener, *A Commentary on the Gospel of Matthew* (Grand Rapids: William B. Eerdmans Publishing Company, 1999), 49.
6) J. Andrew Overman, *Matthew's Gospel and Formative Judaism* (Minneapolis: Fortress Press, 1990), 154; *Church and Community in Crisis* (Valley Forge: Trinity Press International, 1996), 10. Anthony J. Saldarini, *Matthew's Christian-Jewish Community* (Chicago: University of Chicago Press, 1994)도 이와 유사한 입장을 취하며 당시의 유대인

는 유대인 집단이었다는 것이다. 사실상 마태복음은 전체적으로 유대적이며 유대인 독자에게 기록한 책으로서, 본질적으로 독자들이 유대성을 버렸다고 볼 수 없으며 오히려 유대교 정신의 완전한 성취를 추구하고 있었다고 볼 수 있다.

하지만, 이렇게 마태공동체가 유대인 됨을 유지하려 했다는 것이 반드시 그들이 공식 유대교나 회당 안에 머물러 있었다는 것을 의미한다고 볼 수는 없다. 그들은 자신들의 의지와 상관없이 배척당하고 축출당했을 수도 있다. 대다수 학자는 마태복음 기록 당시 마태공동체는 이미 회당에서 축출되어 회당 밖에 있었다는 견해를 취한다. Gundry, Stanton, Luz 보통 이러한 견해는 주로 대략 주후 85년경에 공식 유대교로부터 나왔다고 보는 '이단 저주문' Birkat ha-Minim에 그리스도인을 이단으로 정죄하는 표현이 있는 것을 그 근거로 하고 있다. 즉, 이러한 유대교의 선언은 주후 85년경의 유대인 그리스도인들은 유대교에서 추방된 것을 의미한다는 것이다. 마태복음에서 바리새인들에 대해 강한 적대감을 보인 부분은 이렇게 추방된 마태공동체와 당시 바리새인들이 주축을 이루었던 회당과의 갈등을 표현하는 것이라고 그들은 이해한다. 유대교의 이단 저주문에 근거를 두고 마태공동체가 회당 밖에 있었다고 주장하는 견해는 그 이단 저주문의 연대를 정확히 알 수 없으며 동시에 마태복음의 기록 연대도 정확히 파악하기 어렵다는 점 때문에 쉽게 공격을 받는다. 프랜스R. T. France는 유대교로부터 그리스도인들이 추방당하는 일이 있었다고 해도 이것이 모든 지역에서 한 번에 일어난 것으로 보기 어려우며, 지역에 따라 다른 수준으로, 또한 점진적으로 일어났을 것으로 생각하며 위와 같은 견해의 문제를 지적한다.7) 마태공

에게는 유대교와 기독교의 분명한 구분이 없었으며 따라서 마태의 독자에게 '유대적 기독교' 라는 표현을 사용하는 것은 적절하지 않으며 오히려 '기독교적 유대교' 라는 표현이 적절하다고 주장하며, 마태집단은 계속 유대교인으로 인식되었다고 주장한다. Anders Runesson도 역시 마태공동체를 '사도적 유대교,' 또는 '그리스도 중심의 유대교' 라고 표현하며, 그들은 바리새인 집단의 하위 집단으로서 역시 그들도 바리새인이었다고 주장한다. "Rethinking Early Jewish-Christian Relations: Matthean Community History as Pharisaic Intragroup Conflict," *Journal of Biblical Literature*, 127, no. 1 (2008): 95-132.

동체가 회당 밖에 있었다는 근거를 복음서 안에서 찾으려는 시도는 이와 같은 문제에서 벗어나게 해 준다. 루츠Ulrich Luz는 마태복음이 종종 '그들의' 서기관7:29이나 '너희' 또는 '그들의' 회당이라는 표현을 사용하고 있음을 주목하는데, 4:23; 9:35; 10:17; 12:9; 13:54; 23:34 이는 상대적으로 '우리의' 서기관이 있다는 것을 암시하고 있거나, 13:52; 23:34 회당과 상대되는 독립적인 '우리의' 조직이나 제도가 있음을 암시하는 것이라고 이해한다.8) 또한, 당시 유대교에서 사용하고 있었을 것으로 생각되는 '랍비'라는 칭호가 마태복음에서 부정적인 것으로 표현되고 있는 것이나, 26:25, 49; 23:7~8 '교회'라는 용어의 사용, 마16:18; 18:17 공동체 나름대로 징계 절차를 지니고 있거나 그러한 권한을 지니고 있었던 것18:15~18 등도 마태공동체가 독립된 공동체였음을 보여주는 근거가 될 수 있다고 본다. 이와 같은 복음서 내적內的인 근거로 볼 때 마태공동체가 회당 밖에 있었다는 견해는 설득력을 지닌다.

마태공동체는 정확히 회당 안에 있었다거나 회당 밖에 있었다고 말할 수 없다는 중도적인 견해들도 있다. 마태공동체는 당시 회당과 결별을 하는 중이었다거나D. Hagner 유대교 가운데서 점점 더 그들과는 차별적인 공동체가 되어가면서 유대교의 내부에 있으면서 동시에 외부에 있었던, 양면적인 관계에 있었다는 견해도 제시되고 있다.9) 마태복음 본문을 근거로 마태공동체의 존재나 성격을 어느 정도 그려 볼 수는 있겠지만, 그 역사적 모습이나 정황을 제시하기는 어렵다. 특히 샐더리니Anthony J. Saldarini의 연구 이후에 당시의 유대인 기독교를 기독교적 유대교로 이해해야 한다는 주장이 계속 제시되면서 전통적으로 제시되던 기독교와 유대교의 구분이 공격을 받는 상황이다.10) 거듭 강조하자면, 이처럼 공동체를 당시 역사적 정황

---

7) R. T. France, *The Gospel of Matthew* (Grand Rapids: William B. Eerdmans Publishing Company, 2007), 16.
8) Ulrich Luz, *Matthew 1-7: A Commentary*, trans. James E. Crouch (Minneapolis: Fortress Press, 2007), 54.
9) R. T. France, *The Gospel of Matthew*, 18.
10) 각주 6) 참조.

에 비추어서 역사적으로 재구성하려는 시도는 당시 유대교의 역사적 정황이 어떠했는지에 따라 달라질 수 있으며, 또한 본문에서 마태공동체의 모습이나 역사적 정황을 어떻게 찾아내며 그 본문을 어떻게 이해하느냐에 따라 달라질 수 있는 것이므로 신뢰할 수 있는 결과를 산출하기 어렵다.

킹스베리Jack Dean Kingsbury는 서사 비평으로 마태복음을 분석하고서 마태의 이야기가 대상으로 하는 것으로 보이는 '의도된 독자' intended reader의 종합적 초상肖像을 그려주고 있다. 이는 본질적으로 문학적 분석에 근거한 것으로서 역사적 추정의 위험으로부터 안전하다고 할 수 있다. 하지만, 킹스베리가 제시하는 독자의 모습은 대체로 포괄적이며 일반적이라고 할 수 있다. 킹스베리에 의하면 마태복음의 의도된 독자는 유대와 이방의 배경을 모두 가진 주로 유대계 그리스도인이었으며, 여기에는 이방인도 섞여 있었고, 그들의 언어는 헬라어였으며, 도시에 살고 있었던 것이 거의 분명한데, 부유하고 물질적인 풍요를 누리던 사람들이었을 것이며, 공식적인 유대교 밖에 있었으며, 유대인과 이방인 모두와 인접해 살고 있으면서 또한 그 둘 모두로부터의 핍박에 직면하고 있었다. 마태공동체의 주된 임무는 이방 선교를 하는 것이었다. 그에 의하면 마태의 의도된 독자는 자신들을 교회로 생각했으며 그들은 공동체 전체가 교회의 교리와 징계를 결정했던 것으로 보인다.[11] 킹스베리의 독자에 대한 이해는 구체적이지는 않지만 안전하며 무리가 없는 것으로 보인다. 확인할 수 없는 추정에 근거해 구체적이고 자세하게 독자 공동체를 재구성해내는 것보다는 본문에 근거해서 제시할 수 있을 만큼만 독자의 모습을 재구성해내는 것이 훨씬 건전하다.

기록 시기와 장소. 기독교 역사에서 오랫동안 마태복음은 가장 먼저 기록된 복음서로 생각되어왔지만 요즈음 학자들의 대부분은 마태복음이 마가복음 다음으로 기록되었다고 생각한다. 마태복음의 기록 시기에 대해서 가장 많은 지지를 받는 견해는 그 시기를 주후 85-90년경으로 보는 것이다. 이러한 연대 추정의 근거는 보통 다음과 같다.

---

11) Jack Dean Kingsbury, 『이야기 마태복음』, 권종선역 (서울: 요단출판사, 2000), 249-62.

첫째, 22장 1~13절의 혼인 잔치의 비유가 주후 70년 예루살렘 멸망 사건을 분명히 보여주기 때문이라는 것이다. 22장 7절에는 "임금이 노하여 군대를 보내어 그 살인한 자들을 진멸하고 그 동네를 불사르고"라는 표현이 나타나는데 이는 주후 70년 예루살렘 멸망 사건을 언급하는 것으로서 저자는 그 사건이 이미 일어난 이후의 시대에서 그것을 기록하고 있다는 것이다. 하지만, 이것을 예루살렘 멸망 전의 예언이거나 예루살렘 멸망과 상관없는 구절이라고 해석한다면 결과는 달라진다.[12] 둘째, 마태복음은 마가복음을 참조해서 기록한 것이기 때문에 일반적으로 추정되는 마가복음의 연대인 주후 70년 이후라는 것이다. 이 견해는 마가복음이 가장 먼저 기록되었다는 것(마가의 우선성)과 마태복음이 마가복음을 참조해서 기록했다는 것을 전제로 하고 있다. 따라서 마가의 우선성이 성립되지 않거나, 마가복음의 기록 연대가 주후 70년이 아니거나, 마태복음이 마가복음을 참조한 것이 아니라면 이 이유는 성립될 수 없다. 셋째, 마태복음은 회당과의 결별 상태를 나타내기 때문에 주후 85년경에 유대교가 기독교를 이단으로 선언한 사건의 연대와 비슷한 시기라고 할 수 있다는 것이다. 하지만, 마태공동체가 분명히 회당과 결별하고 마태복음이 기록되었는지를 확인할 방법이 없으며, 또한 유대교의 이단 저주 선언의 연대도 확실하지 않으며, 그러한 이단 저주 선언이 실제로 널리 퍼져 있던 유대 기독교에 어떻게 적용되었는지도 불분명하므로 확실하지 않다.

이레니우스의 언급은 기록 시기 설정을 더욱 혼란스럽게 만든다. 이레니우스는 베드로와 바울이 살아있을 때에 마태복음을 기록했다고 언급하고 있는데Haer. 3.1.1 이 말이 사실이라면 마태복음의 기록 연대는 주후 60년대 중반보다 늦을 수 없다. 깁스Gibbs는 마태복음이 50년대 중후반에 기록되었다고 보며, 적지 않은 학자들이 70년 이전으로 기록 시기를 추정한다.France, Nolland, Gundry 이처럼 마태복음의 기록 시기를 정하기는 어렵다. 가장 보편적인 견해를 따라 마태복음은 마가복음보다 늦게 기록되었다

---

12) 본서 64-5쪽을 참조하라.

고 보고 마태복음은 주후 80~90년 사이에 기록되었다고 보는 것이 무리가 없다. 기록 장소로는 이방 선교에 열려 있는 것으로 사도행전을 통해 잘 알려진 시리아 안디옥이 가장 일반적으로 거론되며, Luz, Kingsbury 갈릴리 지역도 기록 장소로 제시된다 Witherington III.13)

목적. 마태복음 자체는 그 기록 목적을 기술하고 있지 않다. 또한, 마태복음 기록의 역사적 정황을 확인할 수 없으므로 본문의 내용을 통해서 일반적으로 목적을 추론할 수밖에 없다. 마태복음의 기록 목적을 다음과 같이 말할 수 있을 것이다.

첫째, 마태 교회(공동체)의 정체성 확립을 위해 기록했을 것이다. 마태복음의 독자는 주로 유대인 그리스도인이었음이 거의 분명하다고 할 때에, 그들은 유대인이며 동시에 그리스도인인 자신들의 모습과 가치관 등을 정립해야 했을 것이다. 그들은 일반 유대교인과 자신들과의 다른 점을 '예수'에 대한 신앙에서 찾으려고 했음이 분명하다. 예수는 하나님께서 미리 계획하셔서 구약 때부터 알려주셨던 다윗 가문의 메시아였다고 믿는 것은 가장 근본적인 신앙의 바탕이었다.1:1 그는 메시아로서 하나님의 통치(왕국)를 선포하고 구현하시는 분으로서, 하나님의 율법을 새롭게 가르치시고 해석하는 분이셨다. 율법을 철저하게 준수하는 유대인들로서 그들은 모세의 율법을 따라 율법을 준수하기보다는 예수가 가르치신 대로 율법을 준수했다.5:17~18 이처럼 공동체의 신앙이 예수를 중심으로 세워졌다는 것은 가장 중요한 그들의 정체였다. 또한, 예수를 통해, 예수에 의해 '죄 사함'을 경험함으로써 그리스도인으로서의 삶을 시작했다는 것은 불신 유대인들이나 마태공동체 모두에게 있어서 특별하게 생각되었음이 분명하다. 일반적으로 유대인들은 죄 사함은 하나님 고유의 권한이라고 생각했기 때문이다. 마9:3 그들은 공동체의 조직에서도 유대교와는 달리 '랍비' 계층이 없이 오로지 예수 한 분만을 선생과 지도자로 모시는 평등한 형제 공동체로

---

13) 본서 앞 장(章)에서 복음서의 기록 장소를 다루면서 이에 대해 간단히 설명하였다. 69쪽을 참조하라.

서,23:8,10 교회의 치리문제도 공동체 전체가 참여하며 결정할 수 있는 권한을 가진 일종의 회중 정치의 공동체라는 점에서도 그들은 새로운 정체성을 확인했을 것이다18:18~20.

둘째, 독자들에게 이방 선교의 필요성을 알리고 그것을 강조하려는 것이다. 마태복음에서 예수를 받아들이지 않고 배척하는 유대인들에 대한 강한 책망 등으로 볼 때에, 마태복음 기록 당시 마태공동체는 유대인 선교에서 이미 한계에 도달했던 것으로 추측할 수 있다. 마태는 이제 자연스럽게 이방인들에게 눈을 돌리며 주님의 명령을 따라 이방 선교를 해야 한다는 강한 사명을 공동체에 고취시키려고 했을 것이다.28:18~20 이방 선교는 마태복음의 예수 탄생 이야기부터 강조되고 있는 중요한 주제로 나타난다.

셋째, 독자들이 믿음 있는 삶을 살도록 독려하려는 것이다. 마태복음에서 제자들은 종종 '믿음이 작은 자들' ὀλιγόπιστοι이라고 불린다.6:30; 8:26; 14:31; 16:8 14) 마가복음에는 사용되지 않았던 이 표현을 사용해서 마태는 독자들에게 믿음을 갖도록 교훈하는 것으로 보인다. 하나님을 믿지 못하고 목숨을 위해 먹고 마시는 것이나 몸을 위해 입는 것을 걱정하는 일,6:25~30 세상의 풍파 속에서 믿지 못하고 두려워하는 일,8:26; 14:31 예수의 능력을 이해하지 못하고 믿지 못하는 일은16:8 일반적으로 그리스도인들에게 있을 수 있는 것들이다. 마태는 그들에게 하나님께 대한 근본적인 믿음을 지니고 믿은 대로 하나님께서 이루어 주실 것을 교훈한다.8:13; 9:28

넷째, 독자들이 말씀대로 실천하는 삶을 살도록 교훈하려는 것이다. 독자들은 예수를 주님이라고 단순히 고백하며 사는 삶에 머물러 있었던 것으로 보이는데7:21 그들은 실천해서 삶으로 열매 맺는 자들이 되도록 권고된다7:16~17. 마태공동체에는 거짓 선지자들이 와서 혼란을 일으켰던 것으로 보이는데7:15 그들은 예언도 하며, 귀신도 쫓아내고, 권능도 행했던 것으로 보인다7:22. 마태는 그러한 능력이나 은사가 윤리적인 삶으로 열매 맺는 결

---

14) '믿음이 작은 자들' (ὀλιγόπιστοι)이라는 표현은 신약성서 전체에서 마태복음에서 4회 사용된 것을 제외한다면 누가복음에서 1회 사용되고 있는 것이 전부여서 마태의 특징적인 표현이라고 할 수 있다.

과를 내지 못한다면 의미 없는 것이라고 교훈하고 있다.마7:23 그리스도인들의 삶은 서기관이나 바리새인보다 월등해야 하며,5:20 하나님처럼 완전해 질 수 있는 데까지 실천하는 삶을 살아야 한다5:48.

다섯째, 교회 안에서 범죄를 행한 형제를 다루는 실제적 규범을 제시하려고 하는 것도18:15~20 마태복음의 기록 목적에 포함될 수 있을 것이다.[15] 예수께서 죄를 범한 형제를 어떻게 다룰 것인지를 교훈하는 말씀에서 예수께서는 최종적으로 교회에 그를 용서할 수 있는 권한을 주신다.18:17 예수 시대에는 교회가 존재하지 않았다는 것을 염두에 둔다면 이것은 마태 교회(공동체)를 향한 교훈임을 알 수 있다. 두세 사람이 예수의 이름으로 모인 교회에는 예수께서 함께하시며 교회 내의 문제를 해결할 수 있는 권한을 주신다.18:18~20 마태는 마태공동체가 예수의 임재를 확인하며 합심해서 기도함으로써18:19 교회의 규범을 정하고 행할 수 있기를 기대했던 것으로 보인다18:18.

여섯째, 독자들이 제자로서의 삶을 살도록 교훈하려는 것이다. 마태복음은 제자들을 향한 예수의 지상명령至上命令으로 결론을 맺는다.28:19~20 예수께서는 제자들에게 가서 모든 족속을 '제자' 로 삼도록 명하셨다.28:19 제자들은 이제 앞으로 믿게 될 사람들을 단순한 '신자信者' 들이나 '그리스도인' 들이 아닌 '제자' 들이 되도록 가르쳐야 한다. 당시 독자들은 이처럼 제자들이 되도록 복음서를 통해서 가르침을 받아야 한다. 마태복음이 요구하는 제자의 모습은 예수께서 제자들에게 분부하셨던 '모든 것들' 을 배워서 '지키는' 자들이다. 마태공동체는 예수께서 제자들에게 분부한 모든 것을 마태복음을 통해서 배우고 그것들을 지키는 제자들이 되어야 했을 것이다.

---

[15] 카터(Warren Carter)는 마태복음이 로마제국의 통치 아래 살던 그리스도인들에게 로마제국은 진정한 권세를 지니고 있지 않으며 하나님의 목적을 이룰 수 없는 것이며 예수께서는 하늘과 땅의 모든 권세를 부여 받으신 분으로서 로마제국에 상대되는 "하나님의 제국"(the empire of God)을 선포하고 세우시는 분이라는 것을 알리려는 목적으로 기록되었다는 독특한 견해를 제시한다. Warren Carter, "Matthew's Gospel: an Anti-Imperial/Imperial Reading," *Currents in Theology and Mission*, 34, no. 6 (2007): 424-33; *Matthew and Empire: Initial Explorations* (Harrisburg: Trinity Press International, 2001).

이처럼 마태복음 자체는 마태공동체를 위한 '제자도 교본敎本'으로 기록되었다고 할 수 있다.

예수 이야기

마태의 예수 이야기는 마가복음에 있는 내용을 기본으로 앞에는 탄생 이야기가 첨가되고 다른 여러 이야기가 첨가되어 전체적으로 다섯 개의 긴 설교들을 중심으로 구성되었다.[16] 이러한 다섯 개의 긴 설교는 마태복음이 구약의 오경을 따른 구조로 구성되었다는 견해를 낳기도 했다.[17] 다른 복음서들과 마찬가지로 기본적으로 이야기 형식으로 기록된 마태복음의 내용을 분명히 구분해 내기는 쉽지 않다.

그리스도/왕이신 예수의 탄생. 1:1~4:16 마태복음의 서론에 해당하는 이 부분은 사실상 마태복음 전체의 종합적인 예수상을 제시하고 있고, 마태복음의 나머지 부분은 여기서 제시된 예수상을 발전시키거나 설명하고 있다고 볼 수 있다. 또한, 이 서론 부분은 이후 이야기에서 진행될 내용이나 주제들을 미리 보여주기도 하는데, 예수에 대한 유대인의 배척, 그리고 이방

---

[16] 마가복음 내용의 약 90%가 마태복음에 나타나고 있는데 마태복음이 이처럼 마가복음의 내용 대부분을 공유하고 있다는 것이 반드시 마태복음이 마가복음을 자료로 사용했다는 것을 의미하지는 않는다. 하지만 일반적으로 학자들은 마태는 마가복음과 Q자료를 기본으로 자신의 특수자료 M을 더해 자신의 복음서를 기록했다고 이해한다.

[17] 베이컨(B. W. Bacon)에 의해 제시된 이 견해는 마태복음에 5회 나타나는 Καὶ ἐγένετο ὅτε ἐτέλεσεν ὁ Ἰησοῦς τοὺς λόγους τούτους(예수께서 이 말씀을 마치시매, 7:28; 11:1; 13:53; 19:1; 26:1)와 같은 문구들을 근거로 마태복음은 구약의 모세오경의 대안으로서 다섯 개의 책으로 제시되었다고 한다: 서론(1-2장), 제1권 산상설교(3-7장), 제2권 파송설교(8-10장), 제3권 천국설교, 비유(11-13장), 제4권 교회 치리에 대한 설교(14-18장), 제5권 심판에 대한 설교(19-25장), 후기(26-28장). 위더링턴(Ben Witherington III)은 마태복음 23장은 그 대상이나 상황이 다른 것으로 독립된 설교로 이해해야 한다고 주장하며 마태복음을 여섯 개의 긴 설교들로 구분한다. 킹스베리(J. D. Kingsbury)는 ἀπὸ τότε ἤρξατο ὁ Ἰησοῦς(이 때로부터 예수께서…시작하셨다, 4:17; 16:21)라는 문구가 단원의 새로운 시작이라고 보고 메시아 예수의 인격(1:1-4:16), 메시아 예수의 선언(4:17-16:20), 메시아 예수의 고난, 죽으심과 부활(16:21-28:20)의 세 단원으로 구분한다. 이 외에 마태복음을 교차대칭 구조로 되어있다고 보는 견해가 제시되기도 한다(Combrink, Green, Ellis).

인의 믿음 등이 나타난다. 마태복음은 '다윗의 자손' 그리고 '아브라함의 자손'이신 예수 '그리스도' 메시아의 계보로 이야기를 시작하고 있다.1:1 18) 마태복음의 제목이라고 볼 수 있는 이 첫 구절에서 화자는 마태복음 전체의 주제를 알려준다. 즉, 예수께서는 다윗의 자손으로서 왕이시며 메시아이시다. 화자는 바로 이어서 아브라함부터 시작되는 족보를 전한다. 족보에는 특이하게도 여자의 이름들이 등장하는데 모두 하나님의 특별한 선택에 의해 예수의 조상이 된 여인들이다. 예수의 탄생 과정에서 화자는 일어나는 모든 사건이 하나님께서 성서를 통해 오래전부터 말씀해 오신 사건들임을 강조한다.1:23; 2:6,15,18,23 과거 이스라엘 역사에서 예상치도 못했던 여인들이 하나님에 의해 선택되어 예수의 조상들 계보에 포함되었던 것처럼 예수의 어머니도 요셉과 동거하기 전에 성령으로 잉태하여 예수를 낳는다. 하나님은 주의 사자를 통해 예수의 이름의 의미를 설명해 주시는데, 그는 백성을 정치적으로 구원하는 분이 아닌 '죄에서' 구원해 주시는 분이다.1:21 또한, 예수께서는 '임마누엘' 즉, 우리와 함께 계신 하나님으로 선포된다.1:23 앞으로의 이야기에서 독자는 예수를 정치적 해방자 메시아로 이해하면 안 되며 죄로부터 구원해 주시는 구원자로 이해해야 한다. 또한, 예수의 모든 삶과 가르침은 단순히 그분의 것이 아니라 우리와 함께 계신 하나님의 메시지로 이해하며 읽어야 한다.

역시 하나님의 말씀에 예언한 대로 예수께서는 베들레헴에서 나신다. 예수가 탄생했을 때에 이방의 점성가들은 유대인들보다 '유대인의 왕'의 탄생을 알고 멀리서부터 경배하러 찾아온다.2:2 예수께서는 '아브라함의 자손'으로서 단지 유대인을 위한 분일 뿐만 아니라 아브라함과의 언약대로 이방인을 포함한 모든 사람의 복의 근원이 되는 분이기도 하다. 동방 점성가들은 결국 아기 예수를 찾아 기쁨으로 '경배하고' προσεκύνησαν 예물을 드림으로써 그 믿음을 보이고 예수가 왕이심을 나타낸다.2:11 이처럼 이야기

---

18) 우리말 신약성서에는 '아브라함과 다윗의 자손'이라고 되어 아브라함이 먼저 언급되고 있지만, 원문에서는 '다윗의 자손'이라는 표현이 먼저 언급되어 강조되고 있다.

의 처음부터 멀리서 찾아온 믿음 있는 이방인들은 예수를 올바로 인식하며 그분을 경배하지만, 정작 유대 땅의 통치자 헤롯은 자신의 땅에서 태어나신 '유대인의 왕'의 탄생을 알지도 못하고 있으며 오히려 아기 예수를 제거하려고 한다.2:16 메시아가 유대 베들레헴에서 나신다는 것을 알고 있던 제사장과 서기관들은 정작 메시아의 탄생은 모르고 있으며, 결국 헤롯의 음모에 은연중에 가담하는 결과를 가져온다.2:4 화자는 마태복음의 처음 부분부터 메시아-왕이신 예수의 탄생을 이방인은 가장 먼저 알고 경배하는 자가 되며 유대의 왕과 유대인의 지도자들은 그것을 알지도 못하며 오히려 예수를 가장 먼저 배척하는 자로 보여주고 있다. 마태복음은 이처럼 첫 부분부터 예수와 유대인, 특히 유대의 지도자들과의 갈등 상황을 설정하고 있으며, 그 갈등에서 드러나는 예수상은 다윗 가문의 왕-메시아로서의 예수다. 예수께서는 하나님의 계획에 의해 보호되어 헤롯의 사후死後에 나사렛에서 살게 되는데, 화자는 이 역시 하나님의 계획대로 진행된 것임을 독자에게 확인시킨다.2:23

역시 성서의 예언대로 주의 길을 예비하기 위해서 온 세(침)례자 요한은 '하늘/하나님의 왕권통치'가 가까이 왔음을 선포하며 회개로 그 통치를 맞을 준비할 것을 촉구한다.3:2 요한이 촉구하는 회개는 자신들은 아브라함의 후손으로서 선택된 하나님의 백성이기 때문에 하나님께서 자신들을 심판하지 않으실 것이라는 잘못된 확신을 버리고, 회개하며 그에 합당한 열매를 맺어 하나님의 새로운 통치를 받아들이는 것을 의미한다.3:8~9 요한은 이처럼 회개 촉구를 통해 하나님의 통치를 준비시키며, 예수께서는 어떤 것이든 하나님이 계획하신 모든 것을 이루시기 위해 즉, 의義를 성취하도록 요한에게 세(침)례를 받으시며 성령으로 인침을 받는다. 이제까지는 주로 주의 사자를 통해 말씀하셨던 하나님께서는 예수가 세(침)례 받으신 중요한 순간에는 직접 자신의 목소리로 말씀하신다. 하나님께서는 "이는 내 사랑하는 아들이요 내 기뻐하는 자라"3:13~17고 선언하신다. 이처럼 메시아-왕이신 예수께서는 공생애를 시작하시면서 '공개적으로' 하나님의 아들로 선언된다.19) 이처럼 화자는 이야기의 초기부터, 예수를 메시아-왕 (다윗의 아들), 구원자, 임마누엘, 그리고 하나님의 아들로 독자에게 제시한다.

예수께서는 하나님의 아들로 선언되고 나서 본격적인 공생애를 시작하시기 전에 시험을 받으신다. 예수의 오심은 근본적으로 사람들과 관련된 문제임과 동시에 마귀와의 문제이기도 하다. 세 시험은 모두 예수의 하나님의 아들로서의 정체와, 예수의 하나님께 대한 충성과 순종에 관련되어 있다. 처음 두 시험에서 마귀는 "네가 만일 하나님의 아들이어든"이라는 조건으로 예수를 시험하고 있다.4:3,6 20) 마귀는 예수가 하나님의 아들인지를 묻는 것이 아니라 처음부터 예수가 하나님의 아들이심을 인정하고 있다. 세 시험 모두에서 예수께서는 하나님의 말씀에 **순종함으로써** 하나님의 참된 아들이심을 입증한다. 예수께서는 첫 번째 시험에서는 하나님이 허락하지 않는 기적을 거부하고 하나님 말씀에 순종하여신8:3 하나님의 말씀을 따라 살아야 한다는 것을 보여주신다. 두 번째 시험에서는 요행이나 환상적인 기적을 바라지 않고 하나님의 말씀에 순종하여시91:11~12 하나님을 시험하지 않으신다. 세 번째 시험에서는 세상 임금과 같이 섬김을 받는 영광을 거부하고 하나님의 말씀에 순종하여신6:13 하나님만 경배하는 분임을 보여주신다. 그는 세상의 정치적인 왕이 아닌 하나님께 순종하는 신실한 왕이시다. 예수께서는 마귀에게 물러가라고 명하시고 마귀는 떠난다.4:10~11 시험에서 예수께서는 마귀를 물리치시고, 하나님의 통치를 선포하시고, 그것을 구현하실 준비가 된 하나님의 아들로 입증된다. 마태 이야기의 처음 부분에서 화자는 헤롯과의 갈등을 통해서 예수가 유대인의 왕, 메시아이심을 드러내며, 마귀와의 갈등을 통해서 예수가 진정한 하나님의

---

19) 마가복음은 하나님께서 예수를 향해 "너는(Σὺ, You) 내 사랑하는 아들이라 내가 너를 기뻐하노라"라고 예수께만 말씀하신 것으로 전하고 있다(1:11). 마태복음은 하나님께서 다른 사람들을 향해 "이는(Οὗτός, This) 내 사랑하는 아들이요 내 기뻐하는 자"라고 말씀하심으로써 공개적으로 그의 정체와 신분을 밝히고 있는 것으로 전한다(3:17).
20) Ei +직설법의 형태의 조건문으로서, 사실을 전제하고 있는 조건문이라고 볼 수 있다(Ei υἱὸς εἶ τοῦ θεοῦ).

아들이심을 부각시켜준다.

하나님의 통치를 나타내심.4:12~11:1 예수께서는 요한이 "넘겨졌다"παρεδόθη 는 소식을 듣고 갈릴리에 가서 사셨다고 화자는 전한다.4:12~13 화자는 계속해서 예수께서 갈릴리에 가서 사신 것 역시 오래전 하나님의 계획을 성취하는 것임을 강조한다.4:14~16 예수께서는 세(침)례자 요한처럼 "회개하라 천국이 가까이 왔느니라"4:17는 선포로 사역을 시작하신다. 화자는 예수께서 세(침)례자 요한과 같은 선포로 공생애를 시작하셨다고 전함으로써 처음부터 요한의 운명과 예수의 운명을 비교하도록 독자를 이끄는 것으로 보인다. 즉, 독자는 예수도 요한과 마찬가지로 사람들에게 '넘겨질' 것이라는 예감을 할 수도 있다.26:45 참조 이제 앞으로 전개될 예수의 삶과 가르침은 모두 하늘/하나님의 왕권통치를 선포하며 구현하는 일이 된다. 예수께서는 먼저 자신과 함께 하나님의 통치를 구현할 제자들을 부르시는데 그들은 즉각적으로 가족과 생업을 버리고 예수를 따른다.4:18~22 가까이 와 있는 하나님의 통치를 선포하고 구현하는 일에 동참하는 것에는 어떤 망설임이나 질문도 요구되지 않으며, 즉각적인 포기와 따름이 요구될 뿐이다.

화자는 예수께서 하나님의 통치를 실현하기 위해 주로 가르치시며, 하나님 통치의 복음을 전파하시며, 병을 고치시는 일을 하시는 분으로 요약해 준다.4:23 예수의 소문은 온 수리아에 퍼지고, 갈릴리와 데가볼리와 예루살렘과 유대와 요단강 건너편에서 수많은 무리가 예수를 따른다.4:25 예수께서는 산에 오르셔서 최초의 설교, 즉, 취임 설교를 하신다. 예수께서는 제자들과 무리에게 우선 하나님의 통치에 참여하는 자가 복되다는 것을 선언한 후에,5:3~12 그 하나님 통치에 적합한 삶을 살도록 권고하신다. 그들은 세상의 소금과 빛으로서 사람 앞에서 착한 행실을 하도록 요구된다5:13~16. 그러한 선행은 단순히 착한 일이 아니라 율법의 계명을 모두 성취하여 서기관과 바리새인보다 더 월등한 삶을 사는 것을 의미한다.5:17~20 예수를 따르는 자들은 예수께서 율법을 이해하고 해석하고 가르쳐 주신대로 사는 것을 의미하는데, 예수께서는 여섯 가지의 실례를 주신다.5:21~47 사실상 예수의 가르침은 문자적으로 율법을 준수하는 것보다 본질적으로 더 철저한 삶을 요구하고 있는데, 그들에게 요구된 목표는 하나님처럼 완전해지는 것이다.5:48 이러한 윤리적 삶은 사람 '앞에서' 실천해야 하지만,5:13~16 사람에게 '보이기 위해' 위선적으로 행해서는 안 된다.6:1~18 특별히 하나님의 통치 구현에서 물질의 노예가 되어서는 안 되는데,6:19~24 무엇보다도 먼저 하나님의 통치와 하나님 의義를 계속 힘써 찾아야 한다ζητεῖτε, 6:33. 하나님의 통치는 단순히 수동적으로 기다리는 것이 아니라 예수의 말씀을 따라 윤리적인 삶을 삶으로써 힘써 찾아야 한다. 다른 사람들에 대해서는 사람들이 자신에게 해 주기를 바라는 그것을 다른 사람들에게 계속 행하라고 예수께서는 요구하신다. 예수께서는 바로 이것이 그 율법ὁ νόμος이고 그 예언자들예언서들, οἱ προφῆται이 진정으로 가르치는 바임을 확인시키신다.7:12 이러한 윤리적 삶을 살 때는 어려움도 있겠지만, 예수를 따르는 자들은 좁은 문으로 들어가야 하며7:12~13 끝까지 실천해서 열매를 거두어야 한다. 예수께서는 산상수훈의 결론으로 모래 위에 지은 집과 반석 위에 지은 집을 대조시켜 자신의 말을 듣고 행하는 자가 되도록 권고하신다. 그렇게 말씀대로 행하는 자들은 반석 위에 지은 집처럼 견고하게 서게 된다.7:24~27 이 모든 말씀에서 사람들은 하나님의 권위를 발견하고 놀란다.7:28~29

　가르치심으로 하나님의 권위를 나타내시고 하나님 통치의 성격을 알려주신 예수께서는 이번에는 여러 가지 기적들을 통해서 하나님의 권위와 통치를 나타내신다. 예수께서는 나병환자의 몸에 손을 대 고치시고 그를 사회적으로도 공식적인 회복을 시키신다.8:1~4 하나님의 통치는 종교적이나 사회적이나 어떤 이유에서든지 사람을 차별하는 것을 허락하지 않는다. 다음으로, 예수께서는 이방인 백부장을 고치시는데 그의 믿음은 이스라엘 중 아무에게서도 찾아볼 수 없는 큰 믿음으로 칭찬 받는다.8:5~13 이 백부장의 하인을 고쳐주시기 전에 예수께서는 많은 사람이 종말의 하나님의 통치 시에 아브라함, 이삭, 야곱과 함께 식탁에 앉게 될 것인데, 오히려 그 왕국의 자손들인 유대인은 쫓겨난다는 충격적인 말씀을 하신다.8:11~12 탄생 이야기에서 그러했듯이 화자는 이 말씀을 통해 이방인의 믿음과 유대인의 불신을 대조시키고, 하나님의 통치에 이방인은 참여하고 유대인들은 거절당하게 될 것을 예고한다. 계속해서 예수께서는 귀신들을 쫓아내고 병든 자를 고치시는데, 이러한 사역은 모두 하나님께서 계획하시고 구약에서 미리 알려주신 '여호와의 종' 이신 메시아의 사역임을 화자는 알려준다. 8:17; 사53:4 하나님의 통치를 선포하는 일은 정착된 삶을 살면서 편하게 수행할 수 있는 것이 아니며, 또한 그 일에 동참하려는 자들도 즉각적인 포기와 헌신을 해야 함을 예수께서는 다시 한 번 강조하신다. 8:19~22 제자들은 바다에 큰 파도가 일자 당황하며, 예수께서는 그들을 '믿음이 작은 자'라고 책망하시며 바다를 잔잔케 하신다. 8:23~27 믿음이 작은 제자들은 앞서 큰 믿음으로 칭찬받은 이방인 백부장과 대조를 이룬다. 제자들은 예수의 정체를 파악하지 못하고 놀란다. 8:27 하지만, 이어지는 사건에서 귀신들린 자들은 예수를 보자 '하나님의 아들' 이라고 당장에 예수의 정체를 파악한다. 8:29 이처럼 사탄이나 귀신들은 처음부터 예수의 정체를 인식하고 있는데, 독자는 이처럼 초자연적인 영적인 눈으로 예수의 분명한 신분을 알도록 요청된다.

본 동네로 돌아오신 예수께서는 중풍병자의 죄를 사하시며, 9:2 "인자가 세상에서 죄를 사하는 권능이 있는 줄을 너희로 알게 하려 하노라" 9:6라고 명백하게 자신이 하나님의 권위를 지니고 계심을 선포하신다. 무리는 이런 권위를 주신 하나님을 영화롭게 함으로써 예수의 권위가 하나님에게서 왔다는 것을 인정한다. 9:8 예수께서는 당시 죄인과 동류로 천대받고 차별받았던 세리 마태를 제자로 부르시고 그의 집에서 많은 세리와 죄인들과 함께 식사를 하시는데, 바리새인들은 이를 제자들에게 와서 불평한다. 9:9~11 예수께서는 제사가 아닌 긍휼을 원하고 계심을 강조하시므로 의인이 아닌 죄인을 부르러 왔다고 선언하신다. 9:11~13 요한의 제자들은 예수의 제자들이 금식하지 않는 것을 예수께 와서 불평한다. 9:14 예수께서는 하나님의 통치는 단순히 전통적인 관습을 따르거나 규정을 지키는 것과는 다른 새로운 이해와 새로운 삶의 방법으로 사는 것임을 가르치신다. 9:16~17 예수께서는 혈루증 앓는 여인과 한 관리의 죽은 딸을 고치시는데 그들의 믿음은 치유에서 중요한 것으로 언급된다. 두 맹인이 예수를 따라오며 예수를 '다윗의 자손'이라고 부르는데, 이처럼 보지 못하는 이들은 예수를 다윗 가문의 왕-메시아임을 알아보고 믿는다.9:27 예수께서 귀신을 쫓아내시고 말 못하는 자를 고치시는 것을 보고 무리는 놀란다. 맹인이나 말 못하는 자를 고치는 일은 종말에 메시아 시대에나 가능한 것으로 생각되었을 것이며사 35:5~6 무리는 예수가 메시아라고 생각할 수 있었을 것이다. 그러나 바리새인들은 귀신의 왕을 의지하여 귀신을 쫓아낸다고 평가한다.9:32~34 화자는 다시 예수의 사역을 요약해주는데 예수께서는 모든 도시와 마을을 두루 다니시면서 '가르치시며,' '선포하시며,' '고치셨다'고 전한다. 예수께서는 이처럼 계속해서 주요한 이 세 가지의 사역을 통해서 하나님의 통치를 나타내신다.

이제 예수께서는 열두 제자를 부르시며 귀신 축출과 치유의 권능을 주시고 파송하신다.10:1~14 예수께서는 제자들이 여행을 위해서 최소한의 쓸 것만 가지고 가도록 명하신다.10:9~10 그들은 권능을 지니고 사람들에게 거저 주려고 나가지만 사람들의 배척과 박해가 예상된다.10:17~20 그들은 공회에 '넘겨지며' παραδώσουσιν, 원형 παραδίδωμι 회당에서 채찍질 당하기도 할 것이다. 독자는 그들이 넘겨진다는 말에 세(침)례자 요한을 다시 상기하게 된다παρεδόθη, 원형 παραδίδωμι, 4:12. 예수께서는 그들이 이번 파송에서 겪게 될 어려움만 말씀하지 않고 이후에 그들이 예수의 이름으로 받게 될 핍박을 예고하신다. 그러한 핍박은 죽음에까지 이를 수 있는 것임이 분명하다.10:21 예수의 권능을 가지고 그것을 사람들에게 대가 없이 베풀러 다니는10:8 제자들이 핍박을 받게 될 것이라는 말씀은 독자를 당황스럽게 한다. 하지만, 예수께서는 그것은 제자가 선생의 뒤를 따르는 일이므로 이상해할 일이 아니라고 하신다.10:24~25 예수께서는 제자들에게 '두려워하지 말라'는 권고를 거듭하신다.10:26,28,31 이러한 핍박은 목숨을 잃게 되는 결과를 가져올 수도 있지만, 그러한 자들은 결국에는 마지막 때에 하나님께 인정받게 될 것이기 때문에 순교도 각오해야 한다.10:28~33 화자는 하나님의 통치를 권능을 가지고 선포하고 구현하는 일은 처음부터 반대와 박해를 만나게 되어 있다는 것을 보여준다.

유대교 지도자들의 반대.11:2~16:12 이제 이야기는 옥에 있는 세(침)례자 요한이 자신의 제자들을 보내서 예수의 정체를 확인하는 사건으로 전환된다.11:2~3 요한의 제자들은 예수가 '오실 자' the coming one이신지를 물으며, 예수께서는 직접적으로 대답하지 않으시고 듣고 보는 대로 전하라고 말씀하신다. 예수께서는 이미 가르치심과 행동으로 자신이 누구신지를 보여 주셨다. 이번에는 "맹인이 보며 못 걷는 사람이 걸으며 나병환자가 깨끗함을 받으며 못 듣는 자가 들으며 죽은 자가 살아나며 가난한 자에게 복음이 전파된다 하라"11:5고 하신다. 미래의 메시아 왕국에서나 가능할 것으로 생각되었던 이러한 기적들을 예수께서 행하신 것은 곧 그가 메시아라는 것을 확인해주는 것이다. 독자는 이러한 예수의 대답으로 앞선 예수의 기적들과 선포를 상기하게 되고 예수가 오실 자 즉 메시아이심을 다시 확인하게 된다. 예수께서는 세(침)례자 요한을 말라기가 올 것이라고 예언한 엘리야라고 하시며 예언의 시대는 그에게서 막을 내렸다고 말씀하심으로써, 자신을 통해 이제 성취 시대가 되었음을 암시하신다.11:13~14 하지만, 예수께서는 유대인들이 구약시대의 예언자의 정점頂點인 요한도 배척하며, 성취 시대의 주인공인 예수도 배척하고 있음을 지적하며, 회개하지 않는 고라신과 벳새다, 가버나움을 책망하신다.11:20~24 예수께서는 율법적인 삶으로 수고하고 무거운 짐 진 자들을 새로운 하나님의 통치의 삶으로 초대하신다. 예수에게 배우는 삶은 고난과 박해가 있다고 하더라도 진정한 쉼을 줄 수 있는 그러한 삶이다.11:30

이제 바리새인이 등장하면서 예수와의 갈등이 표면화된다. 예수의 제자들이 안식일에 밀 이삭을 잘라 먹은 일로 바리새인들이 예수께 불평한다.12:1~2 예수께서는 구약에 있는 다윗과 제사장들의 예를 들어 제자들을 옹호하며, 율법의 참 의미가 사람들에 대한 '긍휼' 자비에 있다는 것을 다시

한 번 지적하신다. 12:7 21) 예수께서는 이미 금식 문제로 바리새인들과 마찰이 있었을 때 그들에게 같은 말씀을 하신 일이 있다. 9:13 바리새인들은 이처럼 사람에 대해 긍휼을 베풀지 않고 대신에 율법 규정 준수에 몰두하는 자들로 평가된다. 그리고 자신이 안식일의 주인이라고 선언하시며, 안식일에 손 마른 사람을 고치신다. 12:8~13 이 일로 바리새인들은 예수를 죽이려고 의논하게 된다. 12:14 바리새인들의 처지에서 볼 때에 안식일의 주Lord, κύριος로서 하나님이 주신 안식일의 계명을 임의로 해석하는 예수는 율법을 위반하고 있을 뿐만 아니라 하나님께 도전하는 것으로 보였을 것이다. 따라서 그들은 예수를 제거하려 한다. 예수께서는 그곳을 떠나 많은 사람의 병을 다 고쳐주시지만, 자신을 나타내지 말라고 경고하신다. 12:15~16 예수는 하나님께 순종함으로써 하나님이 주신 사명을 이루시는 **겸손한 종**이기 때문이다. 12:17~21; 사42:1~4

계속해서 예수께서는 병자를 고쳐 주시는데 이러한 일은 무리에게 메시아의 사역으로 간주하고, 그들은 예수를 다윗의 자손으로 고백한다. 12:22~23 그러나 바리새인들은 이러한 귀신들린 자의 치유가 귀신의 왕 바알세불을 힘입어 귀신을 쫓아내는 것이라고 반박한다. 12:24 예수께서는 자신의 귀신 축출은 하나님의 통치가 이미 임한 것을 보여주는 증거라는 것을 밝히신다. 12:28 이처럼 귀신 축출은 하나님의 통치가 사탄의 통치를 몰아내 승리하신 것을 보여주는 사건으로서 단순히 한 개인을 불쌍히 여기셔서 고쳐주시는 일의 차원을 넘어선다. 이러한 명백한 하나님의 통치의 표현을 사탄의 일로 치부하는 것은 성령을 모독하는 죄에 해당한다. 12:31~32 말은 그 사람의 마음에서 나오는 것으로 바리새인들은 이러한 모독적인 말로 자신들의 악한 마음을 드러내는 것이다. 12:34 서기관들과 바리새인들은 이미 예수의 사역을 목격하고 그 가르침도 들었지만, 여전히 표적을 구한다. 12:38 예수께서는 이러한 자들을 '악하고 음란한' 세대라고

---

21) "Ἔλεος θέλω καὶ οὐ θυσίαν"이라는 원문은 그 어순으로 볼 때, '긍휼'("Ἔλεος)이 문장 처음에 나와 강조되고 있다. 즉, "(바로) 긍휼을 내가 원한다! (그리고) 제사가 아니다!"라고 번역할 수 있다.

규정하신다.12:38,39 그들에게서 귀신을 쫓아내는 사역을 예수께서 하신다고 해도, 그들은 새로운 통치를 받아들이지 않고 있기 때문에 그들의 미래는 오히려 이전보다 훨씬 비참한 것이 될 것이다.12:43~45 이처럼 예수와 유대교 지도자들 간의 몇 차례의 충돌과 강한 갈등이 계속 나타난다. 유대교 지도자들은 예수를 죽이려 하며, 예수의 사역을 귀신의 일로 매도한다. 예수께서는 그들을 독사의 자식들이라고 부르며 '악하다'고 선언한다.12:34

예수께서는 이어지는 몇 개의 비유를 통해 하나님 통치의 모습과 성격을 가르치신다. 예수께서는 씨 뿌리는 자의 비유를 제자들에게만 설명해 주신다. 하나님의 통치는 하나님의 말씀을 들을 때에 씨가 뿌려져 시작되는 것으로서, 말씀을 깨닫고, 환난이나 박해를 견디고, 세상의 염려와 재물의 유혹을 이겨서 결실하는 사람들을 통해 크게 배가되는 것이라고 가르치신다.13:19~23 이처럼 하나님의 통치는 개인의 신앙적 반응에 따라 그 과정과 결과가 달라진다. 하나님의 말씀을 받았다고 누구나 결실을 하는 것이 아니며, 여러 가지 방해 요소들이 있어서 현재의 모습에서는 그 통치의 열매를 보기 어려우며 오히려 많은 반대를 더 자주 보게 될 수도 있다. 또한, 사탄도 방해하기 위해 가라지를 뿌려 놓아서 거짓 선지자들과 같은 잘못된 자들이 섞여 있을 수 있어서 현재의 모습을 보아서는 혼란스러울 수도 있지만, 마지막에 심판 때에는 분명하게 이들이 구분되게 될 것이다.13:24~30 하나님의 통치는 그 시작은 보잘 것 없다고 해도 그 미래는 상상할 수 없이 큰 것이 될 수도 있으니 미미한 현실을 보고 판단하거나 실망해서는 안 된다.13:31~33 하나님의 통치는 그 통치를 위해서 모든 소유를 지급할 정도로 가치 있는 것이다.13:44~46 하나님의 통치는 그 마지막에 의인과 악인을 구분하는 심판이 있다.13:47~49 이제 하나님의 통치에 관한 가르침을 깨달았다면 이러한 하나님의 통치가 구약을 성취하는 것을 알고 잘 해석해야 한다.13:51~52 화자는 특히 하나님 통치의 비유들을 잘 **깨달아야 함**을 강조하고 있다.13:18,23,51

예수께서는 고향에서도 가르치시는데, 그곳 사람들은 예수의 지혜와 능력을 믿지 않고 예수를 배척한다.13:57 이제 세(침)례자 요한의 죽음이 비교적 길게 서술되는데, 주의 길을 예비한 선지자의 갑작스런 처형 이야기는 예수의 고난이나 죽음의 전조前兆로 느껴지기도 한다.14:1~12 예수께서는 오병이어로 오천 명을 먹이시는데 이는 메시아 시대의 잔치를 연상시킨다.14:13~21 이 일이 있고 나서 제자들은 바다에서 풍랑으로 어려움을 겪는다. 제자들은 물 위로 걸어오는 예수를 유령이라고 생각하고 무서워한다.14:26 베드로는 예수의 명에 따라 잠시 물 위로 걷다가 빠지지만, 예수께서 그를 건지시고 그 작은 믿음을 책망하신다. 그들은 결국에는 분명하게 예수께 "진실로 하나님의 아들이로소이다"14:33라고 고백한다. 마가복음에서 제자들은 계속해서 깨닫지 못하고 예수를 인식하지 못하는 자들로 묘사되는 것과는 대조적으로, 마태복음에서 제자들은 작은 믿음의 소유자들이지만 결국에는 깨닫는 자로 묘사된다. 여기서 예수께서는 사람들에 의해 최초로 하나님의 아들로 고백 된다. 예수의 제자들이 장로의 유전을 지키지 않았다는 이유로 바리새인과 서기관들이 예수께 도전한다.15:2 예수께서는 오히려 그들의 위선을 책망하시며, 외적인 계명 준수보다 내적인 태도의 중요성을 가르치신다.15:8~11

예수께서는 계속해서 사람들을 고치시며, 이방의 가나안 여인은 예수를 '다윗의 자손' 메시아라고 믿으며, 세 번이나 냉담하게 거절하는 예수께 대해 포기하지 않는 큰 믿음을 보임으로써 "네 믿음이 크도다"라고 칭찬을 받는다.15:28 계속해서 예수를 배척하는 유대교 지도자들과 대조를 이루며, 깨닫지 못하는 제자들과도15:16 대조를 이룬다. 이방 여인이 큰 믿음으로 칭찬받은 일은 앞선 이야기에서 이방인 백부장이 큰 믿음을 예수께 칭찬받았던 일을 상기시킨다.8:5~13 예수께서는 절뚝발이와 장애인과 맹인과 벙어리 등을 고치시고 무리는 이스라엘의 하나님을 영화롭게 하면서 이러한 예수의 사역이 근본적으로 하나님의 일임을 인정한다.15:29~31 이전에 서기관들과 함께 예수께 표적을 요구했던 바리새인들은,12:38 이번에는 사두개인들과 함께 다시 하늘로부터 오는 표적을 구함으로써 예수의 권위의 근원을 확인하려고 한다16:1. 예수께서는 다시 그들을 '악하고 음란한 세대' 라고 규정하시며 바리새인과 사두개인의 누룩을 주의하라고 교훈 하신다.16:4,6

요약하자면, 바리새인들은 예수를 죽이려고 하고,12:14 예수께서는 그들을 책망함으로써 유대인 지도자들과의 갈등은 심화 된다. 예수의 고향 사람들도 예수를 배척한다. 일반적으로 무리는 예수를 인정한다. 특히 이방 여인의 믿음은 강조된다. 제자들은 작은 믿음을 보이지만 곧 깨닫고 예수를 하나님의 아들이라고 고백하기도 한다.

예수는 누구인가? 16:13~20:34 빌립보 가이사랴에서 예수께서는 이제 직접 제자들에게 자신의 정체에 대해 질문하시는데 우선 사람들의 예수의 정체에 대한 이해를 질문하신 다음에 제자들의 생각을 질문하신다.16:15 예수께서는 스스로 제자들에게 먼저 이 질문을 하심으로써 예수의 정체와 신분이 무엇인지에 대한 중요성을 나타내신다. 이는 또한 독자로 하여금 예수의 정체에 대해 주목하게 한다. 베드로는 예수를 '그리스도' 이시며 '하나님의 아들' 이라고 고백함으로써 예수께 칭찬을 듣는다. 제자들은 이전에 예수를 하나님의 아들로 고백한 일이 있다.14:33 하지만, 제자들이 예수를 그리스도메시아로 고백하는 것은 이번이 처음이다. 사실상 이제까지의 이야기에서 예수를 그리스도라고 호칭하는 자는 화자뿐이었다.22) 아직 아무도 예수를 그리스도라고 말한 일이 없지만, 베드로가 처음 그렇게 고백한다. 예수께서는 그가 복되다고 선언하시는데 그 고백은 하나님께서 알게 하셔서 할 수 있었던 것이기 때문이다.16:17 예수께서는 자신의 교회를 세우실 것을 말씀하시며 베드로에게 매고 푸는 것에 관한 권한을 부여하신다. 하지만, 예수께서는 바로 자신이 그 그리스도라는 것을 아무에게도 말하지 말도록 분명하게 명하신다.16:20 예수께서 왜 그렇게 명하셨는지를 독

---

22) 사람들이 예수를 '다윗의 자손' 이라고 호칭한 일은 있어도(9:27; 12:23; 15:22), 예수께 대해 정확히 '그리스도' 라는 표현을 사용한 일은 없다.

자도 이렇게 해야 하는 이유를 듣지 못한다. 이제 독자는 이러한 이유가 설명되기를 기대하며 주목하며 이야기를 읽게 된다.

예수께서는 자신이 그리스도라는 것을 왜 말하지 말도록 요구하셨는지 그 이유를 설명하시는 대신, 처음으로 자신이 '반드시' δεῖ 고난을 받고 죽임을 당하고 부활하게 될 것을 제자들에게 가르치신다. 16:21 자신이 그리스도이심을 발설하지 말라고 하신 예수께서는 자신의 당연한 고난과 죽음 그리고 부활에 대해 말씀을 하신다. 베드로는 자신의 예수를 그리스도라고 선언한 고백은 하나님이 알게 하신 것이라고 칭찬을 받았는데, 예수께서 말씀하신 고난과 죽으심은 그리스도의 모습과는 당연히 어울리지 않는다고 생각했을 것이다. 베드로는 예수를 붙들고 '꾸짖으며' ἐπιτιμᾶν, rebuke 이런 일은 절대로 없을 것이라고 말한다. 16:22 하지만, 이 일로 베드로는 사탄이며, 예수의 걸림돌이며, 하나님의 일을 생각하지 않고 사람의 일을 생각하는 자로 책망을 받는다. 16:23 앞서 있었던 예수의 시험 이야기를 기억하는 독자라면 여기서 "사탄아…물러가라" Ὕπαγε Σατανᾶ라는 명령은 바로 예수께서 사탄에게 시험을 받으실 때에 사탄에게 했던 것과 같은 표현이라는 것을 알고 놀랄 것이다. 4:10 사탄에게 시험받으실 때에 사탄의 요구를 따르거나 세상의 방법을 사용하지 않고 하나님께만 순종하심으로써 시험을 이기신 예수께서는, 사탄처럼 사람의 방법으로 하나님께 순종하는 예수를 막으려는 베드로를 그 때와 똑같이 꾸짖으신다. 이러한 베드로를 예수께서는 "너는 나를 넘어지게 하는 자로다"너는 나의 걸림돌이다, σκάνδαλον εἶ ἐμοῦ라고 선언하시는데16:23 이러한 표현은 마태복음에만 나타난다.[23] 이전에 천국의 열쇠를 약속받았던 베드로가 이렇게 심한 책망을 받는 장면은 독자들로 하여금 심각하게 만든다. 비록 예수를 '그리스도'와 '하나님의 아들'로 고백한다고 해도 예수의 고난과 죽으심을 이해하지 못한다면 그 고백이 아무런 의미가 없다는 사실을 독자들은 알게 된다. 베드로의 고백

---

23) '걸림돌' (σκάνδαλον)이라는 단어는 복음서들에서는 마태복음에 5회 누가복음에 1회 사용되는 마태가 주로 사용하는 용어로서 마태는 특히 걸림돌이 되는 자에 대한 심판과 불행을 강조하고 있다(13:41; 18:7).

자체는 하나님께서 하게 하신 것이지만 베드로 자신은 그 고백의 의미를 제대로 알고 있지 못했다.

예수께서는 바로 이어서 제자들의 고난까지 예고하시는데, 예수 자신만 고난받는 것이 아니라 예수를 따르려는 자는 누구든지 죽음을 각오하고 따라야 한다고 말씀하신다.16:24~25 사실 예수께서는 이전에 제자들을 파송하시면서 그들이 핍박을 받게 될 것과 목숨을 내어 놓을 각오로 나아가야 함을 분명히 말씀하신 일이 있다.10:16~39 제자로서 이 땅에서 고난받고 목숨을 잃는다고 해도 인자가 재림할 때 그 행위대로 보상해 주실 것이기 때문에 기꺼이 목숨까지도 버릴 수 있어야 한다.16:27 이처럼 예수가 그리스도이시며 하나님의 아들이라는 고백은 예수께서는 **고난받고 죽으시고 부활하시는** 분이라는 것을 올바로 인식할 때에 비로소 진정한 의미가 있게 된다는 것을 독자는 알게 된다. 예수를 올바로 이해하고 고백하는 제자들이라면 그들도 또한 고난을 받아야 한다는 것을 알아야 한다.

예수께서는 엿새 후에 베드로와 야고보와 요한과 함께 산에 오르셨다가 변형된다.17:1~2 이야기에서 두 번째로 하나님의 음성이 들리는데 첫 번째에 그렇게 말씀하셨던 것처럼 "이는 내 사랑하는 아들이요 내 기뻐하는 자"라고 다시 선언하시며 이번에는 "너희는 그의 말을 들으라"17:5라고 명하신다. 바로 이전에 자신과 제자들의 고난에 대해 말씀하셨는데 하나님께서는 이해하지 못하는 제자들에게 예수의 말씀을 들으라고 명하신다. 제자들은 심히 두려워하고, 예수께서는 내려오시면서 자신이 죽은 자 가운데서 살아나기 이전에는 이 일을 아무에게도 말하지 말라고 말씀하신다.17:9 이런 영광스러운 변화는 부활에 대한 예시豫示로서 부활에는 먼저 고난과 죽으심이 선행되어야 한다. 아직 고난을 이해하지 못하는 제자들에게 이 부활을 예시한 사건을 말할 기회는 유보된다. 이어지는 이야기에서 제자들은 귀신을 쫓아내지 못하며 예수께서는 그들의 작은 믿음을 지적하시면서 믿음에 대해 교훈하신다.17:14~20 예수께서는 "진실로 너희에게 이르노니 만일 너희에게 믿음이 겨자씨 한 알 만큼만 있어도 이 산을 명하여 여기서 저기로 옮겨지라 하면 옮겨질 것이요 또 너희가 못할 것이 없으리라"라고 교훈하심으로써 믿음을 강조하시는데, 세 복음서의 병행본문에서 이러한 믿음에 대한 교훈은 마태복음에만 나타난다. 17:20

예수께서는 제자들에게 자신이 죽으시고 살아나실 것을 다시 말씀하시지만 17:23 제자들은 매우 근심한다. 화자는 이처럼 제자들의 반응을 해설해 줌으로써 예수의 고난 예고와 제자들의 반응에 주목하도록 한다. 제자들은 하나님의 통치(왕국)에서는 누가 가장 큰 자인지 예수께 질문하는데, 예수께서는 이제까지 주로 고난에 대해 말씀하셨지 이런 주제에 대해서는 언급하신 일이 없으셨다. 즉, 제자들은 예수께서 전혀 관심 보이고 있지 않고 언급도 하지 않으시며 또한 최근의 심각한 분위기에도 어울리지 않는 질문을 하고 있다. 이는 제자들의 이해 못 함과 빗나간 관심을 보여준다. 18:1 예수께서는 자기를 낮추는 자가 큰 자라고 교훈하시며, 어린 아이들이라도 잘 대하고 받아들일 것을 교훈하신다. 18:2~5 특히 믿는 작은 자 중 하나라도 실족하게 하는 일은 절대로 하면 안 되며 업신여겨서도 안 된다고 교훈하신다. 18:6~10 또한, 죄 범한 형제가 있다면 여러 번에 걸쳐 돌이킬 수 있도록 권면 해야 하며, 계속 용서해야 한다고 교훈하신다. 18:15~22 형제들을 용서하는 것은 곧 하늘 아버지의 용서를 받는 조건이 된다. 18:35 특히 교회에 이런 자를 용서할 수 있는 권한을 주신다. 18:17~18 화자는 교회가 없던 시대의 예수의 말씀을 교회 시대의 독자들에게 하고 있다. 예수의 이름으로 두세 사람이 모인 교회에는 예수께서 함께하시기 때문에 그들이 합심해서 용서를 구하면 들어주신다. 18:19~20

이제 화자는 네 번째 설교가 마쳤음을 독자에게 알리며('예수께서 이 말씀을 마치시고…') 다음에 일어나는 사건에 주목하게 한다 19:1. 예수께서는 유대 지역에서 병을 고치시고, 바리새인들은 예수를 시험하지만, 예수께서는 그들을 가르치신다. 19:1~12 제자들은 사람들이 어린 아이들을 데리고 오는 것을 꾸짖는데, 예수께서는 다시 하나님 통치가 이런 사람의 것이라고 교훈하신다. 19:13~15 예수께서는 이미 앞서 한 어린 아이를 불러 세워 어린 아이들처럼 되지 않으면 결단코 하나님의 통치에 참여하지 못할 것이라고 분명히 교훈하신 일이 있다.18:1~3 어떤 사람이 예수께 와서 무슨 선한 일을 하여야 영생을 얻을 수 있는지 질문하며 예수께서는 사람들에 대한 계명들을 지키라고 하신다.19:16~17 그 청년은 이 모든 것을 지켰다고 말한다. 영생을 얻는 방법에 대한 질문에 예수께서 계명을 지키라고 명하신 것도 놀라우며, 청년이 이 모든 것을 지켰다고 고백하는 것도 놀랍다. 이제 예수께서 그 청년에게 하시는 말씀은 더욱 충격적이다. 예수께서는 온전하고자 원한다면 소유를 팔아서 가난한 자들에게 주고 와서 자신을 따를 것을 요구하신다.19:21 결국, 그 청년은 근심하며 간다.19:22 하나님과 사람 앞에서 재물 포기를 하지 못하는 부자는 하나님의 통치에 참여하기 어렵다는 예수의 말씀에 제자들은 놀란다.19:23~25 이 청년은 아무것도 약속받지 못하고 떠났지만, 모든 소유를 버리고 예수를 따르는 베드로는 자신이 무엇을 얻게 될 것인지 기대를 하고 예수께 질문한다.19:27 예수께서는 전적인 포기를 하고 예수를 따르는 자들에게 주어질 보상을 약속하시며 영생도 상속받을 것이라고 말씀하신다.19:28~29 그러나 이어서 예수께서는 많은 첫째들 πρῶτοι이 꼴찌들ἔσχατοι이 되며 꼴찌들이 첫째들이 될 것이라고 하시며19:30 이에 관한 비유를 말씀해 주신다. 먼저 모든 것을 버리고 예수를 따른 자신이 더 많은 보상을 받을 것이라고 기대했던 것으로 보이는 베드로에게 마지막에 부르심을 받은 포도원의 품꾼처럼 그런 기대 없이 겸손하게 예수를 따르도록 교훈하신다.20:1~16

예수께서는 예루살렘으로 가려고 하시면서 세 번째로 자신의 고난에 대해 예고하신다.20:17~19 독자는 고난 예고 다음에 나타난 이전의 제자들의 이해하지 못하는 반응이나 행동을 기억하며 이제 세 번째 고난 예고에 대한 반응을 살피게 된다. 화자는 마가복음에서처럼 야고보와 요한이 직접 예수께 요구했다고 언급하지 않고막10:35~45 세배대의 아들들의 어머니가 아들들을 데려와 예수의 나라에서 자신의 아들들이 높은 위치를 차지하도록 요구했다고 전한다.20:20 예수께서는 그들에게 지위에 대해 관심 갖기보다는 자신의 고난에 동참할 것을 말씀하신다. 20:22~23 나머지 제자들은 이 두 형제에 대해 분을 낸다. 예수는 세 번이나 거듭해서 자신의 고난에 대해 예고하심으로써 그것을 강조하고 있지만, 제자들은 예수와 자신들의 고난에는 관심이 없고 보다 위대해지며 높은 지위를 얻는 데에 관심을 보이고 있다. 제자들은 예수의 두 번째 고난 예고 때도 누가 가장 큰 자인가에 대해 관심을 보였었다. 18:1 예수께서는 "너희 중에는" 세상이 추구하는 가치를 추구해서는 안 되며, 20:26 세상 가치와는 달리 섬기는 종이 되어야 한다고 강조하시며, 자신도 섬기고 자신의 목숨을 대속물로 주려고 오셨다고 말씀하신다. 20:26~28

여리고에서 맹인들은, 앞서 다른 맹인들이 그러했듯이, 9:27 예수를 '다윗의 자손'이라고 알아보고 고백하며, 예수께서는 그들의 요구대로 그들을 고쳐 주신다. 20:30~34 이 부분의 이야기에서 예수께서는 병자들에게는 이전처럼 '다윗의 자손'으로, 하나님에 의해서는 '사랑하는 아들'과 하나님의 '기뻐하는 자'로 선언되며, 예수 자신은 고난과 죽으심과 부활을 세 번이나 언급하신다. 하지만, 제자들은 예수의 고난이나 죽음을 이해하지 못하며 예수의 섬기는 태도와는 달리 크게 되는 일에 관심을 보임으로써 예수와 다른 길을 가고 있다.

예루살렘에서 유대 지도자들과 충돌하심. 21:1~25:46 예수께서는 선지자의 예언을 따라 나귀를 타고 예루살렘에 입성하신다. 무리는 예수를 '다윗의 자손'과 '주의 이름으로 오시는 이'라고 부르면서 환호한다. 21:9 하지만, 무리는 또한 예수를 '갈릴리 나사렛에서 나온 선지자'라고 이해함으로써 예수께 대해 충분치 못한 인식을 하고 있음을 드러낸다. 21:11 예루살렘에 입성해서 예수께서 가장 먼저 행하신 일은 성전에 들어가 성전을 정화하신 일이다. 일종의 물리적 폭력을 행사하신 일에 독자는 놀라며 이 일의 중요성에 주목한다. 성전은 기도하는 곳이어야 하지만 그들이 강도의 소굴로 만들었다고 지적하신다. 21:12~13 예수께서는 성전에서 맹인들과 저는 자들을 고쳐 주시며, 아이들은 '호산나 다윗의 자손이여'라고 소리를 지른다.21:15 예수께서는 열매 맺지 못하는 무화과를 저주하시고 나서, 다시 성전에 들어가 가르치신다. 유대교 지도자들이 예수가 무슨 권위로 이런 일을 하며 누구에게 그런 권위를 받았는지를 추궁하며 예수와 충돌한다.21:23 예수께서는 직접적인 대답을 회피하시고, 세 개의 비유, 즉, 두 아들의 비유,21:28~32 포도원의 비유,21:33~45 혼인 잔치의 비유22:2~14를 통해서 하나님께 순종하지 않고 하나님이 보내신 자를 받아들이지 않는 그들의 잘못을 지적하며, 그들에게서 하나님의 통치를 거두어서 열매 맺는 이방인 ἔθνει, 21:43에게 주실 것이라고 하시고, 그들에게 임할 심판을 선언하신다. 바리새인들과 대제사장들은 예수를 잡으려 하고,21:46 바리새인들은 예수를 함정에 빠뜨리려고 계획하며,22:15 사두개인들과 함께 예수께 세 가지 질문을 한다22:15~40. 바리새인들에게 예수께서는 그리스도는 실제로 다윗의 자손을 초월하시는 분이라는 것을 논증한다.22:45 나아가 예수께서는 서기관들과 바리새인들의 형식주의와 위선, 그리고 선지자들을 죽인 것들에 대해 신랄하게 비판하시고 그들에게 심판을 선언하신다. 23장 마태는 마가와 누가에 비해 가장 길고 신랄하게 유대교 지도자들에 대한 책망과 심판에 대해 서술한다. 이처럼 이야기의 분위기는 심각해지는데, 예수께서는 유대교 지도자들이 하나님이 보내신 자들과 선지자들을 박해하고 죽인 데 대한 심판으로 성전이 멸망할 것을 예고하시며, 이와 더불어 마지막 때에 관한 긴 설교를 하신다.24장 또한, 이러한 종말을 대비하여 열 처녀의 비유, 달란트의 비유, 양과 염소의 비유를 통해 참된 행위로 깨어서 인자의 재림을 준비하도록 교훈 하신다.25장

  그리스도/하나님의 아들의 고난과 죽으심.26:1~27:66 화자는 이제 다섯 번째이자 마지막으로 공식적 표현을 통해서 모든 설교를 예수께서 마치셨음을 알려준다. '예수께서 이 말씀을 다 마치시고…,' 26:1~2 24) 이제부터 독자는 예수의 설교 대신에 그에게 일어나는 사건에 주목하게 된다. 예수께서는 자신이 이틀 후 유월절에 팔리실 것을 구체적으로 예고하시는데 마태복음

---

24) 마태복음 7:28; 11:1; 13:53; 19:1을 참조하라.

에만 나타나는 이 예고는 예수의 네 번째 고난예고가 된다. 대제사장들과 장로들은 모여서 본격적으로 예수를 잡아 죽이려고 의논하게 된다. 26:2~4 한 여인은 향유로 예수의 장례를 예비함으로써 복음과 함께 기억될 인물로 칭찬을 받는데, 이 여인은 예수의 죽으심에 준비되어 있지 않으며 분개하는 제자들과 대조를 이룬다. 26:6~13 게다가 예수의 제자 중 하나인 가룟 유다는 배신을 계획한다. 26:14~16 마지막 만찬 때에 예수께서는 떡과 잔을 나누시며, 제자 중 하나의 배신을 예고하시고, 자신이 "죄 사함을 얻게 하려고 많은 사람을 위하여" 피를 흘릴 것을 말씀하신다. 26:21~29 예수라는 이름이 죄에서부터 구원해주신다는 의미가 있다는 것을 독자는 이미 이야기의 초기에 들어서 알고 있다. 1:21 예수께서는 감람산으로 가시면서 제자들이 모두 자신을 버릴 것을 예고하시지만, 베드로는 자신은 절대 그러지 않을 것이라고 말한다. 26:30~33 하지만, 예수께서는 베드로가 그날 밤에 세 번 부인할 것이라고 말씀하신다. 26:34 베드로는 "내가 주와 함께 죽을지언정 주를 부인하지 않겠나이다"라고 다시 단언하며 나머지 제자들도 그렇게 말한다. 26:35 이 이야기의 실제 독자는 아마도 이 모든 대화가 사실로 이루어졌다는 것을 알고 있었을 것이다. 예수의 말씀대로 유다는 배신하고, 제자들 모두 도망하고, 베드로는 세 번 부인한다. 복음서 이야기에는 부활 이후 제자들의 삶에 대해서 언급되어 있지 않지만, 교회 시대에 살고 있던 실제 독자들은 베드로와 다른 제자들이 나중에 자신들이 거듭 단언한 대로 주를 부인하지 않으며 주와 함께 죽는다는 것을 알 것이다.

예수께서는 겟세마네 동산에 가셔서 고민하시며 세 번 같은 말씀으로 기도하신다. 26:36~45 예수께서는 체포되시는데, 이런 과정 모두가 하나님의 계획하에 선지자의 글을 성취하는 것임을 말씀하신다. 26:54,56 제자들은 모두 예수를 버리고 도망한다. 26:56 예수께서는 대제사장에게 끌려가 심문을 받으시는데, 대제사장의 관심은 예수가 '하나님의 아들 그리스도'인지를 확인하려는 데에 있다. 26:63 "네가 하나님의 아들 그리스도인지 우리에게 말하라"라는 대제사장의 요구에 예수께서는 "네가 말하였느니라"$\sigma\grave{\upsilon}$ $\epsilon\tilde{\iota}\pi\alpha\varsigma$

라고 애매한 긍정을 하시는데,26:64 그가 질문한 호칭에 대해서는 긍정하시지만, 그가 생각하는 의미에는 동의하지 않으신 것으로 보인다.[25] 예수께서는 대신 자신을 인자로 호칭하시며 자신이 권능(자)의 우편에 앉아서 구름을 타고 오실 것을 말씀하신다.26:64 예수께서는 유대인들의 일반적인 생각과 같은 정치적 메시아로서 이 세상 나라에 관계된 분이 아니라 다니엘이나단7:13 시편에시110:1 언급된 것 같은 초월적인 인자—메시아로서 하나님의 우편에 앉은 분이라고 말씀하신 것으로 이해된다. 결국, 대제사장들과 서기관들과 장로들은 이러한 예수의 대답을 신성 모독이며, 사형에 해당하는 죄로 선언하고 예수를 모욕한다.26:65~66 사람들은 "그리스도야 우리에게 선지자 노릇을 하라예언해 보아라, $προφήτευσον$"라고 예수를 모욕하는데 사실상 그들은 자신들의 의도와 상관없이 예수의 정체에 대한 진리를 주위 사람들에게 그리고 독자에게 말해주고 있다.26:68 예수께서는 실제로 그리스도이시며 예언을 하시는 분이다. 베드로는 대제사장의 집 뜰에까지 예수를 따라갔지만 세 번 예수를 부인하고 나가서 통곡한다.26:69~75

　새벽에 대제사장과 장로들은 예수를 죽이려고 의논하고 예수를 빌라도에게 넘긴다.27:1~2 가룟 유다는 자살을 하는데 이 역시 선지자의 예언대로 이루어진 것이다.27:3~10 빌라도는 예수가 '유대인의 왕'인지를 질문하지만, 예수께서는 역시 "네 말이 옳도다"(네가 말한다, $σὺ\ λέγεις$)라고 우회적 긍정을 하신다.27:11 당국자들은 무리까지 선동하여 바라바를 놓아주고 예수를 죽이도록 압력을 가한다.27:20 빌라도는 예수를 처형하는 일에 머뭇거리며 자신의 책임이 없음을 표현하고, 유대인 백성은 "그 피를 우리와 우리 자손에게 돌릴지어다"라고 자신들이 이 일에 책임질 것을 표명한다.27:24~25 군병들은 처형에 앞서 예수께 홍포를 입히고, 관을 씌우고 그 앞에 무릎을 꿇고, 유대인의 왕이라고 하는데, 그들은 조롱하고 있지만, 외형적으로 볼 때에 그들의 행위들은 실제로 왕에게 드리는 것이었다.27:27~31 그 군병들 자신들은 모르고 있지만 그들의 행위들을 통해서 **독**

---

[25] R. T. France, *The Gospel of Matthew*, 102-6.

자에게 예수께서 진정으로 유대인의 왕이라는 것을 확인시켜 주고 있다. 결국, 예수께서는 공식적으로 '유대인의 왕'이란 죄목으로 처형을 당한다.27:37 [26] 예수께서 돌아가신 후 성소 휘장이 찢어지고, 땅이 진동하고, 바위가 터지고, 무덤들이 열리고, 자던 성도의 몸이 일어나는 등 많은 일이 일어나며 백부장과 및 그와 함께 한 자들은 지진과 이러한 일들을 보고 심히 두려워하며 "이는 진실로 하나님의 아들이었도다"라는 결론적인 고백을 한다.27:54 이 결론적인 고백은 이방인 백부장이 한 것이다. 화자는 예수의 탄생 때부터 돌아가실 때까지 거듭해서 이방인들을 훌륭한 모습으로 제시하고 있다.

부활과 위임.28:1~20 안식 후 첫날 막달라 마리아와 다른 마리아가 무덤에 가지만 천사를 만나고 부활 소식을 듣는다.28:1~6 예수께서는 여인들에게 나타나시며 또한 말씀하셨던 대로 갈릴리에서 열한 제자에게 나타나신다.28:16~17 제자들은 예수를 경배하지만, 여전히 의심하는 자들도 있었다. 예수께서는 마지막으로 제자들에게 대위임을 하시는데, 부활하신 예수께서는 하나님의 권위를 가지신 분으로 묘사된다. 이제 예수께서는 하늘과 땅의 모든 권위를 하나님으로부터 받으신 분으로서 모든 이방인을 제자로 삼아서 세(침)례를 행하고, 예수께서 제자들에게 명령하신 모든 것을 지키도록 가르치라고 명하신다.28:18~20 그분은 세상 끝날까지 제자들과 항상 함께 있을 것이라고 약속하신다.28:28 결국, 그분은 하나님의 전권을 부여받은 하나님의 대리자로서 사람들과 항상 함께 계시는 '임마누엘'이 된다.

이처럼 마태복음에서 예수께서는 사탄과의 갈등에서는 '하나님의 아들'이신 모습이 강조되었고, 귀신(들린 자)도 예수가 하나님의 아들이심이라고 고백한다. 유대교 지도자들과의 갈등에서는 '하나님의 아들이신 메시야'와 '죄를 사해 주시는 인자'로서의 예수상이 중요 문제였으며, 이는 주로 예수가 **하나님의 권위를 가지셨는가** 하는 문제와 관련이 있었다. 제자

---

[26] 화자는 군병들이 왕에게 하는 행위들을 했다고 전하거나 예수가 유대인의 왕이란 죄목으로 처형당했다고 전함으로써 독자에게 실제로 예수께서 왕이셨다는 것을 거듭 확인시켜주고 있다. 일종의 '아이러니' 기법을 사용하고 있는 것이다.

들과의 갈등에서는 '고난받는' 메시아가 가장 큰 갈등의 요인이었다. 예수와 갈등을 겪지 않았던 고침을 받은 병자들은 거의 항상 예수를 '다윗의 자손'으로 호칭하고 있으며, 예수 자신은 자신을 스스로 보통 인자人子로 부르고 있다. 이야기의 마지막에서 예수께서는 하늘과 땅의 모든 권세를 받으신 분으로서 세상 끝날까지 제자들과 항상 함께 계시는 임마누엘로 나타난다.

특징 및 신학

마태복음의 독특한 내용. 마태복음은 일반적으로 마가복음과 Q자료를 사용했으며 고유한 자료(M)도 사용한 것으로 알려졌다. 그러나 실제로 이러한 자료 사용이 있었는지 확인할 수는 없다. 하지만, 마태복음에만 나타나는 독특한 내용을 살펴보는 것만으로도 마태복음의 특징을 이해하는 데 도움이 된다. 마태복음의 독특한 내용의 중요한 부분들은 다음과 같다: 예수의 족보와 탄생 이야기, 1~2장 세(침)례 시에 예수의 요한과의 대화, 3:14~15 나사렛에서 가버나움으로 이주, 4:13~16 지복至福 선언, 5:5,7~10 계명과 의義에 관한 교훈, 5:19~20 여섯 가지 대조적 말씀의 대부분, 5:21~43 구제와 기도에 대한 교훈, 6:1~8 금식에 대한 교훈, 6:16~18 이스라엘의 잃어버린 양에게로만 가라는 말씀, 10:5~6 수고하고 짐 진 자들에 대한 권유, 11:28~29 가라지의 비유와 해석, 13:24~30,36~43 하늘 통치에 대한 세 가지 비유, 13:44~50 하늘 통치의 제자 된 서기관, 13:51~52 베드로가 물 위로 걸음, 14:28~31 이스라엘의 잃어버린 양만을 위해서 오신 예수, 15:24 베드로의 고백에 대한 칭찬, 16:17~19 성전세를 내심, 17:24~27 죄를 범한 형제에 대한 용서와 합심 기도, 18:15~21 용서하지 않는 종의 비유, 18:23~35 포도원 품꾼의 비유, 20:1~16 두 아들의 비유, 21:28~32 열 처녀의 비유, 25:1~13 마지막 심판, 25:31~46 가룟 유다의 죽음, 27:3~10 빌라도의 아내와 빌라도의 손 씻음, 27:19,24~25 예수가 죽으셨을 때 일어난 일들,27:51~53 경비병이 무덤을 지킴,27:62~66 경비병의 보고,28:11~15 갈릴리 대위임28:16~20.

예수. 모든 복음서에서 예수는 이야기의 주인공이다. 마가복음을 자료로 사용한 것으로 보이는 마태복음은 전체적으로 마가의 예수 이야기의 내용을 거의 모두 전하고 있으며 마가의 예수상도 그대로 따르고 있다. 마태복음은 마가복음에는 없는 예수의 계보와 탄생 이야기를 싣고 있는데, 이처럼 마태복음에만 독특하게 있는 이야기들에서는 마태복음의 예수상이 잘 나타난다.

첫째, 마태의 이야기는 그 첫머리에서 우선 '다윗의 자손'으로서의 예수를 제시하고 있다.1:1 이 용어는 '유대인의 왕'이라는 호칭과 비슷한 의미로 다윗 가문의 왕이신 메시아를 지칭하는 메시아 용어로 볼 수 있지만, 그 사용된 용례를 살펴보면 그 성격이나 기능에서 다른 용어들과 차이를 보이기도 한다. 화자는 처음부터 예수를 다윗의 자손으로 소개하고 곧 예수가 어떻게 다윗의 자손이 되는지 족보를 통해서 입증한다.1:2~17 하나님께서 다윗과 맺으신 언약은 그의 왕권통치를 영원히 견고하게 해 주시겠다는 것이었다.삼하7:13~16 바벨론에 의해 나라를 잃은 유다 백성은 하나님의 계약에 따라 그 통치가 회복될 것을 기대하였으며, 그러한 통치를 가져올 다윗의 자손(메시아)을 기대했다. 마태는 예수가 바로 그러한 다윗의 자손이라고 처음부터 선언한다. 하지만, 이야기에서 화자는 예수가 다윗의 자손이 되려고 다윗의 계보를 따라 탄생하시지만 실제로는 하나님의 성령으로 잉태되심으로써 당시 사람들이 생각했던 다윗의 자손과는 다른 분이라는 것을 알려주고 있다.1:18 마태의 이야기에서 예수에게 '다윗의 자손'이란 표현을 사용한 경우는 9절마가 3회, 누가 2회나 나타나고 있어서 마태복음에서 이 용어의 중요성을 보여준다.

마태의 이야기에서 이 호칭은 주로 예수의 치유 사역과 관련하여 그 대상자들의 고백이나 주위사람들의 반응에서 사용된다.9:27; 12:23; 15:22; 20:30~31; 21:15 일반적으로 통치하는 왕의 이미지를 지닌 다윗의 자손이라는 용어가 마태의 이야기에서는 거의 '치유하시는' 메시아를 나타내는 데에 사용된다. 이처럼 메시아와 치유를 연결하는 것은 당시 메시아 사상으로 볼 때에 일상적이지 않은데 그렇다고 해서 아주 새로운 것이라고 할 수도 없다. 세(침)례자 요한이 옥에서 제자들을 보내어 예수가 오실 그이, 즉, 메시아인지 묻자 예수께서는 "맹인이 보며 못 걷는 사람이 걸으며 나병환자가 깨끗함을 받으며 못 듣는 자가 들으며 죽은 자가 살아나며 가난한 자에게 복음이 전파된다 하라"라고 답변하신다.11:2~5 이는 예수께서 생각하시는 메시아의 사역에서 치유가 차지하는 위치와 중요성을 알게 해준다. 이러한 예수의 답변에서 '맹인'의 치유는 가장 먼저 언급되고 있는데, 실제로 마태의 이야기에서 다윗의 자손이라는 호칭은 네 번 맹인의 치유 사건에서 나타나고 있다.9:27; 12:23; 20:30~31; 21:14~15 또한, 맹인이 보게 되고 말 못하는 자가 고침을 받는 것과 같은 치유 기적은 구약에서도 미래의 하나님의 통치에서 일어날 수 있는 것으로 언급되고 있어서 이러한 치유는 메시아 사상과 연결될 수 있음을 보여준다.사35:5~6 예수께서 예루살렘에 입성하실 때에도 사람들은 예수를 '다윗의 자손'으로 찬양하는데 이처럼 이 호칭은 메시아적인 것이 분명하다.21:9 즉, 다윗의 자손이라는 호칭을 통해서 마태는 예수가 하나님의 통치 시대를 가져오시는 메시아로 제시하고 있는데, 정치적 또는 군사적인 힘으로 백성을 통치하는 메시아가 아닌 불쌍한 사람을 긍휼히 여겨 치료해 주시는 메시아로 제시하고 있다. 이는 예수께서 자신의 왕적 권위를 곤궁에 처한 자들을 압박하는 데에 사용하지 않으시고 그들을 돕는 데 사용하신다는 것을 보여준다.27) 이처럼 다윗의 자손이란 단순히 예수의 혈통이나 신분이나 정체를 표현하는 말이 아니라 치료하고 돕는 그의 사역을 표현하는 용어로 사용된다. 또한, 이는 유대 지도자들의 정치적인 기대가 아닌 평범한 사람들의 필요에 부응하는 예수의 모습을 보여준다.28)

예수께서는 다윗이 그리스도를 '주' κύριος, Lord라고 칭하였음을 지적하

---

27) David L. Turner, *Matthew* (Grand Rapids: Baker Academic, 2008), 33.

면서 그리스도는 그의 자손이라고 할 수 없다고 말씀하신 일이 있다.22:43~45 앞서 이미 맹인들은 예수를 다윗의 자손이라고 고백했으며 동시에 '주'라고 고백했었다.9:27~28 예수가 다윗의 자손일 수 없다는 말씀은 다윗의 자손이 아니라는 의미보다는 단순한 다윗의 자손이 아니라 그 이상의 분이라는 의미로 이해된다.29) 이처럼 마태는 특히 이 호칭을 빈번히 사용하면서 예수를 사람들을 긍휼로써 치유하시는 메시아로 제시하는데, 그분은 단순한 다윗의 자손이 아니라 성령으로 나시고 실제로 주님이신 그러한 메시아라는 것을 보여준다.

둘째, 예수께서는 아브라함의 자손으로 제시된다.1:1 30) '아브라함의 자손'이라는 표현은 신약성서 전체에 걸쳐 단 2회 사용되고 있는데, 마태복음의 이 구절과 누가복음에서 삭개오에 대해 사용한 것이 전부다.눅19:9 이처럼 마태복음은 예수를 아브라함의 자손이라고 표현하는 유일한 책으로서 예수께서는 한 번 그렇게 표현되고 있다. 이처럼 단 1회 사용되는 표현의 의미를 파악하기는 쉽지 않다. 다윗의 자손이라는 표현의 의미를 하나님의 다윗과의 언약에서 찾았듯이, 아브라함의 자손이라는 의미는 하나님의 아브라함과의 언약에서 찾을 수 있을 것이다. 하나님께서는 아브라함에게 "땅의 모든 족속이 너로 말미암아 복을 얻을 것이라"창12:3라고 약속하셨다. 예수께서는, 물론 실제로도 유대인으로서 아브라함의 자손이라고 할 수 있겠지만, 아브라함과의 언약의 의미에서 그 언약을 통해서 보여주신 하나님의 계획을 실현하시는 분이라고 할 수 있다. 백부장의 훌륭한 믿음을 칭찬하신 예수께서는 "동서로부터 많은 사람이 이르러 아브라함과 이삭과 야곱과 함께" 하나님의 통치에 참여하게 될 것이라고 말씀하시는데,8:11

---

28) Ulrich Luz, *Studies in Matthew*, trans. Rosemary Selle (Grand Rapids: William B. Eerdmans Publishing Company, 2005), 87은 이것은 '정치적'인 수준에서 '인간적'인 수준으로의 유대인 소망의 전환을 의미하는 것이라고 한다.

29) R. T. France, *Matthew: Evangelist and Teacher* (Grand Rapids: Zondervan, 1989), 285.

30) 마태복음 1장 1절은 $Ἰησοῦ\ Χριστοῦ\ υἱοῦ\ Δαυὶδ\ υἱοῦ\ Ἀβραάμ$(Jesus Christ, son of David, son of Abraham)이라고 되어 있어서 여기서 아브라함의 아들이라는 표현은 다윗을 한정해 주는 문구로 볼 수도 있다. 즉, 예수 그리스도는 다윗의 자손이며, 다윗은 아브라함의 자손이라는 의미로 해석할 수도 있다.

이는 아브라함과 하신 약속의 실현이라고 할 수 있다. 이처럼 이 표현은 단 1회 사용되고 있지만 모든 족속을 하나님의 통치에 참여시키는 일을 가능하게 하시는 예수의 모습을 보여주고 있다고 할 수 있다.

  셋째, 예수께서는 그리스도메시아로 나타난다. 화자는 처음부터 예수를 '그리스도'라고 부른다.1:1,16,17,18 화자는 다윗 가문의 왕으로 나신 예수를 언급하는 데에 이 호칭을 사용하고 있어서 우선하여 '왕이신 그리스도'를 제시하고 있다고 볼 수 있다. 예수의 탄생을 알고 예루살렘에 온 동방의 점성가들은 '유대인의 왕'으로 나신 분을 찾는다.2:2 이 말을 듣고 헤롯이 대제사장과 서기관들에게 '그리스도'가 어디서 날 것인지에 대해 묻는 것을 볼 때에 유대인의 왕이라는 표현이 그리스도를 의미하는 것임을 알 수 있다.2:4 동방 점성가들은 결국 예수를 찾아 왕으로 경배하고 돌아간다. 하지만, 이후에 예수를 왕으로 표현하는 것은 예루살렘 입성 이전까지 한 번도 나타나지 않는다. 또한, 그리스도라는 호칭은 화자가 예수를 가리킬 때에 한 번 사용하는 것을 제외한다면, 베드로의 고백 이전까지 한 번도 등장하지 않는다. 화자는 세(침)례자 요한이 옥에서 '그리스도께서 하신 일'을 듣고 제자를 보내어 예수가 '오실 그이'인지 질문했다고 언급해 주고 있는데, 이처럼 예수의 그리스도 되심을 확인하는 구절에서 화자는 예수를 그리스도로 호칭함으로써 '오실 그이'는 곧 그리스도를 의미한다는 것을 보여준다. 앞서 살펴본 바와 같이 여기서 예수께서는 자신을 치료하시는 그리스도로 말씀하시며, 특히 맹인을 보게 하는 일은 더욱 그가 그러한 그리스도라는 것을 입증해 준다.

  빌립보 가이사랴 지방에서 베드로는 예수를 '그리스도'이며 '하나님의 아들'이라고 고백한다.16:16 예수께서 이러한 고백에 대해 베드로를 칭찬하신 것을 볼 때에 이 고백 자체를 옳은 것으로 인정하셨음이 분명하다.16:17 하지만, 특히 자신이 '그리스도'라는 것은 아무에게도 말하지 말라고 명하신다.16:20 그러나 '화자'는 바로 이어 예수를 '그리스도'라고 칭한다.이 때로부터 예수 그리스도께서… 16:21 즉, 예수나 화자 또는 독자에게 있어서 예수께서는 그리스도임이 분명하지만, 이 이야기에서 아직 베드로나 제자들에게, 또는 다른 등장인물들에게 있어서 예수께서는 그리스도라고 공표되지 않는다. "이 때로부터 예수 그리스도께서 자기가 예루살렘에 올라가 장로들과 대제사장들과 서기관들에게 많은 고난을 받고 죽임을 당하고 제 삼일에 살아나야 할 것을 제자들에게 비로소 나타내시니"라는 화자의 설명은 이전에 그리스도와 치유를 연결했듯이 이번에는 고난, 죽음, 부활과 이 호칭을 연결하도록 독자를 돕는다. 16:21 이 그리스도라는 호칭은 이처럼 예수의 고난과 죽음, 부활이 없이는 올바른 의미가 있지 못하는 것으로 제시되고 있다고 할 수 있다. 예수를 가까이서 따르는 제자들마저도 예수의 세 번에 걸친 고난 예고에도 그것을 이해하지 못하고, 실제로 한 제자는 예수를 고난에 넘겨주며, 다른 제자들은 예수의 고난이 닥쳤을 때에 모두 도망한다. 이처럼 특히 예수를 따르는 사람들에게 있어서 예수께서는 고난의 그리스도로서 중요한 의미를 지닌다. 예수께서는 우선은 고난받는 종으로서의 그리스도로서 자신을 제시하시지만, 물론 나중에는 왕으로서 통치하며 심판하실 것이다. 13:41; 16:28 예수께서는 예루살렘에 입성하실 때에 왕으로 입성하시지만, 정치적인 힘을 지닌 왕이 아니라 스가랴 선지자의 예언대로 나귀를 타고 겸손한 왕으로 입성하신다. 21:4~5 예수께서는 자신이 그리스도임을 인정하는 것처럼 보이는 언급을 하기도 하신다. 22:42,45; 23:10 하지만, 명백하게 자신이 그리스도라고 밝히지는 않으신다. 세상의 종말에 사람들을 미혹하는 내용에 "그리스도가 여기 있다 혹은 저기 있다"하는 것이 포함되며, 거짓 그리스도들은 표적과 기사를 보여서 택하신 자들도 미혹하려 할 것이라고 예수께서는 예언하신다. 24:23,24,26 이처럼 '그리스도'는 당시에 있어서나 미래에 있어서나 가장 주의해야 할 호칭으로 나타난다.

이후의 이야기에서 그리스도나 왕이라는 호칭은 주로 예수의 심문과 처형 장면에서 등장한다. 대제사장은 예수께 "네가 하나님의 아들 그리스도인지 우리에게 말하라"라고 요구하며 예수께서는 "네가 말하였느니라"고 유보적 긍정을 하신다. 26:63~64 이제 사람들은 예수를 조롱하며 그를 "그리스도야!"라고 부른다.26:68 처음 세 복음서에서 예수를 그리스도라고 호칭하는 사람은 베드로를 제외하고는 이 사람들뿐이다. 그들은 진정한 고백이 아닌 조롱의 의미로 예수를 그리스도라고 호칭하지만 이렇게 함으로써 사실상 자신도 모르게 '독자에게' 진리를 선언하고 있다. 빌라도는 예수께 "네가 유대인의 왕이냐"라고 질문하며, 예수께서는 역시 유보적 긍정을 하신다.27:11 이후 빌라도가 사람들 앞에서 예수를 '그리스도라 하는 예수' 라고 호칭하는 것을 볼 때에 그에게 있어서도 유대인의 왕과 그리스도는 같은 의미로 이해되고 있는 것을 알 수 있다.27:17,22 빌라도의 군병들은 "가시관을 엮어 그 머리에 씌우고 갈대를 그 오른손에 들리고 그 앞에서 무릎을 꿇고," "유대인의 왕이여 평안할지어다"라고 외치며 예수를 희롱하지만, 그들의 행위와 말은 주위 사람들과 독자에게 예수를 왕으로 선포하는 셈이다.27:29 예수께서는 '유대인의 왕' 이라는 죄목으로 처형당하고,27:37 유대교 지도자들은 예수를 '이스라엘의 왕' 이라고 조롱하지만, 이 모든 것은 독자들에게 다시 한 번 예수의 왕 되심을 선언해 준다. 여기서 유대교 지도자들은 "그가 남은 구원하였으되 자기는 구원할 수 없도다"라고 말함으로써, 예수께서 실제로 많은 사람을 구원하기 위해 자기 목숨을 드리는 심오한 진리를 독자에게 선포하고 있다.

 살펴본 바와 같이 예수께서는 화자에 의해 처음부터 그리스도로 제시되고 있는데, 화자는 예수의 계보를 제시할 때에 그리고 예수가 고난을 예고하실 때에 그리스도라는 호칭을 사용하고 있다. 즉, 화자의 용어 사용으로 본다면 예수께서는 특히 다윗 가문의 왕으로서, 그리고 고난받는 종으로서 그리스도로 드러나고 있다고 할 수 있다.[31] 베드로의 고백 이전까지 마태의 이야기에서 예수께서는 그리스도나 왕이라는 호칭으로 등장하지 않으며 주로 치유하시는 다윗의 자손으로의 메시아로 등장한다. 마태의 이야기에서 베드로를 제외한다면 어떤 인물도 예수를 그리스도라고 고백하지 않

---

31) 마가복음에서는 화자의 목소리로는 처음 서두에 단 한 번 예수를 그리스도라고 언급하고 있을 뿐이다(1:1).

으며, 예수께서는 베드로에게도 이를 말하지 말라고 경고하신다. 고난받는 종으로서의 그리스도가 특히 제자들에게 중요하게 제시된다. 예수께서는 왕으로 예루살렘에 입성하시는데 겸손한 왕으로 입성하신다. 하지만, 미래에는 왕권통치를 행하시며 심판하시는 분으로 제시된다. 사실상 마태의 이야기 전체에서 예수를 진정한 의미의 그리스도나 왕으로 고백하는 사람은 하나도 없다. 이방인 동방 점성가들만이 유대인의 왕을 찾아 경배하는 것으로 나타난다. 이처럼 왕으로서의 그리스도 칭호는 마태 이야기에서 가장 조심스럽고 유보적인 것으로 보인다. 아마도 이러한 조심스러운 마태의 입장은 당시에 일반적인 정치적인 메시아 사상에 기인한 것으로 이해된다. 그리스도라는 호칭은 제자들도 제대로 이해하지 못하며, 종말에도 반드시 주의해야 하는 가장 오해의 여지가 많은 호칭으로 제시되고 있다고 할 수 있다. 전체적으로 마태의 이야기에서 메시아의 모습은, 정치적인 왕이 아니라, 치유하시고, 겸손하시고, 자신의 목숨을 주시는 고난의 종으로 제시되고 있다.

넷째, 예수께서는 하나님의 아들로 제시된다. 예수께서는 다윗의 계보에서 오시지만 실제로 예수께서는 성령으로 잉태되심으로써 마태는 예수를 하나님의 아들로 태어나셨다고 말하려고 한다.1:18,20 예수가 성령으로 잉태되었다는 소식은 **주(하나님)**의 사자로부터 전달되는데, 즉, 이것은 하나님의 의도를 보여준다. 화자는 이 모든 일은 선지자로 하신 말씀을 성취하려는 것이었다고 해설해 주는데, 이사야를 인용해서 예수가 '처녀'의 몸에서 성령으로 잉태되셨다는 것을 강조하여 예수는 하나님의 아들이란 것을 보여주려는 것으로 보인다. 예수께서 세(침)례 받으시고 나서 하나님께서는 목소리로 직접 예수가 자신의 '사랑하는 아들'이라고 말씀하신다.3:17 마가는 하늘에서 소리가 '났다' ἐγένετο라고 전하지만, 막1:11 마태는 소리가 '말씀하시길' λέγουσα이라고 표현하여 그것이 하나님의 음성임을 더욱 분명히 전한다. 이후 산에서 변화하셨을 때에도 또다시 그렇게 말씀하신다.17:5 이러한 하나님의 목소리의 선언은 직접 하나님의 평가 관점을 보여주고 있기 때문에 중요하다. 즉, 하나님으로부터 온 천사, 화자, 하나님 자신이 모두 예수가 하나님의 아들임을 분명히 밝힌다. 예수가 시험받으실 때에 마귀도 예수를 '하나님의 아들'로 인식하며 하나님의 아들 됨을 시험한다.4:3,6 32) 예수께서는 철저히 하나님께 순종하심으로 자신이 하나님의 아들임을 입증하신다. 제자들이 바다에서 예수의 능력을 보고도 예수가 누구인지 제대로 알아보지 못한 반면에(8:27), 바로 이어지는 이야기에서 귀신은 그러한 능력을 보지 않고도 예수가 하나님의 아들임을 알고 선언한다.8:29 이처럼 초자연적인 영적 존재들은 예수를 모두 처음부터 하나님의 아들로 인식한다. 초자연적인 눈으로 볼 때에 예수는 분명히 하나님의 아들이라는 것을 보여준다.

마가의 이야기에서와는 달리 배에서 제자들은 바람을 그치게 하신 예수께 절하며 하나님의 아들로 고백한다.14:33 또한, 마가복음과 누가복음에서 베드로는 예수를 '그리스도'로 고백하는 반면에, 마태복음에서는 '그리스도'와 '하나님의 아들'로 고백한다.16:16

마16:16	눅9:20	막8:29
16 …주(Σὺ, you)는 그리스도시요 살아 계신 하나님의 아들이시니이다	20 …하나님의 그리스도 시니이다 하니	29 …주(Σὺ, you)는 그리스도시니이다 하매

이처럼 베드로의 고백에서는 두 칭호가 함께 등장하는데, 예수의 심문 때에 대제사장도 이 두 칭호를 함께 사용하여 질문하고 예수께서는 긍정하신다.26:63~64 예수의 십자가 처형 때에 지나가는 사람들이나 유대교 지도자들은 예수를 하나님의 아들이라고 하며 조롱한다.27:40,43 33) 예수께서

---

32) 마귀는 "네가 만일 하나님의 아들이어든"(εἰ υἱὸς εἶ τοῦ θεοῦ)이라는 조건으로 예수를 시험하는데, 이는 사실을 그대로 전제한 조건으로 보인다.
33) 27장 40절에서 나타나는 "네가 만일 하나님의 아들이어든"(εἰ υἱὸς εἶ τοῦ θεοῦ)이라는 표현은 "너는 하나님의 아들이다 그렇다면…"이라는 의미로 이해된다. 즉, 예수가 하나님의 아들이라는 것을 사실로 전제하고 있는 것으로 보인다. 이 표현은 사탄이 예수를 시험할 때에 정확히 동일하게 두 번 사용한 것으로 나타난다(4:3,6). 마태는 마치 사탄이 예수를 시험했듯이 지나가는 자들이 예수를 시험하고 있는 것으로 묘사하려는 것으로 보인다.

돌아가셨을 때에 백부장과 함께 한 사람들은 "이는 진실로 하나님의 아들이었도다"라고 고백한다.27:54 하나님의 아들로서의 예수께서는 이처럼 하나님이 선포하시고, 사탄이 인정하며, 제자들도 고백하며, 예수 자신도 긍정하며, 복음서의 결론적인 선언에서 나타나고 있다는 점에서 중요하다. 예수께서는 자신이 하나님의 아들이라는 것을 사람들이 고백할 때에 그에 대해 **침묵하라는 명령을 한 번도 하지 않으신다**. 베드로가 예수를 '그리스도' 시며 '하나님의 아들' 이라고 고백했을 때에, 예수께서는 자신이 그리스도라는 것을 아무에게도 이르지 말라고 경고하시며,16:20 자신이 하나님의 아들이라는 것에 대해서는 어떤 금지의 말씀도 하지 않으신다. 예수께서는 종종 자신을 '아들' 이라고 언급하거나,11:27; 24:36; 28:19 암시하고,21:37,38; 22:5 하나님을 '내 아버지',7:21; 10:32,33; 11:27; 12:50; 15:13; 16:17; 18:10,19,35; 20:23; 25:34; 26:29,39,42,53 또는 '아버지' 11:25,26; 16:27; 24:36; 28:19 라고 부른다. 이러한 자신의 호칭에 대해 또는 하나님에 대한 호칭에 대해 마태복음의 어떤 등장인물도 이의를 제기하지 않는다. 이처럼 하나님의 아들이라는 호칭은 마태복음에서 예수께 대해 가장 자연스럽고 당연하게 사용되는 표현으로 나타난다.

킹스베리는 하나님의 아들로서의 기독론이 마태복음 전체에서 가장 중요한 기독론이라고 주장하는데, 많은 학자가 이에 동의하는 편이다.[34] 전체적인 이야기의 플롯으로 볼 때에 예수에 대한 다른 모든 칭호가 하나님의 아들이란 결론으로 종합되고 있는 것으로 보인다. 그러나 '하나님의 아들 기독론' 이 대표적이기는 하지만 그리스도와 하나님의 아들의 호칭이 함께 사용되는 등 마태복음에서는 그 개념들이 서로 중복되고 있어서 '하나님의 아들' 이 독자적으로 가장 중심적인 개념이라고 말하기는 어렵다. 하나님께서 예수를 자신의 아들로 인정하고 계신 것도 중요하지만, 아들로서 예수께서 아버지께 순종하는 삶을 사신 것도 중요하다.[35] 즉, 하나님의 아

---

34) Jack Dean Kingsbury, *Matthew: Structure, Christology, Kingdom* (London: SPCK, 1975), 53-63.
35) Ulrich Luz, *Studies in Matthew*, 96.

들이란 호칭 자체보다 그 호칭의 의미와 내용은 더욱 중요하다고 할 수 있다. 예수께서는 시험받으실 때에 하나님의 말씀을 따라 순종함으로써 시험을 이기시며, 하나님의 뜻에 따라 요한에게 세(침)례를 받아서 의를 성취하시며, 하나님의 뜻에 따라 자신의 목숨을 바침으로써 아들로서 끝까지 순종하신다. 이처럼 예수께서는 하나님께 순종하는 삶을 삶으로써 자신이 하나님의 아들임을 입증하신다.

예수가 하나님의 아들이라는 의미는 예수를 그렇게 고백하는 제자들도 역시 예수와 같은 삶을 살아야 한다는 것을 의미하기도 한다. '화평케 하는 자들'은 마지막에 진정한 하나님의 아들이라고 선언될 것이다.5:9 원수를 사랑하고 박해하는 자들을 위해서 기도하는 자는 아버지의 아들이 된다.5:45 예수의 말씀을 따라 사는 자들은 예수와 마찬가지로 하나님을 같은 아버지로 모시는 것과 마찬가지인데, 같이 하나님께 순종하고 있기 때문이다. 하나님은 이처럼 예수의 말씀을 따라 사는 자들의 아버지이기도 하다.5:16,45; 6:1,4,6,8,9,14,15,18,26,32; 7:11,10:20,29; 18:14 하나님을 아버지라고 호칭하는 것은 제자들에게도 주어진 특권으로서 그들의 아들 됨은 예수의 말씀을 따라 살 때에 확인된다. '그리스도' 예수상과 마찬가지로 '하나님의 아들' 예수상은 예수에 대한 단순한 호칭을 넘어서 제자도에 대한 교훈의 의미를 포함하고 있다.

다섯째, 예수께서는 자신을 가리켜 말씀하실 때에 주로 '인자'라는 호칭을 사용하신다. 마태복음에서 30회나 사용되는 이 용어는 그 빈번한 사용이나 용례로 볼 때에 중요한 호칭으로 여겨지지만, 그 유래나 정확한 의미를 파악하기는 어렵다. 학자들이 일반적으로 추정하듯이 다니엘서에서 이 용어의 근거를 찾을 수 있다면 그것은 미래의 영광과 왕권통치와 관련이 있다고 볼 수 있다.단7:13~14 실제로 마태복음에서 영광스러운 왕으로 오시는 예수를 묘사하는데 인자라는 용어가 8구절에서 사용되고 있는데, 이 중 6구절은 마태복음에만 있는 구절들로서13:41; 24:27,30,37,39; 25:31 마태의 특징적인 신학을 보여주고 있다. 특히 하나님의 왕권통치(왕국)라는 표현 대신에 인자의 왕권통치(왕국)를 언급하는 복음서는 마태복음뿐이다.13:41; 16:28 36) 즉, 마태복음은 이 용어를 통해 예수의 미래의 영광스러운 왕권통치를 강조하고 있다고 할 수 있다.

인자는 이러한 미래의 의미로만 사용되지 않고 특히 예수의 고난이나 겸손한 삶 또는 인간적인 삶을 나타내는 데에도 사용된다. 거처 없이 다니며,8:20 세리와 죄인과 함께 먹고 마시며,11:19 사흘 동안 죽음을 경험하며,12:40 말씀을 선포하며,13:37 고난을 받으며,17:12,22; 20:28 자기 목숨을 많은 사람의 대속물로 바치며,20:28 죽임을 당하기 위해 팔리는26:2,24,45 삶을 언급하는 데 있어서 예수께서는 자신을 인자로 호칭한다. 이러한 지상에서의 예수의 사역들은 모두 고난이나 배척과 같은 어려움과 고난의 분위기를 제공한다. 예를 들어, 세리와 함께 먹고 마시는 일은 사람들에게 지탄받았던 일이며, 말씀을 선포하는 일도, 씨 뿌리는 자의 비유에서 보듯이, 다양한 반대와 방해가 전제되고 있다.13:19~22

인자는 또한 하나님의 권위를 지닌 예수를 표현하는 데 사용되기도 한다. 예수께서는 자신이 죄를 사하는 권위를 지니고 계시다거나,9:6 안식일의 주인$\kappa\acute{\upsilon}\rho\iota\sigma\varsigma$이라고 말씀하실 때에 자신을 인자라고 호칭하신다12:8. 이처럼 전체적으로 볼 때, 예수께서는 지상에서의 고난이나 권위적 사역 그리고 미래의 왕으로서의 영광된 통치를 언급하실 때에 주로 자신을 인자로 표현한다. 인자가 단순히 자신을 가리키는 일반적인 일인칭 주어로서 '나(I)'라는 의미로 사용되고 있을 뿐이라는 견해도 있지만, 예수가 항상 자신을 인자라고 표현한 것이 아니므로 이 견해는 타당하지 않다. 인자는 어떻든 예수께서 특별한 의미로서 자신을 가리킬 때에 사용된 것으로 보이는데,37) 아마도 메시아나 왕과 같은 당시의 호칭들이 지닌 통속적인 의미 때문에 발생할 수 있는 오해를 피하며 자신의 주요한 사역을 올바로 전하고자 예수께서는 스스로 이러한 호칭을 사용했던 것으로 보인다.

---

36) 누가복음에서도 '왕권통치' ($\beta\alpha\sigma\iota\lambda\varepsilon\acute{\iota}\alpha$)가 두 번 예수에 대해 사용되지만 이 구절들에서 예수는 '인자'로 언급되지 않는다(눅 22:30; 23:42).
37) "인자," 『예수 복음서 사전』.

여섯째, 예수께서는 제자들과 사람들에게 '주' Lord로 불린다. 마가복음에서 제자들이 예수를 부르는 호칭이 전적으로 '선생' 인 반면에, 마태복음에서 제자들은 언제나 예수를 '주' 로 부른다. 헬라어 구약성서인 70인 역에서 하나님은 이름대신에 '주' κύριος로 지칭된다. 이처럼 호칭으로 볼 때에 마태복음은 마가복음과 비교할 때에 예수에 대한 존경심을 일반적으로 더 많이 표현하고 있다고 할 수도 있다. 특히 고침을 받으려고 예수께로 나아오는 사람들은 예수를 주라고 부른다.8:2,6,8; 15:22,25,27; 17:15; 20:30~31,33 이는 믿음과 존경의 표현임이 분명하다. 물론 제자들은 언제나 예수를 주라고 부른다.8:21,25; 14:28, 30; 16:22; 17:4; 18:21; 26:22 흥미로운 것은 제자 중 유일하게 가룟 유다는 예수를 주라고 부르지 않고 '랍비' 라고 부르고 있다.26:25,49 38) 또한, 바리새인들이나 서기관들은 예수를 '선생' 이라고 부른다.8:19; 9:11; 12:38 이렇게 볼 때에 마태는 의도적으로 주라는 호칭을 선생이라는 일반적인 호칭과 구분해서 믿음과 존경을 나타내는 호칭으로 사용하는 것으로 보인다. 예수를 주라고 호칭하는 모든 경우에서 그것이 예수를 하나님과 같은 신성이나 권위를 지닌 분이라고 고백하는 의미가 담겨 있는지는 분명하지 않다. 어떤 경우는 그렇다고 할 수도 있고 또 다른 경우는 그것이 단순한 존경심을 나타내는 표현일 수도 있다.39)

예수께서는 단순히 예수를 '주' 로 고백하는 것으로 그 사람의 믿음을 증명할 수 없음을 말씀하신다. 예수께서는 "나더러 주여 주여 하는 자마다 다 천국에 들어갈 것이 아니요 다만 하늘에 계신 내 아버지의 뜻대로 행하는 자라야 들어가리라"7:21라고 선언하신다. 어떤 사람들은 예수를 주님이라고 부르며, 자신들은 주의 이름으로 예언을 하고, 귀신을 쫓아내고, 기적을 행했다고 말하지만, 그들은 불법을 행했다는 이유로 예수께 거부당한다.7:22~23 제자들은 예수를 항상 주로 부르지만, 예수의 고난을 이해하지 못했고 배신하며 도망했다. 이처럼 예수를 주로 부른다고 해서 그것이 반

---

38) 마가복음에서는 베드로가 예수를 랍비라고 부르기도 한다(9:5; 11:21).
39) David L. Turner, *Matthew*, 35.

드시 그를 주로 믿고 따른다는 것을 의미하지 않는다. 예수를 진정 '주' 로 고백한다는 것은 그분을 진정한 삶의 주인으로 인정하고 그분을 통해 제시된 하나님의 뜻을 행한다는 것을 의미한다.

일곱째, 예수께서는 '임마누엘' 이라고 선언된다. 임마누엘이란 용어는 신·구약 성서 전체에서 3회만 나타나고 있는데, 이사야서에 2회사7:14; 8:8 그리고 마태복음에 1회1:23 나타난다. 마태복음에서 사용된 경우도 이사야에서 인용한 것이기 때문에사7:14 사실상 신약성서에서 이 용어를 사용한 것은 아주 독특하다. 이렇게 볼 때에 마태가 이 용어를 사용한 것은 더욱 의도적이며 중요한 것이라고 할 수 있을 것이다. 예수의 탄생 이야기에서 주의 사자는 요셉에게 우선 예수의 이름의 의미를 설명해 줌으로써 죄로부터 자기 백성을 구원해 주실 예수의 사역을 알려 주며,1:21 예수의 탄생과 사역은 모두 하나님의 계획에 의한 것으로 이미 선지자를 통해서 예고해주신 것을 성취하려는 것임을 알린다1:22. 선지자가 미리 예언한 내용은 '처녀가 잉태하여 아들을 낳을 것' 이라는 사실과 그 아이의 이름이 '임마누엘' 이라는 것이다.1:23 실제로 예수가 임마누엘이라는 **이름으로** 불리는 경우는 한 번도 없다. 그런 면에서 이것은 이름이라기보다는 예수의 탄생과 사역의 성격을 나타내는 표현이다. 화자는 임마누엘의 의미를 헬라어로 번역해 주는데 그것은 '하나님이 우리와 함께 (계신다)' Μεθ ἡμῶν ὁ θεός이다. 즉, 하나님의 영으로 잉태된 하나님의 아들은 곧 우리와 함께 계신 하나님이 된다. 예수의 임재와 사역은 곧 하나님의 임재와 사역이 된다. 예수께서는 제자들을 부르시고 나서 그들을 자신과 함께 데리고 다니시며 가르치시며, 그들이 풍랑을 만났을 때에도 함께 계셔서 구원해 주시고,8:23~27 두세 사람이라도 자신의 이름으로 모인다면 그들 속에 그들과 함께 계신다18:20. 예수가 함께 계신 것은 곧 하나님께서 함께 계신 것이다. 예수께서는 부활 후에 갈릴리에서 제자들을 만나서 마지막 명령을 하시면서 "세상 끝 날까지 너희와 항상 함께 있으리라"라고 약속하신다.28:20 이처럼 예수의 탄생 때에 '함께' 하신다는 하나님의 선언은 예수의 승천 때에도 선언되고 있는 것이다. 이처럼 임마누엘이라는 용어는 마태복음에서 단 한 번 사용되지만 '하나님이 함께 계신다'라는 모티프는 마태복음의 처음과 마지막에 선언되어 수미상관首尾相關, inclusio으로 마태복음 전체를 포괄하는 중요한 배경적 모티프가 된다.

여덟째, 마태복음에서 예수께서는 하나님의 권위를 지닌 분으로 묘사된다.[40] 예수의 탄생 예고에서 주의 사자는 '예수'라는 이름의 의미가 "자기 백성을 그들의 죄에서 구원할 자"라고 설명해 준다.1:21 죄 사함은 전통적으로 하나님의 고유의 권한이었다. 예수께서는 처음부터 그러한 하나님의 권한을 지니신 분으로 설명된다. 예수께서는 중풍병자를 고치시면서 "인자가 세상에서 죄를 사하는 권능이 있는 줄을 너희로 알게 하려 하노라"라고 분명하게 말씀하신다.9:6 예수께서는 이처럼 하나님 고유의 권한을 가지신 분으로서 사람들의 죄를 사하신다. 또한, 예수께서 행하신 여러 기적은 그가 하나님의 권위와 권능을 가지신 분임을 입증해 준다. 예수께서는 많은 병자를 치료하셨는데, 맹인들과 말 못하는 사람을 고치기도 하고, 죽은 소녀를 살리기도 하신다.9:25 예수께서는 사람들의 생각을 간파하시는 능력을 갖추신 분으로 나타나기도 한다.9:4; 12:25 예수께서는 자연을 다스리시며,8:27; 14:32 바다 위로 걸어오기도 하시며,14:25 오병이어로 오천 명을 그리고 칠병이어로 사천 명을 먹이신다.14:15~21; 15:32~38 이러한 권위와 권능을 지닌 예수께서는 사람들에게 경배받으신다.

마태복음에서 $προσκυνέω$(경배하다)라는 단어가 예수에 대해 사용된 경우는 10회인데, 이는 다른 복음서들과 비교할 때에 월등히 많은 횟수다막 2회, 눅 1회, 요 1회. 동방 점성가들, 병자들, 제자들, 기타 예수께 나아오는 자들은 예수께 경배한다. 이 단어$προσκυνέω$는 보통 엎드리는 등의 행동을 통해서 상대에 대한 전적인 신뢰나 복종을 표현하는 것을 나타내는데, 하나님께 사용될 때는 항상 '예배(경배)하다' worship라는 의미로 사용된다. 예수

---

40) R. T. France, *Matthew: Evangelist and Teacher*, 307은 '예수의 권위'는 마태의 예수상에서 분명히 중심적인 주제라고 이해한다.

께서는 마귀에게 시험받으실 때에 "주 너의 하나님께 경배하고 προσκυνήσεις 다만 그를 섬기라"라는 신명기 말씀을 인용해 시험을 이기셨다.4:10; 신6:13 즉, 사람의 경배의 대상은 하나님뿐이라는 말씀이다. 하지만, 마태복음에서 예수께서는 열 번이나 경배의 대상이 된다.2:2,8,11; 8:2; 9:18; 14:33; 15:25; 20:20; 28:9,17 이처럼 특히 마태복음은 예수를 하나님의 위치에 올려놓고 있다. 예수께서는 탄생 때부터 사실상 '우리와 함께 계신 하나님' 임마누엘이라고 선언되며,1:23 예수 자신도 '하늘과 땅의 모든 권세'를 하나님께서 자신에게 부여하셨다고 선언한다.28:18; 11:27 이처럼 마태복음에서 예수께서는 사실상 하나님의 권위를 가지신 하나님으로 나타나고 있다.

아홉째, 화자의 요약 설명에 따르면, 예수께서는 가르치고, 선포하고, 고치시는 분이다. 화자는 이야기의 중간에 몇 번 예수의 사역을 독자에게 요약해 주는데, 예를 들어 "예수께서 온 갈릴리에 두루 다니사 그들의 회당에서 가르치시며 천국 복음을 전파하시며 백성 중의 모든 병과 모든 약한 것을 고치시니"라고 예수의 사역을 요약해준다.4:23; 9:35; 11:1 이러한 요약 설명에 따르면 우선 예수께서는 가르치시는 분이다. 예수께서는 가끔 자신을 '선생'10:24~25; 23:8; 26:18으로 지칭하거나 선생에 비유하기도 하신다. 또한, 예수께서 가르치셨다는 표현은 9회 나타나는데, 실제로 마태복음은 예수께서 가르치신 긴 설교들로 잘 알려졌다. 하지만, 가룟 유다를 제외한 제자들은 한 번도 예수를 '선생'이라고 부르지 않는다. 예수께서는 하나님의 권위로 가르치신 분이기 때문에 화자는 그 호칭이 제자들이 예수를 부르는 호칭으로 적절하지 않다고 여겼던 것으로 보인다.7:29 참조 마가복음은 제자들도 파송되어 가르친 것을 언급하고 있지만,6:30 마태복음에서는 공생애 기간은 예수만이 가르치신다. 즉, 마태복음에서 예수의 공생애 동안에는 가르치시는 것이 전적으로 예수에게만 허용되어 있다. 하지만, 예수께서 부활하시고 나서는 제자들에게도 가르치는 권한을 부여하신다.28:20 이처럼 예수께서는 제자들에게 선생으로 불리지는 않지만 실제로 마태복음에서 가르치시는 선생으로서의 예수상은 큰 위치를 차지한다. 또한, 예수께서는 공생애를 하나님의 통치를 선포하는 일로서 시작하신다.4:17 그는 계속 여러 지역을 다니시며 선포하시는 분으로 나타나고 있으며,4:23; 9:35; 11:1 제자들에게도 선포하는 일을 하게 하신다.10:7 또한, 예수께서는 여러 병자를 고치신 것을 이미 살펴보았다. 화자의 요약 설명으로 볼 때에 예수께서는 보통 이 주요한 세 가지 일을 함께 행하셨던 것으로 보인다.

열째, 예수께서는 인간적인 모습으로 나타난다. 예수의 감정 표현에 대해서 화자는 특별히 그가 사람들을 불쌍히 여기셨음을 보여주고 있다.9:36; 14:14; 15:32; 20:34 예수께 고침을 청하는 사람들은 종종 "불쌍히 여기소서" Ελέησον라고 외치는데,9:27; 15:22; 17:15; 20:30,31 예수께서는 그들의 요구를 들어주신다. 예수께서는 이처럼 긍휼하시고 자비하신 분으로 나타나며, 예수께서는 긍휼히 여기는 자가 복되다고 선언하시기도 하신다.5:7 예수께서는 주리기도 하시고,4:2 고민하고 근심하기도 하신다.26:37~38 마가의 이야기에서처럼 예수께서 '노하셨다' 는 것과 같은 강한 부정적 감정을 드러내는 표현이 마태복음에는 나타나지 않지만, 마태의 이야기에서 예수께서는 서기관과 바리새인들을 어떤 복음서에서보다 더 신랄하게 책망하신다.23장 예수께서는 그들에게 일곱 번이나 '화 있을진저' 라는 선언을 하시며 신랄하게 비판하신다. 전체적으로 마가복음보다는 강하게 나타난다고 평가되지는 않지만, 마태복음에서의 예수께서는 이처럼 긍정적, 부정적 감정을 모두 지니신 인간으로 나타난다.

마태복음에서 학자들은 이처럼 호칭으로 표현되거나 아니면 화자의 해설을 통해 표현된 예수의 모습 이외에도 다른 모습으로 나타나는 예수상을 제시하기도 한다. 우선 대표적으로 마태가 예수를 '새로운 모세' 처럼 제시하고 있다는 견해로서,Dale C. Allison 마태복음의 구성도 모세 오경처럼 다섯 부분으로 되어 있으며,B. W. Bacon 모세처럼 예수께서는 율법 수여자, 지도자, 해방자, 구원자, 기적을 행하는 자, 계시자, 예언자, 자기 백성을 위해 고난을 받는 자 등으로 나타난다는 것이다.[41] 헤롯이 아이들을 죽이는 것이나, 예수가 산에서 산상수훈을 주시는 것 등도 모세를 연상시키는 것으로 이해된다. 마태공동체가 유대인으로 구성되었다고 할 때에 이런 '모세 유형론' Moses typology은 독자들에게 의미 있는 것이었을 수 있다. 또 다른 견해로 예수께서는 마태복음에서 구약의 '지혜' 또는 '현자' 賢者, sage처럼 나타나고 있다는 것이다. M. Jack Suggs; Ben Witherington III 예수께서는 지혜 교사로서 비유, 경구警句, 질문, 축복 선언 등을 사용해서 가르치셨으며, 다른 유대 지혜 문학에서처럼 하나님을 '아버지'로 부르는 경우가 많이 등장하고 있다는 것이 주목되기도 한다.42) 또한, 마태가 두 번 이사야의 '여호와의 종'에 대한 부분을 인용하는 것을 근거로 예수가 마태복음에서 여호와의 종으로 나타나고 있다는 견해도 제시된다. 8:16~17; 12: 15~21, M. D. Hooker 이러한 견해들은 모두 근본적으로 마태복음을 구약의 배경에 비추어 이해하려고 하며 그에 따라 예수상을 제시하려고 한다. 이와 같은 예수상들이 마태복음의 '이면'에 깔렸다고 할 수 있다. 하지만, 그것들이 전면에 분명히 드러나지는 않고 있다.

주로 칭호 기독론과 관련하여, 한 인물을 이해하는데 있어서 단순히 그에게 어떤 칭호가 사용되고 있는지를 연구하는 것만으로는 충분하지 못하다. 예를 들어, 예수께서는 제자들에게 선생이라고 불리는 일이 없지만 사실상 가르치신 일은 예수의 사역을 대표할 만큼 중요한 것이었다. 또한, 예수께서는 계속해서 선포하시고 고치셨다고 화자가 전하고 있지만, '선포자' 또는 '치료자'로 불리는 일이 없다. 이처럼 예수에 대해 충분한 이해를 하기 위해서는 그에 대한 호칭뿐만 아니라 그가 가르치신 가르침의 모든 내용과 그의 하신 일 등 모든 것을 파악해야 할 것이다. 그가 주로 함께 하셨던 사람 중 처음 제자들은 어부였고, 예수께서는 세리와 죄인들과 먹고 마신다고 비난을 받았고, 아이들을 환영하셨고, 여인들도 예수를 따랐다는 것도 예수가 어떤 분인지 그 일면을 보여주기도 한다. 마태복음에서

---

41) Dale C. Allison, *The New Moses: A Matthean Typology* (Minneapolis: Fortress Press, 1993).

42) Ben Witherington III, *Matthew, Smyth & Helwys Bible Commentary* (Macon: Smyth & Helwys Publishing Inc., 2006),16-9.

예수는 특히 말씀대로 행하지 않거나 위선적으로 행하는 유대교 지도자들을 '화 있을진저'라는 혹독한 표현을 사용하시며 책망하기도 하시는 분이다. 앞서 살펴본 예수께 대한 어떤 호칭도 이런 예수의 차별 없는 사랑이나 책망하시는 엄한 모습을 적절히 나타내주지 못한다.

한 가지 더 주목해야 할 것은, 마태의 이야기의 흐름 속에서 예수에 대한 호칭이나 예수의 정체에 대한 주제는 종종 기독론적인 국면에 머물러 있지 않고 제자도의 국면으로 진행하고 있다는 것이다. 즉, 복음서는 독자가 단순히 예수가 누구인지 아는 것에 관심을 보이고 있지 않고, 그리스도인의 실제의 삶에서 예수가 어떤 분인지를 나타내도록 요구하고 있다고 할 수 있다. 예수를 단순히 '주'로 고백하는 것만은 의미가 없으며,7:21 그렇게 고백하는 사람은 주께서 가르치신 대로 행하도록 요구된다. 예수를 '그리스도와 하나님의 아들'로 고백한다고 해도, 자신의 목숨을 내어 놓고 그분을 따를 각오가 되어 있지 않다면 그분을 올바로 알지 못하는 것이 되기도 한다.16:16~25

하늘/하나님의 왕권통치. 하나님의 통치가 처음 세 복음서의 중심 주제라는 것에 대해서는 거의 이견이 없다. 다른 복음서들이 '하나님의 통치' ἡ βασιλεία τοῦ θεοῦ라는 표현을 쓰는 한편 마태는 대부분은 '하늘의 통치' ἡ βασιλεία τῶν οὐρανῶν라는 표현을 사용한다(32회 사용). 우리말 개역개정판에 '천국'이라고 번역된 이 용어는 성서 전체를 통해서 오직 마태복음에만 나타나는 마태의 특수 용어다.[43] 마가복음이 '하나님의 통치' 하나님의 나라라고 표현하는 구절들의 마태복음 병행구절들에서 마태복음은 종종 '하늘의 통치' 천국라고 표현하고 있어서 본질적으로 두 용어는 같은 의미라고 보는 것이 일반적인 견해다. 마태가 왜 하나님 대신에 하늘이란 용어를 사용하여 하나님의 통치를 제시했는지 그 이유를 알기는 어렵다. 일반적으로는 하나님을 직접 언급하는 것을 피하려는 유대적 습관에서 하나님 대신

---

[43] 우리말 개역개정판에서 천국이라는 용어는 마태복음 이외에 디모데후서에 한 번 더 나타나는데(4:18), 원문에서는 τὴν βασιλείαν αὐτοῦ τὴν ἐπουράνιον(his heavenly kingdom, ESV)이라고 표현되어 있어서 마태의 용어와는 다르다.

하늘을 사용했다고 본다.44) 즉, 여기서 하늘은 하나님을 가리키는 환유적換喩的 표현이라는 것이다. 누가복음에서 방탕한 삶에서 돌아온 아들이 "내가 하늘과 아버지께 죄를 지었사오니"라고 고백했을 때에 하늘이 하나님을 의미하는 것과 마찬가지이다.눅15:21 이처럼 마태복음에서 하늘의 통치가 다른 복음서에 나타나는 하나님의 통치와 같은 의미라고 한다면, 우리말로 '천국'이라고 번역하는 것은 문제가 있다. 우리말에서 천국은 일반적으로 **사후**死後에 가게 되는 **장소**로 이해되고 있기 때문이다. 표현된 용어는 '하늘의 통치'이지만 그 의미는 '하나님의 통치'라고 이해하는 것이 적절하다. 이 용어가 나타내려는 의미를 더욱 잘 드러내려고 한다면 그것을 '하나님의 왕권통치'라고 번역하는 것이 좋을 것이다.45)

어떤 복음서도 하나님의 통치가 무엇인지 정의하고 있지 않기 때문에 그 의미나 성격을 파악하기는 쉽지 않다. 마태복음에서 '하늘 통치'(천국)라는 용어는 세(침)례자 요한에 의해 처음 선포된다.3:2 요한은 하늘 통치가 가까이 와 있으니 '회개'하라고 외치는데, 단순히 아브라함의 혈통을 이어

---

44) 마태복음은 전적으로 '하늘의 통치'라는 용어만 사용하고 있지 않으며 '하나님의 통치'라는 용어도 사용하고 있어서 이러한 설명도 한계가 있다(12:28; 19:24; 21:31, 43). 이 두 용어가 다른 의미라는 견해들도 종종 제시되는데(Pamment; Toussaint; Pennington), 최근에 Jonathan T. Pennington, *Heaven and Earth in the Gospel of Matthew* (Leiden: Brill, 2007), 285-330은 βασιλεία는 통치 대신에 '왕국'(kingdom)으로 번역하는 것이 옳으며 '하늘의'(τῶν οὐρανῶν)라는 표현에서 소유격은 속성이나 기원을 나타내는 소유격으로서 하나님이 계시는 하늘에 속한 왕국을 표현하기 위해 마태가 의도적으로 사용하였다고 주장한다. 이처럼 그는 βασιλεία를 보통 통치로 번역하며 장소적인 개념이 아니라는 일반화된 견해를 비판하는데, 그에 의하면, 이 용어는 현재의 땅의 왕국과는 완전히 다른 하늘에서 기원해서 하늘로부터 내려서 미래에 그것을 대체할 새로운 왕국을 표현하기 위해 사용되었다. 그의 깊이 있고 통찰력 있는 연구는 설득력이 있기도 하지만, 네 가지 땅에 뿌려진 씨의 비유 등에서 나타나는 것과 같이 하나님의 말씀을 들음으로써 현재 사람들 속에서 시작되어 진행되고 있는 현재적 통치를 설명하기에는 부족한 것으로 보인다.
45) 이 용어의 번역에 대해서는 본서 137-8쪽을 보라. 카터(Warren Carter)는 마태복음이 로마제국의 통치하에 있던 그리스도인들을 대상으로 기록한 것이라는 것을 주목하며, βασιλεία를 'empire'(제국)라고 번역하여 'the empire of God'(하나님의 제국) 또는 'the empire of heaven'(하늘의 제국)이라는 용어를 사용한다. 즉, 하나님의 제국은 이 땅의 로마제국과 대조 되는 개념이라고 이해한다. Warren Carter, "Narrative/Literary Approaches to Matthean Theology: The 'Reign of Heavens' as an Example (Mt. 4:7-5:12)," *Journal for the Study of the New Testament*, 67 (1997): 3-27.

받아 하나님의 약속의 자손이 되었다는 것으로는 새로운 통치의 백성이 될 수 없음을 선언하며 회개에 합당한 열매를 맺도록 요구한다.3:8~9 여기서 회개에 합당한 열매를 맺는 것이 정확히 어떤 것을 의미하는지 설명되고 있지 않지만, 마태가 열매라는 단어를 사용한 용례를 볼 때에 그것은 하나님께서 보내신 예수를 받아들이고 그의 말씀을 따라 행하는 삶을 의미한다고 볼 수 있다.7:16~20; 21:34,41 예수께서는 공생애를 시작하시면서 요한과 같은 말씀으로 하늘 통치가 가까웠음을 선포하신다.4:17 화자는 예수께서 하신 일들을 이야기의 중간에 간단히 요약해 주고 있는데, 예수께서 온 갈릴리에 두루 다니시면서, '가르치시고,' '천국 복음을 전파하시며,' 모든 병과 모든 약한 것을 '고치셨다'고 두 번이나 요약해 주고 있다.4:23; 9:35 이것들이 예수의 사역을 대표하는 세 가지 일들이라면 이 일들에서 하나님/하늘의 통치의 성격이 잘 나타나고 있다고 볼 수 있다. 사실상 예수의 모든 삶과 가르침이 하나님/하늘 통치를 나타내고 있다고 말할 수 있을 것이다. 예수께서는 마태의 이야기에서 하늘의 통치를 최초로 선포하시고 나서 처음 제자들을 부르시고 이어서 바로 가르치고 병자들을 고치시는 일들을 한 것으로 요약해주고 있다.4:17~23 우선 예수의 고치시는 사역은 하늘 통치가 도래했다는 증거가 되며 특히 귀신들이 쫓겨나가는 것은 사탄의 통치를 물리치는 하나님의 통치가 구현되고 있음을 보여준다. 또한, 하늘 통치는 우선 집단적이거나 우주적이라기보다는 개인을 통해서 나타나는 것임을 알 수 있다.

예수의 긴 가르침인 산상수훈 역시 하늘 통치의 성격을 나타내주고 있음이 분명하다. 산상수훈의 서두는 우선 하늘 통치에 참여하는 자에 대한 지복至福 선언으로 시작한다. 산상수훈의 첫 말씀을 원문의 어순과 의미를 따라서 번역하자면 "복되도다! 심령이 가난한 자들이여, 왜냐하면 (지금) 하늘(하나님)의 왕권통치가 그들의 것이기 때문이다"Μακάριοι οἱ πτωχοὶ τῷ πνεύματι, ὅτι αὐτῶν ἐστιν ἡ βασιλεία τῶν οὐρανῶν라고 할 수 있다5:3. 하나님을 전적으로 의지하고 신뢰하는 '심령이 가난한 자들'이 복되다고 선언되

제3장 마태복음 **215**

고 있는데, 그들이 복된 자들인 이유는 현재 ἐστιν 그 하늘의 통치가 그들의 소유가 되어 있기 때문이다. 즉, 심령이 가난하여져 전적으로 하나님께 의존한다는 자체가 하나님이 그들을 전적으로 통치하고 계시다는 것을 보여주는 것이다. 이렇게 겸손하게 하나님께 대해 전적으로 의존하는 것은 곧 어린 아이들처럼 되는 것이다.18:3 심령이 가난한 자들이 **나중에 사후에 천국에 들어가게 될 것이라고 말하지 않는다**. 이처럼 이 구절은 분명히 하나님의 통치가 개인들을 통해서 나타나며, 또한 그것은 현재 사람들 속에서 구현되고 있다는 것을 보여준다. 예수께서는 또한 "의를 위하여 박해를 받은 자는 복이 있나니 천국이 그들의 것임이라"5:10라고 선언한다. 즉, "복되도다! (이제까지) 의를 위하여 박해를 받아온 자들이여 οἱ δεδιωγμένοι, 지금까지도 박해를 받는 자들, 왜냐하면 (지금) 하나님의 통치가 그들 것이기 때문이다"라는 말씀이다. 하나님의 의義 또는 정의正義를 위해 지금까지도 박해를 받고 있다는 것은 곧 하나님이 그들의 삶을 통치하는 증거가 된다. 앞선 복 선언과 마찬가지로 여기서 하나님의 통치는 현재 그들에게 있는 것으로 표현된다. 예수께서는 또한 제자들의 '의'가 서기관과 바리새인보다 더 넘쳐나지 않는다면 결코 하늘 통치에 참여하지 못하며,5:20 하나님의 뜻을 행하는 자들이 하늘 통치에 참여하게 된다고 말씀하신다7:21. 46) 이 두 구절은 마태복음에만 나타나며 행함을 강조하는 마태의 특징을 잘 드러내고 있다.47) 예수께서는 포도원 농부의 비유에서도 하나님의 통치는 그 통치의 '열매 맺는' 백성에게 주어질 것이라고 말씀하신다.21:43 이처럼 마태는 특히 회개에 합당한 열매를 맺고 예수께서 가르치신 대로 실천하여 율법을 성취함으로써 서기관이나 바리새인을 초월한 삶을 사는 사람들에게 하나님의 통치가 나타난다고 말한다. 또한, 하나님의 통치가 '이 땅에서 이

---

46) 이 구절들에서는 천국에 '들어간다' (εἰσέρχομαι)는 표현이 사용되어 하늘 통치가 장소를 가리키는 것이라고 생각할 수 있지만, 이 표현이 반드시 장소를 가리키고 있다고 할 수 없다. 본서 137-8쪽을 보라.
47) 마태복음 7장 21절은 소위 Q자료에서 온 것으로 보이는데, 누가복음은 "너희는 나를 불러 주여 주여 하면서도 어찌하여 내가 말하는 것을 행하지 아니하느냐" (6:46)라고 전하여 이 구절을 하나님의 통치에 들어가는 것과 연관시키지 않고 있다.

루어지도록' 기도하도록 요청되며당신의 왕권통치가 오게 하소서, 6:10, 우선으로 그것을 계속해서 열심히 찾도록 요청된다먼저 그의 왕권통치와 그의 의를 찾아라, 6:33.[48] 하나님의 통치는 이처럼 미래가 아닌 현재에 그리고 이 땅에 이루어져야 하는 것으로서 그것을 기도하며 찾고 박해 속에서도 말씀대로 실천하며 삶의 열매를 맺는 사람들에 의해 구현된다.

하나님의 통치는 특히 사탄의 통치와 서로 대적 되는 것으로서,12:26 예수께서는 하나님의 성령으로써 지금 귀신을 쫓아내고 계시니 하나님의 통치는 이미 너희에게 임했다고 선언하신다.12:28 공생애 초기부터 귀신을 쫓아내신 예수의 사역은 그 자체가 하나님의 통치가 이 땅에서 사람들 안에서 시작되었다는 증거가 된다. 그것은 총체적으로 완성된 통치가 이 땅에 왔다는 의미라기보다는 역사적으로 하나님의 통치가 이 땅에서 시작되었음을 객관적으로 알게 해주는 사건이 된다. 실제로 하나님의 통치가 개인에게서 어떻게 시작되고 진행되는지는 곧이어 예수께서 말씀하신 비유들에서 발견할 수 있다. 씨 뿌리는 자의 비유에서 보듯이 하나님의 통치는 예수의 말씀을 듣고 깨달음에서 시작되며, 환난이나 박해에도 견디며, 세상의 염려와 재물의 유혹을 극복함으로써 결실을 맺는다.13:19~23 이처럼 하나님의 통치는 단번에 오거나, 사람들이 단번에 그것으로 들어가는 것이 아니라, 그 시작과 과정의 결말이 있는 진행적인 현상이다. 따라서 단순히 현재의 모습으로 하나님의 통치의 미래를 확인할 수 없다. 현재는 길가에나 돌밭이나 가시떨기에 뿌려진 씨도 있으며, 또한 가라지도 뿌려지기도 하고, 겨자씨처럼 아주 작은 씨가 뿌려지기도 해서, 당장 현재의 주변의 모습은 전혀 하나님의 통치가 시작되어 진행되는 것으로 생각할 수 없을 수도 있다. 하지만, 미래에는 개인의 삶에서의 하나님의 통치의 결론이 나게 될 것이다. 불법을 행하는 자들과 의인을 구분하는 심판이 있을 것이

---

[48] 마태복음 6장 33절에서 우리말 개역개정판에서 '구하라' 라고 번역한 것은 적절하지 않다. 원문에서는 ζητεῖτε(현재명령형)가 사용되어 계속 '찾으라' (seek, ESV; strive for, NRSV)는 의미로서, 단순히 요구하거나 기도하라는 의미가 아니다. '요구(요청)하라' 는 명령형으로는 보통 αἰτεῖτε (원형 αἰτέω, 7:7)가 사용된다.

고,13:47~50 미약하게 보였던 하나님의 통치는 상상할 수 없을 만큼 거대한 것으로 나타날 것이다.

사람들은 자신의 모든 소유를 투자하거나 포기해서라도 그 하나님의 통치를 얻어야 한다.13:44~46 하나님의 통치 앞에서 자기 소유를 포기하지 않는 부자는 하나님의 통치에 들어가기 힘들다.19:23 하지만, 소유를 포기했다고 미래의 하나님 통치의 결산 때에 있을 보상을 당연히 받을 것으로 기대해서는 안 되며, 단지 겸손히 그리고 열심히 현재의 삶에서 하나님의 통치를 구현해야 한다.20:1~16 실제로 하나님 통치에서는 자신을 낮추는 자가 큰 자이기 때문이다.18:4 미래에 완성될 하나님 통치의 심판과 결말을 위해서 사람들은 깨어서 충성스럽게 하나님의 일을 하도록 요청되는데,25:1~30 마지막의 심판의 중요한 기준은 '형제 중 지극히 작은 자 하나에게 사랑의 도움을 주었는지 그렇지 않은지' 하는 것으로서 실천적 삶과 관계되어 있다.25:31~46 개인에게 이루어지는 이러한 종말적인 하나님의 통치는 '영생'에 들어가는 것19:29; 25:46 또는 '구원' 되는 것19:25과 같은 의미를 지니기도 한다. 이렇게 해서 개인에 대한 하나님의 통치는 결론지어진다.

복음서들은 하나님의 통치에 대해 체계적인 설명을 하고 있지 않다. 하지만, 본문들을 통해서 우리는 하나님의 통치에 대한 어느 정도의 모습을 그려낼 수는 있다. 마태복음이 제시하는 하늘/하나님의 통치는 대체로 마가복음의 그것과 같으며 다음과 같이 요약할 수 있다. 첫째, 하나님의 통치는 예수와 함께 이 땅에서 시작되었는데, 그의 삶과 가르침은 모두 그것을 나타내며 구현하고 있다. 둘째, 특히 예수께서 귀신을 쫓아내신 일은 예수로부터 하나님의 통치가 이 땅에서 시작되었다는 것을 보여준다. 셋째, 개인적으로 하나님 통치에 참여하는 것은 우선 회개하고, 예수의 말씀을 받아들이는 것으로 시작된다. 넷째, 이러한 하나님 통치의 시작에는 소유의 전적인 포기가 요구되기도 한다. 다섯째, 하나님의 통치는 외적인 박해나 내적인 유혹 등을 이겨내며, 예수의 가르침대로 실천하며 삶으로써 진행되며 결실한다. 여섯째, 현재의 열악하거나 미약한 상황은 하나님의 통치의 미래를 평가할 수 있는 요소가 될 수 없다. 특히 하나님의 뜻을 행하거나 서기관이나 바리새인보다 의가 넘쳐나야 하는 것을 하나님의 통치에 참여하는 조건처럼 제시하는 것, 그리고 하나님 통치의 마지막 심판도 작은 자에게 한 사랑의 행위에 근거한다고 제시하는 것 등은 마태복음의 독특한 사상이다. 일곱째, 마지막에 심판을 통해서 의인과 악인이 판별되며, 보상도 주어짐으로써 개인에 대한 하나님의 통치는 결론을 맺는다. 여덟째, 하나님의 통치에서는 낮은 자, 겸손하게 일하는 자가 더 좋은 평가를 받게 된다.

행함. 야고보서가 행함을 강조하는 것은 잘 알려졌지만, 마태복음이 그만큼 행함을 강조한 것은 잘 알려져 있지 않다. 마태복음이 행함을 강조하고 있다는 것은 우선 마태복음이 사용하는 용어를 살펴볼 때에 알 수 있다.[49] 첫째로 '행하다' $ποιέω$라는 동사는 분사를 포함한 동사 형태가 71구절에서 86회나 사용된다마가, 45구절, 47회. '행위'(일)라는 명사로는 $ἔργον$과 $πρᾶξις$가 사용되고 있는데, 전자는 마태복음에서 6회마가, 2회에서 후자는 오직 마태복음에서만 1회 사용되고 있다. 둘째는 '의' 義, $δικαιοσύνη$로서 이는 마태복음에는 7회 사용되고 있지만, 마가복음에는 전혀 등장하지 않고 누가복음에 1회 요한복음에 2회 사용되고 있다. 이 단어는 마태의 특징적인 단어 중 하나다.[50] '의로운' $δίκαιος$이라는 형용사는 17회 사용되는데, 마가복음에서는 단 2회만 사용되고 있다. 셋째는 '지키다' $τηρέω$로서 처음 세 복음서에서는 오직 마태복음에만 6회 사용된다. 넷째는 '열매' 과실, 실과, $καρπός$로서 19회마가, 5회 사용되고 있다. 또한 '열매 맺다' $καρποφορέω$라는 동사가 1회 사용되며, 이외에는 '회개하다' $μετανοέω$ 5회마가, 2회, '회개' $μετάνοια$ 2회마가, 1회, '율법' $νόμος$이 8회마가, 0회 사용되고 있다.

---

49) 마태복음의 행함에 대한 용어 연구와 보다 자세한 논의를 위해서는 권종선, "마태복음에 나타난 '행함'," 『복음과 실천』, 37집 (2006년 봄): 9-39를 보라.
50) Benno Przybylski, *Righteousness in Matthew and His World of Thought* (Cambridge: Cambridge University Press, 1980), 112-5는 마태복음에 사용된 '의' (義, $δικαιοσύνη$)는 마태복음에서 중심적인 단어이며 그 단어의 본질적 의미는 "하나님의 뜻을 행함"이라고 강조한다.

마5:48	눅6:36
48 그러므로 하늘에 계신 너희 아버지의 **온전하심과 같이** 너희도 온전하라	36 너희 아버지의 **자비로우심 같이** 너희도 자비로운 자가 되라

마태복음에만 기록되어 있어서 마태의 신학적 특징을 드러내는 구절들에서 행함에 대한 강조가 잘 나타나고 있다. 우선 마태복음의 중심이라고 할 수 있는 산상수훈에서 제자들은 세상에서 소금과 빛이라고 선언되는데, 그 의미는 '착한 행실' 선행을 통해 사람들로 하여금 그것을 보고 하나님께 영광을 돌리게 하라는 것이다.5:13~16 예수께서는 율법을 폐하러 오신 것이 아니라 성취하러 오셨으며, 따라서 율법은 일점일획까지도 성취되어야 한다고 강조하신다.5:17~18 이러한 철저한 율법의 성취가 무엇을 의미하든지 간에 계명 중의 사소한 것이라도 버리지 않아야 하고 그것을 '행하며' 가르치는 자가 하나님의 통치에서 큰 자로 평가된다고 예수께서는 말씀하신다.5:19 사람들의 '의'가 서기관과 바리새인보다 넘쳐나야 하나님의 통치에 들어갈 수 있다고 선언되는데,5:20 여기서 의는 그리스도인의 윤리적 실천을 의미하고 있음이 분명하다. 즉, 그리스도인의 윤리는 율법을 열심히 준수했던 바리새인들보다 더 철저한 실천을 요구한다.5:21~22 그들은 하나님처럼 '온전한' τέλειος, 완전한 삶을 살도록 해야 한다.5:48 하지만, 이러한 철저한 행함은 사람들에게 보이려고 하거나, 위선적이어서는 안 된다.6:1~18 또한, 행함의 중심에는 다른 사람이 자신에서 해 주길 원하는 바를 그들에게 행하는 마음이 있어야 한다.7:12 행함이 중요한 이유는 그것이 그 사람의 본질과 정체를 증명해 주기 때문이다. 열매가 그 나무를 증명해 주듯이 삶의 열매가 신앙을 증명해 준다.7:15~20 이처럼 거짓 선지자들은 그 '열매'로 평가된다.7:16 단순히 예수를 주님으로 고백하는 자체만으로는 의미가 없다. 아버지의 뜻대로 '행하는' 자가 궁극적으로 하나님의 통치에 들어갈 수 있다.εἰσελεύσεται, 미래형, 7:21 이처럼 행함은 하나님 통치에 들어가는 조건으로 제시되기도 한다. 예수를 주님이라고 부르며 또한 '주의 이름으로' 예언을 하고, 귀신을 쫓아내고, 많은 기적을 행했다고 해도 올바로 살지 않

는다면 예수께서는 그들을 모른다고 내치실 것이다.7:22~23 즉, 사람들은 그의 고백이나 그가 가진 은사나 그가 보여주는 기적이나 능력이 아닌 그의 삶의 윤리적인 열매로 평가받게 된다. 이제 산상수훈의 결론은 이 모든 예수의 가르침을 듣고 그대로 행해야 한다는 교훈으로 끝난다. "그러므로 누구든지 나의 이 말을 듣고 행하는 자는 그 집을 반석 위에 지은 지혜로운 사람 같으리니"7:24 듣고도 행하지 않는다면 모래 위에 집을 지은 것과 마찬가지이므로 반석 위에 집을 지어야 하는데, 그 방법은 곧 예수께서 말씀하신 것을 들은 대로 행함으로써 실천하는 것이다. 이처럼 산상수훈은 전체적으로 실제적인 삶에서의 실천을 강조하며 그 결론도 말씀을 들은 자는 행하라는 것이다. 산상수훈에서 행함은 하나님의 통치에 참여하게 되는 조건이며 하나님의 통치에서 큰 자로 인정받는 수단으로 나타난다.

　마태복음은 예수께서 첫 번째 고난 예고 후에 해 주신 제자도에 대한 교훈에도 행함-심판에 관한 말씀을 첨가하고 있다.16:27 여기서 행함은 예수를 위해 자기를 부인하고 자기 십자가를 지고 목숨까지도 내어 놓는 고난과 헌신을 의미한다.16:24~25 재물이 많은 청년이 예수께 와서 무슨 선한 일을 하여야 영생을 얻을 수 있는지 질문하는데, 예수께서는 우선 "네가 생명에 들어가려면 계명들을 지키라"라고 명하신다.19:17 이러한 명령은 세 복음서의 병행본문 중 마태복음에만 나타난다. 여기서 생명에 들어간다는 것은 구원을 얻는 것,19:26 하나님 통치에 들어가는 것19:24과 같은 의미로 보인다. 예수께서는 특히 이웃을 사랑하는 계명을 실천할 것을 강조하시는데,19:18 온전한 계명의 실천은 소유를 팔아서 가난한 자들에게 주는 것까지도 해야 하는 것이다19:21. 이처럼 여기서 행함은 소유의 포기를 통한 이웃 사랑의 실천을 의미한다. 이 이야기에서 계명을 지키는 실천은 곧 생명(영생)에 들어가며, 하나님의 통치에 들어가며, 구원을 받는 조건으로 나타난다. 포도원 농부의 비유에서는 다른 복음서에는 나타나지 않는 "하나님 나라를 너희는 빼앗기고 그 나라의 열매 맺는 백성이 받으리라"21:43라는 말씀이 첨가된다. 여기서 열매 맺는 것은 하나님께서 보내신 선지자들이나 예수를 높이며 받아들이는 것을 의미하는 것으로 보인다.21:37 마태는 이 비유에서 '열매' καρπός라는 단어를 4회나 사용하는데 이는 실천적 삶의 결과를 의미한다고 할 수 있다. 이 비유에서도 열매 맺는 것은 하나님 통치를 받는 조건이 된다. 보통 바리새인들과 서기관들의 신앙의 문제는 진정으로 행하지 않고 형식적으로 행하는 것이라고 알려졌다. 그러한 위선적인 삶도 문제이지만, 예수께서는 그들의 우선적인 문제가 '말만 하고 행치 않는 것'이라고 지적하신다.23:3 즉, 위선적인 삶 이전에 '행치 않는' 삶이 문제로 지적되고 있다. 따라서 무엇이든지 그들이 말하는 것을 행하고 지키도록 요구된다.23:3

예수께서는 세상의 종말에 심판이 있을 것을 말씀하시며 깨어서 충성 되게 일하도록 요구하신다.25:1~30 즉, 사람들은 충성 되게 일한 것에 따라서 마지막에 심판을 받게 된다는 것이다. 마지막 심판에서 예수께서는 양과 염소를 구분하시는데, 형제 중에 지극히 작은 자 하나에게 그들이 "주릴 때에 너희가 먹을 것을 주고, 목마를 때에 마시게 하고, 나그네 되었을 때에 영접하고, 헐벗었을 때에 옷을 입히고, 병들었을 때에 돌보고, 옥에 갇혔을 때에 찾아와 준" 행위를 근거로 심판하여 영생과 영벌을 주실 것을 선언하신다.25:31~46 이 마지막 심판에 관한 본문에서 믿음이라는 단어는 전혀 등장하지 않는다. 이처럼 행위에 의한 심판을 말하는 마태복음의 이 본문은 다소 충격적이다. 하지만, 전체에 걸쳐 행위를 강조하는 마태복음 안에서 이러한 사상은 충격적이지 않으며 다른 구절들과 잘 어울린다. 이제 마태복음은 가서 모든 족속으로 제자를 삼으라는 예수의 명령으로 결론을 맺는데,28:20 그 제자를 삼으라는 명령의 내용은 예수께서 그들에게 '명령하신 모든 것을 지키도록' τηρεῖν πάντα ὅσα ἐνετειλάμην ὑμῖν 가르치라는 것이다. 예수께서 말씀하신 그 의로운 삶을 따라 살도록 가르치라는 것이다. 흔히 마태복음은 제자훈련의 교과서라고 불린다. 마태복음 전체는 마태복음의 독자 공동체들을 제자라고 할 때에 우선 바로 그들의 삶을 위한 것으로써 그들은 먼저 명령하신 모든 것을 지켜서 살아야 했다. 그 공동체는 그들의

'행함'으로써 세상과 구분되어야 했다. 그리고 그들이 전도하는 사람들도 그들처럼 행하는 사람이 되도록 가르쳐야 했다. 이처럼 주의 말씀을 행하는 일은 마태복음 전체가 추구하는 중심적 모티프이며 마태복음의 결론이라고 할 수 있다.

마태복음에 나타난 행함의 의미를 요약한다면 다음과 같다. 첫째, 행함은 그리스도인의 선택적 삶이 아닌 빛과 소금 된 그리스도인의 본질적인 삶이다. 둘째, 행함은 하나님의 통치에 들어가는 필수 요소다. 셋째, 행함은 마지막 심판에서 의인으로 평가되는 주요기준이다. 넷째, 행함은 제자도의 주요 내용이다. 다섯째, 행함의 내용은 예수께서 가르치고 명령하신 모든 것이다. 여섯째, 행함의 동기는 대접받고 싶은 대로 대접하는 사랑이다. 이처럼 마태복음에서 행함은 그리스도인 삶의 시작과 과정, 그 결말 모두에 있어서 핵심적인 위치에 있다. 주로 바울신학에 근거한 개신교의 신학에서 볼 때에, 이러한 마태의 신학은 수용하기 어려울 수도 있지만, 그것은 있는 그대로 평가되고 수용되어야 한다. 마태는 구원의 교리를 제시하려고 복음서를 기록한 것이 아니며 이미 제자로 사는 그리스도인들의 삶을 위한 실천적인 교훈을 제시하고 있다는 것을 이해해야 한다. 따라서 이러한 마태의 신학에서 무리하게 교리를 도출하거나 종합해내서는 안 된다.

포도원 품꾼의 비유에서 포도원 주인은 오후 늦게까지도 일자리를 구하지 못하고 노는 사람들에게 가서 무조건 일자리를 주고 하루 품삯 모두를 지급하는 은혜로운 사람으로 나타난다. 20:1~15 마지막 일꾼이 포도원에 들어와 일하게 된 것과 거의 일도 하지 못했지만, 그가 하루 삯을 받은 것은 모두 주인의 전적인 은혜에 의한 것이다. 예수께서는 산상설교에서 제자들에게 윤리적 명령을 하기 이전에 먼저 그들이 복되다는 선언을 하신다. 이처럼 마태복음은 행함만을 강조하고 있지 않으며, 그 이전에 하나님의 은혜를 강조하고 있다. 바울은 그리스도인이 하나님 앞에서 의롭게 되었다는 것에서부터 시작하여 그리스도인의 삶을 말한다. 롬6:7~13 참조 바울에게 있어서 '의롭게 되었다'는 것은 주로 하나님께서 그리스도의 속죄를 통해 사람들을 더는 죄인으로 보지 않으셔서 그와의 관계를 새롭게 시작하셨다는 것을 의미한다. 바울은 처음부터 그리스도인이 의인으로서의 신분을 부여받게 되었음을 말하므로 그 새로운 신분에 적합한 열매를 맺도록 요구한다.엡2:4~10 참조 마태는 그리스도인의 삶의 결과로부터 그의 삶을 보며 그것을 평가한다. 마태가 말하는 의는 주로 실천하는 삶을 가리킨다. 마태의 신학은 나무가 결과적으로 산출한 열매를 보고 그 나무가 어떤 나무인지 그 정체를 평가하는 것이다. 따라서 마태는 그리스도인의 삶의 시작이나 과정에 있는 그리스도인들에게 섣불리 미래를 보장해 주지 않는다. 모든 것을 포기한 제자들에게 영생을 약속하면서도, '그러나' 첫째가 꼴찌 될 자가 많다고 경고하신다.19:29~30 이처럼 마태는 그리스도인들이 회개에 합당한 열매를 맺지 않으면서도 자신들이 심판받지 않을 것이라고 잘못된 확신을 하는 바리새인들이나 사두개인들처럼 되지 않도록3:8~9 그리스도인들에게 섣불리 그 미래를 완전히 보장해 주지 않는다. 미래를 보장받았다고 생각하는 사람들은 자신들이 첫째라고 확신하며 그 보장을 기대하며 일하다가 꼴찌가 될 수도 있다. 마태는 주인의 전적인 은혜로 부르심을 받아 보상받을 것은 기대조차 하지 않고 자격 없는 자신이 일자리를 얻었다는 것만으로 감사하고 기뻐하며 겸손하게 일하다가 자신이 일한 것보다 훨씬 더 많은 것을 받은 마지막 일꾼처럼, 꼴찌처럼 일하다가 첫째가 되는 삶을 살도록 요구하는 것으로 보인다.

이방 선교. 마태복음은 전체적으로 유대적인 성격을 지니며 유대인들에 대해 특별한 관심이 있다. 유대인들에 대한 마태복음의 관심은 '우선적' 또는 '일차적'인 것이라고 표현하는 것이 옳을 것이다. 마태복음이 유대인 그리스도인에 의해 유대인 그리스도인 독자를 대상으로 기록된 것이라고 할 때에 위와 같은 유대적인 성격을 지니는 것은 당연하다. 하지만, 특히 유대인들에 대해 독점적인 관심을 표현하는 구절들은10:5~6; 15:24 마태복음 전체의 내용이나 구성, 강조점으로 볼 때에 사실상 오히려 그들의 믿음 없음이나 잘못을 지적하는 문학적 장치의 역할을 하고 있다고 할 수 있다.

마태복음은 유대인들에 대해 일차적으로 독점적인 관심을 보이고 있지만 많은 유대인은 스스로 그것을 거절한다. 이런 면에서 마태복음은 특별히 믿지 않고 거절하는 유대인들에 대해서 다른 어떤 복음서들보다 심하게 책망한다. 상대적으로 '이스라엘 중 아무에게서도' 찾을 수 없는 믿음을 이방인이 보여주고 있으므로 그의 믿음은 칭찬 받는다.8:10 마태복음은 믿는 유대인 독자에게 관심을 보이며, 불신 유대인들에게도 일차적인 관심을 보이지만, 불신 유대인들의 완고함과 거절은 그들에 대한 강한 책망과 이방인에 대한 관심을 낳게 한다.51) 이처럼 마태복음의 이방 선교에 대한 관심은 하나님의 독점적인 배려에도 자기 백성이 예수를 통한 하나님의 통치에의 초대를 거절했다는 데서 나온다.

이런 면에서 마태복음의 이방 선교에 대한 관심은, 먼저 거절하는 유대인들에 대한 신랄한 비판과 심판 선언에서 시작된다. 유대인은 원래 하나님의 통치의 자손들이었지만 믿음을 보이지 못하고 거절한다면 그들은 그 통치에서 쫓겨나게 될 것이라는 선언이 내려진다.8:12 52) 포도원 농부의 비유를 마치신 예수께서는 마태복음에서만 분명하게 대제사장들과 바리새인들에게 하나님의 통치를 '너희는' 빼앗기고 그 통치의 열매 맺는 이방인 ἔθνει이 받게 될 것이라고 하신다.21:43 이처럼 거절하는 유대인은 그들에게 원래 계획되었던 하나님의 통치를 절대 받지 못하게 된다. 또한, 이어지는 혼인 잔치의 비유에서 유대인들은 하나님의 통치에의 초대를 거절할 뿐만 아니라 그들을 초대한 종들을 모욕하고 죽이는 자들로 등장하는데, 이러한 잔인한 행동은 마태복음에만 나타나며, 이러한 자들에게는 심판이 선언된다.22:1~14 그들은 그 피 값을 받게 될 것이다.23:35 예루살렘의 멸망은 이처

---

51) 흔히 이러한 유대인에 대한 책망 등을 '반(反)유대주의'라고 표현하기도 하는데, 마태복음이 유대인 전체에 대해 반대하고 있는 것이 아니므로 이런 표현을 사용하는 것은 적절하지 않다.
52) 백부장의 하인을 고친 이야기는 마태복음과 누가복음에 있는 것으로, 마태복음은 이 이야기의 종결 부분에 누가복음에는 없는 "또 너희에게 이르노니 동서로부터 많은 사람이 이르러 아브라함과 이삭과 야곱과 함께 천국에 앉으려니와 그 나라의 본 자손들은 바깥 어두운 데 쫓겨나 거기서 울며 이를 갈게 되리라"(8:11-12)라는 말씀을 첨가함으로써 큰 믿음을 지닌 이방인과 대조되는 불신 유대인에 대한 심판을 강조하고 있다.

럼 하나님이 파송하신 선지자를 거절하고 죽인 유대인들에 대한 처벌로 이루어질 것처럼 선언된다.23:36~38

이처럼 하나님의 통치에 대한 유대인들의 거절은 자연스럽게 이방인에 대한 관심으로 눈을 돌리게 한다. 마태복음에서 이방인에 대한 관심은 처음부터 나타나고 있는데, 예수의 족보에서 몇 이방 여인들이 예수의 조상 이름 중에 등장하고 있다.53) 예수께서 탄생하셨을 때에 그 탄생을 가장 먼저 알고 찾아온 사람은 이방의 동방 점성가들이다. 그들은 이방인들로서 자기 나라의 왕이 아닌 '유대인의 왕'이 탄생한 사실을 이미 알고 있을 뿐만 아니라,2:2 멀리서부터 예루살렘까지 찾아와 수소문하여 결국 아기 예수를 찾아서 '경배하고' 예물을 드린다2:11. 이방인인 동방 점성가들은 마태 이야기의 처음부터 이미 예수를 왕으로 받아들일 준비가 되어 있으며 적극적으로 자신들의 믿음을 실천하는 자들로 그려진다. 이처럼 마태복음의 예수 탄생 이야기는 단순한 사건 서술이 아닌 마태복음의 중요한 주제를 요약 설명해 주는 역할을 한다.

화자는 예수의 공생애의 시작은 선지자 이사야의 말씀을 이루는 것으로 전하고 있는데 '이방의 갈릴리'도 큰 빛을 보게 될 지역에 포함되고 있다.4:14; 사9:1~2 예수 사역의 시초부터, 또는 이사야 시대부터 하나님께서는 갈릴리의 이방인들을 하나님의 통치의 대상으로 포함하셨음을 나타내주고 있다.54) 즉, 예수께서는 우선은 유대인들에게 하나님의 통치를 선포하시지만, 이방인을 그 하나님의 통치에 포함할 계획도 처음부터 가지고 계신 것으로 나타난다. 예수께서 가버나움에서 백부장의 하인을 고치신 이야기에서 백부장은 큰 믿음을 보이며 예수께서는 그를 칭찬하시는데 그 칭찬의 말씀을 주목해 볼만하다.8:5~13 보는 바와 같이 누가복음의 병행구절과 비교해 볼 때에 마태는 '진실로'와 '아무에게서도'를 추가하여 이방인 백부

---

53) 다말, 라합, 룻은 모두 이방 여인이며 밧세바는 헷 족속인 우리야의 아내이지만 정확히 이방 여인인지 알 수 없다.
54) R. T. France, *The Gospel of Matthew*, 143은 이 구절이 마태복음의 마지막에 '갈릴리'에서 제자들을 만나며(28:16) '이방 선교'를 명령하실 것(28:19)에 대한 암시를 해 주고 있다고 본다.

장의 믿음을 강조하고 있으며, 또한 그의 믿음에 따라서 예수께서 고침을 명하셨고 또한 그대로 이루어진 것을 강조하고 있다. 화자는, 여호와의 종이신 예수 안에서는 이방인들의 소망이 이루어질 것을 이미 선지자 이사야가 예언했으며, 예수께서는 이러한 예언을 이루고 계신 분으로 설명해 주고 있다. 12:18~21; 사42:1~2

마8:10,13	눅7:9~10
10 …내가 **진실로**('Ἀμὴν) 너희에게 이르노니 이스라엘 중 **아무에게서도** 이만한 믿음을 보지 못하였노라 13 예수께서 백부장에게 이르시되 가라 **네 믿은 대로 될지어다** 하시니 그 즉시 (ἐν τῇ ὥρᾳ ἐκείνῃ, 그 시간에) 하인이 나으니라	9 …내가 너희에게 이르노니 이스라엘 중에서도 이만한 믿음은 만나보지 못하였노라 하시더라 10 보내었던 사람들이 집으로 돌아가 보매 종이 이미 나아 있었더라

마태복음에는 믿음을 칭찬받은 또 한 사람의 이방인이 등장하는데 이는 가나안 여인이다. 15:22~28 가나안 여인은 귀신들린 자신의 딸을 고치고자 예수께로 나오는데, 처음부터 "주 다윗의 자손이여 나를 불쌍히 여기소서"라고 예수를 알아보고 소리친다. 마가복음 병행본문에서 예수께서는 한 번 냉담하며 거절하시는 것으로 서술되고 있는 한편, 마태복음에서는 예수께서 세 번이나 냉담하며 거절하지만, 15:23, 24, 26 여자는 계속 믿음을 보이며 결국 예수께서는 그녀의 요구를 들어주신다. 예수께서는 "여자여 네 믿음이 크도다 네 소원대로 되리라" 15:28라고 칭찬하신다.[55] 마가복음의 병행본문에서는 이러한 여자의 믿음에 대한 칭찬이 나타나지 않는 것으로 볼 때에, 마태가 이를 강조하고 있음을 알 수 있다. 또한, 예수께서 여자의 믿음을 칭찬하신 '그 시간부터' 그의 딸이 나았다고 서술한다. 이처럼 이방 여인이 보여준 큰 믿음은 제자들이 몇 번 '믿음이 작은 자들'로 표현되고 있는 것과 대조를 이룬다. 마태복음 전체를 통해 믿음에 대해서 칭찬받는

---

55) Ὦ γύναι, μεγάλη σου ἡ πίστις라는 헬라어의 표현은 우선 처음에 감탄사가 등장하며, '크다'라는 단어가 앞에 나와 이 여인의 '큰' 믿음이 강조되고 있다. 원어의 표현과 어순을 살려서 번역하자면, "오! 여인이여, 크도다! 당신의 그 믿음"이라고 할 수 있다.

사람들은 이 이방인 남녀 둘 뿐이다. 이처럼 하나님께서는 원래부터 이방인들도 하나님의 통치에 참여할 수 있도록 계획하셨고, 또한 이방인들은 예수의 탄생 때부터 믿음으로 열려 있으며 적극적으로 예수께로 나아오고 있다. 반대로 하나님의 은혜의 우선적인 수혜자受惠者로 계획되었던 유대인들은 예수의 탄생 때부터 그를 거절하며, 특히 유대교 지도자들은 더욱 예수를 배척한다. 결국, 그들은 하나님의 통치에 참여할 수 없게 되며, 그 통치에 합당한 믿음의 열매를 맺는 이방인들이 그 통치에 참여하게 될 것이다. 21:43; 22:9

마15:28	막7:29~30
28 이에 예수께서 대답하여 이르시되 여자여 네 **믿음이 크도다 네 소원대로 되리라** 하시니 그 때로부터 그의 딸이 나으니라	29 예수께서 이르시되 이 말을 하였으니 돌아가라 귀신이 네 딸에게서 나갔느니라 하시매 30 자가 집에 돌아가 본즉 아이가 침상에 누웠고 귀신이 나갔더라

제자들은 다 도망가서 한 사람도 없는 십자가 처형장에서 이방인 백부장은 죽으신 예수에 대해 "이는 진실로 하나님의 아들이었도다"27:54라고 고백한다. 베드로가 한 번 예수를 하나님의 아들로 고백한 일이 있지만, 그는 정작 예수께서 죽음을 통해서 진정한 하나님의 아들로서 입증된다는 것을 모르고 예수를 부인하고 떠나갔다. 이렇게 볼 때 이 백부장은 마태복음 전체에서 예수가 진정한 하나님의 아들이라는 것을 올바로 선언하는 유일한 인물이 되며, 이 고백은 곧 마태복음의 결론이 된다. 이제 예수의 부활 후에 제자들이 해야 할 일은 분명해진다. 이렇게 믿음으로 준비된 모든 이방인들πάντα τὰ ἔθνη에게 가서 그들을 예수의 명령대로 사는 제자들로 만들어야 하는 것이다. 28:19~20 56) 이처럼 마태복음은 예수의 탄생 이야기부터 이방인의 예수에 대한 수용과 믿음을 보여주고, 계속 이방인 백부장과 가

---

56) ἔθνη는 보통 구약에서 '열방'(nations)이라고 번역되는 단어로서 거의 대부분 이방인을 지칭한다. 특히 마태는 이스라엘 민족을 지칭할 때는 '이스라엘'이나 '백성'(λαός)이라는 단어를 주로 사용한다. 이 구절에서 ἔθνη가 우선적으로 이방인을 가리키고 있다고 보는 것

나안 여인의 큰 믿음을 드러내고, 예수의 죽으심에서는 백부장의 훌륭한 고백을 전함으로써 이방 선교의 타당성과 중요성을 전하고 있다. 결국, 마태복음은 이방 선교에 대한 명령으로 끝나고 있다.

죄 사함/용서. 마태복음은 하나님과 예수의 죄 용서에 근거한 그리스도인들 간의 용서를 강조하고 있다.[57] 마태복음에서 예수께서는 죄를 사하시는 분으로 나타나고 있다. 예수의 탄생이 예고될 때부터 예수는 자기 백성을 그들의 '죄에서' 구원할 자라고 선언되는데,1:21 이러한 예수의 이름의 의미는 마태복음에만 나타나 있다. 예수께서는 중풍병자를 고치시면서 자신이 세상에서 '죄를 사하는' 권능이 있는 것을 분명히 알리신다.9:6 [58] 예수께서는 마지막 만찬에서 잔을 나누실 때에 그 잔이 '죄 사함을 얻게 하려고' 많은 사람을 위하여 흘리는 피라고 설명하시는데, 이는 다른 복음서의 병행구절에 나타나지 않는다. 예수의 죄 사하시는 메시아로서의 사역이 마태복음 전체에 걸쳐 나타나지는 않지만, 탄생과 공생애 그리고 죽으심과 관련하여 중요한 대목에서 나타나고 있다.

마26:27~28	눅22:20	막14:23~24
27 잔을 가지사 감사 기도 하시고… 28 이것은 **죄 사함을 얻게 하려고** 많은 사람을 위하여 흘리는 바 나의 피 곧 언약의 피니라	20 저녁 먹은 후에 잔도 그와 같이 하여… 이 잔은 내 피로 세우는 새 언약이니 곧 너희를 위하여 붓는 것이라	23 또 잔을 가지사 감사 기도 하시고… 이것은 많은 사람을 위하여 흘리는 나의 피 곧 언약의 피니라

이처럼 예수 자신이 죄 사하시는 메시아로 나타나면서, 예수께서는 가르

이 자연스럽지만(Hare and Harrington), 유대인을 포함한 모든 민족을 가리키고 있다고 볼 수도 있다(Turner, France). 마태복음 기록 당시에 마태공동체가 회당과 결별을 했고 더 이상 그들과 접점을 찾기 어려운 상황이었다고 가정한다면, 그들은 선교대상자를 이방인들에게서 찾을 수밖에 없다고 생각했을 수 있다.

57) 이 주제에 대한 보다 충분한 논의를 위해서는 권종선, "마태복음에 나타난 용서," 『복음과 실천』, 41집 (2008 봄): 9-34를 보라.

58) 마가와 누가는 이 사건에서 서기관들이 속으로 "오직 하나님 (한 분)외에 누가 능히 죄를 사하겠느냐"라고 생각했다고 전하고 있지만(막 2:7; 눅 5:21) 마태는 이를 생략한다. 즉, 예수도 죄를 사하는 분이기 때문이다.

침을 통해서 서로 용서해야 함을 강조하신다. 우선 산상수훈에서 예수께서는 새 시대에 하나님의 통치를 구현하는 데에 적합한 삶은 바리새인이나 서기관보다 "더 의가 넘쳐나는" 삶을 실천하는 것이라고 강조하시면서,5:20 그러한 삶의 구체적인 실례 여섯 가지를 제시하시며 교훈하신다.5:21~47 그것 중 첫 번째는 자신이 형제에게 분을 품거나 욕을 하지 않아야 한다는 교훈이며,5:21~22 두 번째는 다른 형제가 자신에게 원망할 만한 일이나 고소하는 일이 있을 때에 화해하라는 교훈이다5:23~25. 예물을 제단에 드리려다가도 원망들을 만한 일이 생각나면 중지하고 '먼저' πρῶτον 화목해야 하며, 자기를 고소하려는 자와 함께 길을 갈 때에는 '급히' ταχὺ 사화(화해)하라고 하신다.5:25 이처럼 화해하는 것은 '우선적이고' πρῶτον, '시급하게' ταχὺ 해야 할 일로 요구된다. 예수께서는 시급히 화해하지 않으면 옥에 갇혀 다 갚기 전에 나오지 못할 것이라고 경고하시는데, 이는 동료를 불쌍히 여겨 빚을 탕감해 주지 않는 자 즉, 형제를 용서하지 않는 자가 받게 될 형벌과 같다.18:34 이처럼 마태는 형제에게 분을 품고 욕하거나, 화해하지 않는 일은 곧 형제를 용서하지 않는 일과 같은 것으로 제시한 것으로 보인다. 화해와 용서는 우선적이며 시급하게 이루어져야 한다.

예수께서 가르쳐 주신 주기도에서는 "우리가 우리에게 죄 지은 자를 사하여 준 것 같이 우리 죄를 사하여 주시옵고"라는 기도가 있는데6:12 즉, 우리 자신이ἡμεῖς 역시 우리의 빚진 자들을 이미 용서했듯이ἀφήκαμεν, 부정과거 우리들의 죄도 용서해 달라는 간구다. 주기도의 내용 중에서 이처럼 먼저 자신들이 한 행동을 전제로 하는 기도는 없다. 예수께서는 주기도를 가르치시고 나서도 곧이어서 용서에 대한 교훈을 해주신다. 즉, 예수께서는 다시 한 번 "너희가 사람의 잘못을 용서하면 너희 하늘 아버지께서도 너희 잘못을 용서하시려니와 너희가 사람의 잘못을 용서하지 아니하면 너희 아버지께서도 너희 잘못을 용서하지 아니하시리라"라고 분명하게 말씀하신다.6:14~15 문맥으로 볼 때에 이 말씀은 주기도에 대한 요약 결론이라고 할 수 있다. 주기도의 내용 중 용서에 대해서만 다시 한 번 강조되고 있다.

이 구절은 누가복음의 병행본문에는 없는 마태복음 고유의 구절로서 마태의 신학을 잘 드러내 주고 있다. 살펴본 바와 같이, 형제에 대한 용서는 마태복음의 중심이라고 할 수 있는 산상수훈에서 우선적이며 시급한 것으로서 강조되며 하나님으로부터 용서를 받는 조건으로 제시된다.

마태복음 18장의 내용은 대부분 마태복음에만 있는 것으로서, 일반적으로 마태공동체의 내적인 상황을 반영하는 본문으로 받아들여진다. 예수께서는 공동체 안에서 죄를 범한 형제를 다루는 구체적인 방법을 제시하는데, 사실상 이것은 죄인을 다루는 방법이라기보다는 그를 **용서하는 방법**이라고 할 수 있다. 여기서는 형제가 범한 죄의 종류나 경중輕重에 관해서는 전혀 언급이 없으므로 죄의 종류와 경중에 따라 달리 접근하도록 교훈되지 않는다. 여기서 예수의 관심은 어떻게 그를 용서하느냐 하는 것이다. 어떤 종류의 범죄이든 상관없이 그에게는 용서받을 기회가 제공되어야 한다는 것이다. 이 용서의 기회는 우선 그를 존중해서 개인적인 만남을 통해서 제공된다.18:15 만일 개인적인 대면에서 그가 듣지 않는다면, 다음으로는 한두 사람과 함께 가서 권해야 한다.18:16 그래도 듣지 않으면 교회 공동체를 통해서 권해야 한다.18:17 그래도 듣지 않는다면 출교까지도 고려해야 하는 상황이지만, 그렇다고 해서 죄를 범한 형제에게 단 세 번의 기회를 제공하도록 규정하는 것이라고 볼 수는 없다. 베드로는 예수께 '나의 그 형제가' ὁ ἀδελφός μου 내게 죄를 범하면 몇 번이나 용서해 주어야 하는지 질문한다.18:21 베드로는 일곱 번을 제안하는데, 예수께서는 "일곱 번을 일흔 번까지라도 할지니라"18:22라고 말씀하신다. 이 말씀은 사실상 횟수와 상관없이 할 수 있는 대로 무한히 계속 용서하라는 의미임이 분명하다.

마태는 다시 한 번 용서의 교훈에 대한 결론으로 "임금과 용서하지 않는 종의 비유"를 전한다.마18:23~27 마태복음에만 있는 이 비유는 마태의 용서에 대한 강조를 잘 드러내 준다. 이 비유는 임금으로부터 용서를 받은 종이 자신의 동료를 용서하지 않자 임금도 그를 용서하지 않았다고 전한다. 이 비유는 그리스도인이 형제들을 용서하지 않으면 하나님께서도 그를 용서하지 않으실 것이라는 기본적인 교훈을 하고 있다. 주기도의 용서에 대한 기도나 주기도 다음에 바로 거듭 강조된 용서에 대한 교훈과 같은 가르침이다. 마태복음에서 거듭되는 용서에 대한 교훈은 마치 하나님의 용서가 전적으로 그리스도인이 다른 형제를 용서하는지에 달려있다는 인상을 준다. 하지만, 이 비유를 살펴보면 마태가 근본적으로 사람들에 대한 용서에 근거한 하나님의 용서를 말하고 있지 않다는 것을 알 수 있다. 이 비유에서 임금은 '먼저' 그 종의 빚을 탕감해 준다.18:27 임금은 그 종이 동료의 빚을 탕감해 주는지 보고 그 결과에 따라 행동하지 않고, 자신이 먼저 빚을 탕감해 준다. 그 종이 동료의 빚을 탕감해 주지 않자 임금은 "내가 너를 불쌍히 여김ήλέησα, 부정과거과 같이 너도 네 동료를 불쌍히 여김이 마땅하지 아니하냐"라고 반문한다.18:33 마태의 용서의 신학은 분명하다. 그것은 하나님이 먼저 그들을 불쌍히 여겨 이미 용서하신 것 같이 동료에게 그렇게 해야 한다는 것이다. 이 비유는 하나님이 사람들을 먼저 용서하셨고 그 용서를 바탕으로 사람들도 다른 사람들을 용서해야 한다고 교훈하고 있다.

위와 같은 비유의 교훈은 사람들 간의 용서를 전제로 하나님의 용서를 말하는 주기도에 나타난 교훈과는 상반되는 것으로 보인다. 하지만, 마태복음에서 강조되고 있는 용서에 대한 교훈들을 종합해서 다음과 같이 정리해 볼 수 있다. 마태공동체는 '예수에 의한' 죄 사함으로부터 시작된다. 즉, 그 공동체의 회원은 예수에 의한 죄 사함을 경험함으로써 그리스도인의 생활을 시작하는데, 이러한 예수의 용서는 그 공동체의 정체성이나 성격에서 중요한 것이 된다. 하나님의 죄 사함(용서)을 체험하고 용서에서 출발한 공동체 안에서 형제들 간에 화해하고 서로 용서해야 하는 것은 당연하며 '우선적' 이며,5:24 '긴급한' 5:25 것이었다. 그뿐만 아니라 용서는 하나님의 용서처럼 조건이 없으며 '지속적' 인 것이어야 했다. 용서를 막을 수 있는 것은 죄를 범한 자 스스로 그것을 거부하는 것뿐이었다. 이미 하나님의 용서를 경험한 사람이 또 다른 동료를 용서한다면 마지막에 다시 하나님께 종말론적인 용서를 받게 될 것이다. 하지만, 그렇게 하지 않는다면 하늘 아버지께서도 그렇게 하실 것이다.ποιήσει, 미래형, 18:35 59) 그들은 이미 용서를 체험하며 시작된 공동체였지만 자신들이 체험한 용서를 다른 동료에게 베풀지 못한다면 그들은 종말적인 용서를 받지 못할 것으로 이해했던 것으로 보인다. 공동체가 용서를 강조했지만 그렇다고 해서 형식적으로 형제를 용서해서는 안 되며 '심장으로부터' ἀπὸ τῶν καρδιῶν 나온 진정한 용서를 하도록 교훈 된다.18:35 하지만, 이렇게 추정해 본 공동체의 용서 시나리오가 사실이라고 해도, 그들의 용서에 대한 이해를 공식적인 교리처럼 생각해서는 안 된다. 이것은 공동체 안에서 공식적으로 적용했던 법칙을 보여주고 있다기보다는, 우선적으로, 계속해서, 중심으로부터 서로 용서하려는 공동체의 실제적인 노력을 보여주고 있다고 할 수 있다.

제자/제자도. 마태복음에 나타나는 제자는 마가복음과 비교해 볼 때에 더 긍정적인 모습으로 나타난다. 예수께서는 갈릴리에서 하나님의 통치를 선포하심으로서 공생애를 시작하시며, 곧바로 처음 제자들을 부르신다.4:17~22 제자들은 예수의 부르심에 '곧' 생업과 부친을 버려두고 예수를 따른다. 예수께서는 자신이 가르치시며, 전파하시며, 고치시는 사역에 제자들을 동참시키시고, 특히 제자들을 위해서 산에서 산상수훈을 통해 하나님의 통치에 참여하는 제자의 윤리를 구체적으로 가르치신다.4:23; 5~7장 제자들은 계속해서 예수의 치유 사역에 동참하지만, 바다에서 큰 놀이 일자 두려워한다.8:23~27 예수께서는 그들을 '믿음이 작은 자들' 이라고 하시며 바다를 잔잔케 하시지만, 제자들은 아직 예수의 진정한 정체를 알지 못한다. 이와는 대조적으로 이어지는 사건에서 귀신 들린 자들은 예수를 단번에 '하나님의 아들' 이라고 알아본다. 예수의 죄 사하는 권세의 선언,9:6 죄인을 부르러 왔다는 가르침,9:13 새 포도주는 새 부대에 넣으라는 가르침 9:17 등을 제자들은 함께 들으며, 죽은 자를 살리시고,9:25 맹인의 눈을 뜨게 하시고,9:30 벙어리를 고치신 일9:33에 초기 제자들은 함께 한다. 예수께서는 열두 제자를 불러 귀신 축출과 치유의 권능을 부여하시고 실제로 그 일

---

59) 미래 동사의 사용은 마지막 종말 때의 용서를 의미하는 것으로 보인다.

을 하도록 파송하신다.10:1~15 제자들의 파송 때부터 이들은 환영받지 못하고 오히려 고난과 박해를 받게 될 것이라고 예수께서는 예고하신다. 고난과 박해를 받을 때에 제자들은 염려하지 말고,10:19 두려워하지 말고,10:26,28,31 끝까지 견뎌야 한다.10:22 이처럼 제자 파송의 초기부터 그들은 자기 십자가를 지고, 목숨을 바칠 각오를 하도록 요구된다.10:38~39 제자들을 파송하시면서 처음부터 그들이 경험하게 될 박해를 예고하시고, 이러한 박해에 대해 두려워하지 말고 목숨을 바칠 각오를 하라고 준비시키시는 예수의 이 교훈은 마태의 이야기에만 나타난다.10:16~39 즉, 이는 마태복음이 강조하는 것 중 하나라고 할 수 있다. 이처럼 제자들은 초기부터 자신들에게 있게 될 고난과 박해에 대해 분명한 말씀을 듣는다.

예수께서는 제자들을 가리켜 자신의 어머니와 동생이라고 하시며, 하늘에 계신 아버지의 뜻을 행하는 자가 자신의 가족임을 선언하신다.12:49~50 예수께서는 하나님 통치의 성격을 여러 비유를 통해 가르치시고 제자들에게 그 비밀이 허락되어 있다고 하시며 그 의미를 설명해 주신다.13:11 이하 예수께서 오병이어로 오천 명을 먹이시는 일에 제자들이 동참하도록 하시고, 다시 바다를 걸어서 제자들과 만나신다.14:15~32 제자들은 처음에는 의심하며 다시 믿음이 작은 자라는 말씀을 듣지만, 곧 예수를 하나님의 아들이라고 고백한다.14:33 마가복음에서 제자들이 예수를 알아보지 못하는 것과 대조를 이룬다.막6:51

마14:32~33	막6:51~52
32 배에 함께 오르매 바람이 그치는지라 33 배에 있는 사람들이 예수께 **절하며** 이르되 진실로 하나님의 아들이로소이다 하더라	51 배에 올라 그들에게 가시니 바람이 그치는지라 제자들이 마음에 **심히 놀라니** 52 이는 그들이 그 떡 떼시던 일을 **깨닫지 못하고** 도리어 그 마음이 둔하여졌음이러라

예수께서는 사천 명을 먹이시는 일에도 제자들을 동참시키시는데,15:32~38 후에 누룩에 대한 예수의 말씀을 제자들이 이해하지 못하자 다시 가르치신다.16:5~11 제자들은 곧 깨닫게 된다.16:12

마16:8~12	막8:17~21
8 예수께서 아시고 이르시되 **믿음이 작은 자들아** 어찌 떡이 없음으로 서로 논의하느냐	17 예수께서 아시고 이르시되 너희가 어찌 떡이 없음으로 수군거리느냐 아직도 알지 못하며 깨닫지 못하느냐 너희 마음이 둔하냐 18 너희가 눈이 있어도 보지 못하며 귀가 있어도 듣지 못하느냐 또 기억하지 못하느냐
9 너희가 아직도 깨닫지 못하느냐 떡 다섯 개로 오천 명을 먹이고 주운 것이 몇 바구니며	19 내가 떡 다섯 개를 오천 명에게 떼어 줄 때에 조각 몇 바구니를 거두었더냐 이르되 열둘이니이다
10 떡 일곱 개로 사천 명을 먹이고 주운 것이 몇 광주리였는지를 기억하지 못하느냐 11 어찌 내 말한 것이 떡에 관함이 아닌 줄을 깨닫지 못하느냐 오직 바리새인과 사두개인들의 누룩을 주의하라 하시니 12 **그제서야** 제자들이 떡의 누룩이 아니요 바리새인과 사두개인들의 교훈을 삼가라고 말씀하신 줄 **깨달으니라**	20 또 일곱 개를 사천 명에게 떼어 줄 때에 조각 몇 광주리를 거두었더냐 이르되 일곱이니이다 21 이르시되 **아직도 깨닫지 못하느냐** 하시니라

　마가복음에서 제자들이 계속 깨닫지 못해서 크게 질책을 당하는 것과는 대조를 이룬다. 이처럼 마태복음에서 제자들은 처음에는 깨닫지 못하거나 믿음이 작은 자로 평가되기도 하지만 예수의 가르침을 통해서 나중에는 깨닫는 자가 된다. 예수께서 자신이 누구라고 생각하는지 제자들에게 질문하는데, 베드로는 예수를 그리스도와 하나님의 아들로 고백함으로써 칭찬을 받는다.16:13~20 하지만, 예수의 고난과 죽음, 부활에 대한 예고를 이해하지 못함으로 크게 책망을 받는다.16:21~23 이전에도 제자들이 십자가를 지고 목숨을 버릴 각오를 해야 한다는 말씀을 하셨음에도 불구하고10:16~39 제자들은 아직도 이에 대해 충분히 이해하지 못하는 모습을 보인다. 제자들은 예수의 변화된 모습에 두려워하기도 한다.17:1~6 하지만 세(침)례자 요한에 대해서는 결국 제자들이 예수의 가르침에 의해 깨닫기도 한다.17:13 제자들은 귀신들린 자를 고치지 못하여 다시 믿음이 작은 자들로 평가되기도 한다.17:14~20

예수께서는 두 번째 고난 예고를 하시며, 제자들은 고난보다는 하나님의 통치에서 누가 가장 큰 자인지에 대해 관심을 보인다.18:1~4 제자들이 길에서 누가 크냐 하고 쟁론하였다고 부정적으로 묘사하는 마가복음과는 대조적으로9:34 마태복음은 제자들이 예수께 와서 그저 질문했다고 해설해 준다.18:1 제자들은 예수를 따름에서 자신에 속한 것들을 포기한 대가로 영생의 상속을 약속받기도 하지만,19:29~30 그러한 보상에 대한 기대 없이 겸손히 예수를 따를 것이 요구된다.19:30~20:16 예수께서는 세 번째 고난 예고를 하시지만 세베대의 아들의 어머니는 예수의 왕권통치 때에 자신의 아들들의 지위를 요구한다.20:18~21 60) 마가의 이야기에서는 야고보와 요한이 직접 와서 지위를 요구했다고 실명을 밝혔지만, 마태는 이들의 이름도 밝히지 않으며 그들의 어머니가 그렇게 요구했다고 말한다.

마20:20	막10:35
20 그 때에 세베대의 아들의 **어머니가 그 아들들을 데리고** 예수께 와서 절하며 무엇을 구하니	35 세베대의 아들 **야고보와 요한이** 주께 나아와 여짜오되 선생님이여 무엇이든지 우리가 구하는 바를 우리에게 하여 주시기를 원하옵나이다

이처럼 마가의 이야기와 비교할 때에 마태는 제자들을 더 존중해서 묘사하고 있다. 나중에 제자들은 예수가 체포되고 처형될 때에 모두 도망간다. 유다는 예수를 팔고 베드로는 세 번 부인한다. 하지만, 예수께서는 부활 후에 열한 제자를 갈릴리에서 만나신다. 제자들은 예수를 경배하지만, 아직도 의심하는 제자들도 있었다.28:16~17 처음에는 깨닫지 못하거나 믿음이 작은 자로 평가되던 제자들이 나중에는 개선된 모습을 보이는 이제까지의 이야기의 패턴으로 볼 때에, 여전히 의심하던 제자들도 결국 깨닫고 믿게

---

60) 마태복음 20장 21절에는 '주의 나라에서' 라는 표현이 나타나는데(개역개정판), 원문은 $ἐν$ $τῇ$ $βασιλείᾳ$ $σου$(당신의 왕권통치 때에)라고 되어 있다. 여기서 $σου$(your, 당신의)는 예수를 가리키는데, 따라서 예수의 왕권통치를 말하고 있다. '당신의 왕권통치' 라는 표현은 이 구절 이외에는 주기도에 단 한 번 나타나는데(6:10, $ἡ$ $βασιλεία$ $σου$) 주기도에서 $σου$는 하나님을 가리키고 있다.

되었을 것이라고 예상할 수 있다. 예수께서는 그들에게 제자 삼는 사명을 부여하시며 세상 끝 날까지 항상 그들과 함께 계시겠다고 약속해 주신다.28:20 이처럼 마태의 이야기에서 제자들은 마가의 이야기와 비교한다면 훨씬 긍정적인 모습으로 그려진다. 물론 여전히 믿음이 작은 자나 깨닫지 못하는 자들로 등장하기도 하지만, 나중에는 믿고 깨닫는 자로 나타난다. 이런 면에서 마태복음의 제자는 독자가 쉽게 자신을 동일시할 수 있는 인물이라고 볼 수 있다. 앞서 언급한 바와 같이 '믿음이 작은 자들' ὀλιγόπιστοι 이라는 표현은 마태의 특징적인 표현이라고 할 수 있는데, 이는 마태복음의 독자들이 사용했던 용어였을 것이다. 또한, 이 용어가 주로 독자들이 자신들에 대해 사용했던 것이라면 독자들은 제자들이 '믿음이 작은 자들'로 불리며 예수로부터 가르침을 받을 때에 더욱 자신들을 제자들과 동일시하며 그 가르침에 귀를 기울이며 제자들의 변화하는 삶에 주목했을 것이다. 독자도 믿음이 작은 자이며 아직 깨닫지 못하는 자라면 예수와 더 함께 있고 그의 가르침을 받는다면 제자들과 같이 깨닫는 자가 될 수 있다는 희망을 지니며 힘을 얻을 수 있을 것이다.

마태복음의 제자들에 대한 이야기에는 다른 복음서에는 없는 베드로에 대한 이야기들이 나타난다. 베드로가 물 위로 잠시 걸은 이야기,14:28~31 베드로의 고백에 대한 칭찬,16:17~19 죄 사함에 대한 질문18:21~22 등이 그것이다. 또한, 열두 제자의 명단을 제시하면서, 마태복음만이 베드로의 이름 앞에 '첫째' πρῶτος, first라는 수식어를 붙이고 있다.[61] 이러한 점들은 마태가 특별히 베드로에게 관심을 보이고 있음을 나타내주고 있는데, 마태가 베드로에게 더 특권적인 위치를 부여하고 있는지에 대한 문제는 학자들의 주목을 받기도 했다. 베드로는 가장 먼저 부르심을 받은 제자이며, 예수께서 예수와 특히 가까운 세 명의 제자 중 하나였다. 그러한 면에서 베드로는 '첫째'라고 할 수 있다. 하지만, 마태의 이야기 전체로 볼 때에 베드로는 실제로 특권적인 위치를 차지하는 제자로 묘사되고 있다고 볼 수 없다.

---

61) 우리말 개역개정판은 이 단어를 번역하지 않고 있다.

베드로는 물 위로 걷지만, 곧 물에 빠지며 예수로부터 "믿음이 작은 자여 왜 의심하였느냐"14:31라는 책망을 듣는다. 예수께서 바리새인들과 서기관들이 장로들의 전통을 준수하면서 하나님의 계명을 범하는 것을 책망하시며 비유적인 표현으로 교훈을 하시는데15:10~11 마가복음에서 제자들이 그 비유의 의미에 대해 질문하는 것과는 달리막7:17 마태복음에서는 베드로가 그 의미를 설명해주시기를 예수께 요청한다15:15. 베드로는 예수에 대한 고백을 한 후에 '천국의 열쇠'를 약속 받는다.16:19 천국의 열쇠는 19절을 볼 때에 '매는 일과 푸는 일'과 관련된 것이라고 볼 수 있는데, 이것은 율법의 요구와 금지와 관련되어 사용되는 관용적 표현이다.62) 베드로는 그리스도인 공동체를 위해 규정을 해석하거나 제정하거나 해지할 수 있는 권한을 위임받는 것으로 보인다. 하지만, 마태복음 18장 18절에 의하면 다른 제자들도 그런 권한을 받는다. 그렇다면, 이 구절은 베드로에게 특별한 권한을 부여하고 있다고 할 수 없다. 더욱이 바로 이어지는 예수의 고난 예고에서 베드로는 잘못된 반응을 함으로써 '사탄', '걸림돌', '사람의 일을 생각하는 자'로 평가되기도 한다.16:23 그렇다고 베드로가 특별히 더 잘못된 제자로 묘사되고 있다고 말하는 것도 적절하지 않다. 베드로는 단지 다른 제자들을 대표하는 실례實例가 되는 것으로 보인다. 이어지는 예수님의 변화 사건에서도 베드로는 엉뚱한 발언을 하는 대표자로 등장한다.17:4

한 재물이 많은 청년이 소유를 팔아서 가난한 자들에게 주고 자신을 따르라는 예수의 요구에 재물을 포기하지 못하고 근심하며 떠나고 나서, 베드로는 "보소서 우리가 모든 것을 버리고 주를 따랐사온대 그런즉 우리가 무엇을 얻으리이까"19:27라고 질문한다. 예수께서는 이에 대한 대답으로 포도원 품꾼의 비유를 말씀해 주시는데, 두 번이나 반복되어 강조되는 교훈은 꼴찌가 첫째가 되고 첫째가 꼴찌가 된다는 것이다.19:30; 20:16 이 알레고리 성격을 지닌 비유에서 첫째로 부르심을 받은 품꾼의 태도는 당연한 보상을 기대하는 베드로의 태도를 나타내는 것이 분명하다. 베드로를 '첫째'

---

62) France, *Matthew: Evangelist and Teacher*, 247.

πρῶτος 제자라고 표현한 마태가 이 비유에서 '첫째'라는 용어를 거듭 사용하며 첫째οἱ πρῶτοι가 꼴찌ἔσχατοι된다는 교훈에 사용한 것은 일종의 언어유희라고 할 수 있다. 즉, 마태복음에만 기록되어 있는 이 비유는 베드로에게 주어진 비유로서, 베드로의 잘못된 특권의식이나 보상심리의 문제를 지적하고 있다. 즉, 베드로에게 어떤 특권도 부여하고 있지 않다. 겟세마네 동산에서 예수께서 기도하실 때에 베드로는 깨어 있지 못한 제자로 그려지며, 제자들의 대표로 책망도 받는다.26:40 베드로는 나중에 예수를 세 번 부인한다. 그 이후 그의 이름은 마태의 이야기에 등장조차 하지 않는다. 예수의 죽음이나 부활 장면에도 그는 없다. 마태복음이 특별히 베드로에 대한 언급을 더 많이 하는 것은 사실이지만, 마태는 베드로에게 어떤 개인적인 특별한 위치나 특권을 부여하고 있지 않다는 것이 분명하다.[63] 베드로는 첫 번째 부르심을 입은 제자로서 다른 제자들을 대표하는 역할을 하고 있다.

마태가 제자들에 대해 긍정적이며 독자들이 자신들을 동일시할 수 있는 수준으로 그들의 모습을 제시하는 것, 제자들에게 긴 설교나 비유로 가르치신 것, 마태복음만이 예수의 마지막 대위임에 '제자를 삼으라'는 명령을 포함하는 것 등은 마태복음이 특히 '제자도' 弟子道, discipleship에 관심을 보이고 있다는 것을 보여준다. 마지막 대위임 때에 예수께서는 제자들에게 "내가 너희에게 분부한 모든 것을" 지키도록 제자들을 만들고 가르치라고 명하셨다.마28:20 제자들 스스로 먼저 행하고 또한 다른 사람들도 행하도록 할 내용은 '예수께서 제자들에게 분부한 모든 것'이다. 예수께서 분부한 모든 것은 결국 마태복음에 나타난 예수의 모든 가르침이라고 할 수 있으며, 이렇게 볼 때에 사실상 마태복음 전체가 제자도에 대한 교훈이라고 할 수 있다. 마태복음에 나타나는 제자도의 모습은 다음과 같다.

---

63) Arlo J. Nau, *Peter in Matthew: Discipleship, Diplomacy and Dispraise* (Collegeville: The Litergical Press, 1992), 142에서 저자는 마태복음의 베드로에 대한 충분한 논의를 한 후 결론적으로 마태는 예수만이 하늘과 땅의 모든 권세를 가지신 분이라고 제시하고 있으며 베드로에게 어떤 특권도 부여하고 있지 않다고 주장한다.

첫째, 마태의 제자도는 실천적 제자도다. 이는 산상수훈을 통해 잘 나타나는데, 그들은 세상의 소금과 빛으로서 그 '의' 가 서기관이나 바리새인보다 더 넘쳐나야 한다.5:20 64) 그들의 신앙은 예수에 대한 고백으로 입증되지 않고 그들이 실제로 실천한 삶의 결과로 입증될 것이다.7:21 이러한 윤리적 실천의 삶의 동기는 율법주의적 자기 열심히 아닌 하나님과 이웃에 대한 사랑이어야 한다.7:12; 22:39~40 제자들의 이러한 윤리적 실천적 삶은 곧 다른 사람을 전도하는 방법이기도 하다.5:16 이러한 실천적 삶은 제자를 만드는 일의 중요한 내용으로서 다른 사람들을 예수의 제자로 만들려고 먼저 제자 된 자신들이 본을 보여야 할 삶이기도 하다.28:20

둘째, 고난의 제자도다. 예수께서는 제자들을 세우시고 주로 그들을 향해서 말씀해 주신 산상수훈에서 의를 위해서 지금까지 박해를 받아 온 사람들이 복되다고 선언하시며; 하나님의 통치가 그들의 것이라고 말씀하신다.5:10 누가복음의 평지설교에는 이 말씀이 없다. 이미 살펴본 바와 같이 마태복음에서만 예수께서 제자들을 파송하면서 그들이 받게 될 고난과 박해에 대해 긴 교훈을 해주신다. 이처럼 마태복음의 특징적인 구절들에서 제자들의 고난이나 박해가 강조되어 나타나고 있다고 볼 수 있다. 자기 십자가를 지고 예수를 따르지 않는 자는 예수께 합당하지 않으며,10:38 따라서 누구든지 예수를 따르려면 자기를 부인하고 자기 십자가를 지고 예수를 따라야 한다고 예수께서는 말씀하신다.16:24 예수가 고난을 마땅히 받아야 하듯이 제자들에게도 고난은 선택이 아니라 필수적인 요소다.

셋째, 포기의 제자도다. 예수께서 처음 제자들을 부르셨을 때에 그들은 즉각적으로 생업과 가족을 포기하고 예수를 따랐다.4:20,22 예수께서는 "아버지나 어머니를 나보다 더 사랑하는 자는 내게 합당하지 아니하고 아들이

---

64) 우리말 개역개정판은 마태복음 5장 20절을 "…너희 의가 서기관과 바리새인보다 더 낫지 못하면…"이라고 번역하고 있는데 여기서 '더 낫다' 는 헬라어 περισσεύω의 번역이다. 동사 περισσεύω는 풍부하게 되거나 넘치거나 남아도는 것을 의미하는데, 마태복음에서 이 동사 오천 명 또는 사천 명을 먹이시고 '남았다' 는 것을 표현할 때 사용되기도 한다(마 14:20; 15:37). 가톨릭 200주년 기념 성서는 이 구절을 "…여러분의 의로움이 율사들과 바리사이들의 의로움보다 더 넘치지 않으면…" 이라고 번역한다.

나 딸을 나보다 더 사랑하는 자도 내게 합당하지 않다"10:37라고 말씀하신다. 예수의 부르심 앞에서 가족은 포기해야 할 중요한 대상이다. 재물이 많은 청년은 소유를 팔아 가난한 자들에게 주고 와서 예수를 따르라고 요구되었다.19:21 예수를 위해서 소유를 포기하지 못하는 부자들은 하나님의 통치에 참여하기 어렵다.19:23 예수를 위해서 가족과 소유를 포기한 제자들에게는 '영생'이 약속된다. 참된 제자는 예수를 위해서 가족과 소유뿐만 아니라 자신의 목숨까지도 포기해야 한다.16:24~25

넷째, 겸손과 섬김의 제자도다. 예수께서는 하나님의 통치에서는 누가 가장 크냐는 질문에 어린 아이와 같이 자신을 낮추는 자라고 대답하신다.18:4 또한, 바리새인들과 서기관들의 위선을 책망하시며, 제자들과 무리에게 "너희 중에 큰 자는 너희를 섬기는 자가 되어야 하리라"23:11라고 가르치신다. 제자들이나 형제들은 누구도 다른 사람 위에 있지 않다. 그들은 한 분 하나님을 아버지로 그리고 한 분 그리스도를 선생과 지도자로 모신 평등의 집단이다.23:8~10 이러한 평등의 집단에서 제자는 다른 사람 위에 있으려고 하기보다는 오히려 섬기려고 낮아져야 한다. 제자들을 다 형제라고 하며 '랍비'나 '아버지'나 '지도자'로 칭함을 받지 말라는 예수의 교훈은 마태복음에만 나타나는 말씀이다. 마태는 특히 독자들을 평등 공동체로 규정하며 서로 섬기는 삶을 살도록 강조하고 있다. 예수 자신도 섬김을 받으려 함이 아니라 도리어 섬기려 하고 자기 목숨을 많은 사람의 대속물로 주려고 오셨다고 선언하신다.20:28

다섯째, 용서의 제자도다. 형제와 화해하는 것은 제사 드리는 것보다 우선한다.5:24 용서는 일곱 번을 일흔 번이라도 해야 한다.18:22 형제를 용서하지 않는다면 하나님도 그 무자비한 사람을 용서하지 않으신다.6:15 형제를 용서한다면 진정 마음으로부터 용서해야 한다.18:35 이처럼 제자들의 집단 또는 마태공동체는 용서를 바탕으로 세워진 집단이다.

유대적 성격. 마태복음은 전체적으로 많은 유대적 성격을 보여주고 있다. 이는 우선 마태복음의 저자가 유대인이었으며 독자들 대부분도 유대인들이었기 때문에 자연스럽게 유대적 성격이 복음서에 반영된 것으로 보인다. 다음과 같은 특징들은 마태복음의 유대적 성격을 잘 나타내 준다.

첫째, 마태복음은 구약성서를 빈번하게 사용하고 있다. 마태복음은 다른 복음서들과 비교할 때에 거의 두 배나 많이 구약을 인용하고 있다. 구약을 직접 인용하는 경우는 약 60회 정도 되며, 구약을 간접적으로 가리키는 경우도 약 260회가 된다. 마태복음에서 구약의 '성취'라는 주제는 대단히 중요한 것으로서, 마태는 특히 '공식 인용구' formular quotation를 사용해서 예수가 어떻게 구약의 예언을 성취하시는 메시아가 되는지를 보여주려고 한다.65) 마태복음 이야기 전체가 구약이 어떻게 성취되고 있는지를 보여주고 있다고 할 수 있다.

둘째, 마태가 제시하는 기본적인 예수상도 유대적이다. 마태복음은 "아브라함과 다윗의 자손 예수 그리스도의 계보라"1:1라고 시작한다. '다윗의 자손'이나 '아브라함의 자손', '그리스도' 메시아는 모두 유대적 배경에서 이해해야 하는 호칭들이다. 예수를 '아브라함의 자손'이라고 언급하는 복음서는 마태복음뿐이다. 예수 자신이 스스로 사용하신 '인자'라는 호칭도 보통 구약의 다니엘서를 배경으로 이해할 수 있는 용어로서 구약적 용어다. 예수께서는 또한 '유대인의 왕'이라고 불린다. 마태복음은 예수를 구약의 '모세'에 해당하는 분으로 묘사하고 있다는 견해도 흔히 제시된다.66)

셋째, 마태복음은 전체적으로 유대적인 용어를 많이 사용하는데, 이들 중에는 마태복음의 중심적인 용어들도 많이 있다. 우선 대표적으로 '천국' the kingdom of heaven을 들 수 있다. 마가복음이나 다른 신약의 책들이 주로 '하나님의 통치(왕국)'라는 용어를 사용하는 한편, 마태복음은 '하늘(들)의 통치(왕국)'라고 표현하고 있는데, 이는 하나님을 직접 언급하지 않으려는

---

65) "공식 인용구"란 "…을 이루려 하심이라"라는 표현이나 "기록된바…"(기록된 대로), 또는 "…이루어졌나니"와 같이 구약을 인용할 때에 사용되는 공식화된 반복적 문구를 말한다.
66) 이를 "모세 유형론"(Moses typology)라고 하는데, 예수의 탄생 이야기에서 애굽으로 피신된 일이나, 모세가 시내산에서 율법을 받았듯이 예수가 "산에서" 산상수훈을 내려주신 것 등 여러 가지 요소를 근거로 마태복음은 모세 이야기와 유사하게 구성되어 예수를 새로운 모세처럼 제시하려고 했다는 견해다.

유대적 경향을 보여주는 것으로 이해된다. 마태는 그리스도인의 경건한 삶을 '의'義, δικαιοσύνη라고 표현하고 있는데 이는 유대적인 용어로서 마태복음에서 7회 사용된다.막 0회, 눅 1회, 요 2회 사용 또한, 이러한 경건한 삶을 실천하는 세 분야로서 '구제'와 '기도'와 '금식'이 언급되고 있는데6:1~18 이는 전통적으로 유대인이 경건을 나타내는 행위들로 알려졌다. 랍비 문헌에서 자주 사람들을 모욕하는 욕설로 사용되는 '라가' ρακά, 바보라는 아람어가 번역되지 않은 채 그대로 사용되기도 한다.5:22 마태복음은 지켜야 할 어떤 의무적인 요구를 부가하거나 해제하는 것을 의미하는 말로 '매고 푼다'는 표현을 사용하는데,16:19; 18:18 이런 유대식 표현은 신약성서에서 마태복음에만 나타난다. 마태는 마가가 한 번도 사용하지 않은 '율법' νόμος이란 단어를 사용하고 있다. 물론 누가나 요한도 이 단어를 사용하지만 마태는 특히 "천지가 없어지기 전에는 율법의 일점 일획도 결코 없어지지 아니하고 다 이루리라"5:18라는 예수의 말씀을 전하며 그 준수를 강조한다. 경건한 실천을 하지 않고 반대로 행동하는 것을 '불법' ἀνομία을 행한다고 마태복음은 표현하고 있는데, 율법대로 살지 않는다는 어원적 의미가 있는 이 단어는 복음서 중에서는 마태복음에만 사용되고 있다.7:23; 13:41; 23:28; 24:12 이 외에도 유대인들이 자주 사용하는 숫자나 숫자의 조합이 자주 사용되기도 한다. 마태복음에서 나타나는 예수의 족보는 누가복음의 족보와는 달리 14대로 구분되고 있는데, 14는 유대인들이 자주 쓰는 숫자인 7의 배수로서 사용된 것으로 보인다. 예수께서는 죄를 범한 형제를 '일곱 번까지' 용서하면 되느냐는 베드로의 질문에 "일곱 번뿐 아니라 일곱 번을 일흔 번까지라도 할지니라"18:21~22라고 답하신다.[67]

넷째, 마태복음은 때때로 유대인에 대해 독특하게 독점적인 관심을 보이며 이방인들에게는 경멸적인 표현을 사용하기도 한다. 주의 사자는 요셉에게 현몽하여 예수의 탄생을 예고하며 예수께서는 "자기 백성을 그들의 죄에서 구원할 자"1:21라고 선언한다. 여기서 '자기 백성' τὸν λαὸν αὐτοῦ은 먼

---

67) 이 구절들은 마태복음에만 나타난다.

저 유대인을 가리킨다고 볼 수 있는데, 즉, 예수께서는 우선으로 유대인들의 죄를 위해서 태어나신 분으로 묘사된다.68) 예수께서는 열두 제자에게 권능을 주어 파송하시면서, "이방인의 길로도 가지 말고 사마리아인의 고을에도 들어가지 말고 오히려 이스라엘 집의 잃어버린 양에게로 가라" 10:5~6라고 명하신다. 마태만이 이러한 말씀을 전하고 있는데, 예수가 우선으로 유대인들에게 전적인 관심을 보이고 있다는 것을 보여준다. 또한, 예수 자신도 딸을 고쳐달라고 요청하는 가나안 여자에게 우선 "나는 이스라엘 집의 잃어버린 양 외에는 다른 데로 보내심을 받지 아니하였노라"15:24라고 말씀하신다. 이러한 예수의 말씀은 누가복음의 병행본문에는 나타나지 않으며, 오직 마태복음에만 나타난다. 이는 예수의 유대인에 대한 우선적인 관심에도 유대인들은 믿지 않으며 상대적으로 이방인은 우선적 관심의 대상이 아님에도 큰 믿음을 지니고 있음을 강조하려는 표현으로 이해되는데, 어쨌든 먼저 유대인에 대해 전적인 관심을 보여주고 있다. 반대로 이방인은 '개' dog로 비유되기도 한다.15:26 이방인들은 예수를 따르는 자들의 삶의 윤리적 표준에 못 미치는 열등한 삶을 사는 자들로 언급되기도 하며,5:47; 6:7 공동체에서 함께 지낼 수 없는 사람처럼 표현되기도 한다18:17.

---

68) 학자들은 여기서 '자기 백성'이 이방인을 포함한 교회를 의미한다고 해석하기도 하는데 (Hagner), Boris Repschinski는 마태복음 이야기를 결론부터 읽지 않고 처음부터 읽어나갈 때에 아직 이 표현은 유대인을 가리키는 것으로 이해하는 것이 적절하다고 한다. "For He Will Save His People from Their Sins(Matthew 1:21): A Christology for Christian Jew," *The Catholic Biblical Quarterly*, 68 (2006): 248-67.

참고자료

Aune, David E. *The Gospel of Matthew in Current Study*. Grand Rapids: William B. Eerdmans Publishing Company, 2001.

Bauer, David R. and Mark Allan Powell. *Treasures New and Old: Recent Contributions to Matthean Studies*. Atlanta: Scholars Press, 1996.

Blomberg, Craig L. *Matthew. the New American Commentary*. Nashville: Broadman Press, 1992.

Carter, Warren. *Matthew: Storyteller, Interpreter, Evangelist*. Peabody: Hendrickson Publishers, 1996.

France, R. T. *Matthew: Evangelist and Teacher*. Guernsey: The Paternoster Press, 1989.

_____. *The Gospel of Matthew*. Grand Rapids: William B. Eerdmans Publishing Company, 2007.

Gibbs, Jeffrey A. *Matthew 1:1-11:1. Concordia Commentary*. Saint Louis: Concordia Publishing House, 2006.

Gundry, R. H. *Matthew: A Commentary on His Literary and Theological Art*. Grand Rapids: William. B. Eerdmans Publishing Company, 1982.

Hagner, D. A. *Matthew 1-13. Word Biblical Commentary*. Dallas: Word Books, 1993.

_____. *Matthew 14-28. Word Biblical Commentary*. Dallas: Word Books, 1995.

Kingsbury, Jack Dean. *Matthew: Structure, Christology, Kingdom*. London: SPCK, 1975.

_____. 『이야기 마태복음』, 권종선역. 서울: 요단출판사, 2000.

Keener, Craig S. *A Commentary on the Gospel of Matthew*. Grand Rapids: William B. Eerdmans Publishing Company, 1999.

Luz, Ulrich. *The Theology of the Gospel of Matthew*. Trans. J. Bradford Robinson. Cambridge: Cambridge University Press, 1995.

_____. *Studies in Matthew*. Trans. Rosemary Selle. Grand Rapids: William B. Eerdmans Publishing Company, 2005.

_____. *Matthew 1-7: A Commentary*. Trans. James E. Crouch. Minneapolis: Fortress Press, 2007.

Nolland, John. *The Gospel of Matthew: A Commentary on the Greek Text*. Grnad Rapids: William B. Eerdmans Publishing Company, 2005.

Senior, Donald. *What Are They Saying about Matthew?* Mahwah: Paulist Press, 1996.

_____. *The Gospel of Matthew*. Nashville: Abingdon Press, 1997.

Stanton, Graham N. *A Gospel for a New People: Studies in Matthew*. Louisville: John Knox Press, 1992.

Turner, David L. *Matthew*. Grand Rapids: Baker Academic, 2008.

Witherington III, Ben. *Matthew. Smyth & Helwys Bible Commentary*. Macon: Smyth & Helwys Publishing Inc., 2006.

제 4 장

누가복음

The Gospel of Luke

배경적 이해 • 249

예수 이야기 • 254

특징 및 신학 • 273

누가복음

누가복음은 복음서 중 가장 긴 복음서이다. 다른 복음서들에 없는 독특한, 복음서의 기록 경위를 밝힌 서문이 누가복음에 나타나며,1:1~4 마태복음과는 아주 다른 예수 탄생 이야기와 세(침)례자 요한의 탄생 이야기, 예수의 유년 시절 이야기 등이 누가복음에만 나타난다. 누가복음에는 일반적으로 잘 알려진 '탕자의 비유'나 '선한 사마리아 사람의 비유' 이외에 다른 복음서에 없는 많은 비유가 나타나며, 예수의 승천 이야기 등도 누가복음에만 기록되어 있다. 누가복음은 내용상으로 풍부할 뿐만 아니라 '마리아의 찬가' magnificat를 비롯한 노래들도 전하고 있어 문학적으로도 아름다운 책으로 알려졌다. 특히 가난한 사람들이나 소외된 사람들에 대해 특별한 관심을 나타내고 있어서 누가복음은 '사회복음'이라고 불리기도 한다. 또한, 누가복음은 사도행전과 함께 연작連作으로 기록된 독특한 책이기도 하다.

배경적 이해

저자. 누가복음의 저자는 의사이며 바울의 동역자였던 누가로 알려졌다. 누가복음 본문은 명확히 저자에 대해서 밝히고 있지 않다. 서문에서 저자는 자신이 누가복음을 기록하기 이전에 예수 사건에 대한 증인들과 말씀의 일꾼들이 전해 준 것을 기록한 사람들이 많았으며, 자신도 이 모든 것을 자세히 조사해서 누가복음을 기록했다고 말하고 있다.1:1~3 이러한 기술로 볼 때에 저자 자신은 예수 사건의 목격자나 일꾼에 속하지 않았다는 것을 알 수 있다. 사도행전에서 화자가 1인칭 복수로 '우리'라고 자신 또는 자신의 무리를 언급하는 소위 '우리 부분' we-section은 저자가 바울의 여행에 동참했던 자였다는 것을 보여준다.행16:10~17; 20:5~15; 21:1~18; 27:1~28:16 1) 실제로 바울은 자신의 편지들에서 누가가 함께 하고 있음을 언급하고 있다.골 4:14; 몬24; 딤후4:11 이처럼 내증內證으로 볼 때에 저자가 누가라는 직접적인 언급은 없지만, 그가 예수 사건의 목격자가 아닌 점이나 바울 여행에 동참했던 것 등은 누가의 저작설을 지지해 준다. 누가복음 저자에 대한 외증外證은 이견異見없이 누가복음을 누가의 저작으로 인정하고 있다. 누가복음에 대한 암시는 주후 1세기 말부터 나타나고 있다고 보이며,클레멘트 1서 13:2; 48:4; 클레멘트 2서 13:4 순교자 저스틴Justin, 주후 160년경은 『대화록』에서 누가가 '예수의 회고록'을 기록했다고 언급하며 그는 바울의 동행자였다고 전한다.Dial. Tryph. 103.19 주후 2세기 말경의 무라토리 정경The Muratorian Canon, 주후 170-180년경은 누가복음은 의사며, 바울의 동행자였던 누가의 저작이라고 언급한다. 역시 주후 2세기 말에 이레니우스Irenaeus, 주후 170년경는 『이단반박』에서 '우리 부분'을 언급하며, 누가복음은 바울의 수행자였던 누가의 기록이라고 언급한다.Haer. 3.1.1; 3.14.1 유세비우스Eusebius, 4세기 초는 『교회사』에서 누가가 누가복음의 저자로서 그는 바울의 동행자이며, 안디옥 출신이라고 전한다.Eccl. Hist. 3.4.2 이처럼 외증들은 모두 누가복음을 누가의 저작으로 언급하고 있으며, 주로 바울의 동행자로 언급하고 있다. 전체적으로 누가가 누가복음의 저자라는 데에는 문제가 없어 보인다. 누가는 그 이름이나 누가복음의 내용 등으로 볼 때에 보통 이방인이었다고 이해되는데, 헬라화 유대인Hellenistic Jew이었다는 견해도 있으며,Ellis 이방인으로서 하나님을 알고 경외했던 '하나님 경외자'였다는 견해도 있다White.

독자. 누가는 다른 복음서 저자들과는 달리 독특하게 데오빌로라는 개인

---

1) 이 부분들에서 저자가 '우리'라고 부르고 있는 것은 증인으로서 참여하고 있는 느낌을 주도록 하는 문학적 장치일 뿐, 실제로 저자가 그 여행에 참여하고 있는 것을 의미하고 있는 것이 아니라는 견해도 있다(Vielhauer; Haenchen).

에게 이 복음서를 헌정獻呈하며 기록하고 있다.1:3 데오빌로에게는 '각하' κράτιστε라는 호칭이 붙여졌는데, 사도행전에서 이 호칭은 주로 총독을 가리키는 데에 사용되고 있다.23:26; 24:3; 26:25 하지만, 데오빌로가 실제로 한 지역의 총독이었는지는 알 수 없다. 이 호칭은 특별한 직책을 나타내는 것이 아닌 단순한 존칭으로 사용된 것일 수도 있다. 데오빌로Θεόφιλος라는 이름은 θεός(하나님)와 φίλος(사랑, 친구)의 합성어로 '하나님을 사랑하는 자,' 또는 '하나님의 친구'를 의미할 수 있는데, 이러한 이름의 의미를 근거로 데오빌로는 실재 인물이 아니라 하나님을 사랑하는 자 또는 하나님의 친구로서의 모든 독자를 상징하는 가상의 인물이라는 견해도 제시되어 왔다Streeter. 하지만, 데오빌로에게 붙여진 '각하'라는 호칭이나 당시 그리스-로마 문헌이 보통 실재 인물에게 헌정되고 있다는 점을 볼 때에 그를 실재 인물로 보는 것이 더 적절하다. 누가복음은 이처럼 데오빌로에게 헌정되고 있지만, 그렇다고 해서 그것이 단지 데오빌로 개인을 대상으로 기록되었다고 보기는 어렵다.

데오빌로가 이방인이었던 것처럼 누가복음의 독자도 이방인들이었던 것으로 추정된다.Fitzmyer 하지만, 누가복음이 구약의 예언과 성취를 강조하며, 기독교를 유대교와 연속성을 지닌 것으로 제시하고 있으며, 예루살렘을 중심적인 장소로 삼고 있다는 점 등을 볼 때에 독자가 유대적 성격을 지니고 있었음을 배제할 수 없는 상황이다. 에슬러Philip Esler는 누가공동체가 유대인과 이방인이 함께 모여 구성된 혼합공동체로서 그들은 원래 유대교 회당에 있던 자들로서 그리스도인이 되면서 분리해 나온 '분파' sect였다고 주장한다.[2] 또는 누가공동체가 하나님 경외자들이었다는 견해도 제시되는데, 하나님 경외자들이란 이방인들로서 유대교의 회당 예배에 참여함으로써 유대교인처럼 생활한 자들이다. 이방인 중 유대교 개종자proselyte들은 할례를 받았고 유대인처럼 받아들여졌지만, 하나님 경외자들은 할례를 받

---

[2] Philip Esler, *Community and Gospel in Luke-Acts: The Social and Political Motivations of Lucan Theology* (Cambridge: Cambridge University Press, 1987), 16.

지 않은 자들로서 유대교에 전적으로 헌신하지 않은 자들이다. 이들은 당연히 구약을 알았고 유대교의 근본정신을 이해하고 있었을 것이다. 이러한 사람들이 그리스도인들이 되어 하나의 공동체를 구성했다는 것이다. 누가복음의 독자들이 분파였는지 또는 하나님 경외자들이었는지를 분명히 알 수는 없다. 그들은 이방인들로서 어떤 형태로든지 구약과 유대교를 알고 있었던 자들이었던 것으로 보인다.

기록 시기. 누가복음의 기록 시기는 보통 주후 80-90년경으로 보는데, 그 주된 근거로는 누가가 마가복음을 참조했다는 것과 주후 70년의 예루살렘 멸망 사건을 겪고 나서 기록된 것처럼 보이는 표현이 있다는 것이 제시된다.21:20 다른 복음서들의 기록 시기 추정이 보통 그러하듯이 누가복음도 사실상 정확한 기록 시기를 알 수 없으며 일반적으로 제시되는 근거들도 반박의 여지가 많다.3) 누가가 마가복음을 참조한 것이 옳다고 해도 이러한 견해는 마가복음의 기록 시기를 근거로 하기 때문에 마가복음의 기록 시기 설정에 따라 시기 설정은 달라질 수 있다. 또한, 누가복음 21장 20절의 예루살렘이 군대들에 포위된다는 구절도 여러 가지로 해석될 수 있기 때문에 시기 설정의 분명한 근거가 될 수 없다.

사도행전의 마지막은 바울의 죽음을 기록하고 있지 않은데, 만일 사도행전이 완성될 때까지 바울이 살아 있었다면 사도행전의 기록 시기는 대략 주후 62년경이 된다. 그렇다면, 누가복음의 기록 시기는 그보다 이른 시기이거나 동시대가 될 것이다. 사도행전이 유대인 그리스도인과 이방인 그리스도인의 관계가 아직 정립되지 않은 모습을 보이고 있다는 점 등도 60년대 저작설의 근거로 제시되기도 한다.Moessner; Bock 또한, 순교자 저스틴의 문헌 등과 누가복음의 유사성을 근거로 누가복음이 주후 2세기에 기록되었다는 견해가 제시되기도 한다.O'Neill

목적. 누가는 서문에서 자신이 누가복음을 데오빌로에게 기록해 보내는 이유가 '각하가 아는 바를 더 확실하게 하기 위해서'라고 밝힌다.1:4 누가

---

3) 본서 63-4쪽을 참조하라.

는 이렇게 기록 목적을 밝혔지만 데오빌로가 '알고 있는 바'(배운 바)가 무엇인지 무엇이었는지 분명히 제시하고 있지 않기 때문에 그 자세한 목적을 알 수 없다. 결국, 누가복음의 목적은 누가복음 전체의 내용을 통해서 강조하는 것들을 바탕으로 추정할 수밖에 없다. 누가복음의 기록 시기가 일반적으로 추정하듯이 주후 80-90년경이라면, 그때는 예수나 바울과 동시대의 그리스도인들은 보통 세상을 떠난 시기라고 볼 수 있다. 바울의 초기 서신들이나 가장 이른 시기에 기록된 복음서로 보이는 마가복음은 세상의 종말이 임박한 것과 같은 기대를 여러 부분에서 반영하고 있다. 하지만, 비교적 늦은 시기에 기록된 것으로 보이는 누가복음에는 이러한 부분들이 많이 생략되고 있다. 이는 당시의 종말이 오지 않은 것 때문에 신앙적인 동요를 느끼는 독자들에게, 누가는 실제로 종말이 연기되었다고 함으로써 현재의 삶을 올바로 살 수 있도록 교훈하려는 목적으로 기록되었기 때문이라는 견해가 오래전부터 제시되었다.Conzelmann 마가복음에서 예수께서는 공생애를 시작하시면서 때가 찼고 하나님의 나라가 가까이 왔다고 말씀하시지만, 막1:15 누가복음에는 이러한 말씀이 생략되어 있으며 종말의 지연을 나타내는 부분이 곳곳에서 나타난다. 이처럼 실제로 누가복음에는 지연된 종말론 delayed eschatology이 나타나고 있지만, 이것이 누가복음 전체를 포괄하는 주제는 아니므로 누가복음의 주된 기록 목적이라고 말할 수는 없다.

누가복음은 '변증'을 위해서 기록되었다는 견해도 줄곧 제시되어 왔다.Sterling 즉, 기독교를 로마에 변증하고 있든지 또는 로마를 그리스도인들에게 변증하고 있다는 견해들이다. 누가는 기독교가 로마에 대항하는 정치적 운동이 아니라 하나님의 구원을 전파하는 신앙 운동이라는 것을 로마에 보여줌으로써 불필요한 핍박을 피하며 그들에게 선교할 수 있는 발판을 마련하려고 했을 수 있다. 또는 로마는 본질적으로 신앙인들을 핍박하는 집단이 아니며 특히 예수를 처형한 것은 로마 또는 로마의 총독이 아니라는 것을 그리스도인들에게 변증함으로써 로마인들에 대해 보다 우호적으로 다가갈 수 있도록 그리스도인들을 준비시키려고 했을 수도 있다. 에슬

러는 누가공동체가 유대교 본진本陣에서 분리되어 나온 분파로서 자신들의 정체성을 확인하는 것이 중요한 과제였다고 이해한다.4) 즉, 누가는 그들이 유대교 본진에서 나와 새로운 공동체를 구성한 것은 옳았다는 것을 확인시키며, 유대인과 이방인이 섞여 있는 공동체로서 그들이 함께 식탁 교제를 하는 것도 합법적이라는 것을 확인시키려고 했다는 것이다. 이러한 에슬러의 견해는 누가복음 내용 자체에서 나온 것이라기보다는 누가공동체의 시작과 상황에 대한 역사적 추정에 근거한 것이기 때문에 확인할 수 없다. 이처럼 누가복음의 기록 목적을 구체적으로 알 수는 없다. 일반적으로 말해서 누가복음은 기독교 신앙의 본질적인 내용인 모든 사람에 대한 구원은 오래전부터 있었던 하나님의 계획에 있던 것으로서 유대교와 연속선상에 있는 기독교 안에서 그 구원이 어떻게 제시되고 있는가를 예수 그리스도의 삶과 가르침을 통해서 보여주려고 하고 있다고 말할 수 있다.

예수 이야기

누가는 근본적으로 마가복음을 사용하고 풍부한 고유의 자료를 사용하여 예수의 탄생으로부터 시작해서 승천에 이르는 긴 이야기를 구성했다고 생각된다. 누가는 보통 역사가, 신학자, 예술가, 이야기꾼storyteller, 해석자, 복음전도자 등으로 제시된다. 특히 역사가로서 누가는 주목을 받아왔고 누가복음은 주로 역사적 전기로 이해되고 있다. 파슨즈Mikeal C. Parsons는 주후 1세기 당시의 학교 학생들이 사용하던 수사학 연습서인 프로김나스마타progymnasmata를 연구하여 누가복음이 수사학적으로 잘 구성되고 완성된 이야기라고 주장한다.5) 또한, 누가의 헬라어 문체는 가장 고상하

---

4) Philip Esler, *Community and Gospel in Luke-Acts*, 46-70; Robert Maddox, *The Purpose of Luke-Acts* (Edinburgh: Clark, 1982).
5) Mikeal C. Parsons, *Luke: Storyteller, Interpreter, Evangelist* (Peabody: Hendrickson Publishers, Inc., 2007), 40-7.

고, 아름답고, 지적知的인 것으로 찬사를 받기도 한다.

구주 예수의 탄생.1:1~4:13 다른 복음서와 달리 누가는 자신이 복음서를 기록하게 된 경위와 목적 등을 기술하며 데오빌로에게 복음서를 헌정한다.1:1~4 이 헌정사를 통해 누가는 독자로 하여금 데오빌로와 함께 자신들이 아는 정보들에 대해 확신을 하도록 요청한다. 누가의 이야기는 독특하게 세(침)례자 요한의 탄생으로부터 시작되는데, 시대는 헤롯 왕 때이며, 장소는 성전, 등장인물은 제사장인 사가랴와 그의 아내 엘리사벳이다. 이처럼 이야기는 전적으로 유대적인 배경에서 시작한다.1:5 화자話者, narrator인 누가는 세(침)례자 요한의 부모는 주의 모든 계명과 규례대로 흠이 없이 행했던 자들이라고 소개함으로써 그들의 유대적 배경을 잘 보여주고 있다.1:6 이처럼 화자는 기독교 복음의 시작은 정통적 유대교에서 출발하고 있음을 처음부터 시사하고 있다. 사가랴가 성전에서 분향할 때에 천사가 나타나 요한의 출생을 예고하며 그가 하게 될 역할을 알려주는데, 요한은 백성을 하나님께 돌아오게 하며 준비시키는 일을 하게 될 것이라고 예고한다.1:13~17 하나님의 사자인 천사가 이 소식을 알리는 것은 요한의 출생이 하나님의 계획에 의한 것임을 증거 해주고 있다.1:19 요한의 탄생 이야기는 이어지지 않으며, 갑자기 예수 탄생에 대한 예고가 나타난다. 이처럼 화자는 요한과 예수의 탄생을 비교해서 볼 수 있도록 이야기를 이끌어 간다.

천사 가브리엘은 나사렛의 마리아에게 나타나 예수의 탄생을 예고한다.1:26~31 마태의 탄생 이야기에서 천사가 요셉에게 현몽했던 것과는 다르게 이야기가 진행된다. 천사는 마태복음에서처럼 예수의 이름에 대해 설명해 주는마1:21 대신에, 처음부터 "그가 큰 자가 되고 지극히 높으신 이의 아들이라 일컬어질 것이요 주 하나님께서 그 조상 다윗의 왕위를 그에게 주시리니 영원히 야곱의 집을 왕으로 다스리실 것이며 그 나라가 무궁하리라"1:32~33라고 선언한다. 즉, 예수께서는 처음부터 하나님의 아들이며 다윗 가문의 왕으로 선포된다. 천사는 성령으로 태어날 예수께서는 하나님의 아들이라 불릴 것임을 다시 확언한다.1:35 이처럼 예수도 하나님의 계획에 의해 태어나시는 분으로서 요한과 비교되어 훨씬 우월한 분으로 나타난다. 마리아는 비천한 자를 높이시는 하나님을 찬양하는데 이는 누가복음 전체를 통해 나타나는 비천한 자에 대한 관심을 미리 보여주고 있다.1:46~55 화자는 다시 요한의 탄생을 이야기해 주는데 유대인 전통대로 할례를 행하며 이름을 요한이라고 정한다.1:57~63 사가랴는 성령이 충만하게 되어 예언하는데, 하나님께서 계획대로 구원의 뿔인 예수를 주실 것과 요한이 그보다 앞서 그 길을 준비하여 죄 사함으로 말미암는 구원을 알게 할 것을 예언한다.1:67~79 이 모든 것은 예로부터 선지자를 통해 예언된 것임을 말함으로써 하나님의 계획이 실현되고 있음을 강조한다. 화자는 이제 다시 예수의 탄생 이야기로 돌아와 베들레헴에서 예수가 탄생하여 강보로 싸여 구유에 뉘었다고 전하는데 이는 누가의 이야기에만 나타나는 독특한 것으로서 비천하고 가난한 자를 위해 오신 예수의 모습을 보여준다.2:1~7

	누가복음 탄생 이야기	마태복음 탄생 이야기
주된 역할	마리아 마리아의 신앙이 강조된다(1:38, 45) 그녀는 은혜를 받은 자라고 불린다(1:28) 천사는 마리아에게 나타난다 마리아의 찬양이 있다(1:46–55) 요셉은 한 마디의 대사도 없고 어떠한 역할도 하지 않는 조역으로 등장한다	요셉 요셉의 의로운 행동이 강조된다(1:19, 24) 그는 다윗의 자손이라고 불린다(1:20) 천사는 요셉에게만 나타난다 요셉은 말은 없지만, 항상 행동으로 순종한다 마리아는 한 마디의 대사도 없고 어떠한 역할도 하지 않는 조역으로 등장한다
예수	예수의 이름이 소개되며 큰 자, 지극히 높으신 이의 아들, 다윗의 왕위를 받아 영원히 통치할 자로 설명된다(1:31–33) 구주로 소개된다(2:11) 예수는 구유에 있다(2:16)	예수의 이름이 소개되며 자기 백성을 그들의 죄에서 구원할 자로 설명된다(1:21) 임마누엘로 소개된다(1:23) 예수는 집에 있다(2:11)
탄생 소식을	양치기 그들은 밖에서 밤에 양떼를 지키고	동방 점성가 그들은 동방(이방)으로부터 왔으며

알고 찾아온 자	있었으며 예수의 탄생을 모르고 있었지만 천사가 나타나 소식을 알린다(2:8-14) 비천한 자를 찾아오시는 하나님의 적극적인 은혜가 강조된다. 그들은 예수를 찾아가 자신들이 들은 것을 전한다(2:17)	처음부터 '유대인의 왕'의 탄생을 알고 스스로 찾아오며 결국 찾아 예수를 경배한다(2:1-11) 멀리서 예수를 찾아와 경배하는 이 방인의 적극적인 믿음이 강조된다 그들은 예물을 드리고 예수를 왕으로 경배한다(2:2,11)
기타	세(침)례자 요한의 탄생 이야기가 예수의 탄생 이야기와 번갈아 소개된다(1-2장) 엘리사벳, 사가랴, 시므온, 안나가 등장한다 아기 예수의 정결예식과 열두 살 때의 예수에 대한 이야기가 있다 (2:22-52)	헤롯이 어린 아이들을 죽인 이야기와 예수의 가족이 애굽으로 피신했다 돌아온 이야기가 있다(2:13-23)
탄생 이야기의 역할	누가복음의 서곡으로서 특히 스스로 비천하게 태어나셔서 가난한 자들의 구주가 되시는 예수가 강조되며 비천한 자들을 먼저 찾아와 주시는 하나님의 은혜가 강조된다	마태복음의 서곡으로서 특히 왕으로서의 예수의 탄생을 알고 멀리서부터 찾아와 결국 예수께 경배하는 이방인(동방 점성가)의 적극적인 믿음이 강조되며, 예수에 대한 유대인들의 반대가 예시된다

동방의 점성가들이 예수 탄생을 먼저 알고 예루살렘으로 왔다는 마태의 이야기와는 달리, 누가복음의 화자는 예수 탄생의 '온 백성에게 미칠 큰 기쁨의 좋은 소식'이 가장 먼저 밤에 밖에서 양을 지키던 비천한 양치기들에게 전해졌다고 서술한다.2:8~12 여기서 예수께서는 '구주' σωτήρ, Savior, '그리스도' 메시아, 그리고 '주' κύριος로 선언된다.2:11 목자들은 예수께 찾아가 천사들의 말을 확인하며 하나님을 영화롭게 하며, 찬송하며 돌아간다.2:20 누가의 이야기에서 아기 예수께서는 마태의 이야기에서처럼 사람들에 의해 경배 되지 않는다. 전체적으로 예수의 탄생은 비천하게 묘사되며, 처음 탄생의 소식을 들은 자들도 비천한 자들이었음을 보여준다. 이처럼 화자는 처음부터 예수를 비천한 사람들을 위해서 오신 분으로 이해하도록 독자를 이끈다. 화자는 이어서 예수가 구약의 '율법대로' 할례를 받고, 드려졌음

을 계속 강조한다.2:21~24 역시 철저한 유대적 분위기가 계속된다. 그리스도를 기다리던 시므온은 예수를 만나 자신의 기대가 이루어졌음을 알고 예수가 하나님이 예비하신 구원자이며 이방까지 비추는 빛이라고 선언한다.2:25~32 복음서 중 유일하게 누가복음만이 예수가 열두 살 되었을 때의 이야기를 전하는데, 예수께서는 지혜 있는 자로 나타나며 하나님을 아버지로 인식하고 있으며 성전에 있어야 하는 분으로 나타나고 있다.2:42~49 화자는 이러한 소년 예수의 자의식을 서술함으로써 독자에게 처음부터 예수는 하나님의 아들이라는 것을 알려주고 있다. 이처럼 요한과 예수의 탄생 이야기는 누가복음 전체의 서론 역할을 하며 누가복음의 중요한 주제들을 제시하고 있다.[6]

화자는 이제 다시 요한의 이야기로 돌아와 그가 성인成人이 되어 '죄 사함을 받게 하는 회개의 세(침)례'를 전파했다고 전한다.3:3 앞의 두 복음서와 같이 누가복음도 이사야를 인용하는데 누가복음은 다른 복음서들은 인용하지 않은 구절들까지 인용함으로써 이방인들을 포함한 '모든' 육체가 하나님의 구원을 볼 것임을 강조한다.3:4~6 세(침)례자 요한은 유대인이 아브라함의 자손이라는 것 자체로 심판을 피할 수 있는 것이 아니므로 회개에 합당한 열매를 맺으라고 요구한다.3:7~10 누가의 이야기에서만 세 부류의 사람들을 등장해서 회개의 구체적인 실행에 대해 질문하는데, 세(침)례자 요한은 무리는 속옷이 두 벌이라도 있는 자는 나눌 것을, 그리고 세리와 군인들은 착취하지 말 것을 교훈하신다.3:10~14 이처럼 요한이 요구하는 회개는 영적이며 추상적이기보다는 사람들에 대한 실제적 행동으로서 사회적이다. 요한은 자신은 그리스도가 아니며 자신 뒤에 오시는 분이 성령과 불로 정화淨化하시는 그리스도라는 것을 확인시킨다.3:16~17 예수께서는 세(침)례를 받으시며 '기도하실 때에' 성령이 임하고, 이때에 하늘에서 하나님이 목소리로 등장하여 독자에게 예수가 '내 사랑하는 아들'이라고 분명하게 말씀하신다.3:21~22 독자는 이러한 예수에 대한 하나님의 평가 관점으

---

6) Darrell L. Bock, *Luke* (Dowers Grove: InterVarsity Press, 1994), 33-4.

로 앞으로의 이야기를 읽도록 요구된다. 예수의 공생애 시작을 잠시 소개하는 화자는 예수께서 '가르치심'으로 사역을 시작하시며 그때 예수의 나이가 삼십 세쯤 되었다고 알려준다. 3:23 화자는 예수의 족보를 마태복음과는 달리 역순으로 제시하며, 예수께서는 온 인류의 후손이며 최종적으로 하나님으로부터 나신 분으로 나타낸다. 3:24~38 즉, 예수는 하나님의 아들로서 모든 인류를 구원하시는 분으로 나타난다. 화자는 이제 예수께서 '성령의 충만함을 입어' 마귀에게 시험을 받으셨다고 전하는데 독자에게 시험을 이기는 힘을 암시해 주고 있다. 4:1~2 화자는 예수의 세 가지 시험을 전함에서 마태복음의 시험 이야기와 비교해 볼 때에 두 번째와 세 번째 시험의 순서를 바꾸어 서술한다. 이 시험에서 마귀는 처음부터 예수를 하나님의 아들로 인식하고 있으며 그 지위와 능력을 개인적인 필요와 욕구를 채우는 데 사용하도록 요구하지만, 예수께서는 그것을 철저히 하나님께 순종하여 사용해야 한다는 것을 확인하신다. 4:2~13 즉, 예수께서는 시험을 통해 하나님 한 분만 경배하고 그분께 순종하는 하나님의 아들로 확인되며 공생애 시작 준비를 마치신다.

가난한 자들에게 복음을 선포하심. 4:14~9:17 화자는 성령 충만으로 시험을 이기신 예수께서는 역시 '성령의 능력'으로 갈릴리에서 공생애를 시작하시는데 그 처음 사역은 가르치신 일이라고 요약해 준다. 4:15 마태와 마가가 예수의 최초의 선포가 하나님 통치의 임박에 대한 것이었음을 전하고 있지만, 누가는 나사렛 회당에서 이사야의 글을 선포하신 것을 전한다. 화자는 예수의 최초의 선포를 통해서 예수 사역의 성격을 알려주는데 예수께서는 '가난한 자에게 복음을 전하게 하시려고' 하나님이 보내신 분으로 요약된다. 4:17~19 누가의 이야기에서만 소개되고 있는 이러한 예수의 선포는 누가복음에 나타난 예수의 사역의 성격을 잘 드러내 준다. 이 이사야의 말씀은 '오늘' 예수를 통해 성취되었다고 $\pi\epsilon\pi\lambda\acute{\eta}\rho\omega\tau\alpha\iota$, has been fulfilled 선포된다. 4:21 예수께서는 이처럼 하나님께서 보내신 분이며 선지자를 통해 이미 예언하신 하나님의 계획을 성취하시는 분이다. 사람들은 예수의 말씀에 놀라지만 예수가 누구인지 알아보지 못한다. 예수께서는 처음부터 자신을 선지자에 비유하며 선지자가 고향에서 환영을 받지 못한다고 말씀하시며 사렙다 과부와 수리아의 나아만을 들어 이스라엘이 예수를 배척할 것과 이방인들이 예수를 받아들일 것을 암시하신다.4:22~30 예수께서는 갈릴리 가버나움으로 와서 또 '가르치시며' 사람들은 그 권위에 놀란다. 회당에서 귀신들린 자는 예수를 단번에 알아보고 '하나님의 거룩한 자'라고 소리 지르며 자신들을 멸하러 왔다는 것도 알고 있는데 '하나님의 거룩한 자'는 '하나님의 아들'을 의미하는 것으로 보인다.4:33~34 예수께서는 귀신을 쫓아내며 사람들은 그 '권위와 능력'에 놀란다. 예수께서는 시몬의 장모의 열병을 고치시며 여러 병자를 고치신다. 귀신들은 쫓겨나가며 예수를 '하나님의 아들'이라고 고백한다. 예수께서는 자신이 하나님 통치의 복음을 선포하러 오셨다고 말씀하시며, 화자는 예수가 여러 곳을 다니시며 선포하셨다고 예수의 사역을 요약한다.4:43~44 이처럼 초기의 예수의 사역은 가르치시고, 고치시고, 선포하신 것으로 요약된다.

예수께서는 처음 제자들을 부르시는데 다른 복음서와는 달리 고기를 많이 잡은 이적이 나타난다.5:1~9 화자는 베드로와 야고보와 요한이 예수의 부름에 '모든 것을' 버려두고 예수를 따랐다고 서술해 주는데 이처럼 제자들의 전적인 포기를 강조해 주고 있다. 예수께서는 나병환자를 손을 대시어 고치신다. 많은 사람이 고침을 받으려고 몰려 왔지만, 예수께서는 한적한 곳에 가서 기도하신다.5:16 예수께서는 중풍병자를 고치시면서 그의 '죄 사함'을 선언하시며 서기관들과 바리새인들은 신성모독이라고 생각한다.5:20~21 하지만, 예수께서는 자신이 땅에서 '죄를 사하는 권세$\dot{\epsilon}\xi ov\sigma i\alpha$, 권위'가 있다는 것을 분명히 알리심으로써 하나님의 권위를 자신이 지니셨음을 알리신다.5:24 사람들은 이 일을 보고 하나님을 영화롭게 함으로써 예수가 고치신 일을 하나님의 일로 인정한다.5:25~26 예수께서는 세리 레위를 제자로 부르시며 그도 '모든 것을' 버리고 따른다.5:27~28 예수께서는 레위의 집에서 식사하시는데 바리새인과 서기관들은 세리와 죄인들과 함께 식사하는 일로 제자들에게 불평하지만, 예수께서는 자신이 죄인을 불러 회개시키러 오셨음을 알리신다.5:29~32 그들은 다시 예수의 제자들이 금식하지 않는 것을 예수께 불평하지만, 예수께서는 새로운 하나님의 통치는 새로운 방법으로 구현해야 함을 비유적으로 말씀하신다.5:33~39 이처럼 하나님의 통치에는 비천한 자들이나 죄인들이 환영 된다. 안식일에 예수의 제자들이 밀 이삭을 잘라 먹은 일로 바리새인들이 책망하자 예수께서 다윗의 예를 들어 제자들을 변호하시며 자신은 안식일의 주$\kappa\upsilon\rho\iota o\varsigma$라고 선언하심으로써 자신이 하나님이 제정하신 안식일을 해석할 수 있는 권위를 가지신 분임을 알리신다.6:1~5 다시 안식일에 예수께서는 단순한 율법 준수보다 생명을 구하는 일임이 중요함을 가르치시며 손 마른 사람을 고치시는데, 바리새인들은 이 일로 화가 나서 예수를 어떻게 처리할지 의논한다.6:6~10 이처럼 예수께서 자신의 권위를 점점 더 나타냄에 따라 바리새인들은 예수에 대해 점점 더 큰 적대감을 느낀다.

예수께서는 밤이 새도록 기도하시고, 열두 제자를 택해서 사도라고 부르시며 그들을 데리고 많은 사람을 고치신다.6:13~19 화자는 마가나 마태와는 달리 예수께서 사도들을 세우신 목적을 전혀 언급하지 않음으로써 독자로 하여금 예수께 집중하도록 하며 예수가 기도하시는 분이며 가르치시는 분이며 능력으로 고치시는 분임을 부각시키려고 한다.6:12,19 예수께서는 제자들을 평지에서 가르치시는데, 자신을 따름으로써 가난해지고 주리게 된 제자들이 복되다고 선언하시며, 또한 그들이 예수로 말미암아 고난을 받으면 복되다고 선언하신다.6:20~23 반대로 지금 부요하고 배부르며, 사람들에게 고난이 아닌 칭찬을 받는 자들에게 화를 선언하신다.6:24~26 예수께서는 원수를 사랑하고 자신이 대접받고 싶은 대로 사람들을 대접하라고 교훈하시며, 근본적으로 하나님처럼 자비로운 사람이 되라고 교훈하신다.6:27~36 마태복음의 산상수훈과 마찬가지로 이 평지설교도 예수의 말씀을 듣는 자는 말씀대로 행함으로써 열매를 맺어 열매로 그리스도인 됨을 확증해야 한다고 결론짓고 있다.6:43~49

예수께서는 가버나움에서 백부장의 종을 고치시는데 백부장의 믿음에 놀라시며 이스라엘 중에서 이만한 믿음을 만나 보지 못하였다고 칭찬하신다. 7:1~10 앞서 예수에 대해 불평과 적대감을 드러내었던 바리새인들과 대조를 이룬다. 화자는 다른 복음서에는 없는, 과부의 외아들을 예수께서 살리신 일을 전하는데, 사람들은 이를 하나님의 일로 인정하여 하나님을 영화롭게 하고 예수를 '큰 선지자'라고 고백한다. 7:11~17 세(침)례자 요한은 제자들을 보내어 예수가 '오실 그 이' the coming one인지 질문하는데, 이는 예수가 그리스도(메시아)이신지를 묻는 말이다. 화자는 "마침 그 때에 예수께서 질병과 고통과 및 악귀 들린 자를 많이 고치시며 또 많은 맹인을 보게 하신지라"라고 설명해 줌으로써 7:21 예수 자신이 대답하시기 전에 화자가 먼저 독자에게 이 질문에 대해 대답해 준다. 즉, 예수는 치유하시는 그리스도라는 것이다. 예수는 세(침)례자 요한이 제자들을 통해 물어 온 질문에 대해 긍정이나 부정으로 답하지 않으시고 고치고, 살리며, 가난한 자에게 복음을 선포하는 자신의 사역을 언급하시며 그것을 요한에게 알리라고 말씀하신다. 7:18~22 즉, 예수는 고치고, 살리며, 가난한 자에게 복음을 전하는 그리스도라는 것이다. 예수께서는 요한을 하나님의 통치 시작 이전의 시대에서 가장 위대한 인물로 칭찬하신다. 7:24~30 예수께서는 이 세대 사람들이 이전 시대를 대표하는 요한도 비판하며 받아들이지 않고, 새로운 통치 시대를 대표하는 예수도 비판하고 받아들이지 않는 완악한 태도를 지니고 있음을 지적하신다. 7:31~35 바리새인의 집에서 죄를 지은 여자가 향유를 발에 부은 사건에 대해 예수께서는 예수에 대한 사랑과 죄 사함이 비례함을 교훈하신다. 7:36~47 예수께서는 이 여인의 죄를 사하신다고 선언하시는데, 화자는 사람들이 죄를 사하는 예수의 정체에 의문을 가지고 있음을 전한다. 7:48~49 이처럼 화자는 이 여인의 이야기를 통해 독자에게 다시 한 번 예수가 죄를 사해 주시는 구원자임을 확인시킨다. 예수께서는 열두 제자와 함께 계속 하나님의 통치를 선포하시는데, 화자는 이 일에 특히 여러 여자가 소유로 도왔다는 것을 밝혔다. 8:1~3

예수께서는 제자들에게 네 가지 땅에 뿌려진 씨의 비유를 통해 하나님 통치의 비밀을 설명하시는데, 하나님 통치는 하나님 말씀을 개인이 들음으로써 시작해서 그가 착하고 좋은 마음으로 말씀을 지키고 인내할 때 결실하게 됨을 교훈하신다.8:4~15 이처럼 하나님의 말씀을 듣고 행하는 자는 하나님의 통치를 구현할 뿐만 아니라 예수의 가족의 일원一員으로 선언된다.8:19~21 제자들은 바다에서 광풍을 만나 놀라며, 예수께서는 바람을 잔잔케 하시고 제자들의 믿음 없음을 지적하신다.8:22~24 제자들은 아직 예수가 누구신지 모르고 있다.8:25 거라사 지방에서 귀신들린 자는 예수를 만나자 '지극히 높으신 하나님의 아들'이라고 예수를 알아보는데, 이는 앞선 사건에서 예수의 정체를 알아보지 못하는 제자들과 대조를 이룬다. 예수께서는 귀신을 쫓아내어 그를 고치시고, 그는 온전하게 되어 예수께서 행하신 일을 온 성내에 전파한다.8:26~39 예수께서는 혈루증으로 앓는 여인의 믿음을 칭찬하시고, 회당장의 죽은 외딸을 살리신다.8:40~56 예수께서는 열두 제자에게 귀신을 제어하고 병을 고치는 능력과 권위를 주시고 하나님 통치를 전파하도록 파송하시며, 제자들은 그대로 시행한다.9:1~6 사도들이 돌아오고 빈들에서 예수께서는 다섯 개의 빵과 두 마리의 물고기로 오천 명을 먹이신다.9:10~17

예수는 누구신가?9:18~50 예수께서 따로 기도하실 때에 예수께서는 자신의 정체에 대해 무리가 어떻게 생각하는지 제자들에게 질문하신다.9:18 이제까지 중요한 일을 시작하시기 전에 예수께서 기도하셨다는 것을 기억하는 독자는 이번 질문의 중요성에 주목하게 된다. 예수께서 먼저 자신의 정체에 대해 질문하고 있다는 점에서 이 이야기는 독자들에게도 중요하다. 하지만, 독자들은 이미 천사들, 마귀, 귀신들, 하나님, 화자, 예수 자신을 통해서 예수가 누구인지 알고 있다. 제자들은 아직 예수가 누구신지 고백한 일이 없다. 대신에 그들은 권위와 능력을 예수께 받아 하나님 통치를 선포하는 여행을 한 일이 있으며 예수께서 죽은 자까지 살리신 것을 목격하였다. 예수께서는 제자들에게 자신이 누구인지 질문하시는데, 베드로는

'하나님의 그리스도'라고 대답한다.9:20 예수를 그리스도라고 고백하는 것은 베드로가 처음이다. 분명히 옳은 고백을 했음에도 예수께서는 그 고백에 대해 어떤 평가도 하지 않으시고, 이를 아무에게도 말하지 말라고 하시는 것은 독자를 당황하게 한다. 예수께서는 바로 이어서 자신이 반드시$\Delta\epsilon\hat{\iota}$ 고난받고 죽임을 당하고 살아날 것을 예고하신다.9:21~22 이전에 요한의 제자들이 예수께서 '오실 그 이'인지를 질문했을 때 대답하신 방법과 마찬가지로 이번에도 자신이 하실 사역을 말씀하심으로써 대답하신다. 즉, 예수는 고난받고 죽임을 당하고 살아나실 그리스도라는 것이다. 화자는 마가복음이나 마태복음에서와같이 베드로가 이렇게 말씀하시는 예수를 책망하다가 도리어 책망받는 이야기를 전하지 않고 바로 제자도에 대한 예수의 교훈을 전하는데, 누구든지 예수를 따르려는 자는 자기를 부인하고 날마다 제 십자가를 지고 따르라고 하신다.9:23~26

예수께서는 팔 일 후에 베드로 야고보 요한과 함께 산에 가서 '기도하실 때' 용모가 변화되심으로써 부활을 예시하신다.9:28~31 구름 속에서 다시 하나님의 음성이 "이는 나의 아들 곧 택함을 받은 자"9:34~35라고 선언하신다. 따라서 제자들은 하나님의 아들의 말씀을 듣도록 명령을 받는다. 앞선 예수의 정체에 관한 질문으로부터 예수의 용모 변화에 이르는 이야기에서 예수의 고난과 죽음, 그리고 부활이라는 주제가 드러나고 있는데, 이러한 상황에서 제자들은 아직 그것들을 제대로 이해하지 못할지라도9:33 예수의 말씀을 듣도록 명령을 받은 것이다. 산에서 내려와 예수께서는 믿음 없는 제자들이 쫓아내지 못한 귀신을 쫓아내시며 제자들에게 자신이 사람들의 손에 넘겨질 것을 기억하라고 말씀하시는데, 제자들은 아직 깨닫지 못한다.9:37~45 화자는 특히 다른 복음서에 나타나지 않는 "이 말을 너희 귀에 담아 두라"는 예수의 명령을 통해서, 그리고 제자들이 이를 이해하지 못했다는 사실을 통해서 독자에게 이 말씀의 의미의 중요성을 강조하고 있다. 제자들은 실제로 예수의 죽으심의 의미를 깨닫지 못하고 있다는 것을 보여주고 있는데, 그들은 누가 크냐고 변론함으로써 자신들이 크게 되는 일에

관심을 보이고 있음을 드러내며 이어지는 사건에서 자신들의 특권 의식을 드러내고 있다. 9:46~50

예루살렘으로 가시며 교훈하심. 9:51~19:44 화자는 예수의 승천이 가까웠기 때문에 예루살렘으로 가시기로 결심하셨다고 하는데, 죽으시기 위해 가신다고 표현하지 않고 승천을 위해 예루살렘으로 가시는 것으로 언급하는 것이 독특하다. 9:51 사마리아 마을에서 예수를 거절하자 야고보와 요한은 불을 내려 그들을 멸하자는 제안을 하여 예수께 책망을 받는다. 9:51~55 예수께서는 사역 초기에 나사렛에서 거절당하셨고, 이방 지역인 거라사에서도 거절당하셨고, 이제 사마리아에서 거절당하시며, 이후에는 예루살렘에서 거절당하실 것이다. 하지만, 어떤 거절도 하나님의 계획을 무산시키지 못한다. 이 예루살렘을 향한 여행을 위해 예수께서는 제자도를 가르치시는데, 하나님의 통치를 선포하기 위해 예수를 따르는 일은 집도 없이 다녀야 하는 힘든 일이며, 가정의 어떤 일보다도 우선 긴급하게 따라나서야 하는 일임을 가르치신다. 9:57~62 예수께서는 이전에 열두 제자를 파송하셨듯이 이번에는 칠십 인을 파송하신다. 10:1 그들의 임무는 사람들을 고치고 하나님 통치가 가까이 왔음을 선포하는 것인데, 그들은 성공적으로 임무를 마치고 돌아와 예수께 보고한다. 10:2~17

어떤 율법교사가 어떻게 영생을 얻을 수 있는지 예수께 질문하는데, 예수께서는 하나님 사랑과 이웃 사랑을 계속 행하라$ποίει$고 답하신다. 10:25~28 그 율법교사는 계속해서 자신의 이웃이 누구인지 질문하며 예수께서는 선한 사마리아 사람의 비유를 통해 답변하신다. 이 율법교사와의 대화와 비유는 누가복음에만 있는 것으로서, 이 비유를 통해 예수께서는 사마리아인처럼 참 이웃으로서 필요한 사람에게 실제적인 도움을 줌으로써 '자비를 베푸는' 행동을 계속 하라고 교훈하신다. 10:30~37 이러한 이웃 사랑과 함께 하나님 말씀을 듣는 일에 전념함으로써 하나님에 대한 사랑을 나타내는 것도 중요한 것으로 교훈된다. 10:38~42 기도를 가르쳐 달라는 한 제자의 요청에 예수께서는 기도를 가르치시며, 간청하는 기도에 아버지께서 응답해 주심을 교훈하신다. 11:1~13 예수께서는 말 못하게 하는 귀신을 쫓아내시는데, 어떤 이들은 예수가 귀신의 왕 바알세불을 힘입어 귀신을 쫓아낸다고 비난하기도 하며, 이러한 일들이 하나님으로부터 나왔다는 것을 증명할 수 있는 표적을 예수께 구한다. 11:14~16 예수께서는 이 일이 하나님의 권능으로 이루어지고 있음을 말씀하시며, 따라서 귀신이 쫓겨나간다는 것은 곧 하나님의 통치가 이미 임했다는 것을 의미한다고 말씀하신다. 11:20 예수께서는 귀신 들린 자들이 예수에 의해 귀신 축출을 받았다면 그렇게 해주신 예수를 따라야 함을 교훈하신다. 11:21~26 예수께서는 표적을 구하는 자들에게 요나의 표적을 제시하며 요나의 전도를 듣고 회개했던 니느웨 사람들처럼 회개하도록 요청하신다. 11:29~33 바리새인이 예수가 식사 전에 손 씻지 않는 것을 이상히 여기자 예수께서는 바리새인과 율법교사를 신랄하게 비판하신다. 11:37~54 특히 바리새인의 위선은 다시 한 번 주의하도록 강조된다. 12:1 예수께서는 제자들이 선포할 때에 그들이 겪게 될 박해를 예고하시면서 목숨을 잃는다고 해도 두려워하지 말도록 격려하신다. 12:2~12 예수께서는 이제 사람의 소유와 일상생활에서의 기본적인 필요에 대해 교훈하신다.

누가복음에만 있는 어리석은 부자의 비유를 통해 예수께서는 자기를 위해 물질을 쌓아 두고 하나님께 대해 부요하지 못한 자의 어리석음을 일깨워 주신다. 12:16~21 제자들에게는 가장 기본적인 삶을 위한 식량이나 의복을 위해 걱정하지 말고 애써 찾지도 말라고 교훈하시며, 그보다 하나님의 통치를 찾으라고 교훈하신다. 12:22~31 제자들에게 소유를 팔아 '구제' 함으로써 하늘에 보물을 쌓도록 요구하신다. 12:33~34 예수께서는 특히 종말을 지혜롭게 대비하는 방법은 깨어서 예수께서 행하기를 요구하시는 이러한 일들을 열심히 행하는 것이라고 교훈하신다. 12:35~48 다가올 종말을 준비하는 일에는 가족 간에 갈등이 생길 수도 있다. 12:49~53 무리는 현시대를 잘 분간하여 올바로 대처하도록 요구된다. 12:54~59 또한, 시기를 분간해서 회개하고 열매 맺는 삶을 살도록 요구된다. 13:1~9

예수께서 안식일에 꼬부라진 여자를 고치시는데 회당장이 이에 대해 분을 낸다.13:10~14 예수께서는 18년 동안 사탄에게 매인 '아브라함의 딸'을 고치시는 것이 합당하다고 하시며, 겨자씨의 비유와 누룩의 비유를 통해서 하나님의 통치는 미약한 시작에 비해 상상할 수 없이 확장될 수 있다는 것을 가르치신다.13:15~21 예수께서는 좁은 문으로 들어가기를 힘쓰라고 교훈하시며, 자신이 예루살렘에서 죽게 될 것과 예루살렘이 멸망할 것을 예언하신다.13:22~35 다시 예수께서는 안식일에 병을 고치시며 그것이 합당한 일임을 가르치신다.14:1~5 겸손히 자신을 낮출 것과 가난하고 병든 자들을 초대할 것을 예수께서는 가르치신다.14:6~14 하나님의 통치는 초대에 응하는 사람들에게 주어지는데, 먼저 초대된 자들이 오지 않자 가난한 자들과 병든 자들이 초대된다.14:16~24 예수의 제자가 되려는 자들은 가족과 목숨까지도 버릴 수 있어야 하며 고난을 각오해야 한다고 가르치시며, 또한 '모든 소유'를 포기해야 한다고 교훈하신다.14:25~35 특히 제자가 소유를 포기해야 한다는 것은 누가복음의 특징적인 강조로서, 이것은 곧 소금이 짠맛을 지녀야 하는 것과 같이 필수적인 것으로 강조된다.14:34~35 바리새인들과 서기관들은 예수께서 세리들과 죄인들을 받아들이고 함께 식사하는 것을 불평하는데, 예수께서는 '찾은 자의 기쁨'의 주제를 지닌 세 가지 비유를 통해 잃었다 찾은 자의 기쁨에 대해 가르치신다. 아버지가 잃은 아들을 찾았을 때 함께 기뻐하는 것은 마땅한 일로서 $δει$, 비유에 나타나는 큰아들처럼 예수께서 세리와 죄인들을 환영하시는 것을 불평해서는 안 된다는 것을 예수께서는 가르치신다.15:1~32 이처럼 예수께서는 잃은 자를 찾아 구원하시는 분으로 나타난다.

예수께서는 다시 재물의 사용에 대해 교훈하시는데, 불의한 청지기가 사람을 얻는 데에 재물을 사용한 것과 같이 예수를 따르는 자들도 그렇게 재물을 사용하도록 가르치신다.16:1~12 재물과 하나님은 동시에 추구할 수 있는 것이 아니라 양자택일의 문제이다.16:13 예수께서는 부자와 나사로의 비유를 통해 바리새인들에게 물질적 풍요를 누렸던 부자와 거지 나사로의 사후의 삶이 반전되고 있음을 보여주심으로써 현재 삶에서 회개하며, 특히 돈을 좋아하지 말며 물질을 나눌 것을 교훈하신다. 16:14~31 예수께서는 제자들에게 용서에 대해, 17:1~4 믿음에 대해, 17:5~6 겸손한 순종에 대해 17:7~10 교훈하신다. 예수께서 한 마을에서 열 명의 나병환자를 고치시는데, 사마리아인 하나만 돌아와 감사한다. 이는 하나님의 통치에 대해 유대인보다 사마리아인이 더 믿음으로 열려 있음을 보여준다. 17:11~19 바리새인들은 예수께 하나님의 통치가 언제 임하는지 질문하지만, 예수께서는 하나님의 통치는 가시적으로 임하는 것도 아니고, 장소를 말할 수 있는 것도 아니며, 그들 가운데 있다고 답변하신다. 17:20~21 이제 인자의 날이 올 것인데 인자는 먼저 고난받고 버린 바 되어야 한다. 17:22~25 인자의 날은 노아 때와 마찬가지로 그것을 준비하지 않은 사람들에게 갑작스런 멸망의 날이 될 것이다. 17:26~37 예수께서는 이 마지막 날을 믿음으로 준비하며 포기하지 않고 꾸준히 기도하라고 가르치신다. 18:1~8 예수께서는 기도할 때 다른 사람과 비교하여 자신의 우월한 모습을 감사하는 태도가 아닌, 하나님 앞에서 그리고 다른 사람 앞에서 겸손하게 자신을 낮추며 통회하는 마음으로 하나님의 긍휼을 구하는 태도로 기도할 것을 가르치신다. 18:9~14 이처럼 하나님 앞에서 자신을 낮추는 것, 즉, 어린 아이와 같이 하나님의 통치를 받아들이는 것이 곧 하나님의 통치에 참여하는 방법이다. 18:15~17

어떤 관리가 어떻게 영생을 얻을 수 있는지 예수께 질문한다. 18:18 예수께서는 이전에도 같은 종류의 질문을 받은 일이 있고 하나님 사랑과 이웃 사랑을 계속하여 행하라고 말씀하신 일이 있다. 10:25~28 이번에는 이웃 사랑에 관한 계명만을 언급하시는데 이 관리는 이것들을 어려서부터 다 지켰다고 대답한다. 18:21 독자는 이 사람의 자신 있는 대답에 놀라겠지만, 아직도 한 가지 부족한 것이 있다는 예수의 말씀에 더욱 놀라게 된다. 더 완전하게 이웃을 사랑하려면 단지 규정된 계명을 지켰다고 생각하는 것만으로는 안 되며, 자신의 소유를 다 팔아 가난한 자에게 나눠 줄 수 있을 정도가 되어야 한다고 예수께서는 교훈하신다. 18:22 이전에 언급하신 선한 사마리아 사람도 자신이 가진 것을 다 들여 강도 만난 사람을 구했다. 예수께서는 단지 소유를 다 팔아 가난한 자에게 주는 것뿐만이 아니라, 그리고 와서 자신을 '따르라'고 요구하신다. 결국, 이 사람은 근심하며 가고, 예수께서는 재물이 있는 자가 하나님 통치에 참여하기 대단히 어렵다고 말씀하시며 하나님의 통치를 위해 전적인 포기를 한 사람들이 내세에 영생을 받게 된다고 말씀하신다. 18:24~30

예수께서는 제자들과 함께 예루살렘으로 가는 중이라는 것을 주지시키시고, 선지자를 통해 하나님께서 계획을 알려주신 대로 자신이 고난받고 죽임을 당하고 부활하실 것을 다시 예고하신다. 18:31~33 제자들은 이것을 하나도 깨닫지 못했다고 화자는 알려준다. 18:34 여리고 근처에서 한 맹인 거지는 예수를 알아보고 '다윗의 자손'이라고 부르며 믿음을 표현하고 고침을 받는다. 18:35~43 이처럼 메시아로서 맹인을 고치신 일은 곧 하나님께서 하신 일로 인식된다. 18:43 누가의 이야기에서 예수를 '다윗의 자손'이라고 부르는 사람은 오직 이 맹인뿐이다. 예루살렘 입성에 앞서 예수께서는 이처럼 다윗 가문의 메시아로 선언된다. 화자는 예수께서 세리장 삭개오의 집에 유하러 가신 일을 소개하는데, 삭개오는 예수를 집에 영접하고 바로 자신의 소유의 절반을 가난한 자들에게 주고 착취한 것이 있다면 네 배로 보상하겠다고 선언한다. 19:1~8 예수께서는 "오늘 구원이 이 집에 이르렀으니 이 사람도 아브라함의 자손임이로다"라고 말씀하시는데, 이처럼 소유의 포기는 구원에 이르는 길로 제시된다. 19:9 예수께서는 자신이 오신 것은 이처럼 "잃어버린 자를 찾아 구원하려 함이니라" 19:10라고 분명하게 밝히시는데, 이는 이미 '찾은 자의 기쁨'에 관한 세 비유를 통해 강조하신 바 있다 15장. 예수께서는 하나님의 통치가 당장에 임하는 것은 아니며, 시간이 주어져 있어서 그 남은 기간에 충성 되게 일해서 결실해야 한다는 것을 므나의 비유를 통해 강조하시는데, 결실하지 않는 종은 곧 주인을 왕으로 인정하지 않는 사람으로 인정되어 심판받게 된다고 말씀하신다. 19:11~27 예수께서는 예루살렘 가까이에 와서 나귀를 타고 성에 가까이 가시며, 무리는

'주의 이름으로 오시는 왕' 이라고 찬양하며 맞이한다. 19:28~40 예수께서는 성에 가까이 오셔서 성을 보시고 우시며 그 멸망을 예고하신다. 19:41~44 예수께서 우신 일은 처음으로 나타나고 있다.

예루살렘에서 유대교 지도자들과 충돌하심. 19:45~21:38 예수께서는 먼저 성전에 들어가서 장사하는 사람들을 내어 쫓으시며 "기록된바 내 집은 기도하는 집이 되리라 하였거늘 너희는 강도의 소굴을 만들었도다" 19:45~46라고 하신다. 누가의 이야기에서는 다른 복음서에 있는 것과 같이 상이나 의자를 둘러엎으셨다는 것과 같은 폭력적 장면은 서술되지 않고 성전 정화가 간단히 서술된다. 다른 복음서와 달리 누가복음에서 화자는 예수께서 성전 정화 후에 '날마다' 성전에서 가르치셨다고 해설하고 있다. 19:47 또한, 대제사장들과 서기관들과 지도자들은 예수를 죽일 방도를 계속 찾고 있었다έζήτουν고 화자는 해설한다.[7] 예수께서는 성전에서 가르치시며, 대제사장들과 서기관들과 장로들은 자신들의 허락 없이 예수가 '무슨 권위'로 이런 일을 하는지 또한 이런 '권위를 준 이가 누구인지' 말하라고 하며, 예수께서는 요한의 예를 들어 반문하며 직접적으로 대답하지 않지만, 자신의 권위가 하늘에서 온 것임을 암시하신다. 20:1~8 예수께서는 포도원 농부의 비유를 통해 하나님의 사자(使者)들을 박해하고 배척하며 마지막에 보낸 사랑하는 아들을 죽이는 사람들을 하나님께서 심판하시며, 하나님의 일과 통치를 다른 사람들에게 줄 것이라고 경고하신다. 20:9~16 서기관들과 대제사장들은 이 비유가 자신들에 대해 경고하고 있다는 것을 알았다고 화자는 전한다. 20:19 그들은 예수를 책잡아 넘기려고 사람을 보내어 가이사에게 세금을 바치는 것이 옳으냐고 질문하는데, 예수께서는 세금은

---

[7] Jack Dean Kingsbury, "the Plot of Luke's Story of Jesus," *Gospel Interpretation: Narrative-Critical and Social-Scientific Approaches*, ed. Jack Dean Kingsbury (Harrisburg: Trinity Press International, 1997), 161-2는 누가 이야기의 플롯에서 이 때부터 예수와 유대교 지도자들과의 갈등이 주목할 만하게 심화되고 있다고 하며 그러한 갈등의 심화를 알 수 있는 다섯 가지를 제시하는데 이들을 요약하면 다음과 같다: (1) 유대교 지도자들은 예수를 죽이려고 한다(19:47); (2) 갈등이 성전 안에서 일어나고 있다(19:47); (3) 갈등은 실제적으로 표면화 되며 그들은 직접 예수께 도전한다; (4) 성전에서의 권위나 모세의 율법과 같은 이스라엘에 있어서 중요한 문제로 충돌한다; (5) 강한 적대감이 생겨난다(20:19).

가이사에게 드리지만, 너희는 하나님께 마땅히 드려야 하는 삶을 하나님께 드려야 한다는 교훈을 하신다. 20:19~26 예수께서는 사두개인의 질문에 답하여 부활의 자녀의 성격을 설명하시며 모든 사람의 삶은 사실상 사후에도 계속되고 있음을 말씀하신다. 20:27~40 또한, 메시아가 다윗의 자손이라는 생각에 대해 다윗이 메시아를 '주'라 칭했음을 지적하며 자신의 하나님적인 권위를 드러내신다. 20:41~44 예수께서는 서기관들이 옳지 않은 의도로 자신에게 접근하고 있는 것을 아셨는지 제자들에게 그들의 잘못을 지적하시며 그들에게 임할 엄중한 심판을 예고하신다. 20:45~47 예수께서는 가난한 과부가 적은 헌금이지만 생활비 전부를 드린 것을 칭찬하신다. 21:1~4 이어서 예수께서는 성전의 파멸과 세상의 종말과 인자의 재림에 대해 예고하시며, 그 이전에 제자들이 받게 될 박해에 대해 말씀하시며, 항상 기도하고 깨어 있으라고 교훈하신다. 21:5~36

배신, 처형, 부활과 승천. 22:1~24:53 유월절 전에 가룟 유다에게 사탄이 들어가 그는 예수를 넘겨 줄 기회를 찾으며, 무교절에 예수께서는 마지막 만찬을 제자들과 함께 나눈다. 22:1~23 죽음을 앞둔 예수와는 대조적으로 제자들은 누가 크냐고 다투며, 예수께서는 섬김을 교훈하시고 그들에게 하나님의 통치를 위임하실 것을 말씀하신다. 22:23~30 예수께서는 특히 베드로의 믿음이 떨어지지 않도록 기도하셨다고 말씀하시며 베드로는 죽음을 각오하고 주와 함께하겠다고 말하지만, 예수께서는 베드로가 세 번 예수를 부인할 것을 예고하신다. 22:31~34 또한, 예수께서는 행악자들과 동류로 죽게 될 것을 예고하시며, 사탄이 밀 까부르듯 하려는 위기의 시대에 제자들이 자신들을 보호할 수 있도록 경각심을 불러 일으켜주신다. 22:35~38 화자는 예수께서 습관을 따라 감람산에 가서, 힘쓰고 애써 더욱 간절히 기도하셔서 땀이 핏방울같이 되었다고 전한다. 22:39~44

예수께서는 유다를 앞세워 온 무리에게 잡혀서 대제사장의 집으로 끌려간다. 22:47~54 베드로는 대제사장의 뜰까지 따라가지만 결국 예수를 알지 못한다고 세 번 부인하고, 나가서 통곡한다. 22:55~62 다음 날 아침 공회는 예수가 그리스도인지 질문하지만, 예수께서는 이에 대해 직접 대답하지 않으시고 "이제부터는 인자가 하나님의 권능의 우편에 앉아 있으리라"고 대답하신다.22:66~69 이번에는 "그러면 네가 하나님의 아들이냐"라고 질문하지만, 예수께서는 "너희들이 내가 그라고 말하고 있느니라"22:70라고 애매하게 대답하신다. 예수께서는 빌라도에게 넘겨지며 빌라도는 예수께 "네가 유대인의 왕이냐"고 질문하며, 예수께서는 "네가 그렇게 말한다"Σὺ λέγεις고 유보적 긍정을 하신다.23:3 이처럼 공회와 빌라도의 관심은 주로 예수가 누구신지에 있지만, 예수께서는 자신을 '인자'로 언급하시는 것만 분명하게 하신다.

화자는 빌라도가 세 번이나 예수께서는 무죄하므로 석방하겠다고 했지만 무리가 소리 질러 십자가 처형을 강요했다는 것을 강조해서 서술한다.23:4~25 예수께서는 두 행악자들과 함께 십자가에 달리며, 십자가에서도 사람들의 죄를 용서해 달라고 기도하신다.23:33~34 관리들은 비웃으며 예수가 다른 사람들을 구원하였다고 자신들도 모르는 채 진리를 독자에게 선포한다.23:35 예수의 십자가 위에는 "유대인의 왕"이라는 패가 있었으며, 화자는 이처럼 예수께서 왕으로 죽으심을 알려준다.23:38 예수께서 자신의 영혼을 하나님께 부탁하며 숨지시며, 백부장은 이것이 하나님의 계획이었음을 깨달은 것처럼 하나님께 영광을 돌리며 "이 사람은 정녕 의인이었도다"23:47라고 고백한다. 요셉은 예수의 시체를 세마포로 싸서 무덤에 넣고 여자들은 향품과 향유를 준비하며 안식일에 쉰다.23:50~56

안식 후 첫날 새벽 여자들이 향품을 가지고 무덤에 가지만 찬란한 옷을 입은 두 사람으로부터 예수의 부활 소식을 듣고 사도들과 다른 사람들에게 알린다.24:1~9 사도들은 믿지 않으며 베드로는 무덤을 확인하고 제자 중 두 사람은 엠마오로 가는 도중 예수를 만난다. 구약을 통한 예수의 가르침과 떡을 떼심을 통해서 제자들은 예수를 알아보고 다시 예루살렘으로 돌아가 다른 제자들과 부활 이야기를 하는 중에 예수께서 그들 가운데 나타나신다.24:13~36 예수께서는 자신의 고난과 죽음과 부활, 그리고 죄 사함을 얻게 하는 회개가 예루살렘에서 시작해서 모든 족속에게 전파될 것이 구약에 이미 예언되었던 것임을 가르치신다.24:44~48 예수께서는 제자들에게 성령을 받을 때까지 예루살렘에 머물라고 하시고, 베다니 앞까지 나가서 축복하시고 떠나신다.24:49~51 제자들은 기쁨으로 예루살렘에 돌아가 성전에서 하나님을 찬송한다.24:52~53

특징 및 신학

누가복음의 독특한 내용. 누가복음은 일반적으로 마가복음과 Q라고 명명되는 예수의 말씀 자료를 기초로 하며 이에 누가 고유의 자료를 사용해서 기록되었다고 알려졌다.[8] 이러한 누가복음의 자료나 자료의 사용 방법에 대해서는 이견들이 있으며 실제로 그것을 확인할 수는 없다. 하지만, 단지 누가복음에 독특한 내용의 주요 부분을 나열하는 것만으로도 누가복음의 특징을 이해하는 데에 도움이 된다. 누가복음에 독특한 주요 내용은 다음과 같다: 세(침)례자 요한과 예수의 탄생과 성장,1:5~2:52 세 종류 사람들의 회개에 대한 질문,3:10~14 예수의 족보,3:23~38 나사렛 회당에서의 최초의 선포,4:16~30 평지설교의 화禍 선언,6:24~26 나인성 과부의 아들을 살리심,7:11~17 죄인인 여자를 용서하심,7:36~50 여자들이 소유로 예수와 제자들을 섬김,8:1~3 사마리아인이 예수를 받아들이지 않음,9:51~56 선한 사마리아인의 비유,10:25~37 마르다와 마리아,10:38~42 밤에 찾아온 친구의 비유,11:5~8 어리석은 부자의 비유,12:16~21 회개에 대한 교훈,13:1~5 열매 맺지 못하는 무화과의 비유,13:6~9 안식일에 꼬부라진 여자를 고치심,13:10~17 안식일에 수종병 든 사람을 고치심,14:1~6 잔치에 초대를 받거나 초대할 경우에 대한 교훈,14:7~14 제자의 대가에 대한 비유,14:28~32 잃은 드라크마, 잃

---

[8] 누가복음에만 사용되었다고 받아들여지는 누가에 공유한 특수 자료는 Luke의 첫 글자를 사용하여 보통 'L 자료'라고 명명한다.

은 아들의 비유,15:8~32 옳지 않은 청지기 비유,16:1~13 율법과 하나님 통치의 복음,16:14~18 부자와 나사로의 비유,16:19~31 나병환자 열 명이 고침을 받음,17:11~19 과부와 재판장의 비유,18:1~8 바리새인과 세리의 비유,18:9~14 삭개오 이야기,19:1~10 예수께서 예루살렘을 보시고 우심,19:41~44 베드로를 위한 기도,22:31~32 전대와 배낭과 검,22:35~38 헤롯 앞에서의 심문,23:6~12 십자가의 두 행악자,23:39~43 엠마오 길에서 제자들에게 나타나심,24:13~35 예루살렘에서 제자들에게 나타나심,24:36~49 승천하심24:50~53.

예수. 누가복음에 나타난 예수상은 복음서 중에서 가장 다양한 모습으로 나타나고 있다고 볼 수 있다.Evans 누구복음에 나타나는 다양한 예수상의 모습 중 어느 것이 중심적 또는 대표적인지 찾아내기는 어렵지만, 누가복음의 특징적인 예수상을 말할 수는 있다.

첫째, 예수께서는 구주구원자, Savior로 나타난다. '구주' $σωτήρ$라는 단어는 처음 세 복음서 중에서 오직 누가복음에만 나타난다. 천사는 예수의 탄생 소식을 처음으로 양치기들에게 알리는데 "오늘 다윗의 동네에 너희를 위하여 구주가 나셨으니 곧 그리스도 주시니라"2:11라고 선언한다. 여기서 '너희'는 우선 그 양치기들을 가리키는 말로서 예수께서는 처음부터 비천한 자들을 위한 구원자로 선포된다. 누가복음에서 $σωτήρ$가 예수에 대해서 사용된 것은 이 구절이 유일하다. 즉 이 표현은 예수에 대해 단 1회 사용되고 있지만, 누가복음에서 '구원'은 중요한 주제이며, 따라서 구원하시는 분 $σωτήρ$으로서의 예수의 모습도 중요하다고 볼 수 있다.

'구원'을 의미하는 명사 $σωτηρία$는 처음 세 복음서 중 누가복음에만 나타나고 있으며, 같은 의미의 명사 $σωτήριος$는 네 복음서 전체에서 누가복음에만 사용된다. 사가랴는 예수의 탄생을 바라보며 예수를 '구원의 뿔'이라고 언급한다.1:69 시므온은 아기 예수를 보며 '주의 구원'을 보았다고 선언한다.2:30 세(침)례자 요한이 예수의 길을 준비함으로써 결국 '모든 육체가 하나님의 구원하심을 보리라'라는 이사야의 말씀이 성취될 것임을 화자는 말한다.3:6 예수께서는 삭개오에게 오늘 '구원'이 이 집에 이르렀다고 선언하시며, "인자가 온 것은 잃어버린 자를 찾아 구원"하려는 것임을 밝히며 구원자로서의 사명을 말씀하신다. 19:9~10 누가복음의 중심에 자리 잡고 있다고 할 수 있는 '찾은 자의 기쁨'에 관한 세 비유는 잃은 자를 찾은 하나님의 기쁨을 강조하고 있다. 15장 이 비유를 통해서 제시되는 예수의 모습은 바로 잃은 자를 찾기를 기뻐하시는 모습이며, 이처럼 잃은 자를 찾아 구원하시는 구주로서의 예수상은 누가복음에서 독특하며 중요한 것이라고 할 수 있다.

둘째, 예수께서는 예언자prophet로 나타난다. 존슨Luke Timothy Johnson은 예언자로서의 예수상이 인자, 구주, 다윗의 자손-왕으로서의 예수상들을 포괄하는 근본적인 예수상이라고 주장한다.9) 나사렛 회당에서 예수께서는 이사야의 글을 읽으심으로써 자신의 사역의 성격을 처음으로 알리고 있는데, 자신이 성령으로 기름 부음을 받았음을 언급하신다. 4:18 일반적으로 알려진 대로 기름 부음을 받는 사람들은 보통 왕, 제사장, 예언자들이다. 예수께서 회당에서 읽으신 글은 예언자 이사야가 원래 자신을 가리켜 한 말이며, 사61:1~2 쿰란 문서에서 이 이사야의 말씀이 쿰란 공동체가 기대했던 예언자를 가리키는 데에 사용되었다는 것 등으로 볼 때에, 이 구절은 예수가 '예언자'로 기름 부음을 받으신 것을 보여주고 있다고 이해해야 한다는 견해도 있다.10) 예수께서도 자신을 예언자로 언급하거나 예언자에 비유하기도 하신다. 4:24; 13:33 예수께서는 "오늘과 내일과 모레는 내가 갈 길을 가야 하리니 선지자가 예루살렘 밖에서는 죽는 법이 없느니라"라고 말씀하심으로써 자신을 선지자로 언급하신다. 13:33 11) 예수께서는 자신을 쉽게 받아들이지 않는 고향 사람들에게 "선지자가 고향에서는 환영을 받는 자가 없느니라"라고 말씀하시면서 엘리야 시대의 사렙다 과부와 엘리사 시대의 나

---

9) Luke Timothy Johnson, "The Christology of Luke-Acts," *Who Do You Say That I Am? Essays on Christology,* eds. Mark Allan Powell and David R. Bauer (Louisville: Westminster John Knox Press, 1999), 59-63.
10) Christopher M. Tuckett, *Luke* (London: T & T Clark, 2004), 82.
11) 이 구절은 누가복음에만 있는 구절로서, 누가의 특징을 드러내고 있다고 할 수 있다.

아만의 예를 들어, 당시 예언자들이 예수 자신과 마찬가지로 이스라엘 사람들에게 환영받지 못했음을 지적하신다.4:24~27 예수께서 제시하신 이 실례들은 누가복음에만 기록되어 있는 것으로서, 예수께서는 자신을 엘리야나 엘리사와 같은 예언자의 모습에 비유하시고 있다.

다른 사람들도 예수를 예언자로 부르기도 한다. 사람들은 나인성 과부의 죽은 아들을 살리신 예수를 보고 '큰 선지자'라고 부르는데,7:16 그들은 구약에서 사르밧 과부의 죽은 아들을 살린 엘리야를 기억하며 예수를 그렇게 불렀던 것으로 보인다.왕상17:17~24 바리새인이나 예수를 적대하는 사람들도 예수를 예언자로 언급하기도 한다.7:39; 22:64 엠마오로 가는 제자들은 예수를 "하나님과 모든 백성 앞에서 말과 일에 능하신 선지자"24:19라고 언급한다. 이처럼 예수께서는 누가복음에서 자신, 제자들, 무리들, 반대자들로부터 예언자로 언급된다. 하지만, 존슨의 주장처럼 예언자로서의 예수상이 누가복음의 다양한 예수상을 포괄하는 근본적인 것인지는 확실히 말할 수 없다. 단지 예수를 예언자로 언급하는 구절들은 주로 누가복음에만 있는 것으로서 예언자로서의 예수상이 누가복음의 **특징적**이라고 할 수 있다.

누가복음이 분명하게 명시하고 있지는 않지만, 누가가 예수를 특히 모세와 같은 예언자로 나타내고 있다는 견해가 흔히 제시되기도 한다.Johnson; Moessner; Murphy 이러한 모세와 같은 예언자로서의 예수상은 사도행전에서 더욱 분명히 나타나고 있다.행3:12~26 예수께서는 자신이 예루살렘에서 떠나게 될 것을 말씀하셨다고 화자가 전하고 있는데, 화자는 여기서 예수의 떠남을 ἔξοδον원형 ἔξοδος, exodus라고 표현하고 있다.9:31 이러한 표현은 출애굽을 암시하는 것으로 이해되기도 한다. 또한, 전체적으로 모세가 하나님에 의해 보내지고, 백성에게 배척당하고, 다시 하나님에 의해 세워지는 것과 같은 패턴을 예수도 그대로 따르고 있다는 것이 주목되기도 한다. 누가가 예수를 특히 모세와 같은 예언자로 제시하려고 했는지는 분명하지 않다. 누가복음에서 예수에 대해 예언자라는 호칭이 사용된 용례들을 보면, 예수 자신이 이 호칭을 사용하실 때에는 주로 자신에 대한 배척이나 고난과 관련해서 사용하시고 있는데 이는 과거의 일반적인 예언자들의 삶을 연상시킨다. 다른 사람들이 이 호칭을 사용할 때에는 예수의 능력과 관련해서 사용하고 있다고 할 수 있는데7:16; 24:19 7장 16절에서는 모세보다는 엘리야를 가리키는 것으로 보인다7:16. 누가가 어떤 특정한 예언자를 예수의 표상으로 제시하고 있다고 하기는 어려울 것이다. 누가는 단지 자기 백성에게 고난과 배척을 받는 삶과 하나님이 주신 능력을 행하는 권능이라는 면에서 예수를 예언자로 제시하는 것으로 보인다.

셋째, 예수께서는 '주' κύριος로 나타난다. 누가복음에서 κύριος는 104회나 사용되고 있는데 이는 하나님이나 예수를 지칭할 때에 자주 사용되는 보편적 용어라고 할 수 있다. 화자는 예수를 '주' 로 호칭하며,7:13; 10:1,41; 11:39; 12:42 등 제자들도 예수를 그렇게 부른다.5:8; 9:54,61; 10:17; 11:1; 12:41; 17:37; 19:34; 22:33,38,49; 24:34 제자들 이외에는 문둥병자,5:12 백부장,7:6 마르다,10:40 여리고 소경,18:41 삭개오19:8 등이 예수를 '주' 라고 부른다. 도시 James M. Dawsey는 이 호칭이 예수의 능력에 대한 의존과 예수 앞에서의 자신의 겸손이라는 두 가지 성격을 지니고 있다고 이해한다.[12] 하지만, 이것은 단순한 존칭으로 그저 '선생님' sir 정도의 의미가 있을 수도 있어서 누가복음에서 이 용어의 의미를 규정하기 어렵다. 터킷Christopher M. Tuckett은 이 호칭이 반드시 예수의 신성을 가리키고 있다고 생각하는 것은 거의 잘못된 것이라고 지적한다.[13] 누가는 사도행전에서 예수께서 부활하시고 나서 하나님께서 그분을 주와 그리스도가 되게 하셨다고 선언하고 있기 때문이다.행2:36 하지만, 누가는 누가공동체의 신앙 고백을 공유하고 있었을 것인데, 화자로서 이 호칭을 누가복음에서 사용하는 것은 그러한 후대의 고백적 의미가 담겨 있는 것이라고 볼 수 있다. 제자들은 또한 ἐπιστάτα(master)라는 독특한 호칭을 예수께 7회 사용하기도 하는데,5:5; 8:24[2

---

12) James M. Dawsey, *The Lukan Voice: Confusion and Irony in the Gospel of Luke* (Macon: Mercer University Press, 1986), 11.
13) Christopher M. Tuckett, *Luke*, 77.

회],45; 9:33; 9:49; 17:13 신약성서 전체에서 누가복음에만 나타나는 이 단어는 우리말 개역개정판에서는 주로 '주'라고 번역되며, 두 번 '선생님'이라고 번역된다. 이 용어는 '랍비'라는 호칭과 유사한 것으로 이해되며 특히 예수의 권위를 강조하는 호칭으로 보인다.

넷째, 예수께서는 '그리스도' 메시아로 나타난다. 화자는 예수의 탄생 이야기에서 1:26~2:36 우선 예수가 '다윗의 가문'과 연관이 있음을 언급하고 있다.1:27; 2:4,11. 이처럼 누가복음의 처음은 예수를 '다윗 가문의 왕-메시아'로 제시하고 있다.[14] 예수의 탄생 소식은 밖에서 밤에 양을 지키던 양치기들에게 처음으로 전달되는데, 여기서 예수께서는 '구주,' '그리스도,' 그리고 '주'로 소개된다. 시므온은 '주(하나님)의 그리스도'를 보기 전에 죽지 않을 것이라는 성령의 지시를 받았고 그는 아기 예수를 봄으로써 그 지시가 실현되었음을 고백한다.2:26~29 귀신들은 예수를 보고 '하나님의 아들'이라고 외치는데, 화자는 이 장면에서 귀신들이 예수를 '그리스도'라는 것을 알고 있었기 때문에 예수께서는 그들을 꾸짖고 말하지 말도록 하셨다고 해설한다. 여기서 '하나님의 아들'과 '그리스도'는 같은 의미로 사용되고 있다.4:41 누가복음에서 그리스도라는 호칭은 이처럼 다른 여러 호칭과 혼용되고 있는 것으로 보인다. 세(침)례자 요한은 예수가 '오실 그이' the Coming One인지 확인하며 예수께서는 자신이 그 사람이라는 것을 알리시는데 이는 그리스도를 가리키는 표현으로 보인다.7:19~23 사실상 누가복음의 등장인물 중 오직 베드로만이 예수를 '그리스도'로 고백한다.9:20 하지만, 예수께서는 앞서 귀신들에게 그렇게 하신 것처럼 그것을 말하지 말라고 하신다.4:41; 9:21 누가복음에서 등장인물 중 오직 여리고 소경만이 예수를 '다윗의 자손'이라고 부르고 있다.18:38,39 이 호칭은 분명히 그리스도를 의미하는 것으로서 예수께서는 그들을 꾸짖거나 말하지 말도록 경고하지 않으신다. 즉, 여기서는 예수가 그리스도로 인정되고 있다고 볼 수 있는데,

---

14) Frank J. Matera, *New Testament Christology* (Louisville: Westminster John Knox Press, 1999), 51은 누가복음 전체의 중심 된 기독론을 '하나님의 메시아'로 설정하고 기독론을 서술한다.

화자는 이 이야기를 통해 예수를 정치적인 그리스도가 아닌 사람들을 **불쌍히 여겨 고치시는** 그리스도로 제시하려는 것으로 보인다. 예루살렘에 들어가실 때에 제자의 무리는 예수를 '주의 이름으로 오시는 왕'으로서 환호한다.19:37~38 예수를 고발한 무리나,23:2 관리들이나,23:35 십자가에 달린 행악자 중 한 사람은23:39 의미 없이 예수를 그리스도라고 부른다. 하지만, 사실상 그들은 독자에게 예수가 그리스도임을 선언하고 있다. 부활하신 예수께서는 제자들에게 말씀하실 때에 두 번 자신을 그리스도로 언급하신다.24:26,46

종합하자면, 우선 그리스도라는 호칭은 누가복음에서 구주, 주, 하나님의 아들, 다윗의 자손, 오실 그이 등과 같은 호칭들과 연관된다. 그리스도라는 호칭은 제한적으로 사용되고 있는데 귀신에게도 베드로에게도 사용하지 않도록 요구된다. 누가복음에서만 독특하게 예수가 자신을 스스로 그리스도라고 언급하며 말씀하신다. 하지만, 예수는 자신이 부활하신 후에야 비로소 자신을 그렇게 언급하고 있으며, 두 번의 언급 모두 자신의 죽으심과 부활에 대해서 말씀하시는 문맥에서 사용된 것을 볼 때에, 그리스도는 고난받고 죽으시며 부활하시는 분이심을 의미하고 있다고 할 수 있다. 예수의 고난과 죽으심과 부활을 포함하지 않은 채 예수를 그리스도로 고백하는 것은 허락되지 않는다. 단, 사람들을 고치시는 그리스도라는 의미로서 다윗의 아들이라는 고백은 허용된다. 이처럼 예수는 정치적거나 군사적이거나 군림하는 왕으로서의 그리스도가 아니라 사람들을 불쌍히 여겨 고치시며 사람들을 구원하기 위해 고난을 받고 자기 목숨을 바치시는 그리스도다.

다섯째, 예수께서는 하나님의 아들로 나타난다. 예수의 탄생 예고에서 천사들은 예수를 '지극히 높으신 이의 아들,' 또는 '하나님의 아들'로 언급한다.1:32,35 여기서 하나님의 아들은 다윗의 왕위를 계승한 왕이다.1:32 예수가 세(침)례를 받고 성령이 그에게 임했을 때에 하늘에서 하나님은 예수를 '내 사랑하는 아들'이라고 선언하신다.3:22 예수가 시험받으실 때에 마귀는 처음부터 예수를 하나님의 아들로 인식하고 있다.4:3,9 예수가 시험을 받으셨을 때에 예수께서는 철저히 하나님께만 순종함으로써 시험을 이기시는데, 이처럼 예수께서는 '순종하는' 하나님의 아들로 나타난다. 귀신들은 예수를 볼 때 하나님의 아들로 알아본다.4:41; 8:28 귀신들은 예수를 하나님의 아들로 알아보며 예수는 귀신들을 쫓아내는데, 이는 하나님의 아들로서의 예수의 사역이 사탄의 통치를 몰아내고 하나님의 통치를 구현하는 것임을 보여준다.11:20 예수께서 산에서 변화되셨을 때에 다시 하늘에서 하나님은 예수를 "나의 아들"이라고 하신다.9:35 여기서 하나님께서는 제자들에게 "너희는 그의 말을 들으라"라고 명하시는데, 그 문맥으로 볼 때에 예수의 고난과 죽으심과 관련하여 예수를 올바로 이해하고 그의 말을 들으라는 말씀으로 보인다. 즉, 예수께서는 고난받고 죽으시는 하나님의 아들이다. 예수께서는 포도원 농부의 비유를 통해서 자신이 하나님의 아들이심을 암시하신다.20:13 이 비유에서도 아들은 죽임을 당한다. 예수께서 잡히셔서 심문받으실 때에 산헤드린은 예수께 네가 하나님의 아들이냐고 질문하며 예수께서는 "너희들이 내가 그러하다고 말한다" ὑμεῖς λέγετε ὅτι ἐγώ εἰμι고 말씀하시는데 이는 그들이 생각하는 의미의 하나님의 아들이라고 할 수 없지만, 예수 자신이 생각하는 의미에서 자신은 하나님의 아들이라고 말씀하신 것으로 보인다.22:70 귀신들이 예수를 하나님의 아들로 알아본 다음 장면에서 예수의 고향 사람들은 예수를 '요셉의 아들'이라고 말하고 있다.4:22 마가복음이나 마태복음에서는 예수의 십자가 처형 때에 백부장이 예수를 하나님의 아들이라고 고백하고 있지만, 누가복음에서는 백부장인 예수가 정녕 '의인'이었다고 고백한다.23:47 이처럼 누가복음에서는 사실상 초자연적인 존재들, 즉, 하나님, 천사, 마귀, 귀신들만이 예수를 하나님의 아들로 인식하고 있다. 반면에 사람들은 누구도 예수를 진정한 하나님의 아들로 고백하지 못하는데, 화자는 이처럼 예수를 하나님의 아들로 이해하는 것은 가장 높은 차원의 영적인 고백으로 제시하는 것으로 보인다. 예수는 하나님이 사랑하시는 아들로서, 하나님께는 죽기까지 순종하시며 세상에서는 사탄의 통치를 몰아내고 하나님의 통치를 구현하시는 하나님의 아들이다.

누가복음에서 예수 자신은 하나님을 '아버지'로 7회 부르고 있으며2:49; 9:26; 10:21; 22:42; 23:34,46 '내 아버지'라고 3회 부르신다10:22; 22:29; 24:49. 예수께서는 자신을 한 번 분명하게 '아들'이라고 언급한다.10:22 당연히 예수와 하나님과의 관계는 부자父子의 관계로 나타나지만, 요한복음과 같은 특별하고 친밀한 관계는 나타나지 않는다. 예수께서는 원수를 사랑하고 선대 하는 사람들도 역시 지극히 높으신 이의 아들이 될 것이라고 가르치신다.6:35 예수께서는 제자들에게 있어서도 하나님을 '아버지'라고 말씀하신다.6:36; 11:13; 12:30,32

여섯째, 예수께서는 자신을 종종 '인자'라고 칭하신다. 예수께서는 특히 자신을 가리켜 말씀하실 때에 다른 복음서에서와같이 인자라는 명칭을 즐겨 사용하신다.25회, 5:24; 6:5,22; 7:34; 9:22,26,44,58; 11:30; 12:8,10,40; 17:22,24,26,30; 18:8,31; 19:10; 21:27,36; 22:22, 48,69; 24:7 일반적으로 다니엘서 7장 13~14절에서 그 배경을 찾을 수 있는 것으로 보이는 용어는 복음서에서는 주로 예수의 권위와 예수에 대한 배척과 관계된 예수의 자기 호칭으로 사용되고 있다.[15] 다른 복음서에서와 마찬가지로 예수께서는 특히 자신의 사역에서의 어려움, 고난, 배척 등과 관련하여 자신을 언급할 때에 이 용어를 사용하시며,6:22; 7:34; 9:22,44, 58, 11:30; 12:8,10; 18:31,32; 22:22; 24:7,48 자신의 권위적 사역이나 특별한 사역을 언급할 때에도 사용하신다5:24; 6:5; 19:10. 또한, 다른 복음서들에서와 마찬가지로 예수께서는 이 명칭을 미래에 영광 가운데에 오시는 분으로 자신을 언급할 때에도 사용하신다.9:26; 12:40; 17:24,26,30; 18:8; 21:27,36; 22:69 누가만이 "인자가 온 것은 잃어버린 자를 찾아 구원하려 함이니라"19:10라는 말씀을 기록하는데, 여기서 인자는 잃은 자를 찾아 구원하는 구원자 예수를 가리킨다. 누가복음에서 인자는

---

15) Darrell L. Bock, *Luke: Volume 1: 1:1-9:50*, Baker Exegetical Commentary on the New Testament (Grand Rapids: Baker Books, 1994), 924-30.

누가의 중요 주제인 '기도'와 관련된 구절들에서도 나타나고 있다.18:8; 21:36 이처럼 누가복음에서 인자는 일반적으로 다른 복음서들에서와 같은 의미로 사용되지만 누가의 특징적인 주제인 '구원'이나 '기도'와 연관되어 독특하게 나타나기도 한다.

일곱째, 예수께서는 하나님의 권위를 지니신 분으로 나타난다. 공생애 초기에 예수께서는 가버나움에서 가르치시는데 사람들은 그 말씀이 '권위'가 있어서 놀랐다고 화자는 전한다.4:32 바로 이어지는 사건에서 예수께서는 귀신을 쫓아내며 사람들은 그 '권위와 능력'에 놀란다.4:36 중풍병자를 고치실 때는 자신이 땅에서 죄를 사하는 권세권위, ἐξουσία가 있음을 분명히 알리심으로써 자신이 하나님의 권위를 가지셨음을 선언하신다.5:24 중풍병자는 고침을 받고 하나님을 영화롭게 하며5:25 사람들도 역시 이를 보고 놀라며 하나님을 영화롭게 하는데,5:26 이는 모두 예수가 하신 일을 하나님의 일로 이해했음을 보여준다. 예수께서 예루살렘에 가셔서 성전에서 가르치시며 복음을 선포하실 때에 대제사장들과 서기관들이 장로들과 함께 예수께 와서 무슨 권위로 성전에서 가르치는지를 묻는데, 자신의 하나님적인 권위를 간접적으로 인정하신다.20:1~8 나인Nain에서 과부의 외아들을 예수께서 살리시자 사람들은 하나님을 영화롭게 하며 이 일을 근본적으로 하나님의 일로 선언한다.7:16 그 외에 예수께 고침을 받은 사람들도 하나님을 영화롭게 한다.13:13; 17:15; 18:43 예수의 예루살렘 입성 때와,19:38 예수께서 십자가에 돌아가실 때에 백부장은 하나님을 영화롭게 한다.23:47 화자는 이처럼 전체적으로 삶과 죽으심을 모두 하나님을 영화롭게 하는 사건이라고 해설하며 그러한 시각으로 이러한 사건들을 보도록 독자를 이끌어 간다. 이처럼 예수의 사역은 곧 하나님이 임재 하시는 하나님의 행위가 되며 예수는 하나님의 권위를 가지고 행사하시는 분이 된다.

여덟째, 화자는 예수가 주로 '가르치시고' 4:15,31,32; 5:3,17; 6:6; 13:10,26; 19:47; 20:1; 21:37, '고치시고' 5:15,17; 6:7,18; 13:14; 14:3; 18:43, 귀신을 '내어 쫓고' 4:35,41; 6:18; 8:35; 9:42; 11:14 복음을 '선포' 하셨다고4:44; 8:1; 9:6; 20:1 요약

해 주고 있다. 이 중 특히 가르치신 일은 예수의 사역 중 가장 중요한 부분을 차지하는 것으로 보이는데, 누가복음 전체를 통해서 '가르치다' διδάσκω 라는 동사는 오직 예수께만 사용된다. 특히 예수께서는 예루살렘에 입성해서 성전에서 "날마다 가르치시니" 매일 계속해서 가르치고 계셨다, ἦν διδάσκων τὸ καθ' ἡμέραν라고 언급되는데19:47 이러한 언급은 누가복음에만 나타난다20:1 참조.16) 누가는 다른 복음서들에 없는 많은 비유를 예수께서 가르치셨음을 전하고 있는데, 이처럼 예수께서는 이야기 서술자storyteller로서 가르치는 분으로 나타나기도 한다. 사람들은 종종 예수를 '선생' διδάσκαλος으로 부르지만7:40; 8:49; 9:38; 10:25; 11:45; 12:13; 18:18; 20:21,28,39 제자들은 단 한 번도 예수를 그렇게 부르지 않는다.17) 예수께서는 스스로 제자들의 선생임을 말씀하신다.22:11 예수는 단순한 선생이라기보다는 하나님의 권세를 가진 선생으로 나타난다.4:32

다른 복음서들에서처럼 누가복음에서도 예수에 대한 호칭이나 예수상은 단순히 그 자체의 의미가 있는데 머물지 않고 제자도로 연결되기도 한다. 예수의 시험에서 하나님의 아들 됨은 곧 하나님께 전적으로 순종함을 의미한다. 예수께서는 "너희는 나를 불러 주여 주여 하면서도 어찌하여 내가 말하는 것을 행하지 아니하느냐"라고 말씀하심으로써, 예수를 '주'로 고백한다는 것은 곧 그를 주인으로 삼아 주인의 말대로 행동하는 것임을 교훈하신다.6:46 베드로가 유일하게 고백한 '그리스도'라는 칭호는 고난과 죽음 없이는 의미가 없으며, 그리스도를 따르는 제자들은 그리스도와 마찬가지로 고난의 길을 걸어야 한다는 것을 의미하고 있다.9:22~27 특히 누가는 베드로의 고백 후에 베드로에 대한 칭찬, 베드로의 잘못, 예수의 책망들을 모두 생략하고 바로 예수의 고난과 제자도의 교훈을 이어서 전하고 있다. 이

---

16) 마태복음은 병행구절에서 "맹인과 저는 자들이 성전에서 예수께 나아오매 고쳐 주시니"라고 서술함으로써 치유하시는 예수를 나타내 주고 있다(21:14).
17) 21장 7절의 병행본문에서 마가와 마태는 제자들이 예수께 질문한 것으로 말하고 있지만 누가는 예수를 '선생님'이라고 부르며 질문하는 자들이 제자들임을 명시하지 않고 있다. James M. Dawsey, The Lukan Voice, 5-6은 '선생'이란 용어가 누가복음에서 특히 예수에 대해 분명치 않은 견해를 가진 사람들이 예수를 부르는 호칭이었음을 주목한다.

처럼 누가에 있어서도 예수상은 곧 그러한 예수를 고백하는 그리스도인들이 어떤 삶을 살아야 하는지를 보여주며 그렇게 살도록 요구하고 있다고 볼 수 있다. 또한, 예수는 누가복음에서 특히 성령에 의해 인도되시는 분이며, 기도하는 분으로 나타나기도 한다.

하나님의 왕권통치. 누가복음에서 하나님의 통치(왕국, 나라)에 대한 언급이 자주 나타나고 있지만 다른 복음서들에서와 마찬가지로 이 용어는 명백히 정의되고 있지 않다. 예수가 태어나기 전부터 그는 다윗 가문의 왕으로 영원히 통치하실 것이라고 예언된다.1:32~33 마가복음이나 마태복음에서는 세(침)례자 요한과 예수가 오셔서 하신 첫 번째 선포가 하나님의 통치가 가까웠다는 것이지만, 누가복음에서 요한과 예수는 임박한 하나님의 통치를 먼저 전하지 않는다. 예수께서는 사역 초기에 한 곳에 머물기를 요청하는 무리에게 "내가 다른 동네들에서도 하나님의 나라 복음을 전하여야 하리니 나는 이 일을 위해 보내심을 받았노라"라고 말씀하신다.4:43; 막1:38 참조 하나님의 통치에 대해 여러 곳에 다니시며 복음 전도하는 것은 자신이 반드시δεῖ 해야 하는 일로서 하나님께서 이 일을 위해 자신을 보내셨다는 것이다.18) 누가는 예수께서 유대의 여러 회당에서 계속 선포하고 계셨다고 전한다.4:44 화자는 그 후에도 예수가 다니시며 하나님 통치를 선포하셨다고 예수의 사역을 요약 설명해 준다.8:1 이처럼 하나님의 통치 예수의 처음 선포 때부터 언급되지는 않지만, 하나님 통치의 선포는 예수가 보내심을 받은 중요한 목적으로 나타난다.

눅8:15	마13:23	막4:20
15 좋은 땅에 있다는 것은 착하고 좋은 마음으로 말씀을 듣고 지키어 인내로 결실하는 자니라	23 좋은 땅에 뿌려졌다는 것은 말씀을 듣고 깨닫는 자니 결실하여 어떤 것은 백 배, 어떤 것은 육십 배, 어떤 것은 삼십 배가 되느니라 하시더라	20 좋은 땅에 뿌려졌다는 것은 곧 말씀을 듣고 받아 삼십 배나 육십 배나 백 배의 결실을 하는 자니라

예수께서는 열두 사도를 세우시고 나서 그들에게 평지설교를 해 주시는데, 그 설교의 처음에 그들이 복되다고 선언하신다. 원어의 어순과 의미를 따라 번역한다면, "복되도다! 가난한 자들이여, 왜냐하면 그 하나님의 통치가 지금 너희들 것이기$\dot{\varepsilon}\sigma\tau\acute{\iota}\nu$, 현재 동사 때문이다"라고 번역할 수 있다.6:20 하나님의 통치는 모든 것을 버리고 예수를 따른 제자들에게 **지금 현존하는** 것으로 선언된다. 예수께서는 제자들에게 하나님 통치의 비밀을 비유로 가르쳐 주시는데, 하나님 통치는 하나님의 말씀을 개인이 착하고 선한 마음으로 듣고 받아들임으로써 시작하며, 배반하지 않고 이생의 염려와 재물과 향락의 방해를 극복하고, 말씀을 굳게 잡고$\kappa\alpha\tau\acute{\varepsilon}\chi o \upsilon \sigma \iota \nu$, 인내로 결실하는 것임이 누가복음에서 강조된다.8:11~15 예수께서는 열두 제자를 파송하셔서 하나님 통치를 선포하도록 하시는데, 병을 고치거나 귀신을 내어 쫓는 사역이 함께 언급된다.9:1~2 하나님의 통치의 선포는 단순히 말로 선포하는 것에 국한되는 것이라고 할 수 없으며, 귀신을 내어 쫓거나 병을 고치는 일도 하나님 통치 선포의 일부라고 할 수 있다. 화자는 파송된 제자들이 마을을 두루 다니며 복음전도하며 고쳤다고 해설하며,9:6 예수께서도 하나님 통치의 일을 말씀하시며 고치셨다고 화자는 전한다.9:11 예수께서는 자신을 따르겠다는 사람들에게 하나님 통치 선포의 긴급성을 강조하시는데 자신을 따르는 일과 하나님 통치를 전파하는 일을 같은 의미로 말씀하시는 것으로 보인다.9:59~62 예수께서는 70인을 파송하시면서 그들에게는 하나님의 통치가 가까이 왔다고 선포하도록 하신다.10:9~10 예수께서는 제자들에게 주기도를 가르치시는데, 여기에는 "나라가 임하옵시며"(당신의 그 통치가 오게 하소서, $\dot{\varepsilon}\lambda\theta\acute{\varepsilon}\tau\omega\ \dot{\eta}\ \beta\alpha\sigma\iota\lambda\varepsilon\acute{\iota}\alpha\ \sigma o \upsilon$)라는 기도도 포함된다.11:2 하나님의 통치는 사탄의 통치와 반대되는 것으로 나타나는데, 따라서 귀신이 쫓겨나가는 것은 곧 하나님의 통치가 이미 임했다는 증거가 된다.11:18,20 마태복음에서와 마찬가지로 제자들은 기본적인 음식이나 의복을 찾기보다

---

18) '복음 전도(전파)하다'라는 의미의 단어 $\varepsilon\dot{\upsilon}\alpha\gamma\gamma\varepsilon\lambda\acute{\iota}\zeta\omega$는 누가복음에 10회 사용되는 누가복음의 특징적인 단어라고 할 수 있다(1:19; 2:10; 3:18; 4:18, 43; 7:22; 8:1; 9:6; 16:16; 20:1). 다른 복음서들에서는 마태복음에서만 단 1회 사용될 뿐이다(마 11:5).

는 하나님의 통치를 애써 찾도록 요구되는데, 예수께서는 하나님은 그 통치를 사람들에게 주시기를 기뻐하신다고 말씀하신다. 12:31~32 하나님의 통치는 겨자씨나 누룩과 같아서 현재의 미미한 모습으로 미래의 확장된 모습을 상상하기 어려우며, 단번에 임하는 것이 아니라 시작과 진행이 있는 것으로 묘사된다. 13:18~21

예수께서는 좁은 문으로 들어가기를 힘쓰라고 교훈하시며, 그렇지 않은 자들은 하나님 통치의 잔치에 참여하지 못할 것을 선언하신다. 13:24~29 즉, 그것은 애써서 노력하는 자들이 참여하게 될 것이다. 이 교훈에서 구원받는 것과 하나님의 통치는 같은 의미로 나타나며, 13:23,29 그것은 미래적이며 종말론적 의미로 나타나고 있다. 13:28 예수께서는 하나님 통치의 시기에 관한 바리새인들의 질문에 그것은 가시적인 것이 아니므로 그 장소를 말할 수도 없고, 오히려 그것은 "너희 안에 있느니라"$\dot{\epsilon}\nu\tau\grave{o}\varsigma$ $\dot{v}\mu\hat{\omega}\nu$ $\dot{\epsilon}\sigma\tau\iota\nu$라고 말씀하신다. 17:20~21 사람들 가운데 있어서 사람들이 경험하고 참여할 수 있는 상태에 있는 것이라는 의미로 보이며,[19] 그들 가운데 현재 계신 예수 안에 하나님의 통치가 있어서 결국 그것은 예수와 함께 있는 그들 가운데 있다는 의미로 이해할 수도 있다.[20] 예수께서는 하나님의 통치는 그것을 어린아이처럼 받아들이는 자들이나 소유를 포기하는 자들이 그것에 참여할 수 있는 것으로 말씀하신다. 18:17,24~25,29 종말적인 하나님의 통치는 임박한 것으로 나타나지 않으며 미래에 있을 것으로 나타난다. 19:12; 21:31 예수께서는 마지막 만찬 때에 하나님께서 자신에게 왕권통치를 주신 것처럼 자신도 제자들에게 왕권통치를 주신다고 하시며 자신의 왕권통치 때에 제자들이 열두 지파를 심판할 것이라고 말씀하신다. 22:29~30 여기서 예수께서는 '내 왕권통치' $\dot{\epsilon}\nu$ $\tau\hat{\eta}$ $\beta\alpha\sigma\iota\lambda\epsilon\acute{\iota}\alpha$ μou, 22:30라는 표현을 사용하시는데, 처음 세 복음서에서 예수께서 자신의 왕권통치를 언급하는 것은 누가복음의 이 구절뿐

---

19) 하지만 John Nolland, *Luke 9:21-18:34*, Word Biblical Commentary (Dallas: Word Books, 1993), 853-4는 이어지는 종말에 관한 말씀을 근거로(17:22-24), 이것을 미래적으로 해석하여 미래에 오게 될 하나님의 통치는 너희들 가운데 임할 것이라는 의미로 이해한다.
20) Darrell L. Bock, *Luke* (Dowers Grove: InterVarsity Press, 1994), 288.

이다.21) 십자가에 달린 한 강도는 예수께 '당신의 나라(왕권통치)' 에 ϵἰς τὴν βασιλείαν σου 임하실(들어갈) 때에 자신을 기억해 달라고 부탁한다. 23:42 이처럼 누가는 하나님의 왕권통치뿐만 아니라 미래에 있을 예수의 왕권통치를 강조하고 있다고 볼 수 있다.22)

이처럼 누가복음에서 나타나는 하나님의 통치는 근본적으로 앞선 두 복음서의 그것과 유사하다고 할 수 있다. 첫째, 하나님의 통치는 예수와 함께 이 땅에서 시작되었는데 특히 예수께서 귀신을 쫓아내신 일은 하나님의 통치가 시작되었다는 것을 확인시켜 준다. 둘째, 개인적으로 하나님 통치에 참여하는 것은 하나님의 말씀을 착하고 좋은 마음으로 받아들이는 것으로 시작된다. 이처럼 하나님의 통치는 우선 사람들에 대한 하나님의 왕권통치로서 가시적이거나 어느 장소에 있는 것으로 제시되지 않는다. 그것은 현재 사람들이 경험할 수 있다. 셋째, 이러한 하나님의 통치에 들어가는 조건으로는 어린 아이처럼 받아들이는 것, 힘써서 좁은 문으로 들어가는 것, 소유의 전적인 포기가 제시된다. 넷째, 하나님의 통치는 배반하지 않고 이생의 염려와 재물과 향락의 방해를 극복하고 말씀을 굳게 잡고 인내하며 계속 진행할 때에 결실한다. 특히 '말씀을 굳게 잡고 인내하는 것'은 누가복음에서 독특하게 강조된다. 이처럼 하나님의 통치는 시작과 과정 그리고 결말이 있다. 즉, 하나님의 통치는 단번에 임하는 것이 아니다. 다섯째, 현재의 열악하거나 미약한 상황은 하나님의 통치의 미래를 평가할 수 있는 요소가 될 수 없다. 여섯째, 하나님 통치의 우주적 결말은 미래에 인자의 재림 때에 있을 것이다. 이때 하나님의 통치는 곧 예수의 통치이기도 하다. 전체적으로 볼 때, 누가복음에서는 예수께서 하나님의 통치가 가시적이거나 어느 장소에 있는 것이 아닌 사람들 가운데 있는 것으로 말씀하셨다는 것이 독특하다.

---

21) 요한복음에서는 예수께서 이 표현을 한 구절에서 세 번 사용하신다(요 18:36).
22) 마태복음에서는 '인자(人子)'의 왕권통치(왕국)에 대한 언급이 두 번 나타나며(마 13:42; 16:28) 세베대의 아들의 어머니가 예수께 와서 자신의 아들들을 위해 지위를 요청하며 예수께 '당신의 왕권통치'라는 언급을 하기도 한다(마 20:21).

비천한 자들. 누가가 특별히 비천한 자들에게 관심을 보이고 있다는 것은 잘 알려졌으며 이는 누가복음 전체에서 잘 드러나고 있다. 누가복음에서 비천한 자들에게 관심을 보이는 구절들은 대부분 누가복음에만 기록되어 있거나 누가복음에 독특하게 표현된 것들로서 누가복음의 특징과 강조를 잘 나타내 준다. 누가복음의 처음은 요한의 탄생에 관한 이야기로 시작하는데, 요한의 부모에 대해서 화자는 "엘리사벳이 잉태를 못하므로 그들에게 자식이 없고 두 사람의 나이가 많더라"1:7라고 서술하고 있다. 이들은 신분으로는 비천하지 않지만, 이들의 상황은 비천한 것이었다고 할 수 있다. 요한은 이처럼 젊고 건강한 부모에게서 태어나지 않고, 늙고 아이를 못 낳는 어머니에게서 태어나게 되는데, 누가는 이처럼 처음부터 비천한 자들에게 관심을 보이시고 은혜를 베푸시는 하나님의 모습을 보여준다.

예수의 탄생 예고도 이와 유사하다. 마리아는 갈릴리 나사렛, 즉, 변두리에 사는 처녀로서 천사가 예수의 잉태를 예고했을 때에 그녀는 "내 마음이 하나님 내 구주를 기뻐하였음은 그의 여종의 비천함을 돌보셨음이라 보라 이제 후로는 만세에 나를 복이 있다 일컬으리로다"1:47~48라고 찬양한다. 이처럼 하나님은 비천함을 돌보시며 비천한 자를 복된 자로 만드시는 분으로 나타난다. 마리아는 계속해서 '비천한 자'를 높이시며 '주리는 자'를 배불리시는 하나님을 찬양한다.1:52~53 예수께서는 태어나셨을 때에 여관에 있을 곳이 없어서 구유에 눕혀진다.2:7 이는 하나님의 아들의 탄생 장면이라고 볼 수 없을 정도로 비천한 광경이라고 할 수 있다. 누가는 예수께서는 비천한 자를 돌보실 분으로서 자신도 비천하게 탄생했음을 보여주고 있다. 마태복음에서는 예수 탄생 소식을 동방 점성가들이 먼저 알고 찾아옴으로써 그들의 적극적인 믿음이 강조된다. 누가복음에서는 전혀 준비되어 있지 않은 것으로 보이는 양치기들에게 천사가 나타나 그들에게 예수의 탄생 소식을 전한다. 즉, 여기서는 하나님이 적극적으로 그들을 찾아가 좋은 소식을 전해 주심으로서 하나님이 먼저 비천한 사람들에게 찾아가셔서 은혜를 베푸시는 것이 강조된다. 이 양치기들은 '밤'에 '밖에서' 계속 양떼를 지키고 있었다고 언급되는데,2:8 이들의 삶의 비천함이 드러나고 있다.[23] 양치기라는 직업 자체도 비천한 것인데, 그들은 밤에도 자지 못하고 밖에서 계속 양떼를 지켜야 하는 상황에 있었다. 천사는 바로 이러한 비천한 자들에게 가장 먼저 '온 백성에게 미칠 큰 기쁨의 좋은 소식'을 전한다.2:10 모든 백성에게 큰 기쁨이 될 좋은 소식을 최초로 듣는 은혜를 받는 수혜자로서 여러 종류의 사람 중에 양치기들이 선택되었다는 것은 다소 충격적이다. 이처럼 비천한 자들은 예수 탄생의 최초의 수혜자로 나타난다. 이들은 아기 예수를 찾아가 보고 천사들의 말을 전하지만, 마태의 이야기에서 동방 점성가들처럼 예물을 드리거나 예수를 경배했다고는 언급되지 않는다.2:16~18 예수의 탄생 후 아기를 드리는 정결 예식에서 드려지는 제물로 비둘기가 언급되고 있는데 이는 어린 양을 드릴 수 없는 가난한 사람들이 드리는 제물이었다.2:24; 레12:8 즉, 예수의 부모도 가난했다는 것을 보여주는 구절이다. 마태복음에서 탄생 이야기가 마태복음 전체를 보여주는 서론 역할을 하듯이, 누가복음의 탄생 이야기도 그렇다고 볼 수 있다. 이처럼 화자는 누가복음의 나머지 이야기를 자신 스스로도 비천하게 태어나셔서 비천한 사람들을 찾아 돌보시는 예수의 이야기로 읽도록 독자를 이끌어 준다. 비천하거나 소외당한 사람들의 종류는 다양한데, 누가복음에는 다음과 같은 여러 종류의 비천한 사람들이 중요하게 등장한다.

첫째, 누가복음은 가난한 자들에 대해 우선적인 관심을 보인다. 누가복음에서는 예수가 공생애를 시작하시면서 다른 복음서들에서처럼 임박한 하나님의 통치를 선포하시지 않고 독특하게 가난한 사람에게 복음전도 하도록 자신이 성령으로 기름 부음을 받았다고 말씀하신다.4:18 "주의 성령이 내게 임하셨으니 이는 가난한 자에게 복음을 전하게 하시려고 내게 기름을 부으시고…"라는 선언에서 가난한 자πτωχός는 누가복음의 용례에서 볼 때에 우선 실제로 가난한 자를 의미하는 것이라고 볼 수 있다. 이 구절은 이

---

[23] '밖에서'라고 번역된 ἀγραυλοῦντες는 사실상 '밖에서 살다'라는 의미로서 일시적으로 밖에 있는 것이 아닌 계속적으로 밖에서 살아야 하는 양치기들의 비천한 삶을 드러내 주고 있다.

사야로부터 인용한 것인데,^사61:1^ 이사야는 이 구절에서 가난한 자를 언급하는 데에 עֲנָוִים을 사용하고 있다. 이 히브리어 단어는 단순히 경제적으로 가난한 것만을 의미하지 않고 '고통받는', '겸손한', '온유한' 등의 여러 가지 의미를 지니고 있다. 구약에서 가난한 자는 종종 겸손히 하나님을 의지하는 경건한 자로 나타난다.^삼하2:5; 욥5:11; 12:19; 시103:11,13,17; 107:9^ 고통받는 가난한 자는 전적으로 하나님만 의지하고 그의 도움을 구하는 자들이며, 따라서 겸손하고 온유한 자들이다. 누가복음에서 가난한 자는 실제로 경제적으로 가난한 자를 먼저 의미하지만 그렇다고 해서 단순히 경제적으로 가난하다는 이유만으로 그들이 하나님의 은혜의 대상이 된다고는 볼 수 없다. 따라서 구약적인 의미를 따라 누가복음의 가난한 자는 실제로 가난한 자를 의미하기도 하지만 고통받는 자로서 힘이 없어 겸손히 그리고 전적으로 하나님을 의지하는 자를 모두 의미한다고 할 수 있다. 이렇게 볼 때에 가난한 자는 당시에 가난하거나 고통받거나 소외되거나 비천한 상황에서 겸손히 하나님을 찾는 모든 자를 포괄하는 개념이라고 볼 수 있다. 가난한 자들에게 복음전파 하는 것은 예수가 이 땅에서 하시도록 부여받은 첫 번째 사명이다. 그들은 하나님과 예수의 은혜의 첫 번째 대상이다.

예수께서는 제자들을 부르시고 그들이 복되다고 선언하시는데, 그 처음은 "너희 가난한 자는 복이 있나니 하나님의 나라가 너희 것임이요"^6:20^라는 선언이다. 가장 먼저 가난한 자가 복되다고 선언되는데, 여기서 예수께서는 하나님의 통치가 '너희 것'이라고 말씀하심으로써 제자들을 가난한 자로 언급하신다. 누가복음에서 제자들은 예수께서 부르실 때에 '모든 것을 버리고' 예수를 따른 자들로 묘사되고 있다.^5:11,28^ 처음부터 재산과 생업과 부모를 모두 버리고 예수를 따른 제자들은 사실상 전적으로 예수께 의존해서 그를 따르며 사는 자들이다. 이처럼 예수를 선택해서 모든 것을 포기함으로써 가난해진 제자들은 복되다고 선언된다. '왜냐하면' ὅτι 하나님의 통치가 지금 그들의 것이기 때문이다.^6:20^ 그들이 모든 것을 버리고 예수를 선택해서 따를 수 있었다는 것은 하나님이 실제로 그들을 통치하시기 때문에 가능한 것이었을 수 있다. 또는 그들이 모든 것을 버리고 예수를 선택해서 따를 수 있었으므로 그들에게 하나님의 통치가 시작되었을 수 있다. 어쨌든 그 하나님의 통치가 현재 ἐστιν, 현재 동사 '너희 것' ἱμετέρα이라고 예수께서는 선언하신다. 이처럼 가난한 자들은 가장 먼저 하나님의 통치를 소유하는 자들로 선언된다.

눅14:21	마22:8~9
21 종이 돌아와 주인에게 그대로 고하니 이에 집 주인이 노하여 그 종에게 이르되 빨리 시내의 거리와 골목으로 나가서 가난한 자들과 몸 불편한 자들과 맹인들과 저는 자들을 데려오라 하니라	8 이에 종들에게 이르되 혼인 잔치는 준비되었으나 청한 사람들은 합당하지 아니하니 9 네거리 길에 가서 사람을 만나는 대로 혼인 잔치에 청하여 오라 한대

예수께서는 처음부터 자신이 성령으로 기름 부음 받은 것은 가난한 자들을 복음 전도하려는 것이라고 선언했던 것처럼,4:18 요한의 제자들이 예수가 오실 그분인지 질문하자 병 고침과 함께 '가난한 자들에 대한 복음전도'를 자신이 메시아 되심의 증거로 제시하신다.7:22 이처럼 가난한 자들에 대한 관심은 예수의 그리스도 되심의 핵심적 요소가 된다. 예수께서는 사람들에게 잔치를 베풀 때에 형제나 친척이나 부한 이웃을 청하지 말고 "가난한 자들과 몸 불편한 자들과 저는 자들과 맹인들을 청하라"14:12~13라고 교훈하신다. 이 교훈은 누가복음에만 있는 것으로, 그러한 사람들은 의인들의 부활 때에 하나님으로부터 보상을 받을 것이기 때문에 복될 것이라고 예수께서는 말씀하신다.14:14 현재에 갚을 것이 없는 사람들을 초대하고 환대하라는 교훈이다. 이어지는 큰 잔치의 비유에서 처음 초대를 받은 사람들이 여러 가지 이유로 거절하자 주인은 나가서 "가난한 자들과 몸 불편한 자들과 맹인들과 저는 자들을 데려오라"14:16~21라고 한다. 결국, 잔치는 그들의 잔치가 된다. 가난한 자들과 몸이 불편한 자들은 예수가 전하시는 하나님 통치를 받아들이기 때문에 결국 하나님 통치의 종국적인 잔치 자리는 그들의 차지가 될 것이며, 그것을 거부하는 사람들은 그것에 참여하지 못

할 것이라는 교훈이다. 이처럼 가난한 자들은 하나님의 통치에 열려 있고 그것을 받아들일 준비가 되어 있으며 하나님의 도움을 바라는 자들이라고 할 수 있다. 단순한 소유 포기가 아닌 소유를 가난한 자들에게 나눠 주는 일은 누가복음에서 영생이나 구원을 얻는 데 있어서 중요한 요소로 나타나기도 한다.18:22; 19:8 가난한 과부는 동전 두 개를 헌금으로 드렸지만 모든 것을 드리는 그 마음을 예수께서 칭찬하신다.21:4 이 가난한 과부는 자신의 가진 것을 '모두' πάντα 하나님께 드린 여자로서 하나님 앞에서 자신의 모든 소유를 포기한 사람으로 나타난다. 이처럼 누가복음에서 가난한 자는 우선적인 복음전도의 수혜자이며, 가장 우선으로 복된 자로 선언되며, 하나님 통치를 소유하는 자로 나타나며, 하나님께 모든 것을 드릴 수 있는 자이다. 이처럼 가난한 자는 하나님 통치의 우선적 수혜자이며 소유자로 나타난다.

둘째, 세리와 죄인도 은혜의 수혜자이며 모범적인 인물들로 나타난다. 용어 사용의 빈도로 볼 때에 누가복음은 복음서 중 '세리' 나 '죄인' 이라는 단어를 가장 많이 사용한다. 세리는 물질적으로는 풍부할 수 있었겠지만, 사회적으로는 당시에 경멸받았던 비천한 계층이라고 할 수 있다. 복음서에서 세리들은 종종 '죄인' 이나눅5:30; 7:34 '창녀' 들과 함께 언급되며,마 21:31~32 경멸의 표현으로 사용되기도 한다.마5:46 예수께서는 레위를 제자로 부르시는데 누가복음만 그를 '세리' 라고 밝힌다.5:27 24) 당시의 세리에 대한 부정적 인식으로 볼 때에 세리를 제자로 부른 그 자체가 놀라운 일이라고 할 수 있다. 일반적으로 유대인들은 세리나 죄인처럼 경멸받던 사람들과 함께 하거나 교류하는 것을 꺼렸다. 예수께서는 세리인 레위를 제자로 부르시고 그의 집에서 다른 세리들과 다른 사람들과 함께 잔치에 참여하시는데, 바리새인과 서기관들은 예수의 제자들이 그들과 함께 식사하는 것을 불평한다.5:29~30 당시에 어떤 사람들과 함께 식사한다는 것은 곧 그들과 동류同類가 되는 것을 의미했다. 예수께서는 그들의 불평에 대해 "내

---

24) 마가와 마태는 단지 그가 세관에 앉아 있었다고만 기록하고 있다(막 2:14; 마 9:9).

가 의인을 부르러 온 것이 아니요 죄인을 불러 회개시키러 왔노라"5:32라고 답변하신다. 여기서 세리는 죄인과 같은 부류로 언급된다. 예수의 우선적 관심은 죄인을 회개시키는 것이며, 따라서 그들은 예수 사역의 우선적 관심의 대상이 된다.

예수께서는 계속 세리나 죄인들과 접촉했음이 분명하므로 그는 '세리와 죄인의 친구'라는 비방을 듣는다.7:34 그럼에도, 예수께서는 죄를 지은 여자가 자신에게 향유 붓는 것을 허락하심으로 다시 불평을 듣기도 한다.7:37~39 이 여자의 많은 죄가 용서되었다고 선언되며 예수를 많이 사랑한 여자로 인정된다.7:47 세리들과 죄인들도 예수께 말씀을 들으러 나오는데 바리새인들과 서기관들은 이에 대해 또 불평한다.15:1~2 예수께서는 '찾은 자의 기쁨'이라는 같은 주제의 비유 세 가지를 그들에게 답변으로 말씀하신다.15:3~32 복음서들에서 예수께서 같은 주제의 세 가지 비유를 연속해서 말씀하신 유일한 경우다. 누가복음에만 나타나며 세 번이나 그 주제가 반복되어 강조되고 있는 이 비유들은 누가복음의 정신을 가장 잘 나타내 주는 중심적인 비유들로 알려졌다. 세 비유 모두 잃었다가 찾은 자의 기쁨을 잘 보여주고 있는데, 처음 두 비유는 모두 '죄인 한 사람이 회개하면 하늘에서는 기쁨이 된다'는 같은 결론으로 끝난다.15:7,10 사실상 이 결론은 세 번째 비유의 결론이기도 하다. 세 번째 비유도 방탕한 아들이 돌아온 것에 대해 함께 '즐거워하고 기뻐하는 것이 마땅하다'는 결론으로 끝난다.15:32 흔히 '탕자의 비유'로 알려진 이 비유의 중점은 방탕한 아들이 어떻게 방탕한 생활에서 돌아오게 되었는가 하는 것에 있지 않으며, 탕자는 이 이야기의 주인공이라고 할 수도 없다. 이 이야기에서 실제 문제는 그 아들이 돌아왔을 때에 발생한다. 탕자는 돌아오고 아버지는 크게 기뻐하지만, 맏아들은 그 일을 못마땅해하며 불평하는 것이 문제다. 아버지는 맏아들에게 "이 네 동생은 죽었다가 살아났으며 내가 잃었다가 얻었기로 우리가 즐거워하고 기뻐하는 것이 마땅하다"15:32고 말한다. 이 비유에서 탕자는 세리와 죄인을, 아버지는 하나님을 대신하는 예수를, 그리고 불평하는 맏아들은 세리와 죄인들이 예수께 나오는 것을 불평하는 바리새인과 서기관을 가리키는 것이 분명하다.15:1~2 참조 잃은 자가 돌아오는 것은 하나님의 기쁨이기 때문에 우리가 함께 즐거워하고 기뻐하는 것이 마땅한 것이며, 따라서 불평할 일이 아니라고 예수께서는 말씀하는 것이다. 즉, 예수께서 세리들과 죄인들을 환영하는 것은 당연하며 함께 기뻐해야 할 일이라는 것이다. 이처럼 잃어버린 자로 대표되는 세리나 죄인에 대한 관심은 하나님과 예수의 마음 중심에 있다.

사실상 회개하는 죄인은 하나님 앞에서는 의인으로 자처하는 자보다 의로운 자로 평가된다. 예수께서는 비유를 통해서 자신을 의롭다고 생각하며 감사 기도를 드리는 바리새인보다는 자신을 죄인이라고 생각하며 통회의 기도를 드리는 세리를 하나님이 의롭다고 선언하셨다고 가르치신다.18:9~14 세리들이나 죄인들은 그 자체로 잃어버린 자들로서 사랑과 관심의 대상이지만, 또한 그들은 하나님과 사람 앞에서 자신을 스스로 죄인으로 인정하며 회개할 수 있는 자들이기 때문에 의롭다는 평가를 받기도 한다. 돈을 좋아하는 바리새인들과는 달리16:14 세리장이었던 삭개오는 예수를 만나자 자신의 소유의 절반을 가난한 자들에게 주겠다고 하며 속여 빼앗은 것은 네 배를 갚겠다고 선언함으로써 '구원받은 자'가 되며 당당히 '아브라함의 자손'으로 선언된다.19:8~9 '구원'을 의미하는 $\sigma\omega\tau\eta\rho\iota\alpha$라는 명사는 누가복음에서 4회 사용되고 있는데1:69,71,77; 19:9 여기서 유일하게 예수가 아닌 다른 인물에게 사용되었다.19:9 삭개오는 자신의 모든 소유를 포기한 자로서 예수를 따르는 참 제자도를 구현하고 있다고 할 수 있다.14:33 참조 세(침)례자 요한이 회개에 합당한 열매에 대해 가르친 그 가르침으로 볼 때,3:8~14 삭개오는 회개의 열매를 보인 것이 분명하다. 그는 실제로 회개한 자로서 죄 사함을 받았을 것이며 따라서 구원을 얻은 자라고 할 수 있다.[25] 예수께서는 분명하게 "인자가 온 것은 잃어버린 자를 찾아

---

[25] 누가복음 1장 77절은 구원($\sigma\omega\tau\eta\rho\iota\alpha$)을 죄 사함에 의해서 알게 된다고 언급하고 있는데, 삭개오에게 구원이 이르렀다는 선언은 곧 그가 죄 사함을 받았다는 것을 의미한다고 볼 수 있다.

구원하려 함이니라"19:10고 말씀하신다. 바리새인과 세리의 기도에 대한 말씀이나18:9~14 삭개오 이야기는19:8~10 모두 누가복음에만 기록되어 있는 것으로서 누가복음의 특징을 잘 나타내 주고 있다. 이처럼 세리와 죄인은 예수께서 찾아서 불러 회개시켜야 할 우선적 대상으로 나타나며, 예수를 더 많이 사랑하는 사람으로 나타나며(죄지은 여자), 예수 앞에서 자신의 모든 소유를 포기할 수 있는 자로 나타나며(삭개오), 죄 사함과 구원을 받은 자로 나타난다. 이들은 하나님의 우선적인 은혜의 대상일 뿐만 아니라 제자도를 실천하는 모범이기도 하다.

남자 이야기	여자 이야기
사가랴에게 요한의 탄생을 예고(1:11-20)	마리아에게 예수의 탄생을 예고(1:26-38)
시므온의 찬양(2:25-35)	안나의 감사(2:36-38)
나아만에게 엘리사가 보내짐(4:27)	사렙다 과부에게 엘리야가 보내짐(4:25-26)
백부장의 종을 고치심(7:2-10)	나인성 과부의 아들을 살리심(7:11-16)
야이로의 딸을 고치심(8:41-55)	혈루증 앓는 여자가 고침을 받음(8:41-55)
율법교사의 질문에 답하심(10:25-37)	마르다의 요청에 대답하심(10:38-42)
니느웨 사람(남자)들의 예(11:30)	남방 여왕의 예(11:31)
겨자씨를 심은 남자의 비유(13:18-19)	누룩을 넣은 여자의 비유(13:20-21)
안식일에 수종병 든 남자를 고치심(14:1-4)	안식일에 꼬부라진 여자를 고치심(13:11-13)
양을 잃은 남자의 비유(15:2-7)	드라크마를 잃은 여자의 비유(15:8-10)
데려감을 당하는 남자(17:34)	데려감을 당하는 여자(17:35)
예수의 무덤에 온 베드로(24:12)	예수의 무덤에 온 여자들(24:1-5)

셋째, 여자들은 예수의 탄생과 사역에 중요한 역할을 한다. 잘 알려진 대로 당시의 여자들은 남자들에 비해 훨씬 열등하게 인식되었고 또한 그런 대우를 받았다. 누가복음에는 다른 복음서들에 비해 더 많은 여인의 이야기가 등장하며 그들이 예수의 사역에서 중요한 역할을 했음을 보여주고 있다. 누가복음은 특히 남자를 주인공으로 하는 이야기와 병행해서 여자를 주인공으로 하는 이야기를 함께 서술하고 있다. 이는 남자와 여자를 동등하게 제시하려는 것으로 보인다. 누가복음의 예수 탄생 이야기는 마태복음

의 그것과 여러 면에서 다른데 그 차이점 중 하나는 마리아의 비중과 역할이다. 마태복음의 탄생 이야기에서 마리아는 큰 비중이 없는 인물로 등장한다. 마태복음에서 천사는 언제나 요셉에게만 나타나 그에게 말씀하며 요셉은 하나님의 지시에 따라 모든 행동을 한다.1:20~25; 2:13~15,19~21 마태복음의 탄생 이야기에서 실제로 마리아의 대사는 한 마디도 없다. 마태복음에서 마리아는 처음에 이름만 언급되고 있을 뿐, 그녀의 말이나 행동에 대해서는 전혀 언급이 없다.26) 실제로 요셉도 한마디 말도 하지 않지만, 그는 천사의 지시에 항상 행동으로 순종하며 이야기의 주역으로 나타난다. 하지만, 누가복음에는 정반대라고 할 수 있는데, 누가복음에서 천사는 마리아에게 나타나며, 마리아는 하나님을 찬양하지만, 요셉은 한 마디의 대사도 하지 않으며 어떤 역할도 하지 않는다.1:26~38; 46~55 마태는 의로운 요셉이 예수의 탄생에서 중요한 역할을 한 것으로 제시하지만, 누가는 비천하지만, 하나님의 계획에 믿음으로 순종한 마리아가 중요한 역할을 한 것으로 제시한다.1:38,45,48 여선지자 안나는 성전에서 주야로 금식하며 기도하는 여인으로 나타나며 아기 예수에 대해 하나님께 감사하고 사람들에게 예수에 대해 말하는 자로 등장한다.2:36~38 이처럼 예수의 탄생에서 마리아는 결정적인 역할을 하며 다른 여자들도 아주 중요한 역할을 한다.

    누가는 또한 다른 복음서에는 나타나지 않는 '죄인인 여자'의 이야기를 전하고 있다.7:36~39 누가복음의 죄인에 대한 관심과 여자에 대한 관심이 동시에 반영되고 있다고 볼 수 있다. 이 여자는 자신의 물질을 드려서 예수를 사랑한 것으로 나타난다. 역시 누가복음만이 예수의 사역에 여자들이 동참하며 소유로 예수와 제자들을 섬겼다고 전하고 있다.8:1~3 여기서 예수와 열두 제자와 여자들이 함께 등장하는 것으로 볼 때에 이 여자들은 예수 사역에서 제자들만큼 중요한 역할을 하는 것으로 제시되고 있음이 분명하다. 세 복음서 중 누가복음만이 마리아와 마르다에 관한 이야기를 전하

---

26) 누가복음의 탄생 이야기와 마태복음의 탄생 이야기의 비교에 대해서는 본서 256-7쪽의 표를 참조하라.

고 있는데,10:38~42 마리아는 예수의 말씀을 열심히 듣는 모범으로 제시된다. 누가복음만 18년 동안 귀신들려 꼬부라진 여자를 예수께서 안식일에 회당에서 고치신 이야기를 전하는데, 예수께서는 그녀를 '아브라함의 딸'이라고 부르신다.13:11~16 27)

누가만이 예수가 십자가를 지고 가실 때에 "가슴을 치며 슬피 우는 여자의 큰 무리가"23:27 따라왔다고 전한다. 제자들도 예수를 따르지 못했지만, 여자들은 계속 예수를 따른다. 갈릴리부터 예수를 따랐던 여자들은 예수의 처형 장면에도 등장하며 예수가 돌아가신 후 향품과 향유를 준비하는데, 안식일이 되어 '계명을 따라' 쉬게 된다.23:56 여기서 여자들은 구약의 계명을 잘 준수하는 사람들로 제시되는데, 이처럼 여자들이 안식일을 지켰다는 언급은 누가복음에만 있다. 예수의 부활 후 이 여자들은 예수의 무덤에 가는데, 찬란한 옷을 입은 두 사람은 예수의 부활 소식을 전하고 갈릴리에 계실 때에 '너희에게' 어떻게 말씀하셨는지를 기억하라고 하며 예수가 생전에 자신의 죽음과 부활을 예고한 것을 말해준다.24:5~7 화자는 그 여자들이 예수의 말씀을 '기억해 내고' 돌아가서 전했다고 서술한다.24:5~8 사실상 우리는 누가복음에서 예수께서 자신의 죽으심과 고난을 갈릴리에서 여자들에게 말씀하셨다는 구절을 발견하지 못한다. 하지만, 이 이야기를 근거로 볼 때에 예수께서는 제자들에게와 마찬가지로 여자들에게도 자신의 고난 이야기를 해 주셨다는 것을 알 수 있다. 이처럼 이 여자들은 예수의 말씀에 근거해서 예수의 죽음과 부활을 가장 먼저 깨달은 자들로 나타나는데, 이 여자들의 말을 전해 들은 사도들은 오히려 이들의 말이 허탄한 듯이 들려 믿지 않았다고 화자는 전한다. 즉, 여기서 여자들은 사도들보다 더 믿음이 있는 사람들로 나타난다. 또한, 누가복음만이 여자들이 예수의 부활 소식을 제자들에게 전했음을 분명히 서술하고 있는데, 제자들은 오히려 그것을 믿으려고 하지 않고 있다.24:9~11 여자들이 계속해서 예수를 따르는

---

27) 신약성서 전체를 통해서 '아브라함의 딸' ($\theta υγατέρα\ ’Aβραάμ$)이라는 표현은 오직 이 구절에만 나타난다.

것, 예수의 장례를 준비한 것, 예수의 부활을 전한 것 등, 여자들은 제자들보다 훌륭한 신앙을 지닌 모습으로 나타나며 제자들과 대조가 된다. 누가는 다른 복음서들에 없는 여러 여자의 이야기를 통해서 그들이 예수 사역의 중요한 대상이었으며 예수 사역의 중요한 조력자였다는 것과, 그들의 순종, 믿음 등을 강조하고 있다.

여자 중 특히 과부의 역할은 다른 복음서들에 비해 두드러지게 나타난다. 과부는 고아와 함께 구약시대부터 대표적으로 권리를 보장받지 못하는 힘없는 자들로 인식되어 왔다. 출22:22; 신14:29; 24:19,20; 렘22:3; 슥7:10 누가는 여러 과부 이야기를 기록하고 있는데, 두 렙돈을 헌금한 가난한 과부 이야기가 마가복음에 기록되어 있을 뿐, 나머지 과부들은 모두 누가복음에만 나타난다.28) 여선지자 안나는 늙은 과부였지만 성전을 떠나지 않고 주야로 금식하며 기도한 여인으로 등장한다.2:36~37 예수께서는 고향 사람들은 예수를 배척하며 오히려 이방인이 자신을 받아들일 것을 사렙다 과부를 예로 들어 말씀하신다. 눅4:25~26 사렙다 과부는 신앙으로 하나님 은혜의 수혜자가 된 모범으로 제시되고 있다. 예수께서는 나인성의 과부를 불쌍히 여겨 σπλαγχνίζομαι 죽은 외아들을 살리신다.7:11~15 29) 예수께서는 낙망치 말고 주저하거나 부끄러워하지 말고 기도할 것을 말씀하시는데, 한 과부가 재판관에게 자신의 원한을 풀어 달라고 계속 요청하는 내용의 비유를 들어 교훈하신다.18:1~5 또한, 자신의 생활비 전부인 두 렙돈을 헌금으로 드린 과부가 칭찬을 받는다.21:3 이처럼 과부들은 믿음 있고, 예수의 자비로운 치유의 대상으로 나타나며, 하나님께 모든 드리는 삶을 보여주기도 한다.

넷째, 사마리아인은 경멸의 대상이 아니라 모범적인 인물로 나타난다. 유대인들은 사마리아인들과 상종하지 않고 그 지역으로 지나다니지도 않았지만, 예수께서는 예루살렘으로 가시는 길에 사마리아로 들어가신다. 사

---

28) '과부' 라는 단어는 복음서에서 마가복음에 3회 누가복음에 9회 나타난다.
29) '불쌍히 여기다' (σπλαγχνίζομαι)라는 단어는 누가복음에서는 선한 사마리아 사람이 강도를 만난 사람을 불쌍히 여겼다고 할 때와 돌아온 탕자를 만난 아버지가 그를 불쌍히 여겼다고 할 때 사용되고 있다.

마리아인이 예수와 제자들을 받아들이지 않자 야고보와 요한은 그들에게 불을 내려 멸하기를 예수께 제안하지만, 예수께서는 제자들을 꾸짖으신다.9:52~54 여기서 예수께서는 사마리아인들에 대해 적극적인 관심을 보이지는 않지만, 그들에 대해 호의적이다. 한 율법교사가 이웃에 대해 질문하며 예수께서는 이웃 사랑을 실천하는 참 이웃을 보여주는 비유를 말씀하심으로써 답변하신다.10:25~37 선한 사마리아인의 비유로 알려진 이 비유의 내용은 당시 독자들에게 있어서 충격적이었을 것이다. 강도 만난 사람을 제사장도 피해 가고 레위인도 피해 간 상황에서 비유 이야기에 사마리아인이 등장했을 때에 독자들은 그 강도 만난 사람은 아마도 더욱 비참한 최후를 맞이하게 될 것으로 기대했을 것이다. 하지만, 유대인과 적대적인 사마리아인이 놀랍게도 자신의 모든 소유와 시간을 드려서 최선을 다해 그를 구해 준다. 예수께서는 율법교사에게 누가 강도 만난 자의 이웃이 되었느냐고 다시 질문하신다. 그는 "자비를 베푼 자니이다"라고 대답하며,10:37 예수께서는 가서 너도 그 사마리아인이 한 것처럼 하라고 명하신다. 이처럼 이 비유에서 사마리아인은 자비를 베푼 참 이웃의 모범으로 등장한다. 예수께서 사마리아인을 모범적인 예로 들었다는 것만으로도 율법교사에게는 큰 충격이 되었을 것이다. 이처럼 이 비유에서 사마리아인은 모든 것을 드려서 사람을 구하는 자비로운 참 이웃으로 등장하며 유대인 제사장이나 레위인보다 더 훌륭한 이웃으로 제시된다. 예수께서 사마리아와 갈릴리로 지나갈 때에 열 명의 나병환자를 만나는데 예수께서는 그들에게 제사장들에게 가서 몸을 보이라고 하신다.17:11~14 그들은 모두 제사장들에게 가는 도중에 깨끗함을 받지만, 사마리아인 한 사람만 예수께 돌아와 엎드려 감사한다.17:15~16 이 사마리아인에게 예수께서는 "가라 네 믿음이 너를 구원하였느니라"고 선언하신다.17:19 여기서 사마리아인은 이방인으로서 믿음으로 구원받은 모범으로 나타난다. 이처럼 당시 유대인을 중심으로 볼 때에 천대와 적대를 받았던 사마리아인들이 누가복음에서는 모범적인 신앙과 행위를 지닌 자들로 나타난다.

가난한 자들로 대표될 수 있는 모든 비천한 자들은 누가복음에서 우선적인 하나님 은혜의 수혜자일 뿐만 아니라 모범적인 제자의 모델로 나타난다. 그들은 지금 하나님 통치에 참여하는 복된 자들이며, 예수를 누구보다 더 많이 사랑하며, 자신들의 소유를 드려서 예수의 사역을 돕고 하나님께 생활비 전부를 드리며, 끝까지 예수를 따르며, 부활의 증인이 되며, 시간과 소유를 바쳐 이웃을 돌보는 자비를 실천하는 자이며, 예수께 감사할 줄 아는 믿음을 가진 자들로서 모범적인 제자도를 실천하는 자들이다. 이처럼 비천한 자들은 누가복음 이야기에서 주변 인물들minor characters이 아닌 중심인물들main characters로 등장하고 있다고 볼 수 있다.

소유/재물. 앞서 살펴본 바와 같이 누가복음은 가난한 자들을 복음 선포의 우선적 대상자로 설정하고 있으며 그들은 먼저 복된 자들로 선언된다. 상대적으로 누가는 부자들에게 불행을 선언하기도 하며 일반적으로 부자들을 부정적으로 나타내고 있다. 마리아는 엘리사벳을 만난 후 하나님을 찬양하는데 그 내용 중에는 주리는 자를 좋은 것으로 배불리셨으며 "부자를 빈손으로 보내셨도다"1:53라는 언급이 나타난다. 평지설교에서 누가는 마태와는 달리 세 가지 지복至福 선언을 전한 후 또한 세 가지 화禍 선언을 전한다.6:20~26 화 또는 불행 선언의 첫 번째는 "화 있을진저 너희 부요한 자여 너희는 너희의 위로를 이미 받았도다"6:24라는 말씀이다. 다른 복음서들에는 나타나지 않는 부자에 대한 이러한 불행 선언을 그대로 받아들이기는 어렵다. 가난한 자가 단순히 가난하다는 이유만으로 복되다고 할 수 없는 것처럼, 부한 자도 단순히 부자라는 이유만으로 불행하다고 할 수 없다.

누가만이 전하는 어리석은 부자의 비유는 누가가 말한 부자의 문제가 무엇인지 잘 보여준다.12:16~21 우선 그에게는 탐심이 있었다.12:15 그의 탐욕은 부와 재산의 끝없는 축적을 가져왔고 다른 사람을 배려하지 않는 이기주의로 나타났음이 분명하다. 이 부자는 넓은 땅에서 농사를 지음으로써 주된 부를 획득했던 것으로 보이는데 그렇다면 여러 사람의 노동과 도움으로 부자가 되었을 것이다. 그는 많은 소출로 부요하게 되었을 때에 그러한 부를 전적으로 자신만을 위해 축적하며 자신만이 그것을 누린다.12:17~19 이 부자의 짧은 독백에서 다른 사람에 대한 언급은 찾아볼 수 없으며 원문으로 볼 때에 1인칭 동사나 1인칭 소유격이 모두 12회나 나타나고 있어 그의 자기중심적 태도를 드러내고 있다.12:17~19 30) 이처럼 그는 다른 사람을 생각하지 않았으며 부를 분배할 생각을 하지 않았다. 또한, 그는 목숨이 근본적으로 하나님에게 달려 있다는 것을 생각하지 않았다. 자신은 당연히 여러 해를 살 수 있을 것으로 생각하고 있었다. 그는 당연히 현세 이후의 삶에 대해서도 생각하지 못했을 것이다. 결론적으로 예수께서는 참된 '부'는 물질적인 부가 아니라 하나님께 대한 영적인 부라는 것을 가르치신다.12:21 즉, 이 부자의 문제는 탐심, 이기적인 삶, 하나님이나 내세에 대한 생각의 부재, 영적인 부를 추구하지 않는 것 등이었다. 누가는 단순히 부자가 문제 있다고 지적하는 것이 아니라 이처럼 잘못된 생각과 태도로 잘못된 삶을 사는 부자의 문제를 지적하고 있다. 일반적으로 예상할 수 있듯이, 가난한 자들보다는 부자가 이런 문제를 가질 수 있는 여지가 많았을 것이다.

누가는 부자와 나사로의 비유를 전하는데 이 역시 누가복음에만 나타난다.16:19~31 이 비유에서는 부자의 문제가 자세히 서술되지 않으며 단지 "자색 옷과 고운 베옷을 입고 날마다 호화롭게 즐기더라"16:19라고만 언급된다. 하지만, 앞서 어리석은 부자의 비유를 읽은 독자라면 이 부자의 문제도 같은 것으로 추측할 수 있다. 이 부자도 사후의 삶에 대해 전혀 준비하지 못했으며 자신이 사후에 고통받는 곳에 올 줄은 생각하지도 못했다. 그는 자신의 남은 형제들을 구하려고 나사로를 다시 살려 보내 달라고 아브라함에게 요청하지만, 아브라함은 그들은 모세와 선지자들에게서 들을 수 있어

---

30) 누가복음 12장 17-19절에서 나타나고 있는 1인칭 단어들은 다음과 같이 나타난다: "심중에 생각하여 이르되 내가 (내, μου)곡식 쌓아 둘(συνάξω) 곳이 없으니 (ἔχω) 어찌할까(ποιήσω) 하고 18 또 이르되 내가 이렇게 하리라(ποιήσω) 내(μου) 곳간을 헐고(καθελῶ) 더 크게 짓고(οἰκοδομήσω) 내(μου) 모든 곡식과 물건을 거기 쌓아 두리라(συνάξω) 19 또 내가 내(μου) 영혼에게 이르되(ἐρῶ) 영혼아 여러 해 쓸 물건을 많이 쌓아 두었으니 평안히 쉬고 먹고 마시고 즐거워하자 하리라 하되."

야 한다고 말하며 그 요청을 듣지 않는다.16:31 그들은 이미 자신들이 가진 하나님의 말씀에서도 발견할 수 있는 기본적인 교훈도 듣지 않는 사람들로 지적된다. 이처럼 여기서 부자의 문제는 한 가지 더 추가되는데, 그것은 돈을 사랑하기 때문에 하나님의 말씀을 들으려고 하지 않는 것이다.16:14,31 다른 복음서들에서처럼 누가복음에서도 부자는 하나님 통치에 참여하기 어렵다고 선언된다.18:24~25

눅5:11,27~28	마4:22; 9:9	막1:20; 2:14
11 그들이 배들을 육지에 대고 **모든 것을 버려 두고** 예수를 따르니라	22 그들이 곧 배와 아버지를 버려 두고 예수를 따르니라	20 곧 부르시니 그 아버지 세베대를 품꾼들과 함께 배에 버려 두고 예수를 따라가니라
27 그 후에 예수께서 나가사 레위라 하는 세리가 세관에 앉아 있는 것을 보시고 나를 따르라 하시니	9:9 예수께서 그 곳을 떠나 지나가시다가 마태라 하는 사람이 세관에 앉아 있는 것을 보시고 이르시되 나를 따르라 하시니 **일어나 따르니라**	2:14 또 지나가시다가 알패오의 아들 레위가 세관에 앉아 있는 것을 보시고 그에게 이르시되 나를 따르라 하시니 **일어나 따르니라**
28 그가 **모든 것을 버리고 일어나 따르니라**		

누가복음은 이처럼 부자들의 문제를 지적하며, 따라서 특히 예수를 따르거나 하나님의 통치에 참여하려는 사람들에게는 전적으로 소유를 포기하라고 요구한다. 예수의 제자들은 부르심을 받았을 때에 '모든 것'을 버리고 예수를 따르는 자들로 나타난다.5:11,28 제자가 되는 조건은 모든 것을 포기하고 따르는 것밖에 없다. 누가는 다른 복음서에 없는 '제자의 대가'에 대한 비유와 교훈을 전한다.14:26~33 예수께서는 제자가 되려는 자가 지급해야 할 세 가지 대가를 제시하는데, 그 첫째로는 자신의 가족과 자기의 목숨까지 미워하는 것이며,14:26 둘째로는 자기 십자가를 지고 예수를 따르는 것이다.14:27 예수께서는 세 번째 대가를 말씀하기 전에 망대를 세우는 자의 비유와 전쟁을 앞둔 임금의 비유를 말씀하심으로써 세 번째 대가에 주목하도록 하신다.14:28~32 망대를 세우는 자가 그것을 세우기 전에 당연히 그 건축비용을 계산할 것이며, 임금이 전쟁 전에 당연히 서로 군사력을

비교할 것인데, 이처럼 제자가 되려는 사람도 무엇을 지급하거나 희생해야 하는지 미리 생각하고 준비해야 한다는 것이다. 그리고 예수께서는 세 번째 대가를 말씀하시는데, "이와 같이 너희 중의 누구든지 자기의 모든 소유를 버리지 아니하면 능히 내 제자가 되지 못하리라"라고 하신다.14:33 즉, 마지막 요구는 '모든 소유'를 버리는 것이다. 예수께서는 바로 이어서 소금이 그 맛을 잃으면 쓸모없어진다는 교훈을 하시는데, 이는 제자가 제자 다움을 잃으면 쓸모없어진다는 것이다. 이 소금에 관한 말씀은 그 문맥으로 볼 때에 전적인 소유 포기야말로 제자들의 짠맛이니 그 짠맛을 잃으면 제자가 될 수 없다는 의미로 이해된다.14:34~35 31) 이처럼 세 가지의 제자의 대가 중에서 전적인 소유 포기는 더욱 강조된다. 제자들은 처음 부르심을 받았을 때에만 소유를 포기하도록 요구되는 것이 아니라 그 이후의 삶에서도 그것이 요구된다. 예수께서는 열두 제자를 파송하시면서 '아무것도' 가지고 가지 말라고 명하신다.눅9:3 마가복음에서는 지팡이는 가지고 가도록 허락이 된다. 마태복음도 누가복음처럼 가지고 가지 말아야 할 것을 나열하고 있지만, 누가복음은 목록을 나열하기 전에 '아무것도' 가지지 말라고 먼저 강조하고 있다.32) 이처럼 제자들은 처음 부르심을 받을 때나 파송될 때나 언제든지 무소유로 다니도록 요구된다.

눅9:3	마10:9~10	막6:8~9
3 이르시되 여행을 위하여 **아무 것도 가지지 말라** 지팡이나 배낭이나 양식이나 돈이나 두 벌 옷을 가지지 말며	9 너희 전대에 **금이나 은이나 동을 가지지 말고** 10 여행을 위하여 배낭이나 두 벌 옷이나 신이나 지팡이를 가지지 말라 이는 일꾼이 자기의 먹을 것 받는 것이 마땅함이라	8 명하시되 여행을 위하여 **지팡이 외에는** 양식이나 배낭이나 전대의 돈이나 아무 것도 가지지 말며 9 신만 신고 두 벌 옷도 입지 말라 하시고

---

31) John Nolland, *Luke 9:21-18:34*, Word Biblical Commentary (Dallas: Word Books, 1993), 584는 이 소금의 짠 맛이 세 번째 대가만 가리키는 것으로 보지 않고 세 가지 대가 모두를 가리키는 것으로 이해한다.
32) 누가복음 9장 3절의 예수의 말씀은 원문에서 Μηδὲν αἴρετε εἰς τὴν ὁδόν으로 되어 있어서 그 어순으로 볼 때에 가장 처음에 나타나는 '아무 것도' (Μηδὲν)가 강조되고 있다.

눅18:22	마19:21	막10:21
22 예수께서 이 말을 들으시고 이르시되 네게 아직도 한 가지 부족한 것이 있으니 **네게 있는 것을 다**(πάντα ὅσα ἔχεις) 팔아 가난한 자들에게 **나눠 주라**(διάδος) 그리하면 하늘에서 네게 보화가 있으리라 그리고 와서 나를 따르라 하시니	21 예수께서 이르시되 네가 온전하고자 할진대 가서 **네 소유를**(τὰ ὑπάρχοντα) 팔아 가난한 자들에게 주라(δὸς) 그리하면 하늘에서 보화가 네게 있으리라 그리고 와서 나를 따르라 하시니	21 예수께서 그를 보시고 사랑하사 이르시되 네게 아직도 한 가지 부족한 것이 있으니 가서 **네게 있는 것을 다**(ὅσα ἔχεις) 팔아 가난한 자들에게 **주라**(δὸς) 그리하면 하늘에서 보화가 네게 있으리라 그리고 와서 나를 따르라 하시니

한 부자 관원은 예수께 와서 "무엇을 하여야 영생을 얻으리이까"라고 질문한다.18:18 처음 세 복음서 모두에 나타나는 이 이야기는 세 복음서 모두가 이 이야기를 전하고 있다는 자체만으로도 주목할 만하다. 그뿐만 아니라 이 이야기는 '영생'을 얻는 방법에 대한 질문으로 시작하며, 이어지는 예수의 답변과 제자들의 말에는 '하나님의 통치',18:24 '구원 됨',18:25 '내세' 18:30 등의 중요한 단어들이 나타나는 것을 볼 때에도 이 이야기는 중요하다고 할 수 있다. 예수께서는 영생을 얻는 방법을 묻는 관원에게 우선 사람에 대한 계명들을 말씀하시는데, 이 관원은 자신은 어려서부터 이러한 계명들을 다 지켰다고 말한다.18:20~21 예수께서는 아직도 한 가지가 부족하다고 하시며 소유를 다 팔아 가난한 자들에게 나눠 주고 와서 자신을 따르라고 하신다.18:22 부자인 관원은 근심한다. 예수께서는 재물이 있는 자는 하나님 통치에 참여하기 힘들다고 교훈하시며, 모든 것을 버리고 예수를 따른 자들에게 내세에 영생을 약속하신다.18:30 이 대화에서 '영생을 얻는 것' 18:18,30과 '구원되는 것' 18:26 그리고 '하나님 통치에 들어가는 것' 18:24은 모두 같은 문맥에서 사용되어 같은 의미로 제시되는데, 이 모든 일에 조건은 소유를 모두 팔아 가난한 자들에게 나눠주고 예수를 따르는 것이다. 이처럼 소유의 포기는 단순히 제자가 되는 조건을 넘어서 영생을 얻고 하나님의 통치에 들어가며 구원되는 조건으로 나타난다. 다른 복음서들과 비교해 볼 때에 누가복음은 네게 있는 것을 '전부' πάντα 팔아서 가난한

자들의 필요에 따라 분배해 주도록 διαδος 교훈한다.33) 이처럼 전적인 소유 포기는 세 복음서 중에 누가복음에서 가장 강조되어 나타난다. 이 교훈에서는 소유를 포기하고 예수를 따르는 것 외에 또 다른 요구를 발견할 수 있는데, 그것은 하나님께 대해서는 소유를 포기해야 하되 사람들에 대해서는 그것을 그들에게 나눠주어야 한다는 것이다.

누가복음만 삭개오 이야기를 전하는데, 삭개오는 예수를 자신의 집에 모시고 "주여 보시옵소서 내 소유의 절반을 가난한 자들에게 주겠사오며 만일 누구의 것을 속여 **빼앗은** 일이 있으면 네 갑절이나 갚겠나이다" 19:8라고 고백한다. 예수께서는 "오늘 구원이 이 집에 이르렀으니 이 사람도 아브라함의 자손임이로다" 19:9라고 선언하신다. 여기서 삭개오가 예수에 대해 특별한 고백을 했다는 언급도 없고, 다른 특별한 행동을 했다는 언급도 없으며, 단지 자신의 소유의 절반을 가난한 자들에게 주며 나머지는 다른 사람들에게 변상하는 데 사용하겠다고 약속한 것밖에 없다. 하지만, 예수께서는 그에게 '구원'을 선언하며 그도 '아브라함의 자손'이라고 선언하신다. 삭개오의 소유 포기는 곧 그의 회개의 표시와 증거로 볼 수 있다. 누가복음에서 세(침)례자 요한은 소유를 나누는 것과 착취하지 않는 것을 회개의 행위로 제시한 일이 있다.3:8~14 이처럼 소유를 나누고 착취한 것을 배상하겠다는 삭개오의 결정은 곧 그의 회개를 표현하는 행위다. 따라서 진정으로 회개한 그에게 구원이 선언된다. 재산을 팔아 **구제**하는 일은 또한 하늘에 보물을 축적하는 일로 인정되기도 한다.12:33

눅12:33	마6:20
33 너희 소유를 팔아 **구제하여** 낡아지지 아니하는 배낭을 만들라 곧 하늘에 둔 바 다함이 없는 보물이니 거기는 도둑도 가까이 하는 일이 없고 좀도 먹는 일이 없느니라	20 오직 너희를 위하여 보물을 하늘에 쌓아 두라 저기는 좀이나 동록이 해하지 못하며 도둑이 구멍을 뚫지도 못하고 도둑질도 못하느니라

---

33) 우리말 개역개정판은 마가복음과 누가복음에서 '네게 있는 것을 다 팔아'라는 문구가 동일하게 번역되어 있지만 원문에서는 누가복음에 '전부'(πάντα)라는 단어가 추가되어 있어 강조되고 있다.

누가가 복음서의 후편으로 기록한 사도행전에서 최초의 교회의 모습은 믿는 사람이 다 함께 있어 모든 "물건을 서로 통용하고 또 재산과 소유를 팔아 각 사람의 필요를 따라 나눠 주며…"라고 묘사된다.행2:44~45 또한, 교회는 담당자를 선출하여 제도적으로 과부들을 구제했음을 볼 수 있다.행 6:1~6 하지만, 물건을 통용하고 재산과 소유를 팔아 사람들에게 나눠 주는 교회의 모습은 그 이후 다른 교회들에서 나타나지 않는다. 바울도 여러 교회를 세우고 편지를 보냈지만 그러한 교훈을 하지는 않는다. 다만, 바울은 필요시에 가난한 교회를 위해 헌금을 하도록 요청하고 그것을 모아 예루살렘에 전달한 일은 있다. 모든 그리스도인이 반드시 모든 소유를 포기하거나 팔아서 가난한 자들에게 나눠주어야 한다는 교훈은 신약성서에서 나타나지 않는데, 이는 초기 교회에서 이러한 소유 포기가 교리로 세워지거나 요구된 것이 아니었다는 것을 보여준다. 예수 시대에 예수와 함께 그를 따라 머리 둘 곳이 없이 여러 곳을 다니며 하나님 통치를 선포했던 제자들에게나, 교회 시대에 순회 전도자들에게는 이와 같은 전적인 포기가 요구되었음이 거의 분명하다. 하지만, 보통 교회에서 이러한 교훈은 "부가 하나님을 대신해 사람들에게 안정을 주는 수단으로 사용되거나, 공동체 안에서 사람들 간에 소외를 유발할 수 있는 위험적인 것"이라고 경고하는 일반적인 교훈으로 사용되었을 수 있다.34)

누가복음에서 부자들에 대한 경고나 교훈이 많이 등장하는 것을 볼 때에, 또한 교회 시대를 보여주는 사도행전에 가난한 자에 대한 언급이 없다는 점 등은 누가공동체가 부유한 공동체였다는 견해를 지지해주는 것으로 보인다.35) 하지만, 누가공동체가 부자들만으로 이루어진 공동체였다고 보기는 어렵다. 그 공동체에는 부자와 가난한 자가 섞여 있었을 가능성이 훨씬 많은데,Esler 당시 경제적 계층의 분포로 볼 때에 오히려 가난한 자들이 더 많았을 수도 있다. 누가복음에 부자에 대한 경고나 교훈이 많은 이유는

---

34) John Gillaman, *Possessions and the Life of Faith: A Reading of Luke-Acts* (Collegeville: The Liturgical Press, 1991), 92.
35) Christopher M. Tuckett, *Luke*, 104-6.

단순히 설명될 수 있다. 부자와 가난한 자를 비교해 볼 때에 부자가 더 많은 특권을 가진 계층으로서 그들이 사회나 공동체에서 그만큼 더 많은 책임을 가지고 있었음이 당연하다. 따라서 누가도 그들에 대해 많은 책임을 요구하고 있다고 볼 수 있다. 누가가 누가공동체의 부자들에게 소유를 모두 팔아 가난한 자들에게 주라고 교훈하고 있다고 보기는 어렵다. 하지만, 극히 가난한 자들이 공동체에 함께 있는 상황에서 부자들이 어리석은 부자처럼 자신만 생각하며 물질을 나누고 물질로 그들을 도울 생각을 하지 않는다면 그것을 올바른 신앙인의 모습이라고 볼 수 없었을 것이다. 누가는 공동체 안에서 부자들이 가난한 자들에 대해 한 공동체의 일원으로서 당연히 담당해야 하는 물질 분배의 책임을 그들에게 요구하는 한편, 하나님 앞에서 하나님과 재물을 겸하여 섬길 수 없다는 교훈을 그들에게 전하려고 했을 것이다. 즉, 하나님을 사랑하려면 재물을 미워해야 하며 하나님을 重히 여기려면 재물을 輕히 여겨야 한다고 교훈하려 했을 것이다.16:13 누가공동체의 모습이나 상황을 정확히 알 수 없지만, 소유의 전적인 포기와 분배를 회개의 표시이며, 제자가 되는 조건이며, 구원과 영생과 하나님 통치의 조건으로 제시하는 누가복음만의 강력한 메시지가 소홀히 취급되어서는 안 된다. 이것이 구원의 교리를 제시한 것은 아니라고 해도 누가가 생각하는 이상적인 제자와 그리스도인의 모습을 교훈하는 것은 분명하다.

눅3:21~22	마3:16	막1:9~10
21 백성이 다 세(침)례를 받을새 예수도 세(침)례를 받으시고 **기도하실 때에** 하늘이 열리며 22 성령이 비둘기 같은 형체로 그의 위에 강림하시더니	16 예수께서 세(침)례를 받으시고 곧 물에서 올라오실새 하늘이 열리고 하나님의 성령이 비둘기 같이 내려 자기 위에 임하심을 보시더니	9 그때에 예수께서…세(침)례를 받으시고 10 곧 물에서 올라오실새 하늘이 갈라짐과 성령이 비둘기 같이 자기에게 내려오심을 보시더니

기도. 누가는 기도의 중요성을 강조하고 있으며 특히 다른 복음서에는 나타나지 않는 예수의 기도를 여러 번 기록하고 있다. 여선지자 안나는 성

전을 떠나지 않고 주야로 금식하며 기도함으로 섬겼다고 언급된다.2:37 예수께서는 시험을 이기시고 나서 요한에게 세(침)례를 받으시는데 이때에 성령이 임하며 하늘로부터 하나님의 음성을 듣게 된다.3:21~22 누가복음은 다른 복음서와는 달리 예수께서 세(침)례를 받으시고 '기도하실 때에' 성령이 임했다고 한다. 물론 누가가 기도를 하면 성령이 임한다는 공식을 제시하고 있다고 보기는 어렵다. 예수께서 기도하신 다른 장면들을 볼 때에 예수께서는 자신에게 일어날 중요한 일을 앞두고 기도로 준비하신 것으로 보인다. 누가만 독특하게 예수께서 나병환자를 고치시고 많은 사람이 고침을 받고자 예수께로 왔지만, 예수께서는 물러가서 한적한 곳에서 '계속 기도하고 계셨다' ἦν…προσευχόμενος, was praying고 전한다.5:16 누가만이 예수께서 열두 제자를 부르시기 전에 밤이 새도록 기도하셨다고 기록한다.6:12

눅9:18,28~29	마16:13; 17:1~2	막8:27; 9:2
18 예수께서 **따로 기도하실 때에** 제자들이 주와 함께 있더니 물어 이르시되 무리가 나를 누구라고 하느냐 28…**기도하시러 산에 올라가사** 29 **기도하실 때에** 용모가 변화되고…	13 예수께서 빌립보 가이사랴 지방에 이르러 제자들에게 물어 이르시되 사람들이 인자를 누구라 하느냐 17:1 …따로 높은 산에 올라 가셨더니 2 그들 앞에서 변형되사…	27 예수와 제자들이 빌립보 가이사랴 여러 마을로 나가실새 길에서 제자들에게 물어 이르시되 사람들이 나를 누구라고 하느냐 2 …따로 높은 산에 올라가셨더니 그들 앞에서 변형되사

역시 예수께서는 중요한 결정과 사건을 앞두고 기도하시는 모습을 보이신다. 예수께서는 자신의 고난과 죽음과 부활을 최초로 말씀하시기 전에 우선 제자들에게 자신의 정체에 대해 질문하시는데, 예수께서 '기도하시면서(기도하실 때에)' 그러한 질문을 하셨다고 누가만이 전한다.9:18 이는 예수의 고난 받는 메시아로서의 정체의 중요성을 보여주며 그러한 중요한 계시를 위한 예수의 준비를 보여준다. 예수께서는 베드로, 야고보, 요한과 함께 산에 갔을 때에 그 모습이 변화되시는데, 역시 누가만이 예수께서 '기도하시러' 그 산에 가셨고, '기도하실 때에' 용모가 변화되었다고 전한다.9:28~29 누가복음에서 예수께서는 주기도를 가르치시기 전에도 기도하

신 분으로 나타난다.11:1 예수께서는 특별히 베드로를 위해서 그의 믿음이 떨어지지 않기를 '간구했다' ἐδεήθην고 말씀하신다.눅22:30~31 36) 예수께서는 '습관을 따라' 감람산에 가서 '무릎을 꿇고 기도하신다.' 22:39~41 누가는 예수께서 감람산에서 기도하실 때에 "천사가 하늘로부터 예수께 나타나 힘을 더하더라 예수께서 힘쓰고 애써 더욱 간절히 기도하시니 땀이 땅에 떨어지는 핏방울 같이 되더라"라고 예수가 간절히 기도하는 모습을 서술하고 있는데, 이는 복음서 중에 누가복음에만 있는 묘사다.22:43~44 또한, 누가만이 예수께서 따로 기도하러 가시면서 제자들에게 '기도하라' 고 요구하신 말씀을 기록하고 있다.

눅22:40	마26:36,38	막14:32,34
40 …그들에게 이르시되 유혹에 빠지지 않게 기도하라 하시고	36 …제자들에게 이르시되 내가 저기 가서 기도할 동안에 너희는 여기 앉아 있으라 하시고 38 …너희는 여기 머물러 나와 함께 깨어 있으라 하시고	32 …제자들에게 이르시되 내가 기도할 동안에 너희는 여기 앉아 있으라 하시고 34 …너희는 여기 머물러 깨어 있으라 하시고

누가복음만 예수께서 십자가 위에서 자신을 처형하려는 자들을 위해 "아버지 저들을 사하여 주옵소서 자기들이 하는 것을 알지 못함이니이다"라고 기도하는 장면을 서술한다.23:34 마가와 마태는 예수께서 돌아가실 때 하신 마지막 말씀이 "엘리 엘리 라마 사박다니"였다고 전함으로써 예수께서 일종의 '절규' 로 생을 마치신 것으로 기록하고 있으며,막15:34; 마27:46 요한은 "다 이루었다"라는 일종의 '선언' 으로 마치신 것으로 기록하는 한편,요19:30 누가는 "아버지 내 영혼을 아버지 손에 부탁하나이다"라는 '기도' 로 마치신 것으로 전한다.23:46 이처럼 누가는 예수께서 특히 중요한 일을 앞두고, 습관적으로, 마지막 순간까지 기도하신 분으로 강조하고 있다.

---

36) 여기서 사용된 ἐδεήθην(원형 δέομαι)은 주로 고침을 받기 위해 예수께 나와 구하는 자들에 대해 사용된 단어로서 간구나 탄원을 하는 것을 의미한다(5:12; 9:38, 40).

이처럼 스스로 기도하는 모범을 보이시는 예수께서는 제자들에게도 기도에 대해 교훈하신다. 예수께서는 주기도를 가르치시고 나서, 밤에 찾아와서 떡 세 덩이를 꾸어 달라고 요청하는 친구의 예를 들어 하나님께 부끄럼 없이(ἀναίδειαν) 간청할 것을 교훈하신다. 11:8 예수께서는 하나님께서는 구하면 주시되, 11:10 성령을 주실 것이라고 하시며, 11:13 계속 구하고 찾고 두드리라고 교훈하신다11:9. 37) 누가복음만 과부의 기도의 비유를 기록하고 있는데, 낙망하지 말고 꾸준히 그리고 믿음으로 기도할 것을 교훈하신다. 18:1~7 또한, 누가복음만 이어서 바리새인과 세리의 기도에 대한 비유를 전한다. 18:9~14 이 비유에서 바리새인은 성전에서 따로 서서 기도하는데, 자신이 다른 잘못된 사람들이나 세리와는 달리 의롭고 경건한 삶을 사는 것을 '감사' 한다. 18:11~12 여기서 바리새인은 하나님께 자신의 필요나 이익을 위해서 어떠한 것도 구하지 않고 있으며 오직 감사 기도를 드릴 뿐이다. 하지만, 세리는 아마도 실제로 죄 된 삶을 살아서 하나님과 사람들에게 부끄러워하며 하늘을 쳐다보지도 못하고 가슴을 치며 "하나님이여 불쌍히 여기소서 나는 죄인이로소이다"라고 고백한다. 예수께서는 "저 바리새인이 아니고 이 사람이 의롭다 하심을 받고 그의 집으로 내려갔느니라"18:14라고 충격적인 결론을 말씀하신다. 이 비유는 기도하는 태도에 대한 교훈이라기보다는 일반적인 삶에 대한 교훈으로 보이는데, 예수께서는 자신을 의롭다고 믿고 다른 사람을 멸시해서는 안 되며18:9 자신을 낮추어야 한다고 교훈하신다. 18:14 하지만, 이 비유는 하나님이 요구하시는 기도의 태도에 대해서도 교훈해주고 있다. 기도에 있어서 하나님 앞에서 그리고 사람들 앞에서 자신을 죄인으로 인정하며 자신을 낮추며 기도해야 한다는 것이다. 또한, 종말에 관한 말씀에서 예수께서는 마지막 날에 있을 재난을 피하고 인자 앞에 서도록 '항상 기도하며' 깨어 있으라고 교훈하시는데, 이 말씀은 누가복음에만 나타난다. 21:36 이처럼 예수께서는 항상, 낙망하거나 부끄러

---

37) '구하라' (αἰτεῖτε), '찾으라' (ζητεῖτε), '두드리라' (κρούετε)는 요구는 모두 현재 명령형으로 되어 있어 계속 그렇게 하라는 의미를 지니고 있다.

워하지 말고, 하나님과 사람 앞에서 겸손하게, 믿음으로 기도하도록 요구하신다.

예수 자신의 기도하는 모습은 누가공동체가 따라야 하는 모범으로 제시되고 있음이 분명하다. 누가공동체는 중요한 일이나 결정이나 선택을 하기 전에, 그리고 성령의 도우심을 위해서 기도해야 함을 예수가 기도하신 일을 통해서 확인할 수 있었을 것이다.[38] 바리새인과 세리의 기도에 대한 비유는 공동체 내에 있던 부자와 가난한 자, 또는 높은 자와 낮은 자 사이에 있을 수 있는 차별이나 분리나 갈등을 해결해 주는 중요한 말씀으로 사용되었을 수 있다. 그들은 교회에서 기도할 때에 하나님이 자신들을 어떻게 평가하실지를 생각해야 했으며 하나님과 사람들 앞에서 겸손한 마음을 지니고 기도해야 했을 것이다.

제자/제자도. 누가복음에서 제자들은 마가복음과 비교한다면 긍정적인 모습으로 나타난다. 마가복음과 마태복음에서 예수께서는 공생애를 시작하시면서 처음 제자들을 부르시는데,막1:16~20; 마4:18~22 누가복음에서는 귀신들을 내어 쫓고, 시몬의 장모를 고치시고, 또 다른 치유와 선포를 하시고서 처음 제자들을 부르시는 것으로 서술된다.5:1~11 처음 부르심을 받은 제자 중에 안드레는 언급되지 않고 있다. 처음 제자들이 부르심을 받았을 때 앞선 두 복음서는 그들이 즉각적으로 예수를 따랐다는 것을 강조하고 있다면, 누가복음은 그들이 '모든 것을' 포기하고 예수를 따랐다는 것을 강조하고 있다. 처음 부르심을 받은 베드로, 야고보, 요한은 나병환자, 중풍병자를 고치시는 예수와 함께하며 예수께 죄를 사하는 권세가 있다는 말씀도 듣는다.5:24 이어서 예수께서는 세리 레위를 부르시는데 그도 역시 '모든 것을' 버리고 예수를 따른다.5:27~28 예수께서 세리인 레위를 제자로 삼으신 것은 죄인을 불러 회개시키러 오신 그의 사역의 성격을 잘 이해할 수 있도록 해준다.5:30~32 초기부터 예수의 제자들은 금식하지 않는 것, 안

---

[38] 사도행전은 교회가 예수의 모범을 따라 여러 가지 상황에서 교회가 기도하는 모습을 보여준다(1:14, 24; 2:42; 6:6; 8:15; 11:5; 13:3; 16:25; 20:36).

식일에 밀 이삭을 잘라 먹은 것 등으로 바리새인들의 불평을 불러일으킨다.5:33; 6:2 예수께서는 기도하시고 나서, 제자들을 부르시고 그 중 열둘을 사도로 세우신다.6:13 예수께서는 모든 것을 포기하고 자신을 따른 제자들에게 평지설교에서 '복되도다 가난한 자들이여' 6:20라고 선언하신다. 예수께서는 또한 "사람들이 너희를 미워하며 멀리하고 욕하고 너희 이름을 악하다 하여 버릴 때"에도 너희는 복되다고 제자들에게 선언하신다.6:22 예수께서는 그들이 원수까지도 사랑하며 선대하도록 가르치시며 하나님처럼 자비롭게 되기를 교훈하신다.6:27~36 또한, 자신을 주님이라고 부르며 따른다면 자신의 말씀대로 행할 것을 요구하신다.6:46 이후에 제자들은 예수의 고치시며 가르치는 사역에 동참하며 배운다. 그들은 비유를 통해서, 그리고 예수의 어머니와 동생들과 관련된 말씀에서, 말씀을 행하며 결실하는 사람들이 하나님의 통치에 참여하는 하나님의 가족이라는 교훈을 배운다.8:4~21 하지만, 호수에서 광풍이 불자 믿음 없는 모습을 보이며, 자연을 다스리는 예수의 이적을 보면서도 예수가 진정 누구인지 깨닫지 못한다.8:25 그들은 귀신을 제어하며 병을 고치는 능력과 권위를 받아 하나님 통치를 선포하며 사람들을 고치도록 파송된다.9:1~6 그들은 오천 명을 오병이어로 먹이신 예수의 기적에 동참한다.9:12~17

예수께서는 제자들에게 무리가 자신을 누구라고 하는지 먼저 질문하신 다음에 "너희는 나를 누구라 하느냐"라고 자신의 정체에 대해 질문하신다.9:18~19 베드로는 예수를 '하나님의 그리스도'라고 고백하며, 예수께서는 말하지 말라고 경고하신다.9:20~21 누가복음에는 베드로가 예수를 책망하거나 만류하는 장면이나, 예수께서 베드로를 사탄이라고 책망하는 장면이 모두 생략되어 있다. 즉, 여기서 베드로는 특별히 부정적인 모습으로 그려지지 않는다. 예수께서는 이어서 자신의 고난을 예고하시고, 고난의 제자도에 대해 교훈하신다.9:22~26 예수께서 산에서 변화하시지만, 제자들은 이해하지 못하고 두려워한다.9:28~36 예수의 제자들은 귀신을 내쫓지 못해 믿음이 없다고 책망 받는다.9:37~42 예수께서는 자신이 사람들 손에 넘겨질 것을 다시 예고하시지만, 제자들은 알지 못하고 묻기도 두려워한다.9:44~45 하지만, 화자는 "그들로 깨닫지 못하게 숨긴 바 되었음이라"라고 그 이유를 해설해 줌으로써 이렇게 이해하지 못한 것이 제자들의 문제나 책임이 아니라는 것을 독자에게 강조해주고 있다.9:45 제자들은 예수의 고난 예고와 상관없이 누가 크냐고 변론하고,9:46 특권의식을 나타낸다.9:49,54 예수께서는 제자가 되려는 사람에게 거처도 없이 생활할 수 있어야 하며, 당면한 어떤 가정家庭 일보다 하나님 통치를 선포하는 일이 긴급하다고 교훈하신다.9:57~62 예수께서는 주기도를 제자들에게 가르치시고 기도에 대해 교훈을 해주신다.11:1~13 예수께서는 제자들에게 그들이 받게될 박해에 대해 예고하시고 두려워하지 말도록 교훈하신다.12:1~12

눅9:45	마17:23	막9:32
45 그들이 이 말씀을 알지 못하니 이는 그들로 깨닫지 못하게 숨긴 바 되었음이라 또 그들은 이 말씀을 묻기도 두려워하더라	23 …제자들이 매우 근심하더라	32 그러나 제자들은 이 말씀을 깨닫지 못하고 묻기도 두려워하더라

베드로는 모든 것을 포기하고 주를 따랐다고 하자 예수께서는 그러한 포기의 삶을 사는 사람들은 내세에 영생을 받지 못할 자가 없다고 약속해 주신다.18:28~30 여기에는 마가복음에서와같이 박해를 겸하여 받는다는 말씀도 없으며,막10:30 첫째가 꼴찌가 될 것이라는 말씀도 나타나지 않는다막10:31; 마19:30. 또한, 하나님의 통치를 위해서 집이나 아내나 형제나 부모나 자녀를 포기한 자는 영생을 '받지 못할 자가 없다' ὃς οὐχὶ μὴ ἀπο λάβῃ는 표현이 강조되고 있어서, 다른 복음서들과 비교해 볼 때에 더욱 확고하게 영생을 보장해주고 있다.39) 예수가 세 번째 고난 예고를 하시고, 마가는 야고보와 요한이 와서 지위를 보장해 달라고 요구하는 장면을 서술하며,막

---

39) 우리말 개역개정판에서는 마가복음의 병행구절도 누가복음과 동일하게 "영생을 받지 못할 자가 없느니라"라고 번역하고 있지만, 원문은 전혀 다르게 나타나고 있다.

10:35~40 마태는 세베대의 아들들의 어머니가 자기 아들들의 지위를 보장해 달라고 요구하는 장면을 서술하지만,마20:20~23 누가는 이 일에 대해 전혀 언급하지 않는다. 화자는 이 세 번째 고난 예고를 제자들이 이해하지 못했다고 전하지만, 이번에도 이는 제자들의 문제가 아니라 말씀이 감추어졌기 때문이라고 해설함으로써 제자들에게 그 책임을 돌리지 않고 있다.18:34 마가와 마태는 제자들이 성전 건물을 보고 놀라거나 외형에 관심을 보이는 일을 언급하지만 누가는 이런 일에 제자를 등장시키지 않는다.막13:1; 마24:1; 눅21:1 제자들은 예수와 함께한 마지막 만찬 자리에서 누가 크냐고 논쟁하지만22:24 예수께서는 그들에게 자신의 왕권통치를 위임하시고 "너희로 내 나라에 있어 내 상에서 먹고 마시며 또는 보좌에 앉아 이스라엘 열두 지파를 다스리게 하려 하노라"22:30라고 선언하신다. 누가복음은 특히 예수께서 베드로의 믿음이 떨어지지 않기를 기도하셨다는 서술을 해준다.22:32 예수께서는 베드로가 예수를 세 번 부인할 것을 예고하시지만,22:34 다른 복음서들에 나타나는 "너희가 다 나를 버리리라"막14:27; 마26:31라는 말씀을 생략한다.

눅18:29~30	마19:29~30	막10:29~31
29 …하나님의 나라를 위하여 집이나 아내나 형제나 부모나 자녀를 버린 자는 30 현세에 여러 배를 받고 내세에 영생을 받지 못할 자가 없느니라 하시니라	29 또 내 이름을 위하여 집이나 형제나 자매나 부모나 자식이나 전토를 버린 자마다 여러 배를 받고 또 영생을 상속하리라 30 그러나 먼저 된 자로서 나중 되고 나중 된 자로서 먼저 될 자가 많으니라	29 …나와 복음을 위하여 집이나 형제나 자매나 어머니나 아버지나 자식이나 전토를 버린 자는 30 현세에 있어 집과 형제와 자매와 어머니와 자식과 전토를 백 배나 받되 박해를 겸하여 받고 내세에 영생을 받지 못할 자가 없느니라 31 그러나 먼저 된 자로서 나중 되고 나중 된 자로서 먼저 될 자가 많으니라

또한, 이러한 예수의 말씀대로 실제로 예수의 체포 시에 "제자들이 다 예수를 버리고 도망했다"는 말씀도 언급하지 않는다.막14:50; 마26:56 전체적으

로 누가복음은 다른 복음서들에 비해 제자들에게 큰 잘못이나 책임을 돌리지 않고 비교적 긍정적으로 묘사하는 것이 특징이다.

예수께서 부활하셨을 때 베드로가 무덤에 가 본 이야기를 누가는 전하며,24:12 어떤 복음서에도 나타나지 않는 엠마오로 가는 두 제자가 부활한 예수를 만나 그와 동행한 일을 길게 전한다.24:13~32 이 두 제자는 처음에 부활하신 예수를 알아보지 못하는데 화자는 "그들의 눈이 가리어져서" 그런 것이라고 언급하며 역시 그 책임을 제자들에게 돌리지 않는다.24:16 예수께서는 구약의 말씀을 가지고 자신에 관한 것을 자세히 이들에게 설명해 주신다.24:27 누가복음에서 열한 제자와 그들과 함께 한 자들은 엠마오로 가던 두 제자의 보고를 듣기 전에도 이미 예수의 부활을 사실로 믿는 자들로 나타난다.눅24:34 또한, 부활 후 열한 제자와 다른 사람들에게 나타나셔서 함께 하시며 구약 말씀을 가르치신 것도 세 복음서 중 누가복음에만 언급되며,24:36~48 제자들을 자신의 일의 '증인'이라고 선포하시는 것도 독특하다.24:48 복음서 중 유일하게 누가복음에서 예수는 제자들이 예루살렘에서 성령을 받으라고 언급하신 일을 서술하며, 그들을 베다니 앞까지 데리고 가서 축복하시고 떠나신 것도 유일하게 언급한다.24:49~51 제자들은 예수의 말씀에 순종하여 예루살렘으로 돌아가 성전에서 하나님을 찬송한다.24:53

살펴본 바와 같이, 누가는 앞선 복음서 저자들보다 제자들을 더욱 긍정적으로 묘사하고 있음이 분명하다. 물론 누가복음의 제자들도 두려워하기도 하며, 믿음 없음을 나타내기도 하고, 깨닫지 못하기도 한다. 하지만, 다른 복음서에서처럼 심한 책망을 받지 않으며, 깨닫지 못하는 것도 그들의 책임으로 돌리지 않는다. 예수의 심문과 처형 때에 제자들은 등장하지 않지만 누가는 그들이 도망갈 것이라는 예고나 실제로 도망갔다는 언급을 전혀 하지 않는다.막14:50,52; 마26:56 참조 특히 예수께서 부활 후에 엠마오 마을로 가던 두 제자와 제자들 모두에게 나타나셔서 자세히 가르치시는 이야기는 누가복음에만 있는 독특한 것으로서, 누가복음에서 제자들은 이와 같이 예수의 더욱 특별한 관심의 대상이 되며, 예수 사건의 증인으로 선언된다. 이처럼 누가복음에서 제자들은 간혹 두려워하기도 하고 믿음 없음을 드러내기도 하지만, 예수 부활의 증인으로 세워지며, 성령을 통해서 계속될 예수 사역을 이어갈 중요한 인물로 나타난다.

누가복음에서 강조하는 제자도는, 첫째, 포기의 제자도다. 처음 부르심을 받은 제자들과 레위는 예수께서 그들을 부르셨을 때에 그들은 '모든 것' πάντα을 버리고 예수를 따랐다고 화자는 전한다.5:11,28 제자들은 권능을 받고 파송될 때에도 '아무것도' μηδέν 지니지 말도록 요구된다.9:3 예수께서는 자신의 가족뿐만 아니라 자신의 목숨까지도 버릴 각오가 되어 있어야 제자가 될 수 있다고 교훈하신다.14:26 누가복음에만 제자의 대가代價에 대한 비유적인 말씀이 나타나며,14:28~32 이 비유적인 말씀의 결론은 "이와 같이 너희 중의 누구든지 자기의 **모든 소유를 버리지 아니하면** 능히 내 제자가 되지 못하리라"라는 선언으로써,14:33 이는 누가복음에만 있는 누가의 특징적인 말씀이다. 모든 것을 버리고 주를 따랐다고 말하는 베드로에게 현세에서의 보상과 내세에서 영생이 확실히 약속된다.18:30 여기서 누가는 첫째가 꼴찌 될 수 있다는 말씀을 전혀 언급하지 않음으로써 그 약속을 더 확실한 것으로 제시한다. 이처럼 소유의 전적인 포기는 누가복음에서 가장 특징적인 제자도라고 할 수 있다.

둘째, 행함의 제자도다. 예수께서는 자신을 주님으로 부르며 따르는 제자라면 당연히 그 주님의 말씀대로 행해야 한다고 강조하신다.6:46 마태복음의 산상수훈과 마찬가지로 누가복음의 평지설교도 그것을 들은 자들은 그대로 행해야 한다는 것을 결론으로 강조하고 있다.6:46~49 이러한 행함은 율법주의적인 열심에서가 아닌 자비로운 마음으로부터 나와야 한다.6:36 제자의 소유 포기를 강조하는 누가복음은 사랑의 실천도 자신의 물질을 드려서 할 것을 강조한다.10:30~37 [40)] 예수의 말씀대로 행하는 사람들

[40)] 누가는 사람들을 선대할 것을 강조하는데 원수도 사랑할 뿐만 아니라 선대하도록 요구한다. '선대하다'로 번역된 단어는 ἀγαθοποιέω(do good)로서 이 단어는 복음서에서 오직 누가복음에만 4회 사용된다.

은 예수의 새로운 가족으로 받아들여진다.8:21

셋째, 고난의 제자도. 다른 복음서에서와 마찬가지로 누가복음에서도 예수께서는 자신의 고난과 죽으심을 예고하시고 나서 제자들의 고난도 예고하신다.9:23~26 예수의 제자들도 자신이 죽어야 하는 것처럼 죽음을 각오하고 예수를 따라야 함을 강조하신다. 누가복음에만 기록되어 있는 제자의 대가에 대한 교훈에서14:25~35 예수께서는 다시 한 번, "무릇 내게 오는 자가 자기 부모와 처자와 형제와 자매와 더욱이 자기 목숨까지 미워하지 아니하면 능히 내 제자가 되지 못하고 누구든지 자기 십자가를 지고 나를 따르지 않는 자도 능히 내 제자가 되지 못하리라"라고 강조하신다.14:26~27 제자가 되려면 자기 목숨까지 미워해야 한다는 말씀은 누가복음에만 나타난다.

넷째, 기도의 제자도이다. 누가복음 전체를 통해서 예수 자신은 중요한 일을 앞두고 항상 기도하는 분으로 등장한다. 예수께서는 제자들에게 주기도를 가르치시고 나서, 누가복음에서만 밤에 떡을 빌리러 온 친구에 대한 비유를 말씀하신다.11:5~8 이는 주저하거나 부끄러워하지 않는$\dot{a}\nu a\acute{\iota}\delta\epsilon\iota a$, shamelessness, 11:8 기도의 필요성에 대한 말씀이다.41) 누가복음은 다른 복음서에 없는 기도에 대한 비유 두 가지를 더 기록하고 있는데, 이는 예수께서 제자들에게 말씀해 주신 것이다.17:22 예수께서는 과부의 기도의 비유를 통해서 제자들에게 낙망하지 말고 꾸준히 그리고 믿음으로 기도할 것을 교훈하시며,18:1~7 바리새인과 세리의 기도에 대한 비유를 통해서 하나님과 사람 앞에서 겸손하게 기도할 것을 교훈하신다.18:9~14 또한, 종말에 관한 말씀에서 예수께서는 그날을 위해서 '항상 기도하며' 깨어 있으라고 교훈하시는데 이 말씀은 누가복음에만 나타난다.21:36 예수께서는 잡히시기 전에 감람산에서 기도하시러 따로 가시면서 제자들에게 유혹에 빠지지 않게 기도하라고 하신다.22:40 다른 복음서에는 이 말씀이 나타나지 않는다. 이

---

41) 우리말 개역개정판에서는 $\dot{a}\nu a\acute{\iota}\delta\epsilon\iota a$를 '간청함' 이라고 번역하며 일부 영어 성경들도 (NASB, NRSV) 이를 persistence라고 번역하고 있지만 이는 적절치 못하며, '부끄럼 없음' 또는 '뻔뻔함' 등으로 번역하는 것이 옳다.

처럼 누가복음에서는 예수 자신이 계속 기도하시는 분으로 등장할 뿐만 아니라 제자들에게도 기도하라고 요구하신다.

변증. 누가복음은 로마를 그리스도인들에게 또는 기독교를 로마에 변증해 주려는 목적으로 기록되었다는 견해가 종종 제시되어 왔다. Conzelmann; Esler; Walaskay 기독교를 로마에 변증하려 했다는 것은 우선 누가복음이 로마의 고관인 데오빌로에게 헌정되고 있다는 것에서 제시될 수 있는 견해로서, 전체적으로 기독교가 정치적인 관심을 지닌 종교가 아니라는 것을 로마에 보여주려고 했다는 것이다. 예를 들어, 예수께서는 하나님의 통치/왕국을 전하지만 누가는 예수가 하나님 통치를 '세우거나 확립하려고' 하지 않고 '선포' 하거나 '복음전도' 했다고 말함으로써 그것이 정치적인 반란이나 실제적인 왕권 확립과는 무관하다는 사실을 보여주고 있다는 것이다. 누가는 한편으로는 로마가 기독교를 평화적인 종교로 이해해서 그리스도인들에 대해 잘못된 박해를 하지 않도록 하며, 다른 한편으로는 기독교를 호의적으로 생각하게 하여 로마 사람들을 전도할 수 있는 바탕을 만들려고 했다는 것이다. 로마의 고관이었던 데오빌로는 이런 일을 할 수 있는 사람이었을 것이다. 하지만, 누가복음과 같은 긴 복음서가 주로 데오빌로 한 사람에 의존하여 그로 하여금 그런 역할을 하도록 기록되었다고 보기는 어렵다.

이와 반대로 누가복음이 로마를 그리스도인들에게 변증하려고 했다는 견해는 누가복음이 특히 로마 백부장이나 로마의 총독 빌라도를 다른 복음서보다 더 긍정적으로 묘사하는 것을 근거로 제시된다. 예수께서 백부장의 종을 고치신 사건에서 누가는 유대인 장로들이 예수께 와서 백부장을 칭찬하며 고쳐주시기를 요청한 일을 전하는데, 이는 마태복음에는 기록되어 있지 않다. 마태복음에서는 백부장이 직접 예수께 나와 하인을 고쳐달라고 하지만,마8:5 누가복음에서는 백부장이 유대인의 장로들을 보내어 요청하며, 그 유대인 장로들은 '간절히' 구하며 "이 일을 하시는 것이 이 사람에게는 합당하니이다 저가 우리 민족을 사랑하고 또한 우리를 위하여 회당을 지었나이다"7:4~5라고 백부장을 칭찬한다. 유대인 장로들이 백부장의 하인을 고쳐달라고 간절히 구하는 특이한 장면에서 그들은 백부장이 유대 민족을 사랑하고 회당을 지어주었다고 칭찬한다. 이처럼 로마 백부장은 유대 민족을 사랑하고 그들과 서로 좋은 관계로 나타나고 있으며 강압적인 통치자나 박해자로 묘사되지 않는다. 또한, 누가는 예수가 빌라도에게 심문받으신 장면을 다른 복음서보다 길게 서술하며 다른 복음서에 나타나지 않는 빌라도의 호의적인 말과 행동을 전한다. 23:4 이하 우선 빌라도는 처음부터 예수를 무죄라고 선언하는데, 누가는 빌라도가 세 번이나 예수가 무죄라고 선언하지만, 무리의 강한 요구에 못 이겨 처형을 선고하는 것으로 서술하고 있다. 누가는 빌라도가 예수를 죄 없다고 선언하는 반면에, 유대인 무리가 예수를 처형하라고 강력히 요구하고 있는 것을 계속 대조시키고 있다. 이러한 대조를 통해서 누가는 예수를 처형한 것은 빌라도나 로마의 뜻이 아니고 유대인 무리의 강요에 의한 것이었음을 강조함으로써 예수 처형의 책임이 로마에 없으며, 오히려 로마는 예수에게 호의적이었다는 것을 애써 보여주려고 하고 있다.

빌라도	유대인 무리
23:4 "내가 보니 이 사람에게 **죄가 없다**"	23:5 **더욱 강하게 말하되** "그가 온 유대에서 가르치고 갈릴리에서부터 시작하여 여기까지 와서 백성을 소동하게 하나이다"
14 "너희가 이 사람이 백성을 미혹하는 자라 하여 내게 끌고 왔도다 보라 내가 너희 앞에서 심문하였으되 너희가 고발하는 일에 대하여 **이 사람에게서 죄를 찾지 못하였고**	
20 빌라도는 **예수를 놓고자 하여** 다시 그들에게 말하되	18 무리가 **일제히 소리 질러 이르되** "이 사람을 없이하고 바라바를 우리에게 놓아 주소서"
22 빌라도가 세 번째 말하되 "이 사람이	21 그들은 **소리 질러 이르되** "그를 십자가에 못 박게 하소서 십자가에 못 박게 하소서 하는지라"

무슨 악한 일을 하였느냐 **나는 그에게서 죽일 죄를 찾지 못하였나니** 때려서 놓으리라" 24 이에 빌라도가 **그들의 구하는 대로 하기를 언도하고** 25 그들이 요구하는 자 곧 민란과 살인으로 말미암아 옥에 갇힌 자를 놓아 주고 예수는 넘겨 주어 **그들의 뜻대로 하게 하니라**	23 그들이 큰 소리로 재촉하여 십자가에 못 박기를 구하니 그들의 소리가 이긴지라

예수께서 십자가에 처형당하시는 장면에서 마가복음은 예수의 십자가 위에 '죄목' 罪目, αἰτία을 적은 죄패를 붙여 놓았다고 하며,막15:26 마태복음도 '죄목' αἰτία을 적어 놓았다고 하는 한편,마27:37 누가복음은 이 단어를 언급하지 않고 그저 '패'를 붙여 놓았다고 기록하고 있다.23:38 즉, 누가는 로마 당국이 예수를 공식적으로 죄인으로 처형한 것이 아님을 보여주려고 하는 것으로 보인다. 또한, 예수가 돌아가시자 그것을 보던 백부장은 예수가 '의인'義人이었다고 선언한다.23:47 이러한 백부장의 선언은 마가복음과 마태복음에서 백부장이 "이는 진실로 하나님의 아들이었도다"라고 선언하는 것과 달리 독특한 것으로서 이는 로마 당국의 한 백부장의 처지에서 볼 때에 예수가 죄인으로 죽으신 것이 아니라고 선언하는 것으로 볼 수 있다.[42]

눅23:47	마27:54	막15:39
47 백부장이 그 된 일을 보고 **하나님께 영광을 돌려** 이르되 이 사람은 정녕 의인이었도다 하고	54 백부장과 및 함께 예수를 지키던 자들이 지진과 그 일어난 일들을 보고 심히 두려워하여 이르되 이는 진실로 하나님의 아들이었도다 하더라	39 예수를 향하여 섰던 백부장이 그렇게 숨지심을 보고 이르되 이 사람은 진실로 하나님의 아들이었도다 하더라

---

42) 여기서 '의로운' (δίκαιος)이란 단어를 영어성경 ESV(English Standard Version)와 NRS(New Revised Standard Version)는 'innocent' (무죄한)라고 번역한다. 신약성서에서 이 단어가 사용된 용례를 볼 때에 이러한 번역을 지지할 수 없다는 견해도 있지만(Nolland), '의로운'이라고 번역한다고 해도 그가 죄인으로 죽으신 것이 아니라는 의미를 포함할 수 있기 때문에 결과적으로 큰 차이는 없다.

이처럼 다른 복음서와 비교해 볼 때에 누가는 로마를 대표할 수 있는 백부장이나 총독이 근본적으로 예수에 대해 호의적이며, 예수께서는 로마에 의해 죄인으로 선언되지도 않았으며 죄인으로 처형되지도 않았다는 것을 드러내 주려고 하고 있다. 누가공동체에는 로마인들도 있었을 것이며, 또한 누가공동체의 주변에는 믿지 않는 로마인들이 있었을 것이다. 누가복음의 로마에 대한 긍정적 표현은 이와 같은 상황에 있던 독자들에게 그들이 신자이건 불신자이건 간에 로마인들에 대해 호의를 가질 수 있었을 것이며 그들과 더불어 평화롭게 지낼 수 있었을 것이다. 이러한 평화로운 관계를 바탕으로 불신 로마인들에게 복음을 전하는 것이 용이해지길 기대했을 수 있다.

종말. 초기의 그리스도인들은 세상의 종말이나 예수의 재림이 곧 올 것이라는 기대를 지니고 있었을 것으로 생각된다. 하지만, 60년대 중반 이후 많은 사도가 순교하고, 주후 70년에 예루살렘이 멸망한 이후에도 종말은 오지 않았다. 누가복음은 이러한 종말의 지연에 공동체가 잘 대처하게 하려고 기록되었다는 견해도 오래전부터 제시되어 왔다. Conzelmann 터킷은 종말의 지연 문제는 당시로 볼 때에 누가공동체만 겪은 특별한 문제가 아니며 일반적으로 모든 그리스도인이 겪던 문제로서 누가복음이 이 문제를 해결하기 위해 기록되었다고 보는 것은 무리가 있음을 지적한다.[43] 실제로 누가복음에는 지연된 종말론뿐만 아니라 다른 다양한 종말론을 보여주고 있다.

우선 몇 부분에서 지연된 종말에 대한 암시를 찾아볼 수 있다. 마태복음에서 세(침)례자 요한은 "천국이 가까웠다"마3:2고 선포하고 있는데, 이러한 하나님 통치의 임박에 대해 누가복음은 언급하지 않고 있다3:3. 또한, 마태와 마가는 모두 예수가 공생애를 시작하시면서 처음으로 하신 선포가 하나님 통치의 임박에 대한 것이었음을 언급하는 한편,마4:17; 막1:15 누가는 이러한 말씀을 생략하고 있다.4:16~30 화자는 누가복음에만 있는 은 열 므나의

---

43) Christopher M. Tuckett, *Luke*, 37.

비유를 서술하면서 예수께서 이 비유를 말씀하시게 된 이유를 설명해 주고 있는데, 예수가 예루살렘에 가까이 가시자 사람들이 "하나님 나라가 당장에 나타날 줄로" 생각했기 때문이라고 설명해 주고 있다.19:11 즉, 이 비유는 임박한 종말의 기대를 하고 있는 사람들에게 주어진 비유로서, 예수께서는 귀인이 왕위를 받아 가지고 오려고 '먼 나라'로 가면서 종들에게 은화를 맡겼다고 말씀하시고 있다.19:12 귀인이 먼 나라로 갔다는 것은 그가 왕이 되어 돌아올 시간이 멀었다는 것을 나타내 주는데, 종들은 그동안 자신이 받은 것으로 충성스럽게 장사하도록 요구된다.19:12~26 이 비유에서는 분명히 종말이 먼 미래에 있는 것으로 나타나고 있다. 예수께서는 종말에 관한 말씀에서21:5~36 사람들에게 미혹을 받지 않도록 주의하도록 교훈하시는데, 미혹하는 사람들이 와서 사람들을 미혹시키는 말 중에 "(그) 때 Ὁ καιρὸς 가 가까이 왔다"라는 내용이 처음 세 복음서 중에서 누가복음에만 추가되어 나타나고 있다.21:8 즉, 때가 가까웠다는 것은 사람들을 미혹시키는 말이라는 것이며, 예수께서는 끝이 '곧' εὐθέως 오는 것이 아님을 주지시키신다.21:8~9 44)

눅21:8~9	마24:4~6	막13:5~7
8 이르시되 미혹을 받지 않도록 주의하라 많은 사람이 내 이름으로 와서 이르되 내가 그라 하며 **때가 가까이 왔다** 하겠으나 그들을 따르지 말라 9 난리와 소요의 소문을 들을 때에 두려워하지 말라 이 일이 먼저 있어야 하되 **끝은 곧 되지 아니하리라**	4 예수께서 대답하여 이르시되 너희가 사람의 미혹을 받지 않도록 주의하라 5 많은 사람이 내 이름으로 와서 이르되 나는 그리스도라 하여 많은 사람을 미혹하리라 6 난리와 난리 소문을 듣겠으나 너희는 삼가 두려워하지 말라 이런 일이 있어야 하되 **아직 끝은 아니니라**	5 예수께서 이르시되 너희가 사람의 미혹을 받지 않도록 주의하라 6 많은 사람이 내 이름으로 와서 이르되 내가 그라 하여 많은 사람을 미혹하리라 7 난리와 난리의 소문을 들을 때에 두려워하지 말라 이런 일이 있어야 하되 **아직 끝은 아니니라**

---

44) 헬라어 원문에서는 ἀλλ᾽ οὐκ εὐθέως τὸ τέλος라고 되어 있어 어순으로 볼 때 '곧' (εὐθέως)이 강조되고 있다.

이처럼 다른 복음서들과 비교해 볼 때에 누가복음은 분명히 종말이 생각보다 멀리 있음을 보여주고 있다.

하지만, 누가복음에는 지연된 종말의 모습만 나타나지 않고 다른 종말의 모습들도 나타나고 있다. 우선 여전히 다른 복음서들처럼 '임박한 종말'이 나타나고 있는데, 세(침)례자 요한은 유대인들에게 회개를 요구하며 "이미 도끼가 나무 뿌리에 놓였다"고 선언한다.3:9 그 정확한 의미를 알 수 없지만, 예수께서는 "여기 서 있는 사람 중에 죽기 전에 하나님의 나라를 볼 자들도 있느니라"9:27라고 말씀을 하신다. 이 말씀은 당시에, 임박한 종말을 의미하는 것으로 이해되었을 가능성이 크다. 예수께서는 70인을 파송하시면서 그들이 병자들을 고치고 "하나님의 나라가 너희에게 가까이 왔다"10:9라고 말하도록 명하시며, 받아들이지 않는 사람들에게 "하나님의 나라가 가까이 온 줄을 알라"10:11라고 말하도록 명하신다. 누가복음에만 기록되어 있는 과부의 탄원에 대한 비유에서, 하나님께서는 그 밤낮 부르짖는 택하신 자들의 원한을 오래 참지 않고 '속히' 풀어 주실 것이라고 예수께서 말씀하시며 바로 이어서 인자의 도래에 관한 말씀을 하시는데,18:8 이는 종말의 임박을 암시해 준다. 이처럼 누가복음에는 임박한 종말 사상과 지연된 종말 사상이 함께 나타나고 있다.

누가복음에는 '현재적 종말'을 나타내는 말씀도 있는데, 마태복음과 마찬가지로 누가복음에서도 예수께서는 하나님의 손을 힘입어 귀신을 쫓아낸다면 하나님 통치가 '이미' 너희에게 임했다고 선언하신다.11:20 또한, 누가복음에서만 예수께서는 하나님 나라는 가시적可視的으로 임하는 것이 아니고 그 임하는 장소를 말할 수도 없는데, 하나님 나라는 현재 너희 가운데 있다ἐστιν, 현재 동사고 말씀하신다.17:21 또한, 누가만이 개인의 사후의 삶에 대해 언급하는데 이를 보통 '개인적 종말론'이라고 한다. 누가는 어리석은 부자의 비유를 통해 우주적 심판 대신에 개인의 사후의 삶에 대해 언급하고 있으며,12:20 부자와 나사로의 비유를 통해서도 마찬가지로 개인의 삶의 종말 문제를 다루고 있다.16:19~31 이처럼 누가복음에는 '지연된 종말', '임박한 종말', '현재적 종말', '개인적 종말' 모두가 나타나고 있다.

전통적으로 지연된 종말의 문제가 누가복음을 기록한 목적과 관계있는 것으로 제시되어왔지만, 살펴본 바와 같이 누가복음은 지연된 종말뿐만 아니라 다른 종말의 모습들도 나타내고 있다. 이러한 다양한 종말론이 누가가 참조한 자료의 다양성에서 나온 것이라는 견해도 있지만, Conzelmann 서로 다른 것들처럼 보이는 종말의 견해들을 누가가 단순히 자료들로부터 그대로 옮겼을 것으로 추정하기는 어렵다. 누가공동체 안에 두 가지 다른 종말론적 견해를 가진 사람들이 있었다는 견해도 있다. Wilson 이러한 논리라면 누가공동체에 네 종류의 다른 종말론적 견해를 지닌 사람들이 있었다고 해야 할 것이다. 터킷은 누가가 실제로 종말의 지연을 경험하는 시대에 살면서 동시에, 임박한 종말에 대한 기대를 놓지 않았다고 생각한다.[45] 현재 그리스도인들의 삶을 볼 때에 당시에도 그럴 수 있었을 것으로 생각할 수 있다. 그들도 현재 그리스도인들이 임박한 종말과 지연된 종말의 긴장관계 속에서 생활하는 것과 마찬가지였을 것으로 생각해 볼 수 있다. 하지만, 그러한 상황은 역시 누가공동체에만 해당하는 것이 아니라 당시의 모든 그리스도인에게 해당하는 것으로서 누가복음의 다양한 종말론을 설명하기에는 부족해 보인다. 사실상 누가공동체가 어떻게 해서 그러한 다양한 종말론을 지니고 있었는지를 설명하는 것은 어렵다. 누가공동체의 종말론의 역사적 상황이나 이유를 찾기보다는, 그들이 이러한 종말론적 긴장 속에서 하나님이 주신 므나를 어떻게 남기려고 했는지에 관심을 보이는 것이 더 중요할 것이다. 그들에게 있어서 종말론은 단순한 이론적 신학이 아니라, 그것이 어떤 형태이든지, 그들의 실제적인 삶을 하나님이 원하는 대로 살기 위한 동기를 제공하는 실천적 기능을 했음이 분명하기 때문이다.

유대교와의 연속성. 가장 이방적 성격을 지닌 복음서로 언급되기도 하며, 모든 이방인들에게 πάντα τὰ ἔθνη, 24:47 회개를 전파할 것을 바라보는 누가복음은 흥미롭게도 예수와 기독교 신앙을 제시하면서 유대적 신앙을 바

---

45) Ibid., 42-3.

탕으로 시작한다. 누가는 주로 이방 독자들을 염두에 두고 복음서를 기록한 것으로 보이지만 기독교가 전통적이고 합법적인 유대교로부터 나온 것으로 설명함으로써 기독교의 정통성을 제시하며 그 근본을 세우려고 하는 것으로 보인다. 누가복음은 유대교의 중심이었던 예루살렘과 성전, 율법을 강조한다.

세(침)례자 요한과 예수의 탄생 이야기로 시작되는 누가복음의 첫 장면은 온통 유대적인 색채로 가득 차 있다. 누가 이야기의 처음 장면에 등장하는 등장인물은 제사장이며,1:5 그는 모든 계명과 규례대로 흠이 없이 행하는 자로 묘사되고,1:6 그가 하는 것은 제사장의 직무로서 분향하는 일이고,1:8~9 그가 등장하는 장소는 예루살렘 성전이다.1:9 예수는 태어나서 유대인으로서 할례를 받으며, 그 부모는 '모세의 법대로' 정결예식을 행한다.2:21~24 예수께서는 어린 시절에도 유월절 절기의 '관례를 따라' 예루살렘에 부모와 함께 간다.2:41~42 예수의 시험 이야기에서 화자는 마태복음에서와는 달리 두 번째 시험과 세 번째 시험의 순서를 바꾸어 서술한다. 누가는 마지막 시험을 예루살렘에서 마치도록 순서를 바꿈으로써 예수가 시험을 마친 장소인 예루살렘 성전에서 예수의 공생애를 시작하도록 이야기를 구성한 것으로 보인다. 마가복음이나 마태복음이 지리적으로 갈릴리를 강조하는 한편, 누가복음은 예루살렘을 강조하고 있다. 예수께서는 공생애 시작 후 처음 선포를 나사렛 회당에서 하시는데 화자는 예수가 '안식일에 늘 하시던 대로' 회당에 들어가셨다고 해설함으로써 예수가 유대적 관습을 계속 따르고 있었다는 것을 강조하고 있다.4:16 여자들은 누가복음에서 중요한 역할을 하고 있는데, 그녀들은 예수께서 돌아가시고 나서 시체가 무덤으로 옮겨질 때에 여자들이 따라가 무덤까지 가서 확인한다. 그 여자들은 향품과 향유를 준비했지만, 안식일이 되었기 때문에 '계명을 따라' 안식일에 쉰다.23:56 이러한 언급은 누가복음에만 나타나는 것으로서 누가는 신앙의 한 모범을 보인 여자들이 율법을 준수하고 있음을 강조한다. 이처럼 누가복음에만 있는 독특한 언급이나 해설에서 예수의 부모, 예수, 여자들은 율법을 충실히 따르는 것으로 나타난다.

누가는 또한 유대교 신앙의 전통적인 중심지였던 예루살렘을 중시하는 것으로 보인다. 누가복음에서 화자는 예수께서 예루살렘을 향해서 여행하고 있다는 해설을 자주 하고 있는데, 이처럼 예루살렘은 예수의 최종 목적지로서 중요하게 드러난다.13:22, 33~34, 17:11, 18:31, 19:11,28 누가는 예수가 예루살렘 입성 후에 성전에 들어가셔서 '날마다 가르치고 계셨다' $ἦν\ διδάσκων\ τὸ\ καθ᾽\ ἡμέραν$라고 설명함으로써 예수가 정규적으로 계속 성전에서 가르치셨음을 보여주며 성전의 중요성도 나타내 주고 있다.19:47 마가복음과 마태복음에서 예수께서는 제자들에게 부활 후에 갈릴리에서 만날 것을 약속하시며, 마태복음에서 예수께서는 부활 후에 갈릴리의 산에서 제자들을 만나 대위임을 해 주시는 것을 기록하고 있다.마28:16~17 하지만, 누가복음에는 예수가 제자들에게 부활 후에 갈릴리에서 만날 것을 약속하시는 언급이 없으며, 실제로 부활 후에 예수께서는 갈릴리가 아닌 예루살렘에서 제자들과 다른 사람들을 만나신다.24:33~36 엠마오로 가던 제자들도 부활하신 예수를 만나 다시 예루살렘으로 되돌아온다.24:33 예수의 이름으로 죄 사함을 받게 하는 회개도 예루살렘에서 시작하여 모든 족속에게 전파될 것이라고 선포된다.24:47 예수께서는 또한 제자들에게 성령을 받을 때까지 예루살렘에 계속 머물도록 명하신다.24:49 46) 이처럼 예루살렘은 예수의 공생애를 시작한 장소이며 또한 그의 최종 목적지로서 자신의 사명을 이루는 장소인 동시에 그의 승천 이후에 제자들을 통해 계속될 예수의 사역이 새롭게 시작되는 출발지다. 예루살렘은 또한 약속된 성령을 받는 장소이기도 하다. 실제로 예루살렘은 최초의 교회의 탄생지가 된다.행2장 참조 누가에게 있어서 예루살렘은 그 이후 세계 선교의 출발지가 되기도 한다.행1:8

살펴본 바와 같이 누가복음은 예수의 탄생의 배경이나 예수의 삶의 배경에서 전통적인 유대교 신앙이 중요하게 자리 잡고 있음을 보여주고 있다.

---

46) '예루살렘' 이라는 단어를 누가복음은 33회 사용하여, 마가복음의 11회, 마태복음의 13회보다 월등한 빈도를 보인다.

누가는 데오빌로 또는 로마 세계에 기독교가 새롭게 나타난 일종의 신흥 종교가 아니라 이미 로마 세계에 널리 알려졌던 유대교를 모체로 하고 있음을 보여주려고 했던 것 같다. 이와 같은 기독교의 대외적인 정통성 확립은 기독교에 대한 불필요한 오해나 그로 말미암은 박해 등을 피하게 해주는 하나의 방편이 될 수도 있었을 것이다. 그렇다고 해서 누가가 기독교를 당시의 유대교와 철저히 동일시하고 있지는 않다. 마태와 비교한다면 누가는 당시 유대교 지도자들에 대해 훨씬 강도強度 낮은 비판을 하고 있지만, 그럼에도 유대교 지도자들은 다른 복음서들에서와 마찬가지로 예수와 가장 큰 갈등을 유발하는 자들로 나타나며 예수 처형의 중심인물들로 나타난다. 즉, 누가가 유대인들이나 유대교 자체를 중시하거나 옹호했다고 볼 수는 없다. 그는 단지 이미 로마 세계에서 잘 알려진 종교가 되어 있던 유대교와 함께 기독교도 그렇게 알려지길 원했던 것으로 보인다.

하나님의 계획. 하나님이 역사의 주체가 되셔서 자신의 계획대로 모든 일을 진행하신다는 '하나님의 계획' 모티프는 누가 문서의 중심 주제로 제시되기도 한다.[47] 특히 탄생 이야기에서는 주의 사자가 종종 나타나 요한과 예수를 향하신 하나님의 계획을 알려준다.1:14~17, 31~35; 2:9~14 또한, 하나님은 마리아,1:46~55 사가랴,1:68~79 시므온2:30~32, 34~35을 통해서도 그들에 대한 계획을 알리신다. 사실상 하나님의 계획이 오래전부터 정해져 있다는 것을 가장 확실하게 보여주는 것은 구약성서이며 따라서 누가복음은 구약성서에 기록된 약속들이 성취되고 있음을 강조한다. 누가는 특히 이방인들이 하나님의 통치를 받아들이며, 반대로 이스라엘이 그것을 거절할 것이 이미 구약에 예언되어 있음을 보여준다.3:4~6; 4:25~27; 11:49~51 부활하신 예수께서는 모세의 율법과 선지자들의 글과 시편에서 자신을 가리켜 기록된 모든 것이 이루어질 것을 말씀하시며, 자신의 고난과 죽음과 부활과 자신의 이름으로 죄 사함을 받게 하는 회개가 예루살렘에서 시작해서

---

47) John T. Squires, *The Plan of God in Luke-Acts* (Cambridge: Cambridge University Press, 1993), 37.

모든 족속에게 전파될 것이 모두 구약에 기록되어 있으며, 이것들이 이루어질 것을 확인해 주신다.24:44~49 이러한 예언이나 구약의 구절들이 하나님의 계획을 나타내고 있는데, '오늘' σήμερον이란 단어의 사용은 이러한 계획이 지금 성취되었음을 보여준다.2:11; 4:21; 5:26; 19:5, 9; 23:43

하나님의 계획이 반드시 이루어져야 한다는 강조는 특히 누가가 δεῖ must, it is necessary라는 단어를 자주 사용하는 것에서도 알 수 있다.[48] 예수께서는 자신의 아버지의 집인 성전에 있어야만 하는 분이며,2:49 하나님 통치의 복음을 반드시 전해야만 하며,4:43 안식일에도 병을 고쳐 주어야 하며,13:16 고난을 받아야만 하며,9:22; 17:25 자신의 길을 가야만 하고 예루살렘에서 죽어야만 하며,13:33 불법자와 동류로 취급을 받아야만 하고,22:37 반드시 부활할 것이며,24:7, 26 예수 자신에 관한 구약의 모든 말씀이 이루어져야만 한다고 말씀하신다.24:44 이처럼 예수에게 있어서 중요한 사건들은 모두 하나님의 계획 속에 있는 것으로서 그것들은 반드시 이루어져야 한다는 것이 강조된다. 이 단어는 또한 누가복음 15장의 잃은 아들을 찾은 아버지의 기쁨을 보여주는 비유에서 큰아들도 아버지와 함께 자기 동생을 찾은 기쁨에 참여하는 것이 당연하다는 말씀을 하시는데도 사용된다.15:32 이는 예수께서 세리와 죄인들과 함께 어울리는 것, 즉, 잃어버린 자를 찾으려고 그들에게 가서 그들과 어울리는 것은 당연하다는 것을 강조하고 있으며, 동시에 그것은 하나님의 계획 일부라는 것을 암시해 준다. 이처럼 δεῖ라는 단어의 사용은 예수의 주요 사역들은 모두 하나님이 계획하신 것들로서 그것들은 반드시 이루어져야 함을 보여준다고 할 수 있다.

기타 강조점들. 이제까지 살펴본 누가의 강조점들 이외에 누가가 강조하고 있다고 제시되는 주제나 모티프들을 나열하자면 다음과 같다: (1) 식

---

48) Darrell L. Bock, "A Theology of Luke-Acts," *A Biblical Theology of the New Testament*, ed. Roy B. Zuck (Chicago: Moody Press, 1994), 94. 신약성서에서 이 단어가 사용된 경우의 40% 이상이 누가 문서에서 나타나고 있다. 영어에서 보통 'must'로 번역되는 이 표현은 우리말 개역개정판에서는 종종 분명하게 번역되지 않고 있다. 이 단어는 누가복음에 18회 요한복음에 10회 마태복음에 8회 마가복음에 6회 사용되고 있다.

탁 교제, (2) 평화의 신학, (3) 예수의 부활, 승천과 영광, (4) 성령, (5) 사람들의 삶이 미래에 역전됨.

참고자료

Bock, Darrell L. *Luke: Volume 1:1:1-9:50*. Baker Exegetical Commentary on the New Testament. Grand Rapid: Baker Books, 1994.

_____. *Luke: Volume 2:9:51-24:53*. Baker Exegetical Commentary on the New Testament. Grand Rapid: Baker Books, 1996.

_____. "A Theology of Luke-Acts." *A Biblical Theology of the New Testament*, Ed. Roy B. Zuck, 87-166. Chicago: Moody Press, 1994.

Bovon, Francois, *Luke the Theologian: Fifty-Five Years of Research(1950-2005)*. Waco: Baylor University Press, 2006.

Esler, Philip. *Community and Gospel in Luke-Acts*. Cambridge: Cambridge University Press, 1987.

Fitzmyer, Joseph A. *Luke the Theologian: Aspects of His Teaching*. Mahwah: Paulist Press, 1989.

Johnson, Luke Timothy. "The Christology of Luke-Acts." *Who Do You Say that I Am?: Essays on Christology*. Eds. Mark Allan Powell and David R. Bauer, 49-87. Louisville: Westminster John Knox Press, 1999.

Marshall, I. Howard. *Luke: Historian and Theologian*. Grand Rapids: Zondervan, 1970.

Nolland, John. *Luke 1-9:20*. Word Biblical Commentary. Dallas: Word Books, 1989.

_____. *Luke 9:21-18:34*. Word Biblical Commentary. Dallas: Word Books, 1993.

_____. *Luke 18:35-24:53*. Word Biblical Commentary. Dallas: Word Books, 1993.

Parsons, Mikeal C. *Luke: Storyteller, Interpreter, Evangelist*. Peabody: Hendrickson Publishers, Inc., 2007.

Powell, Mark Allan. *What Are They Saying about Luke?* New York: Paulist Press, 1989.

Tannehill, Robert C. *Luke*. Abingdon New Testament Commentaries. Nashville: Abingdon Press, 1996.

Tuckett, Christopher M. *Luke*. London: T & T Clark, 2004.

제 5 장

요한복음

The Gospel of John

요한복음과 처음 세 복음서 • 334

요한복음 해석 • 338

배경적 이해 • 341

예수 이야기 • 347

특징 및 신학 • 364

요한복음

요한복음은 앞선 세 복음서와는 아주 다른 독특한 책이다. 요한복음이 정경의 순서에서는 네 복음서 중 제일 마지막에 나타나지만, 현대 교회에서 요한복음이 차지하는 위치와 중요성은 대단히 크다고 할 수 있다. 특히 믿음에 의한 현재적 영생을 제시하는 구원론은 요한복음이 제시하는 독특한 것으로서 복음주의 교회들의 구원 교리의 근간이 되며 복음 전도에 핵심적인 것으로 받아들여진다. 요한복음은 교회에서 특히 이러한 교리적 또는 복음 전도적 목적으로 가장 많이 읽히는 책 중 하나가 되었다. 요한복음에서 예수의 니고데모와의 대화, 사마리아 여인과의 대화, 예수께서 제자들의 발을 씻기신 이야기, 포도나무 은유隱喩 등은 그리스도인들이 자주 읽히는 이야기들이기도 하다. 또한, 보통 복음주의 교회에서 요한복음은 새 신자들에게 우선 읽도록 권유되는 책 중 하나이기도 하다.

이처럼 요한복음은 현대 그리스도인들에게 아주 친숙한 책이라고 할 수 있지만 사실상 요한복음은 이해하기 쉽지 않은 책이다. 요한복음의 저자는 다른 어느 신약 책들에도 나타나지 않는 독특한 용어나 개념들을 사용하기도 하며, 분명하고 직접적으로 표현하기보다는 상징이나 은유 등의 비유적인 표현을 많이 사용하고, 때로는 이중적인 의미가 있는 단어를 사용하며 심오한 언어로 서술하는 예도 있어서 이해하기가 쉽지 않다. 따라서 요한복음을 더 잘 이해하려면 요한복음의 독특한 용어들이나 개념들에 주목하여 그것들을 잘 파악해야 할 것이며, 요한복음이 자주 사용하는 표현법이나 수사법을 숙지해야 할 것이다. 요한복음의 일부 내용이나 개념들은 요한서신의 그것들과 연관되어 있어서 요한서신을 이해하는 것도 요한복음 이해에서 중요하다. 요한서신은 요한복음과 같은 저자가 같은 독자에게 요한복음과 관련된 문제 때문에 기록한 것으로 보이는데, 따라서 요한복음은 요한서신과 함께 이해할 때에 그 의미가 더 풍부해진다.

요한복음과 처음 세 복음서

요한복음은 그 전체적인 큰 구조로 볼 때에 처음 세 복음서와 유사하다고 볼 수 있다. 세(침)례자 요한이 초기에 등장하며, 예수께서 오천 명을 먹이신 일, 예루살렘 입성, 수난과 죽으심과 부활로 이어지는 전체 이야기의 구조는 세 복음서와 유사하다. 하지만, 요한복음 대부분은 세 복음서에 전혀 나타나지 않는 많은 이야기로 채워져 있으며, 요한복음이 사용한 용어들이나 신학은 처음 세 복음서와는 큰 차이를 보이고 있다.

차이. 요한복음과 세 복음서 간의 차이는 주로 이 복음서들이 서로 다른 전승이나 자료를 사용한 것에서 기인한 것으로 보인다. 내용으로 볼 때에 요한복음은 예수의 족보나 탄생 이야기로 시작하지 않으며 태초부터 계신 말씀으로 예수를 제시하며 시작한다.1:1~14 요한복음은 예수께서 사탄에게 시험받으신 일을 전하지 않는다. 세(침)례자 요한이 예수의 선구자로 와서 사역하는 것은 세 복음서와 같지만, 그는 '하나님의 통치' 마3:2나 '회개' 막1:4; 눅3:3를 '선포' 하지 않고, 대신에 '예수'에 대해 '증언' 한다.1:15~34 요한복음에는 세 복음서에 나타나는 여러 비유 중, 단 하나도 나타나지 않는다. 또한, 요한복음에는 산상(평지)설교나 종말에 대한 강화와 같은 긴 설교가 나타나지 않으며, 대신에 니고데모나 사마리아 여인과의 대화와 같은 개인적인 긴 대화나 강화講話가 나타난다. 요한복음에는 열두 제자들의 명단이나 제자들을 파송한 일이 언급되지 않으며, '사도' 라는 호칭이 사용되지 않는다. 요한복음에는 세 복음서에서는 등장하지 않는 제자인 '나다나엘' 이나 '사랑하시는 제자' 가 등장한다. 요한복음에는 예수가 변형되신 장면도 없고, 귀신을 쫓아내신 기적도 없으며, 나병환자를 고친 사건도 나타나지 않는다. 대신에 가나의 혼례에서 물로 포도주를 만드신 일이나 나사로를 살리신 기적은 요한복음에만 나타난다. 요한복음에서는 하나님이 하늘에서 목소리로 말씀하시는 일도 없다. 빌립보 가이사랴에서의 베드로의 고백도 요한복음에는 나타나지 않으며, 겟세마네에서 예수께서 기도하신 이야기도 없다. 예수의 십자가 처형 때에 주변에 있던 사람 중에 백부장은 언급되지 않으며, 따라서 그의 고백도 나타나지 않는다. 대신에 요한복음에서는 십자가 아래에 '사랑하시는 제자'가 와 있으며, 그가 예수의 말씀을 듣는 것이 기록되어 있다. 요한복음은 처음 세 복음서가 주로 부정적인 의미로 사용하는 '표적' σημεῖον이라는 용어를 기적을 가리키는 말로서 긍정적인 의미로 사용하며 처음 세 복음서에는 나타나지 않는 여러 표적을 싣고 있다. 처음 세 복음서에는 예수께서 공생애 후반에 한 번 예루살렘에 가신 것으로 기록되어 있는 한편, 요한복음에는 예수께서 네 번 예루살렘을 방문하신 것으로 기록되어 있다. 2:13; 5:1; 7:10; 12:12 요한복음에서는 세 번의 유월절이 언급되고 있어서 세 복음서에서 한 번 언급하는 것과 다른데, 2:13; 6:4; 11:55 예수의 생애 동안 언급된 세 번의 유월절은 예수의 공생애를 3년 정도로 추정할 수 있는 유일한 근거가 된다. 예수의 사역은 갈릴리보다는 주로 예루살렘과 유대에서 이루어지며, 저자는 예루살렘 내의 구체적인 장소들을 언급한다. 실로암, 기드론, 베데스다, 가나, 솔로몬 행각

요한복음에서는 '하나님의 통치/왕국'에 관한 메시지가 중심이 아니며, 대신에 영생(생명) 또는 예수 자신의 기원, 정체, 예수와 하나님 아버지와의 관계에 관한 메시지가 중심이 된다. 요한복음에서 예수께서는 자신을 ἐγώ(나)로 호칭하시면서 자신에 대해 말씀하시는데, ἐγώ(1인칭 대명사)를 118회나 사용하고 있다. 막 9회; 마 17회; 눅 10회 세 복음서에서 메시아로서의 예수의 정체는 처음에는 드러나지 않고 후반에 가서야 조심스럽게 드러나고 있지만, 요한복음에서는 예수께서 메시아라는 것이 처음부터 공개적으로 선포된다. 1:29,41; 4:26 예수께서 성전을 정화하신 일을 세 복음서는 예수 사역의 말기에 하신 것으로 기록하고 있지만, 요한복음은 그것을 예수 사

역의 초기에 하신 것으로 기록하고 있다.2:13~17 요한복음에서 예수께서는 말씀λόγος, '독생자,' '하나님의 어린 양' 등으로 독특하게 지칭되며, 성령은 신약성서 책 중에서 유일하게 요한복음에서만 '보혜사' παράκλητος로 지칭되기도 한다. 예수께서는 태초부터 계신 선재先在하신 분으로 나타나며 하나님의 아들일 뿐만 아니라 하나님으로 불린다.20:28 '믿는다' πιστεύω는 동사 또는 분사가 자주 사용되며98회, 믿는 자에게 현재 영생이 있음이 선언된다. 처음 세 복음서에 자주 사용되는 '회개', '서기관', '바리새인', '사도', '세리', '귀신' 등의 단어가 요한복음에서는 전혀 사용되지 않거나 드물게 사용되는데, 대신에 '사랑', '빛', '어둠', '진리', '세상', '아버지', '아들', '안다', '본다', '증언', '진실로 진실로', '나는…이다'와 같은 단어나 문구가 자주 등장한다.

관계. 처음 세 복음서와 요한복음의 이러한 유사점과 차이점으로부터 세 복음서와 요한복음의 관계를 설명하려는 시도가 계속 있었다. 일부 고대 교부들은 요한은 세 복음서를 알았으며 그것들을 보충(완성)하거나 대체하려고 요한복음을 기록했다고 생각했다. 알렉산드리아의 클레멘트는 요한이 처음 세 복음서와는 달리 '영적인 복음서'를 기록했다고 생각했다. 고대 교부들의 이러한 견해들은 큰 이견 없이 20세기 초까지 계속 지지가 되었다. 20세기 초의 신약학자들도 요한복음 저자가 세 복음서를 알고 사용했다는 견해를 취했다.의존설, Jülicher; Bacon 가드너-스미스Percival Gardner-Smith, 1938는 이러한 이전의 입장들이 주로 요한복음과 세 복음서의 유사점에 근거하여 문헌적 또는 자료적으로 의존성이 있음을 밝히려고 하고 있다는 점을 지적하고 요한복음과 세 복음서의 차이점에 주목하였다. 그는 요한복음은 문헌적으로 세 복음서에 의존하고 있지 않으며 세 복음서 기록 이후에도 계속 발전했던 구전 전승에 의존하고 있다고 주장했다.[1] 이러한 요한복음의 독립설independent theory은 그 이후 많은 학자가 지지하는 가장

---

[1] Percival Gardner-Smith, *Saint John and the Synoptic Gospels* (Cambridge: University Press, 1938), 87-98.

대표적인 견해로 자리 잡았다. Dodd; Haenchen; Bultmann; Schnackenburg; Brown; Lindars 요한복음은 이전에 기록된 다른 복음서에 의존하지 않았고 독립적으로 기록되었다는 견해가 지지가 되는 동시에, 요한복음은 고유의 독특한 자료인 '표적 자료' sign source를 사용했다는 견해가 제시되기도 했다. Bultmann; Fortna 현재는 독립설이 지배적인 견해인 가운데 여전히 의존설을 주장하는 학자들도 있으며, Barrett; Neirynck; Perrin 요한은 기록된 다른 복음서들을 알았지만 사용하지는 않았다는 중도적인 견해가 제시되기도 한다. Smith; Beasley-Murray; Carson 요한은 기록된 복음서들에 의존했기보다는 그 복음서들의 기록 이전의 구전 전승을 일부 알고 있었으리라 생각된다. 성전 정화 사건이나 오천 명을 먹이신 일은 요한복음을 포함하여 네 복음서 모두에 나타나고 있다. 이러한 점은 요한복음이 세 복음서와 관련된 자료나 전승에 접근할 수 있었음을 보여준다.

흔히 요한복음은 영적 또는 신학적이고 세 복음서는 역사적이라는 평가를 내리기도 하는데, 이는 지나치게 단순한 평가다. 앞서 살펴본 바와 같이 처음 세 복음서는 모두 각기 독특한 신학을 담은 아주 신학적 책들이다. 한편, 우리가 보통 예수의 공생애가 '역사적'으로 3년이나 3년 반 정도가 된다고 추정하는 근거는 전적으로 요한복음에서 나온 것이다. 또한, 요한복음은 실제로 예루살렘의 몇 장소들에 대한 정보들을 제공하고 있는데, 그것들은 고고학적 발굴을 통해서 확인되기도 했다. 즉, 처음 세 복음서를 역사적이라고 한다면 그만큼 요한복음도 역사적이라고 할 수 있으며, 요한복음을 신학적이라고 한다면 처음 세 복음서도 그만큼 신학적이라고 할 수 있다. 처음 세 복음서도 각기 독특한 신학이나 강조점을 가지고 있지만 거의 유사한 수준의 예수상을 제시하는 한편, 요한복음은 이들과는 큰 차이를 보이는 예수상을 제시하고 있다. 하지만, 이러한 차이는 예수상의 신학적 **깊이나 정도**의 차이 문제가 아니라 단지 신학적 **성격이나 견해**의 차이 문제이다. 처음 세 복음서와 요한복음 간에는 표현이나 서술 방법의 차이도 크게 나타난다. 보통 요한공동체라고 불리는 요한복음의 독자 공동체의 기원이나 특별한 상황도 요한복음을 독특한 복음서가 되게 한 중요한 요인이었을 것이라고 생각된다. 이처럼 요한복음과 세 복음서와의 차이는 전승이나 자료, 저자의 문학적 표현이나 서술 방법, 독자가 처한 특별한 상황 등에 기인한 것으로 보인다.

요한복음 해석

요한복음을 해석하려면 처음 세 복음서를 해석하는 것과는 다른 접근이 필요하기도 하다. 처음 세 복음서가 서로 문헌적 의존 관계를 지니고 있지만, 요한복음은 주로 독립적인 전승과 자료들에 근거하고 있다고 이해되므로 세 복음서 연구에서 주로 사용하는 방식의 자료 비평이나 편집 비평을 사용하기는 어렵다.[2] 학자들은 '표적 자료' sign source 또는 '담화 자료' discourse source와 같은 자료들이 요한복음에 사용되었다고 생각하기도 하는데, 이 자료들은 요한복음 자체를 근거로 추정해낸 것일 뿐 다른 어떤 복음서에서도 사용되지 않는 독특한 것이므로 실제로 자료의 성격이나 범위 또는 자료를 사용 자체를 확인하기 어렵다. 또한, 요한복음은 그 후기後記 부분21:24~25을 볼 때에 전체적으로 단번에 완성된 것으로 보기 어려우며 최소한 한 번의 후대 편집이 있었다는 것을 인정할 수밖에 없는데, 따라서 편집 비평을 사용하려면 요한복음 내에서 독립적으로 적용해야 한다.[3] 요한복음은 다른 복음서들과의 병행본문이 별로 없으므로 요한복음에 대한 이해와 해석은 결국 대부분 그 복음서 자체 내에서 이루어질 수밖에 없다. 이러한 점에서 요한복음의 이해와 해석에는 자료 비평이나 편집 비평보다는, 복음서를 그 자체로 이해하려는 서사 비평이 특히 유용하게 사용될 수 있

---

[2] 요한복음 해석원리에 대한 논의를 위해서는 권종선, 『신약성서 해석과 비평』(대전: 침례신학대학 출판부, 2005), 122-7를 참조하라.
[3] 이에 대한 충분한 논의를 위해서는 Herman C. Waetjen, *The Gospel of the Beloved Disciple: A Work in Two Editions* (New York: T & T Clark, 2005), 3-15를 참조하라.

다.

　요한복음의 해석에는 우선 신약성서 해석에 기본적으로 필요한 저자, 수신자, 시기, 목적 등에 대한 이해와 본문에 대한 언어적·문법적 접근과 함께 요한복음의 전체적 특징을 파악하는 것이 필요할 것이다. 이러한 특징을 파악하려면, 첫째, 다른 복음서들이나 신약의 책들과 비교하여 요한복음이 특징적으로 사용하는 용어들을 찾아내며, 요한복음에 독특한 개념이나 신학을 이해하는 것이 필요하다. 요한복음만이 사용하는 용어를 조사하거나 자주 사용하는 용어의 빈도 등을 단순히 조사하는 것만으로도 요한복음의 특징을 이해하는 데에 도움을 받을 수 있다.

　둘째, 요한복음 독자와 상황에 대한 이해가 필요하다. 요한복음의 독자는 당시 주류 교회들에 포함되지 않았던 독특한 분파sect 공동체였다고 받아들여지는데, 이러한 요한공동체의 기원이나 발전, 공동체의 성격, 기록 당시의 상황에 대한 이해는 요한복음 해석에서 도움을 줄 수 있다. 하지만, 이러한 요한공동체의 역사를 재구성해내거나 그 상황을 역사적으로 파악하는 것은 다른 공동체들에 대한 역사적 연구들과 마찬가지로 사실상 불가능하다. 단지 요한복음 본문을 통해서 추론하여 그 독자의 모습과 상황을 재구성해낼 수밖에 없다. 비록 추론에 의한 것이지만 이렇게 재구성해낸 독특한 공동체를 전제로 요한복음을 해석할 때에 요한복음의 독특한 신학들이나 특징들을 더욱 잘 설명할 수 있는 것도 사실이다. 예를 들어, 요한복음의 예수 선재先在 사상, 현재적 구원론, 성령의 인도에 대한 강한 확신, 내부적 결속을 위한 서로 사랑에 대한 교훈 등은 이러한 요한공동체의 분파적 성격을 전제로 할 때에 쉽게 설명될 수도 있다.

　셋째, 요한복음은 요한서신과 연결해서 이해하는 것이 필요하다. 요한복음과 요한서신은 보통 같은 저자에 의해서 같은 독자들을 위해 기록된 것으로 이해된다. 특히 요한일서는 요한복음을 지니고 읽고 있던 요한공동체 내부에 요한복음의 신학을 잘못 이해한 극단주의자들에 의해 신학적, 윤리적 문제가 생겨나게 되고, 이 때문에 요한공동체가 분열의 위기를 맞게 되어 기록된 것이라고 이해된다.[4] 즉, 이러한 극단주의자들은 요한복음에 나타나는 예수의 신성을 지나치게 강조함으로써 상대적으로 예수의 인성을 부인하게 되었으며,요일4:2 현재적 구원을 지나치게 강조함으로써 스스로 죄 없다고 생각하거나요일1:8 윤리적인 삶을 등한시하는요일2:9, 3:18 태도를 보이게 되었다는 것이다. 따라서 요한일서의 저자는 그들에게 예수의 인성을 인정하도록 강조하며, 현재적 생명을 지님으로써 죄 자체가 모두 없어진 것이 아니므로 죄를 인정하되 그것을 고백함으로써 사하심을 받을 수 있는 것이라고 교훈하며,요일1:9 구원은 형제를 사랑하는 것과 같은 실천적인 삶으로 확증 받을 수 있다는 것을 강조하고 있다고 이해된다.요일3:14 이처럼 실제로 요한복음의 특정한 신학들에 대한 잘못된 강조에서 극단적이며 잘못된 신학이 생겨나 문제가 되었고 요한일서가 그러한 문제를 바로잡는 것이라면, 요한복음의 신학은 요한일서의 신학과 함께 이해될 때에 균형 잡힌 신학이 될 수 있을 것이다. 요한일서가 요한복음에 대한 오해로부터 생겨난 문제를 다루는 것이 아니라고 한다고 해도, 두 책의 저자가 동일하고 같은 공동체를 수신자로 하고 있다면 이 두 책을 함께 이해하는 것이 도움된다.

넷째, 요한복음을 '정경 안의 정경'으로 만들지 말아야 한다. 물론 로마서나 갈라디아서와 같은 책이나 신약의 어느 책도 정경 안의 정경이 될 수 없다. 요한복음은 복음주의에서 특히 교리상으로 중요한 책으로 인식되기 때문에 마치 신약성서의 교리, 특히 구원론을 대표하는 표준적인 책으로 인식될 수도 있다. 일반적으로 받아들여지는 대로 요한복음의 독자가 주류 기독교에 속하지 않은 분파로서 독특한 공동체였다고 한다면, 당시 요한복음의 신학은 그 소수인 비주류 분파의 독특한 신학이었을 것이다. 즉, 요한복음은 당시 기독교 교회들을 대표하는 책이 아니었을 것이며, 따라서 요한복음의 신학은 당시 기독교 교회들을 대표하는 신학이 아니었을 것이다.

---

4) Raymond E. Brown, *The Community of the Beloved Disciple: The Life, Loves, and Hates of an Individual Church in New Testament Times* (New York: Paulist Press, 1979), 103-44.

현재 개신교의 요한복음에 대한 선호는 다분히 16세기 종교개혁 신학의 영향에 의한 것이다. 신약성서의 기록 시기(1세기) 또는 정경이 확정되는 시기(2-4세기)의 독자들이나 교회들의 입장에서 신약의 책들을 이해할 필요가 있다. 초기 교회에서나 신약성서가 정경으로 확정된 주후 4세기 말까지 요한복음을 포함한 어느 특정한 책도 신약성서를 대표하는 책으로 인식되지 않았다. 요한복음은 네 복음서 중 하나이며, 신약 정경 27권 중의 하나이다. 구원의 교리에 대한 이해나 정립도 어떤 특정한 책에 근거하거나 의존하기보다는 신약성서 또는 성서 전체에 근거하는 것이 바람직하다. 신약성서 27권은 모두 정경으로서 이 책들 모두에 같은 중요성이 부여되어야 하며, 어떤 특정한 책에만 절대적인 비중을 줘서는 안 된다.

배경적 이해

저자. 요한복음은 다른 복음서들과는 달리 저자에 대해 언급을 하고 있다. 요한복음은 "이 일들을 증언하고 이 일들을 기록한 제자가 이 사람이라 우리는 그의 증언이 참된 줄 아노라"라고 기록하고 있다.21:24 그런데 이 구절을 기록한 기록자는 자신과 독자들을 1인칭 복수로 표현하고 있으며,οἴδαμεν, 우리는…아노라 다음 구절에서는 자신을 1인칭 단수로 표현하고 있다.οἶμαι, 내가…아노라, 21:25. 한편, 1인칭으로 자신을 언급하는 이 구절의 기록자는 요한복음 이야기의 저자를 '이 사람'οὗτός이라고 3인칭으로칭하고 있다.21:24 즉, 이 구절에서 볼 때에 저자는 두 사람인 것처럼 나타난다. 그를 언급 하는 자신을 '내가' 라고 1인칭으로 언급하며 말하는 사람과 요한복음의 사건들을 '증언하고 기록한 제자' 로 나타나는 '이 사람' 이다. 3인칭으로 언급된 '이 사람' 이 요한복음 대부분의 내용인 1~20장까지의 저자로 보이며, 1인칭으로 나타나는 사람은 21장을 기록하며 요한복음을 최종적으로 편집한 사람으로 보인다. 이처럼 요한복음은 저자에 대해 언급은 하고 있지만, 그 언급을 하는 편집자에 대해서는 알 수 없다. 요한복음의 화자에 의해 저자로 언급되고 있는 '이 사람'은 '예수께서 사랑하시는 그 제자'를 말한다.21:20 요한복음은 그를 단지 '사랑하시는 제자'라고 언급할 뿐, 사실상 그의 정체나 이름을 밝히지는 않는다.

'사랑하시는 제자'는 예수의 마지막 만찬 때에 처음 등장하는데 그는 예수와 가장 가까이 있으며 예수의 품에 의지하여 누운 자로 묘사된다.13:23 예수의 체포 시에 베드로와 함께 대제사장의 집까지 따라갔던 '또 다른 제자'라고 언급된 자도 사랑하시는 제자를 가리키는 것으로 보인다.18:15~16 그 이후에도 그는 주로 베드로와 함께 등장한다.20:2; 21:7,20 이처럼 예수 사건의 목격자이며, 마지막 만찬에 있었으며, 베드로와 함께 예수와 가까이 있던 제자로서 그는 보통 세베대의 아들 요한이라고 생각된다. 세 복음서에서 요한은 베드로, 야고보와 함께 예수와 가장 가까운 제자로 나타나며, 예수 사건의 목격자이며, 예수의 마지막 만찬에 함께 참여했기 때문이다. 이러한 견해는 처음 세 복음서의 언급과 내용을 근거로 추정한 것이다. 하지만, 처음 세 복음서를 근거로 사랑하시는 제자를 요한이라고 말한다면, 역시 처음 세 복음서를 근거로 이 견해는 반박될 수도 있다. 처음 세 복음서는 예수의 체포 시에 베드로만 대제사장의 뜰까지 따라간 것으로 언급하고 있지만, 요한복음은 또 다른 제자가 함께 따라간 것을 언급 할 뿐만 아니라, 그는 대제사장과 아는 사이였다고 하며, 그는 안에까지 들어갔다고 설명하고 있다.18:15~16 이 밝혀지지 않은 제자는 보통 사랑하는 제자였다고 받아들여지는데, 세 복음서에서는 이 장면에서 베드로만 언급하고 있어서 그를 요한이라고 말하기 어렵다. 또한, 세 복음서에서 제자들은 예수의 처형 때에 모두 도망가서 십자가 처형 장면에서 한 사람도 나타나지 않고 있지만, 이 제자는 십자가 밑에 예수의 어머니와 함께 와 있으며 예수로부터 어머니를 모시도록 부탁 받는다.19:26 이처럼 세 복음서의 내용에 비추어 볼 때에 이 제자가 열두 제자 중 하나인 사도 요한이라고 확언하기 어렵다.

요한복음에서 저자는 단순히 '사랑하시는 제자'로 언급되고 있기 때문에 그것을 그대로 받아들여서 저자를 사랑하시는 제자라고 말하는 것이 가장 적절하다. 물론 그는 사도 요한이었을 수도 있다. 그가 '사랑하시는 제자'라는 일종의 별명으로 계속 불리는 것을 볼 때에 그는 요한공동체에는 잘 알려진 인물이었음이 분명하다. 하지만, 그가 사도 요한이었는지는 알 수 없다. '사랑하시는 제자'가 실존 인물이 아니라 단지 이상적인 제자의 모습을 대표하는 가상의 인물이라는 견해도 있지만, 요한복음이 그가 목격자라는 것을 분명히 말하며 강조한 것을 볼 때에 그를 가상의 인물로 볼 수는 없다.21:24 요한복음에서는 원래 세(침)례자 요한의 제자였던 두 제자가 처음으로 예수를 따르는데, 그들 중 하나는 안드레라고 언급되고 있지만, 또 다른 제자의 이름은 밝혀지지 않는다.1:37~40 이름이 밝혀지지 않은 이 처음 제자가 사랑하시는 제자라는 견해도 있는데, 그는 예수 사역의 처음에 부르심을 받아서 처음부터 끝까지 예수의 삶과 가르침의 목격자가 되고 있기 때문이다. 또한, 베다니의 나사로가 사랑하시는 제자라는 견해도 오래전부터 제시되어왔다. 나사로는 특히 예수가 '사랑하신 자'로 언급되고 있다는 점에서 주목을 받고 있다.11:3,36 5) 또한, 도마가 사랑하시는 제자라는 견해도 있으며,6) 나다나엘, 요한 마가, 기타 여러 인물이 사랑하시는 제자일 가능성이 있는 인물로 제시되고 있다. 하지만, 요한복음은 그를 단지 '사랑하시는 제자'로 언급할 뿐이다.

   요한복음의 저자에 대한 외증은 이레니우스Irenaeus, 주후 170년경의 『이단반박』에서 찾을 수 있는데 그는 사도 요한에게 가르침을 받은 자로 알려진 폴리캅Polycarp에게서 나온 정보로 소개하며 "주님의 제자이며 주님의 가슴에 기대었던 자가 아시아의 에베소에 있으면서 이 복음서를 기록했다"라고 전한다. *Haer.* 3.1.2 유세비우스Eusebius, 4세기 초는 『교회사』에서 알렉산드리아의 클레멘트가 "요한은 마지막으로…영적인 복음서를 저술했다"라고

---

5) Herman C. Waetjen, *The Gospel of the Beloved Disciple*, 18-20.
6) James Charlesworth, *The Beloved Disciple: Whose Witness Validates the Gospel of John?* (Valley Forge: Trinity Press International, 1995), 115-26.

언급한 것을 전한다.*Eccl. Hist.* 6.14.7 주후 2세기 말부터 교회는 의심 없이 요한복음의 저자를 세베대의 아들인 사도 요한이라고 받아들였다. 이처럼 외증은 전체적으로 사도 요한이 요한복음의 저자라는 데에 특별한 이견이 없다. 하지만, 유세비우스는 『교회사』에서 요한복음의 저자를 '장로 요한'이라고 언급하는 파피아스Papias의 글을 인용해 전하는데, 이 장로 요한이 사도 요한을 가리키는 것인지 아니면 다른 요한을 언급하는 것인지 확실하지 않다. *Eccl. Hist.* 3.39.4-5

독자. 요한복음은 "이 일들을 증언하고 이 일들을 기록한 제자가 이 사람이라 우리는 그의 증언이 참된 줄 아노라"21:24라고 기록하고 있는데, 여기서 이 구절을 기록한 자는 '우리' we에 포함된 자로서 '이 일들을 기록한 제자' 인 '이 사람'과는 다른 사람으로 나타난다. 앞서 살펴본 바와 같이, 요한복음 21장은 다른 사람(들)에 의해 후기에 추가된 것으로 보는데, 여기서 '우리'는 그의 증언이 참된 줄 알고 있다는 서술로 볼 때에 그 '우리'는 요한복음 1~20장의 독자라고 말할 수 있을 것이다. 물론 요한복음은 이 독자가 누구인지 밝히고 있지 않다. 복캄Richard Bauckham의 견해를 따라 요한복음이 어떤 특정한 지역의 특정한 공동체를 대상으로 기록된 것이 아니라 일반 독자 즉, 모든 그리스도인을 위해 기록되었다는 뜻을 지지하는 학자도 있지만,[7] 많은 학자가 요한복음은 특정한 공동체를 위해서 기록되었다고 생각한다. 요한복음에만 사용되고 있는 독특한 용어들이나 요한복음의 독특한 신학을 볼 때에 요한복음은 그러한 용어들과 신학을 공유하던 특정한 공동체를 위해서 기록되었다고 하는 견해가 더 설득력이 있다.

마틴J. Louis Martyn은 요한복음은 예수 시대 이야기를 통해 후대의 독자인 요한공동체의 역사를 말해주는 '이중二重 드라마' two level drama로 이해해야 한다고 하며 요한복음이 한편으로는 예수의 사역을 서술하면서 다른 한편으로는 그러한 서술을 통해 그 기록 당시의 독자의 상황을 보여주고

---

[7] Andreas J. Köstenberger, *John, Baker Exegetical Commentary on the New Testament* (Grand Rapid: Baker Books, 2004), 8.

있다고 주장했다.[8] 학자들이 특별히 주목한 것은 요한복음 9장에서 예수께서 날 때부터 맹인 된 사람을 고치신 이야기이다. 이 이야기에서 맹인이 고침을 받은 일에 대해 유대인들이 그 부모에게 질문하자 그 부모는 고침을 받은 본인에게 직접 물어보라고 한다.9:19~21 화자는 그 부모가 그렇게 한 이유를 "그 부모가 이렇게 말한 것은 이미 유대인들이 누구든지 예수를 그리스도로 시인하는 자는 출교하기로 결의하였으므로 그들을 무서워함이러라"라고 설명해준다.9:22 '출교'라는 단어는 헬라어로 $\mathit{ἀποσυνάγωγος}$로서 문자 그대로 회당에서 축출됨을 의미하는데, 이 단어는 신약성서 전체에서 요한복음에만 3회 나타난다.9:22; 12:42; 16:2 유대인들이 '결의했다' $\mathit{συνετέθειντο}$는 표현이나 '출교'라는 용어의 의미로 볼 때에 이것은 공식적 결의에 의한 회당에서의 축출을 언급하는 것으로 보인다. 여기서 유대인들은 '이미' $\mathit{ἤδη}$ 예수를 그리스도로 시인하는 자를 회당에서 축출하기로 결의했다고 하는데, 실제로 예수 생전에는 제자들마저도 예수를 그리스도로 시인하지 못했으며 다른 사람들이 예수를 그리스도로 알았을 가능성은 거의 없다. 베드로가 예수를 그리스도로 고백하는 장면이 처음 세 복음서에 나타나지만, 세 복음서에서는 예수께서는 이에 대해 말하지 말도록 경고하셨다. 즉, 예수의 생전에는 공개적으로 예수를 그리스도로 고백하는 일은 없었다고 하는 것이 적절하므로 이러한 공식적인 축출도 예수 생전에 있었을 가능성은 없다. 바울의 전도 여행에서 볼 때에 초기 기독교 시대에도 예수를 그리스도로 시인하는 자들에 대한 회당으로부터의 공식적인 축출은 나타나지 않는다. 바울은 전도할 때에 보통 회당을 중심으로 전도하곤 하였다. 따라서 이러한 출교 결정에 대한 언급은 예수 시대나 초기 교회 시대를 그대로 반영하는 것이 아니라 후대의 요한공동체의 상황을 반영하고 있다고 받아들여진다.

회당이 공식적으로 그리스도인들을 이단으로 정죄한 것은 보통 얌니아

---

[8] J. Louis Martyn, *History and Theology in the Fourth Gospel* (Nashville: Abingdon Press, 1979).

Jamnia에서 주후 85년경에 있었던 것으로 추정되는 이단 저주문Birkat ha-Minim을 그 근거로 한다. 유대교 회당에 있다가 예수를 그리스도로 시인함으로써 이러한 유대교의 이단 저주 대상에 해당하여 회당에서 축출된 사람들로부터 요한공동체가 시작되었다고 생각된다. 처음 세 복음서에서는 주로 바리새인이나 서기관들이 예수와 상대되는 역할을 하는 한편, 요한복음에서는 예수에 반대하는 자들을 그저 '유대인들'이라고 언급한다.5:16,18; 6:52; 9:22 또한, 예수 자신도 유대인이지만, 예수께서는 유대인들에게 말씀하실 때에 율법을 '너희의 율법'이라고 거듭 언급하고 있다.8:17; 10:34; 15:25 이처럼 요한복음에서 유대인은 예수를 반대하는 전형적인 인물로 나타나고 있는데 이들은 회당을 대표하는 인물들로서, 이들에 대한 부정적 묘사는 요한공동체와 회당과의 갈등을 나타내는 것으로 이해된다.

이처럼 유대인의 회당으로부터 축출당한 요한공동체는 보통 '분파'적 성격을 지닌 공동체로서 자체의 정체성을 확립하려고 애쓰고 있던 공동체로 받아들여진다. 요한복음이 자신들의 집단에서만 독특하게 사용한 것으로 보이는 '그룹 내적 언어' in-group language를 많이 사용한 것이나, 자신들만이 가장 적절히 이해했던 것으로 보이는 은유, 상징 등을 자주 사용하는 것을 볼 때에 요한공동체는 '분파적' sectarian 성격을 지녔다는 것이 인정된다. 또한, 신약의 다른 책들에서 찾아보기 어려운 현재적 영생과 같은 아주 독특한 신학을 지닌 점도 요한공동체의 분파적 성격을 보여준다. 브라운Raymond E. Brown은 요한공동체의 시작과 더불어 그 공동체에 가담하게 된 여러 부류나 요한서신에 반영된 후기의 요한공동체의 분열 상황들을 설명하며 요한공동체의 역사를 나름대로 정교하게 재구성해 냈다. 하지만, 요한공동체의 분파적 성격이나 그 신학이 독특하다는 것은 인정할 수 있지만 요한공동체의 역사를 세부적으로 구성해내는 것은 사실상 불가능한 것으로 보인다. 요한공동체의 시작이 유대교의 이단 저주와 관련이 있다고 한다면 요한복음의 기록 시기는 주후 85년 이후로 생각할 수 있는데 요한복음은 대략 주후 90-100년 사이에 기록된 것이라고 할 수 있다.

목적. 요한복음은 어떤 복음서보다도 명확히 그 기록 목적을 밝힌다. 요한복음 20장 31절은 "오직 이것을 기록함은 너희로 예수께서 하나님의 아들 그리스도이심을 믿게 하려 함이요 또 너희로 믿고 그 이름을 힘입어 생명을 얻게 하려 함이니라"라고 그 기록 목적을 밝혔다. 이처럼 사람들로 하여금 믿고 생명을 얻게 하는 일은 보통 불신자를 믿게 하려는 '복음전도적' 목적을 의미하는 것으로 이해할 수 있다. 하지만, 요한복음의 내용으로 볼 때에, 그리고 그 추정된 요한공동체의 모습으로 볼 때에 요한복음의 우선적 독자가 불신자였다고 보기는 어렵다. 사실상 신약의 어떤 책들도 그 원래 독자가 불신자인 경우는 없다. 이 구절에서 "믿게 하려함이요" *ἵνα πιστεύητε*, 현재 가정법라는 표현이나 "믿고" *πιστεύοντες*, 현재 분사라는 표현이 모두 현재형으로 되어 있는 것을 주목해야 하는데, 이러한 현재적 표현은 주로 계속 믿는 것 또는 믿음을 유지하거나 지키는 것을 의미하기 때문이다.[9] 따라서 요한복음은 우선 불신자를 복음전도하기 위한 목적으로 기록되었다기보다는 요한공동체가 이미 지닌 믿음을 계속 지키도록 격려하기 위한 목적으로 기록되었다고 보는 것이 타당하다. 그들은 아마도 이미 예수를 그리스도로 시인함으로써 회당으로부터의 추방을 경험하고 핍박을 경험하고 있었을 것인데, 저자는 그런 독자들이 그러한 어려움에도 요동되지 않고 그 믿음을 계속 지켜나가도록 복음서를 통해 권면하고 있는 것으로 보인다. 특히 핍박을 경험하고 있던 공동체에게 이러한 현재적 영생에 대한 약속은 믿음을 계속 유지하고 지키는 강한 원동력이 되었을 것이다.

예수 이야기

요한의 예수 이야기는 예수의 족보나 탄생 이야기로 시작하지 않으며

---

9) 요한복음에서는 보통 새롭게 믿게 되는 경우에는 '믿는다'는 동사의 부정 과거 시제가 사용된다(1:7; 2:11; 5:47; 7:31).

'태초'부터 시작하고 있어서 독특하다. 요한의 예수 이야기에서는 사람들이 예수가 누구인지 모르다가 인식하게 되는 '아나그노리시스' anagnorisis 기법이 중요하게 사용되어 드라마적인 요소를 지니고 있고, 또한 영웅의 기원이나 업적, 죽음 등을 이야기로 서술하는 전기적인 요소를 함께 지니고 있다.10) 요한복음 이야기의 플롯은 주로 사람들의 예수에 대한 응답이 믿음인가 아니면 불신인가 하는 둘 사이의 갈등에 의해 진행되고 있으며, 화자는 다양한 이야기들을 단편적으로 서술하며 이러한 믿음과 불신의 반응들을 보여주고 있다.11) 요한복음은 여러 일화를 나열하여 이야기를 서술함으로써 이야기 간의 연결이나 전체적인 흐름이 부드럽게 진행되고 있지 않다고 생각될 수도 있지만, 각각의 일화들은 예수가 누구인지 그리고 그에 대한 반응은 어떤 것이어야 하는지를 잘 보여주고 있다.

태초부터 계신 로고스. 1:1~18 요한의 이야기에서 화자는 "태초에 말씀이 계시니라"1:1라는 선언으로 이야기를 시작한다. 창세기를 연상시키는 이 서두와 이어지는 서술에서 예수께서는 처음부터 선재先在하신 말씀으로 선언되어 독자는 이러한 높은 차원에서 예수를 인식하며 나머지 이야기를 읽도록 초대된다. 말씀은 태초부터 하나님과 함께 계신 분이며, 만물은 말씀(예수)으로 말미암아 창조되었다고 선언된다.1:2~3 처음부터 이러한 창조에 참여하신 분으로서의 예수에 대한 선언을 듣는 독자는 이후에 예수께서 어떤 기적을 행하셔도 놀라지 않고 받아들일 수 있게 준비된다. 이 말씀 안에는 '생명'이 있었다고 화자는 선언함으로써 요한복음의 중요한 주제를 선언하며 이 생명은 빛이라고 말한다.1:4 또한, 화자는 빛이 어둠을 비추었고 그래서 어둠이 이겨내지 못했다고 선언함으로써 처음부터 신적인 말씀이신 예수의 최종적인 승리를 미리 보여주고 있다.1:5 12)

화자는 앞으로 이야기에서 서술하게 될 내용을 미리 보여 주는데, 빛에

---

10) R. Alan Culpepper, "The Plot of John's Story of Jesus," *Gospel Interpretation: Narrative-Critical and Social-Scientific Approaches*, ed. Jack Dean Kingsbury (Harrisburg: Trinity Press International, 1997), 193-4.
11) R. Alan Culpepper, 『요한복음 해부』, 권종선 역 (서울: 요단출판사, 2000), 155.

대하여 증언하러 온 세(침)례자 요한에 대해 간단히 언급하며,1:6~8 빛이 세상에 와서 비추었지만, 세상이 알지 못했고 자기 백성은 그를 영접하지 않았다고 한다.1:9~11 즉, 세(침)례자 요한이 예수에 대해 증언할 것과, 세상은 예수를 알지 못하며 자기 백성이 예수를 받아들이지 않을 것을 미리 언급하고 있다. 이처럼 세상과 유대인들이 예수를 외면한다고 해도, 중요한 것은 누구든지 예수를 영접하는 자, 곧 그 이름을 믿는 자들에게는 하나님의 자녀가 되는 권세가 주어진다는 것이다.1:12~13 화자의 이러한 해설은 요한복음 전체 이야기를 미리 요약해서 보여주고 있다. 즉, 요한복음에서 앞으로 전개될 이야기는 예수의 자기 백성인 유대인들이 어떻게 예수를 믿지 않고 받아들이지 않는지를 독자들에게 보여줄 것이며, 또한 믿는 독자들은 하나님의 생명을 받아 하나님의 자녀가 되는 특권을 지니고 있음을 보여줌으로써 믿음을 유지하도록 독려할 것이다. 독자들은 이렇게 하나님의 자녀가 된 자들이 되었으며, 육신이 되신 말씀을 통해서 영광을 보며 은혜와 진리를 받는다.1:14 13) 화자가 말한 대로 세(침)례자 요한은 예수에 대해 증언하는데, 요한은 예수께서는 아버지 품속에 있는 독생하신 하나님으로서 하나님을 나타내 보여주는 분계시자, revealer이라고 증언한다.1:18 이처럼 다른 복음서들의 서론이나 탄생 이야기처럼 요한복음의 서언도 복음서의 나머지 이야기를 요약해서 미리 보여주는 서곡序曲 역할을 하며, 이 서언에서는 요한복음의 중요한 주제들이 나타나고 있다.

요한의 증언과 처음 제자들.1:19~51 이제 이야기의 처음에서 유대인들은 요한에게 "네가 누구냐"라고 묻는데1:19, 이러한 질문은 독자로 하여금 말 그대로 요한이 누구인지에 대해 집중하고 확인하도록 이끈다. 요한은

---

12) 우리말 개역개정판은 "…어둠이 깨닫지 못하더라"라고 번역하고 있으며 "또는 이기지 못하더라"라는 번역을 선택적으로 주석에 제시하고 있는데, 여기서 κατέλαβεν은 '깨닫다'라는 의미보다는 '이기다' (overcome, ESV, NRSV)라는 의미로 이해하는 것이 더 적절하다. Charles H. Talbert, *Reading John: a Literary and Theological Commentary on the Fourth Gospel and the Johannine Epistle* (New York: Crossroad, 1992), 68.
13) 여기서 화자는 "…우리 가운데 거하시매 우리가…"라고 1인칭 복수를 사용함으로써 독자가 함께 이러한 특권을 누리고 있음을 나타내주고 있다(1:14).

자신은 분명히 그리스도도 아니며 엘리야도 아니며 그 선지자도 아니라 구약에 예언된 '외치는 자의 소리'라고 함으로써 자신이 아닌 예수께 주목하도록 한다.1:19~23 요한은 예수를 '세상 죄를 치워버리는αἴρων, taking away 하나님의 어린 양'이라고 선언하며, 자신보다 뒤에 오시는 예수께서는 자신보다 먼저 계신 선재先在하신 분이라고 증언한다.1:29~30 이러한 요한의 예수에 대한 증언은 다른 복음서들에는 기록되지 않은 독특한 증언이다. 또한, 요한은 처음부터 예수가 '하나님의 아들'이라고 분명하게 증언한다.1:34

요한의 제자 중 두 사람이 예수를 따르게 되는데, 예수께서는 "와서 보라"라고 하시고 그들과 함께 거하신다.1:35~39 처음 두 제자 중 하나는 안드레로서 그는 자신의 형제 베드로를 만나 "우리가 메시아를 만났다"라고 전하며 그를 예수께 데리고 온다.1:40~42 요한복음은 베드로를 예수의 첫 제자로 언급하지 않으며, 예수께서 직접 부르신 제자로 언급하지도 않는다. 제자들은 세 복음서에서와는 달리 처음부터 예수를 '메시아'로 인식하고 있다.1:41,45 이튿날 빌립이 부르심을 받고 나다나엘에게 예수를 요셉의 아들 나사렛 예수라고 하며 나다나엘은 나사렛에서 무슨 선한 것이 날 수 있느냐고 반문하고, 빌립은 와서 보라고 한다.1:43~46 이처럼 이들은 아직 예수의 기원에 대해 올바른 이해를 하지 못하고 있다. 나다나엘은 예수께 와서 예수가 자신의 속까지 알고 계시는 것에 놀라며 결국 예수를 '하나님의 아들'이며 '이스라엘의 임금'이라고 고백한다.1:47~49 예수께서는 '더 큰 일들'을 보게 될 것을 예고하시는데, 이는 앞으로 자신이 행하시게 될 표적들을 언급하는 것으로 보인다. 또한, 야곱의 꿈을 연상시키는 말씀을 하심으로써 하늘과 땅을 연결하는 야곱의 사다리로 자신을 제시하시는데창 28:12~19 이는 자신을 새로운 계시의 장소로 나타내는 것으로 보인다.[14] 이처럼 이야기의 처음부터 예수는 다양한 모습으로 언급되고 고백 되는데,

---

14) D. Moody Smith, *John, Abingdon New Testament Commentaries* (Nashville: Abingdon Press, 1999), 78.

특히 제자들에 의해 예수가 '메시아', '하나님의 아들'로 초기부터 고백 되는 것은 주목할 만하다.

표적들을 통해 나타나는 하나님의 아들. 2:1~12:50 이제 화자는 예수가 말씀하신 '더 큰 일들'의 첫 번째로 가나 혼례에서 예수께서 표적을 행하신 일을 전한다. 혼례에서 포도주가 떨어지자 물로 포도주를 만드신 이 일을 화자는 첫 표적이라고 전한다. 2:1~11 즉, 이 일은 단순한 기적이 아닌 '표적' σημεῖον, sign으로서 예수가 누구신지를 나타내주는 의미 있는 표징으로 이해된다. 포도주로 변한 물을 맛본 연회장은 "사람마다 먼저 좋은 포도주를 내고 취한 후에 낮은 것을 내거늘 그대는 지금까지 좋은 포도주를 두었도다"라고 말하는데, 즉, 지금 비로소 더 좋은 포도주를 내 왔다는 것이다. 2:10 화자는 상징적인 의미를 담은 연회장의 이러한 고백을 빌어 예수를 통해 이제 더 좋은, 새로운 기쁨의 복된 시대가 열리고 있음을 보여주고 있다. 예수께서는 이 표적으로 영광을 나타내며 제자들은 믿게 된다. 2:11

처음 세 복음서와 달리 요한복음에서 예수는 사역의 초기부터 예루살렘에 올라가시는데, 성전에 가셔서 성전을 정화하신다. 2:13~17 성전 정화 사건은 네 복음서 모두에 기록되어 있는데 요한복음은 간단히 이 사건을 서술하고 나서, 다른 복음서에 없는 유대인들의 반응을 전한다. 유대인들은 이 사건을 보고 표적을 요구하지만, 예수께서는 "너희가 이 성전을 헐라 내가 사흘 동안에 일으키리라"2:18~19라고 대답하신다. 유대인들은 문자 그대로 이 말씀을 받아들여 이해하지 못하는데, 화자는 여기서 이 성전성소, ναός이 예수의 몸을 가리키는 것이라고 설명해준다. 2:21 즉, 부활한 예수가 성소처럼 하나님과의 중재를 통해서 하나님을 계시하며 죄의 구속을 가져다주는 역할을 하고 있음을 보여준다. 예수께서 예루살렘에서 표적들을 행하시는 것을 보고 많은 사람이 그의 이름을 믿었지만, 예수는 사람들의 속을 알고 계시기 때문에 그 사람들에게 자신을 맡기지 않으신다. 2:23~24

유대인 지도자 니고데모는 밤에 예수께 와서 예수를 '하나님께로부터 오신 선생'이라고 고백하는데, 예수는 니고데모가 어떤 질문도 하지 않았는데 "사람이 거듭나지 아니하면 하나님의 나라를 볼 수 없느니라"3:2~3라고 먼저 말씀하신다.15) 니고데모는 '다시' again와 '위로부터' from above의 두 가지 뜻을 의미할 수 있는 ἄνωθεν을 단순히 '다시'로 이해하여 늙은 사람이 어떻게 다시 태어날 수 있는지 반문하며, 예수께서는 '물과 성령으로' 태어나야 하나님의 통치에 참여할 수 있다고 가르치신다.3:4~5 여기서 물이 무엇을 의미하는지에 대해서는 논란이 많고 그 정확한 의미를 말하기는 어렵지만, 이어지는 말씀을 통해서 예수께서는 사람이 '성령으로' 즉 '위로부터' 나야 하는 것을 강조하고 있다는 것은 알 수 있으며, 이것은 사람이 이해할 수 있거나 사람이 할 수 있는 일이 아님을 알 수 있다.3:6~10 즉, 이 일은 하나님께서 예수를 통해서 이루시는 일로서, 예수께서는 자신이 하늘과 땅을 연결하는 중재자이심을 말씀하시며, 자신은 들려서 높이 될 것이며, 믿는 자들은 영생을 얻게 될 것을 말씀하신다.3:11~15 이처럼 예수를 믿는 자들이 영생을 얻게 된다는 요한복음의 중요 주제가 소개되고, 이 주제는 반복되어 강조된다.3:16 예수는 세상에 오신 빛으로 다시 언급된다.3:19~21 앞서 화자는 세상이 빛을 알지 못하며 자기 백성이 영접하지 않았다고 언급했는데,1:10~11 이번에는 사람들이 자기들의 행위들이 악하므로 그 행위가 드러나지 않게 하려고 빛을 미워하고 빛으로 오지 않는다고 보다 구체적으로 설명해준다.3:19~20 독자는 앞으로의 이야기에서 예수를 미워하고 예수께 오지 않는 자들이 어떤 자들이며 왜 그들이 그렇게 하는지를 미리 알게 된다.

예수께서는 다시 유대 땅으로 가시며, 세(침)례자 요한은 또다시 예수에 대해 증언하는데, 다시 한 번 자신은 그리스도가 아니라고 강조하며 자신은 신랑도 아니며 예수는 흥하여야 하고 자신은 쇠하여야 한다고 선언한다.3:22~30 이번에는 화자가 직접 예수는 위로부터 오신 이로서 하나님과

---

15) R. Alan Culpepper, *The Gospel and Letters of John* (Nashville: Abingdon Press, 1998), 135는 니고데모와 예수와의 대화는 요한복음의 전형적인 형태를 따르고 있는데, 예수께서는 주로 은유적으로 대답하시며 그 대답들은 니고데모의 질문들과 쉽게 연결되지 않는다고 한다.

하늘의 것을 증언하여 계시하시는 분이시며 따라서 하나님의 말씀을 하시는데, 그 하나님의 아들을 믿는 자에게 영생이 있다고 선언한다.3:31~36 이처럼 '거듭남', '하나님의 통치', '하나님께로부터 남', '영생'과 같은 중요한 것들은 모두 예수를 통해서 예수를 믿음으로 얻을 수 있는 것으로 나타난다.

유대인 남자 지도자 니고데모가 밤에 예수를 찾아온 이야기와는 대조적으로, 예수께서는 의도적으로 사마리아로 가셔서 낮에 사마리아 여자를 만나신다. 니고데모가 예수의 말씀을 이해하지 못하고 엉뚱한 대답을 했던 것처럼 사마리아 여인도 그처럼 반응한다. 예수는 물을 달라는 말씀으로 사마리아 여인과의 말을 시작하시며, 대화가 시작되자 '하나님의 선물'과 '자신의 정체' 그리고 '생수'에 대해 말씀하신다.4:10 사마리아 여인은 예수께서 언급하시는 영적인 생수를 일반적인 생수로 오해하며 엉뚱한 대답을 한다.4:11~12 예수께서는 사마리아 여인과의 대화를 통해서 결국 자신은 영생하도록 솟아나는 샘물의 근원이심을 밝히신다.4:14 이 여인은 처음에는 예수를 단순한 '유대인 남자'로 인식하다가 나중에는 '선지자'로 인식하게 된다.4:19 이 여인을 통해 많은 사마리아인이 예수를 믿게 되고 사람들은 결국 예수를 '세상의 구주'로 알게 된다.4:42 이들은 표적을 보고 믿는 자들이 아니라 예수의 말씀을 듣고 믿는 자가 된다.4:42

예수께서는 다시 갈릴리 가나로 가시는데, 왕의 신하는 자기 아들의 병을 고쳐 달라고 요구한다.4:43~47 요한복음에서 예수께서 보통 그렇게 하시듯이 예수께서는 우선 냉담하게 대하신다.4:48 마태복음과 누가복음에서는 이 사람이 예수께서 직접 집에 오시는 것을 감당하지 못하겠으며 말씀만 하시라고 믿음을 보이지만마8:5~15; 눅7:1~10 여기서 왕의 신하는 예수께서 자신의 집에 오시도록 두 번이나 권한다4:49. 예수께서는 아들이 살아있다고 말씀하시며 그 사람은 '말씀을 믿고' 가며 아들이 살았다는 것을 확인한다.4:50~53 다른 두 복음서에서처럼 믿음에 대해 칭찬을 받지는 않지만, 이 사람은 표적을 보고 믿은 사람이 아니라 말씀을 듣고 믿은 사람이 되며, 결국 그의 온 집안이 다 믿게 된다.4:53 이처럼 예수는 믿음을 통해서 사람들에게 생명을 주시는 분으로 나타난다.

요4:47~49	마8:8	눅7:6~7
47 그가…가서 청하되 내려오셔서 내 아들의 병을 고쳐 주소서 하니 그가 거의 죽게 되었음이라 48 예수께서 이르시되 너희는 표적과 기사를 보지 못하면 도무지 믿지 아니하리라 49 신하가 이르되 주여 내 아이가 죽기 전에 내려오소서	8 백부장이 대답하여 이르되 주여 내 집에 들어오심을 나는 감당하지 못하겠사오니 다만 **말씀으로만 하옵소서** 그러면 내 하인이 낫겠사옵나이다	6 예수께서 함께 가실새 이에 그 집이 멀지 아니하여 백부장이 벗들을 보내어 이르되 주여 수고하시지 마옵소서 내 집에 들어오심을 나는 감당하지 못하겠나이다 7 그러므로 내가 주께 나아가기도 감당하지 못할 줄을 알았나이다 **말씀만 하사** 내 하인을 낫게 하소서

예수께서는 명절에 다시 예루살렘에 올라가시며 베데스다 못가에 서른여덟 해 된 병자를 고치신다. 이 치유 이야기에서는 특이하게 병자의 요구 없이 예수께서 먼저 그에게 가서 고쳐 주시며, 그 병자는 고침을 받고 나서도 여전히 예수가 누구인지 모르며, 그가 믿게 되었다는 언급도 나타나지 않는다.5:1~15 화자는 예수가 '안식일'에 이 일을 행하여 '유대인'들이 예수를 박해하게 되었다고 설명해 준다.5:16 이처럼 화자는 병자가 고침을 받은 사건 자체보다는 안식일에 예수께서 이 일을 하심으로써 유대인으로부터의 박해가 시작되었다는 것을 알리는데 중점을 두어 이 사건을 서술하고 있다. 유대인들이 예수가 안식일 준수를 위반했으며 하나님을 자기 아버지로 언급함으로써 스스로 신성神性을 주장했다는 이유로 예수를 죽이려고 하게 되었다고 화자는 설명한다.5:17~18 유대인들이 예수를 죽이려는 명목상의 이유는 그러한 것들이지만, 독자는 화자가 앞서 이미 설명을 해 준대로, 사실은 그들이 자신들의 악한 행위들이 드러나게 될까 두려워 빛이신 예수를 미워하는 것이라는 것을 안다.3:19~20 참조 예수께서는 이들의 배척에 대해서 자신의 권위를 주장하시는데, 자신은 아버지가 행하는 것들을 행하며 하나님께서는 더 큰 일들도 보여 주실 것이라고 말씀하신다. 5:19~20

더 큰 일들에는 죽은 자들을 살리시는 일이 포함되는데 예수께서는 후에 실제로 나사로를 살리신다.5:21; 11:43~44 예수의 말씀을 듣고 그분을 보내신 하나님을 믿는 자에게는 현재적인 영생이 주어진다.5:24 종말론적 인자로서 예수는 죽은 자를 살리기도 하고 심판도 행하시는데, 이는 전적으로 그를 보내신 분의 뜻에 의한 것임을 예수는 강조하신다.5:25~31 예수께서는 이러한 자신에 대해서는 세(침)례자 요한이 증언하고 있으며,5:31~35 하나님이 가능하게 하신 자신의 일들ἔργα, works이 증언하고 있으며,5:36 아버지 자신이 증언해 주시며,5:37~38 성경이 증언하고 있으며,5:39 모세가 증언하고 있다고 교훈하신다5:45~47. 하지만, 유대인들은 영생을 얻으려고 자신에게 오지 않으며,5:40 하나님을 사랑하지 않으며,5:42 하나님의 영광을 구하지 않기 때문에,5:44 그리고 모세를 믿지 않았기 때문에5:45~46 자신을 믿지 않는다고 지적하신다5:44,47. 이처럼 5장에서는 예수가 하나님의 아들이라는 것과 그런 권위로 심판까지 행하시는 분이며 영생을 주시는 분이라는 것이 드러나며 유대인들은 이를 받아들이지 않고 오히려 예수를 죽이려고 함으로써 갈등이 첨예화된다.

예수께서는 갈릴리 바다 건너편에서 산에 제자들과 함께 계시며 오천 명이나 되는 큰 무리가 예수께로 오는데, 그들을 오병이어로 먹이신다.6:1~12 이 기적 사건은 네 복음서 모두에 기록되어 있는데 요한복음에서는 예수께서 빌립을 시험하신 것이나, 빵(떡)이 '보리' 빵이었다는 것이 독특하게 언급되고 있다. 모세가 광야에서 백성을 먹인 것을 연상시키는 이 기적에서 예수는 사람들이 그를 통해 백성을 다시 구원하실 것으로 기대했던 '모세와 같은 선지자'로 나타난다. 신18:15~18 16) 사람들은 표적을 보고 예수를 세상에 오시는 '그 선지자' ὁ προφήτης라고 고백한다.6:14 요한복음에만 사람들이 예수를 억지로 임금으로 세우려고 했기 때문에 예수께서 '다시 혼자' 산으로 떠나가셨다는 화자의 해설이 나타난다.6:15 즉, 사람들은 표적을 보고 예수를 그 선지자로 인식하지만, 사실상 세상의 왕으로 잘못된 인식을

---

16) Ibid., 156.

하고 있다. 제자들이 바다에서 파도를 만나자 예수께서는 바다 위로 걸어 오시며 '나다' Ἐγώ εἰμι라고 신적인 선언을 하시며 두려워 말라고 하신다.6:16~20 바다 건너편에서 무리는 다시 예수를 만나는데, 예수께서는 그들이 떡을 먹고 배불러서 자신을 찾고 있으며, 표적을 제대로 보고 찾는 것이 아님을 지적하신다.6:21~26 이 표적의 진정한 의미는 예수가 생명의 떡이라는 것이었지만 사람들은 단지 배를 부르게 해 주는 세상의 떡을 기대하고 있다. 예수께서는 하나님께서 보내신 이를 믿는 것이 하나님의 일이라고 교훈하시는데, 사람들은 또 표적을 구한다.6:29~30 예수께서는 하늘에서 내려 세상에 생명을 주는 하나님의 참 떡이신 자신에 대해 말씀하시며 자신이 바로 '그 생명의 떡' ὁ ἄρτος τῆς ζωῆς이심을 선언하신다.6:32~35 특히 그가 하늘에서 내려왔다는 말씀 즉, 그의 하늘로부터의 기원은 유대인들이 특히 이해하지 못하고 받아들이지 못하는 중요한 갈등 요인이 된다.6:41~42 그는 생명을 주시는 떡으로서 믿는 자들에게 영생을 주시는 분이시다.6:40,48 예수께서는 이 떡은 다름 아닌 자신의 살이라고 말씀하시며 자신의 살을 먹고 피를 마시는 자는 영생을 지닌다고 선언하신다.6:51~58 이는 예수의 죽으심을 의미하는 것으로 보인다. 이러한 예수의 말씀을 들은 여러 제자가 이 말씀이 어렵다고 하며 결국 예수를 떠나며 다시는 예수를 따르지 않는다.6:60,66 예수께서는 열두 제자에게 너희도 가려느냐고 질문하자, 베드로는 "주여 영생의 말씀이 주께 있사오니 우리가 누구에게로 가오리이까 우리가 주는 하나님의 거룩하신 자이신 줄 믿고 알았사옵나이다"6:67~69라고 고백한다. 예수께서는 이에 대해 어떤 칭찬이나 긍정적인 반응도 보이시지 않으며, 오히려 유다가 자신을 배신할 것을 말씀하신다.6:70~71 이 이야기에서는 표적의 의미를 올바로 이해하는 것도 힘들고 예수의 말씀을 올바로 이해하는 것도 힘든 것으로 나타난다. 또한, 예수가 그 생명의 떡이라는 것을 이해하고 수용하는 여부에 따라 예수를 계속 따르거나 따르지 않는 것이 결정되고 있음을 볼 수 있다.

화자는 유대인들이 계속 예수를 죽이려고 하고 있음을 언급하며, 예수는 초막절이 되어 자신의 때에 맞추어 예루살렘에 올라가신다. 예수께서는 성전에서 가르치시는데 자신의 교훈이 하나님께로부터 왔다고 하신다.7:14~17 예수께서는 계속 자신은 스스로 온 것이 아니라 하나님이 보내셔서 오셨으며, 그분께 돌아가게 될 것이라고 가르치신다.7:28~34 유대인들은 계속 이러한 예수의 말씀을 이해하지 못한다. 예수께서는 사마리아 여인에게 말씀하셨던 것과 같이 자신이 생수의 근원이심을 선언하신다.7:37~39 17) 계속해서 예수가 그 선지자인지, 그리스도인지 아닌지, 미혹하는 자인지 그 정체에 대해서 무리들, 당국자들, 바리새인들, 아랫사람 중에서도 일종의 분쟁이 일어난다.7:40~48 하지만, 독자는 이러한 여러 가지 평가 중 옳은 대답을 이미 알고 있으며 혼동되지 않는다.

서기관들과 바리새인들이 음행 중에 잡힌 여자를 끌고 와서 예수께 어떻게 할지를 질문하는데, 화자는 그들이 예수를 고발할 조건을 찾으려고 시험하려고 그렇게 했다고 설명해준다.8:3~6 예수는 "너희 중에 죄 없는 자가 먼저 돌로 치라"라고 하시고 사람들은 다 떠난다.8:7~9 예수께서는 그 여자를 정죄하지 않으시며 다시는 죄를 범하지 말라고 교훈하신다.8:11 예수께서는 자신이 '세상의 빛'이라고 선언하신다.8:12 18) 예수께서는 계속해서 자신의 기원과 자신이 돌아갈 것에 대해 언급하신다.8:14~26 예수께서는 유대인 중 예수를 믿는 사람들에게 "너희가 내 말에 거하면 참으로 내 제자가 되고 진리를 알지니 진리가 너희를 자유롭게 하리라"라고 말씀하시는데, 그들은 자신들은 남의 종이 된 일이 없다고 말함으로써 실제로 사실과 다른 말을 하며 죄로부터의 자유를 의미하는 예수의 말씀을 이해하지 못한다.8:31~36 실제로 그들의 조상은 애굽의 종으로 살았었다. 예수께서는 아들은 아버지가 행하는 것을 행하는 법인데 유대인들은 그들의 아비 마귀에

---

17) 초막절에 금주전자에 실로암의 물을 담아 성전으로 가져오는 것은 중요한 행사 중 하나로 알려져 있다. 예수께서는 이 명절에서 중요하게 생각되는 '물'을 주제로 자신이 생수 되심을 말씀하신 것으로 보인다.
18) 초막절은 '빛의 절기'라고도 알려져 있는데, 성전의 여인들의 뜰에 있는 금촛대들에 불을 환하게 밝혀 놓는 것으로 알려져 있다. 역시 예수께서는 이러한 '빛'을 주제로 자신이 세상의 빛이 되심을 말씀하신 것으로 보인다.

서 나서 잘못을 행한다고 지적하신다.8:38~44 유대인들은 예수를 귀신이 들렸다고 하기도 하지만 예수께서는 자신이 아브라함보다 먼저 계신 분이라는 것을 선언한다.8:58

예수께서는 날 때부터 맹인 된 사람을 고치시는데, 자신이 '세상의 빛'이라는 것을 다시 강조하신다.9:1~5 맹인은 예수를 '예수라 하는 그 사람'이라고 인식하다가,9:11 '선지자'로 인식하며,9:17 '하나님께로부터 오신 분'으로 알게 되며,9:33 결국 '인자'와 '주'로 믿게 된다.9:35~38 유대인들은 예수가 어디서 왔는지 알지 못한다고 하지만,9:30 고침을 받은 맹인은 예수가 하나님께로부터 오신 분이란 것을 안다. 이처럼 맹인은 영적인 눈까지도 뜨게 되어 예수를 올바로 인식하고 믿지만, 바리새인들은 오히려 영적인 맹인으로서 죄인으로 남아있다.9:39~41

예수는 선한 목자로서 양을 알며, 양으로 풍성한 생명을 얻게 하며, 양을 위하여 목숨까지도 버리는 분으로 자신을 소개한다.10:1~15 이제까지 예수는 자신의 죽음을 주로 '들린다' lifted up, 아버지께 '돌아간다'는 등의 표현으로 언급하셨는데, 여기서는 자신의 '목숨을 버린다'라고 보다 분명하게 표현하신다. 예수의 양들도 목자의 음성을 들으며 목자를 따르는데 목자는 그들에게 영생을 주신다.10:27~28 예수께서는 자신과 아버지는 하나이며 자신은 하나님의 아들이심을 밝히고, 자신이 아버지의 일을 행하고 있다면 자신을 믿으라고 권유하신다.10:30~38 화자는 예수께서 요단강 건너편에 거하셨으며 많은 사람이 예수를 믿게 되었다고 서술한다.

베다니에서 예수께서는 나사로가 병들었다는 소식을 듣는데, 죽을 병이 아니라 하나님과 하나님 아들의 영광을 위한 것이라고 말씀하신다.11:1~4 예수께서는 나사로가 이미 죽었음을 알리시고 자신이 그곳에 있지 않은 것은 제자들이 믿게 하려 함이라고 말씀하신다.11:11~15 이처럼 예수께서는 나사로를 살리시는 일이 아버지와 자신의 영광을 위한 것이라는 것과 제자들로 하여금 믿게 하려는 것임을 미리 알려주신다. 예수께서는 마르다에게 나사로가 살아날 것을 말씀하시지만 마르다는 마지막 날 부활 때에 그가 살 것으로 오해한다. 예수께서는 자신이 '부활이요 생명'이기 때문에 "나를 믿는 자는 죽어도 살겠고 무릇 살아서 나를 믿는 자는 영원히 죽지 아니하리니 이것을 네가 믿느냐"라고 물으신다.11:23~26 마르다는 "주여 그러하외다 주는 그리스도시요 세상에 오시는 하나님의 아들이신 줄 내가 믿나이다"11:27라고 고백한다. 하지만, 마르다는 실제로 예수께서 이미 죽어 나흘이나 된 나사로를 살리실 것이라고 믿지 못한다.11:39 예수께서는 다시 이 일이 하나님의 영광과 그들의 믿음을 위한 것임을 말씀하시고, 나사로를 살리신다.11:38~44 예수는 이 표적을 통해 자신이 말씀하셨던 대로 '부활이요 생명'이신 분으로 나타나신다. 이 일로 많은 유대인이 예수를 믿게 되었지만, 공회는 예수를 죽이려고 모의한다.11:45~53 예수께서는 에브라임으로 피신하셨다가 다시 베다니에 이르시는데 마리아는 예수의 장례를 예비하는 의미로 향유를 예수의 발에 붓는다.12:1~7 19) 이처럼 이제 예수의 죽으심이 가까워지고 있음을 이야기가 보여준다. 대제사장들은 나사로까지 죽이려고 모의하는데,12:10 이는 나사로 때문에 많은 유대인이 가서 예수를 믿었기 때문이라고 화자는 설명해 준다.12:11

예수께서는 구약의 예언을 따라 예루살렘에 나귀를 타고 평화의 왕으로 입성하신다.12:12~16 예수께서는 처음으로 인자가 영광을 얻을 '때가 왔다'고 선언하시며, 한 알의 밀이 땅에 떨어져 죽어야 많은 열매를 맺는다고 말씀하심으로써 그때가 자신의 죽음의 때임을 알리신다.12:23~24 예수께서는 하나님께 이때를 통해서 하나님 이름이 영화롭게 되길 기도하시며, 자신이 들리게 될 것을 말씀하시는데, 이는 자신이 십자가에 들리는 것과 영광스럽게 고양高揚되는 것 모두를 의미하는 것으로 보인다.12:27~33 예수께서는 빛이신 자신을 믿어서 빛의 아들이 되라고 권면 하며 피신하신다.12:36 예

---

19) 여인이 예수께 향유를 부은 사건은 네 복음서 모두에 나타나는데 서술에 차이를 보인다. 처음 세 복음서는 이 여인의 이름을 밝히지 않는데 누가복음은 '죄를 지은 한 여자'라고만 언급하는 한편(눅 7:37), 요한복음은 마리아라고 밝힌다. 마태, 마가, 요한은 향유 부은 일을 예수의 장례를 예비한 것으로 서술하지만 누가는 죄 용서와 관련된 일로 서술한다. 마태복음과 마가복음에서 여인은 예수의 머리에 향유를 붓지만, 누가복음과 요한복음에서 여인은 예수의 발에 향유를 붓는다.

수께서는 앞서 계속 말씀하셨던 내용을 다시 요약해서 말씀하시는데, 자신을 믿는 자는 곧 자신을 보내신 자를 믿는 것이며, 12:44~45 자신은 빛으로서 세상을 구원하러 오셨으며, 12:46~47 아버지의 말씀이 영생이라는 것을 말씀하신다. 12:50

아버지께 돌아가실 것을 준비하심. 13:1~17:26 화자는 "유월절 전에 예수께서 세상을 떠나 아버지께로 돌아가실 때가 이른 줄 아셨다"라고 설명해 줌으로써, 예수의 때가 단순히 죽음을 의미하지 않고 아버지께로 돌아가시는 것을 의미하며 예수께서는 자신의 운명을 알고 계시는 분이라는 것을 알려준다. 예수께서 자신의 죽음이 가까워진 것을 알고 그 준비로 먼저 하신 일은 "세상에 있는 자기 사람들을 사랑하시되 끝까지 사랑"하신 것이라고 화자는 전한다. 13:1 화자는 이제 어떻게 끝까지 자기 사람들을 사랑하셨는지를 보여주는데, 우선 예수께서는 친히 제자들의 발을 씻어주신다. 13:4~5 그것은 섬기는 사랑의 행위일 뿐만 아니라 13:14~15 자신의 죽음으로 제자들의 죄를 씻어 주시는 것을 의미하는 상징적 행동이기도 하다 13:8~10. 예수께서는 유다의 배신을 예고하시며 유다에게 사탄이 들어가 유다는 밖으로 나간다. 13:18~30 화자는 그때가 '밤' night이었다고 언급하는데 이는 독자에게 어두운 분위기를 전해주며 '돌아가심'이나 '팔리심'에 대한 언급과 함께 독자로 하여금 다가올 예수의 운명을 예상케 해주고 있다. 하지만, 예수께서는 자신의 죽음을 '영화榮化, glorification'로 언급하시며 제자들에게 서로 사랑하라는 새 계명을 주시는데, 사람들은 제자들이 서로 사랑하는 것으로써 그들이 예수의 제자인 것을 알게 될 것이라고 말씀하신다. 13:31~35 베드로는 주를 위해 목숨을 버리겠다고 하지만 예수께서는 베드로의 부인을 예고하신다. 13:36~38

유다뿐만 아니라 베드로까지 부인할 것이라는 말씀에 제자와 독자들은 놀라고 심각해질 수 있다. 하지만, 예수께서는 자신이 제자들을 위해 거처를 예비하러 가신다고 말씀하시며 믿고 근심하지 않도록 당부하신다. 14:1~2 특히 근심하지 말라는 말씀은 첫 마디에 부정 명령어로 나타나고 있어서 강조된다. Μὴ ταρασσέσθω 이 말씀으로 제자들과 함께 독자도 근심하지 않도록 인도된다. 예수께서는 자신이 '그 길이며, 그 진리며, 그 생명' 이심을 선언하시고, 자신을 본 자는 아버지를 본 것이라고 말씀하신다.14:6~9 특히 예수께서 주신 계명을 지킬 것을 제자들에게 당부하신다.14:15,21,23 예수께서는 자신이 떠나시고 나서는 보혜사παράκλητος, 위로자, 조언자, 협조자, 변호자이신 성령이 모든 것을 가르치시고 생각나게 하실 것이니 두려워하지 말기를 당부하신다.14:26~27

예수께서는 포도나무의 은유를 통해 자신이 참 포도나무로서 자신 안에 거하여야 열매를 맺는다고 교훈하신다.15:1~8 예수 안에 거한다는 것은 곧 예수의 사랑 안에 거하는 것이며, 서로 사랑하라는 계명을 지키는 것이다.15:9~12 예수는 제자들을 친구라고 호칭하며, 친구를 위해서 목숨을 버리는 사랑을 실천하실 것을 암시하신다.15:13~15 예수께서는 사람들이 자신을 박해한 것처럼 제자들도 박해할 것을 예고하신다.15:18~16:4 예수께서는 자신이 떠나가는 것이 제자들에게 유익한데, 그래야 보혜사가 오실 것이며, 그는 오셔서 죄와 의와 심판에 대해 세상을 책망하실 것이며, 그들을 모든 진리 가운데로 인도하실 것이며, 장래 일을 알리시며, 예수의 영광을 나타내실 것을 말씀하신다.16:7~15 예수의 고별 설교는 이처럼 예수의 죽음과 아버지께로 돌아가심의 중요성, 제자 중에서의 성령의 역할들, 제자들이 받게 될 시험과 박해에 대해 교훈하고 있다. 이제 예수께서는 기도하시는데 우선 자신을 위해서 자신의 때가 이르렀으니 자신을 영화롭게 해 달라고 기도하며, 영생은 유일하신 참 하나님과 그가 보내신 예수 그리스도를 아는 것이라고 말씀하신다.17:1~5 다음으로, 제자들을 위해서 기도하시는데, 그들을 아버지가 보전해 주실 것을 기도하시며, 진리로 거룩해지기를 기도하신다17:6~20. 마지막으로 제자들을 통해 믿게 될 사람들을 위해서, 그들이 다 하나가 되어 예수와 하나님 안에 있고, 세상이 아버지가 그들을 사랑하신 것을 알게 해 달라고 기도하신다.17:21~26

죽으시고 부활하신 하나님/하나님의 아들.18:1~20:29 예수께서는 유다와 함께 자신을 잡으러 온 사람들에게 먼저 누구를 찾느냐고 질문하며 자신이 바로 그들이 찾는 자라는 것을 '나다' Ἐγώ εἰμι라고 선언하시며 당당히 밝히신다.18:1~5 그들은 오히려 놀라 땅에 엎드러지며, 예수께서는 다시 누구를 찾느냐고 같이 질문하며 자신을 밝히고 자신의 제자들은 놓아주길 요구하신다.18:7~9 베드로는 말고의 귀를 베며, 예수께서는 아버지께서 주신 잔을 자신이 마셔야 한다고 하신다.18:10~11 예수는 이처럼 타의에 의해서가 아니라 스스로 체포되신다. 예수는 대제사장의 집으로 끌려가며, 베드로와 또 다른 제자가 따라가는데, 요한복음에만 등장하는 이 또 다른 제자는 안에까지 따라 들어간다.18:12~18 대제사장은 예수가 가르친 교훈에 대해 질문하지만, 예수는 공개적으로 가르친 것이니 들은 사람에게 물어보라고 대답하시며, 이 때문에 손으로 맞게 되고 가야바에게 보내진다.18:19~24 베드로는 예수께서 예고하신 대로 예수의 제자라는 것을 세 번 부인한다.

  예수는 빌라도에게 보내지며, 빌라도는 예수가 '유대인의 왕' 인지 질문하며, 예수는 자신이 왕이라고 대답하시는데 세상에 속한 나라를 통치하는 왕이 아니라 진리에 대해 증언하러 오신 왕으로 자신을 나타내신다.18:33~37 빌라도는 예수에게서 아무 죄도 찾지 못했다고 선언하며, 유대인들에게 유월절에 누구를 석방하길 원하느냐고 묻자 유대인들은 바라바를 요구한다.18:38~40 빌라도는 예수를 채찍질하며 군인들은 가시나무 관을 씌우고 자색 옷을 입히고 '유대인의 왕' 이라고 부르며 때리고 조롱한다.19:1~3 사실상 군인들은 그렇게 자신도 모르는 사이에 예수가 유대인의 왕임을 독자와 주위 사람들에게 선언하고 있다. 빌라도는 다시 예수에게 죄를 찾지 못했다고 하지만 대제사장들과 아랫사람들은 십자가 처형을 하라고 소리 지르며 빌라도는 다시 예수에게서 죄를 찾지 못했다고 한다.19:4~6 빌라도는 예수의 기원에 대해 질문하며 자신에게 예수에 대한 권한이 있음을 말하지만, 예수께서는 위에서 주지 않으면 누구도 자신에 대한 권한이 없다고 말씀하신다.19:9~11 빌라도는 예수를 석방하려고 애썼지만, 유대인들이 빌라도를 위협해 빌라도는 결국 예수를 법정에 세우게 된다.19:12~13 유대인들은 예수를 십자가 처형하기를 요구하고 예수는 다른 두 사람과 함께 십자가에 달리며 십자가 위에는 '유대인의 왕'이라고 히브리와 로마와 헬라어로 기록된 패가 붙여진다.19:15~22 예수는 이처럼 유대인의 왕으로 처형당한다.

십자가 곁에는 예수의 어머니와 다른 여자들이 함께하며 '사랑하시는 제자'가 함께 있는데, 예수께서는 어머니에게 사랑하시는 제자를 아들로 받아들이도록 부탁하며 그 제자에게는 어머니로 모시도록 요구하여 그 제자는 어머니를 자기 집에 모신다.19:25~27 처음 세 복음서에서는 예수의 십자가 처형 시에 모든 제자가 다 도망가서 아무도 없었던 것으로 언급하지만, 요한복음에서는 이처럼 사랑하시는 제자가 예수의 어머니와 함께 등장한다. 예수께서는 "다 이루었다"19:30라고 선언하시고 돌아가신다. 예수의 시체는 다리를 꺾지 않고, 창으로 옆구리를 찌르니 피와 물이 나온다.19:33~34 이 모두는 성경을 성취하고 있음을 화자는 강조한다.19:36~37 화자는 이것은 모두 본 목격자의 증언으로서 이 증언은 참이며, 이는 독자로 하여금 믿게 하기 위해 증언한 것이라고 설명한다.19:35 예수의 제자로 소개되는 아리마대 사람 요셉은 예수의 시체를 가져다 무덤에 안치한다.19:38~42

안식 후 첫날 막달라 마리아는 무덤의 돌이 옮겨진 것을 보고 베드로와 사랑하시는 제자에게 알리며 이 둘은 무덤에 들어가며 사랑하시는 제자는 '보고 믿는다.' 20:1~8 마리아는 부활하신 예수를 만나며 예수께서는 자신이 곧 아버지께 올라간다고 자신의 형제들에게 알리라고 말씀하시며 마리아는 제자들에게 가서 전한다.20:11~18 그날 저녁 제자들이 유대인들을 두려워하여 모인 곳에 예수께서 나타나셔서 평강을 전하며, 그들을 보낸다고 하시고, 성령을 받으라고 하시며, 그들에게 죄 사함의 권한을 부여하신다.20:19~23 도마는 그 자리에 없었고 따라서 부활한 주를 의심하는데 팔일 후에 예수는 도마를 포함한 제자들에게 다시 오셔서 도마에게 믿는 자가 되라고 권면 하시며, 도마는 "나의 주님이시요 나의 하나님이시니이다"라고 고백한다.20:24~28 이처럼 예수는 화자가 요한복음 서두에서 "이 말씀은 곧 하나님이시니라"1:1라고 선언한 대로 하나님으로 고백된다. 예수께서는 '보지 못하고 믿는 자들' 이 복되다고 선언하신다.20:29 이 말씀을 듣는 제자 중에 보지 못하고 믿는 자들은 없다고 볼 수 있는 데 따라서 이 축복은 곧 보지 못하고도 믿는 독자들을 향한 축복이 된다. 이제 화자는 요한복음을 기록한 목적은 예수가 하나님의 아들 그리스도라는 것을 믿게 하고, 그 이름을 힘입어 생명을 얻게 하려는 것이라고 서술한다.20:30~31 즉, 보지 못하고 믿는 독자들이 복됨을 선언하며, 계속 그 믿음을 지켜 생명을 지니도록 격려하고 있다.

후기.後記, 21:1~25 예수께서는 그 후에 다시 몇 제자들에게 나타나시는데, 바닷가에서 나타나셔서 많은 고기를 잡게 해 주시고 조반 식사에 함께 하신다. 식사 후에 베드로에게 자신을 사랑하는지 세 번 물으시며, 베드로는 그렇다고 대답하고 예수께서는 베드로에게 자신의 양을 치고 먹이는 목자의 사명을 주심으로서 세 번 부인했던 그를 회복시키신다.21:15~17 또한, 그의 죽음도 예고하신다.21:18~19 베드로는 사랑하시는 제자의 미래에 대해서 질문하며, 예수께서는 베드로에게 상관하지 말고 자신을 따르라고 하신다.21:21~22 화자는 이 사랑하시는 제자가 이 모든 일의 목격자로서 이 일들을 목격하고 기록한 것으로서 요한복음의 이야기가 참된 것이라고 선언한다.21:24 화자는 예수께서는 훨씬 더 많은 일을 행하셨지만, 그 일부만 기록했음을 말한다.21:25 저자는 믿는 자에게 생명을 주시는 것을 알리려는 목적에 적합한 것들만 선택해서 요한복음에 기록한 것으로 보인다.20:30~31 참조

특징 및 신학

예수. 네 복음서 중 요한복음은 특히 예수의 선재先在와 신성을 강조하고

있어서 독특하며, 예수는 하나님이라고 고백 되기도 한다.20:28 요한복음에는 예수에 대한 다양한 명칭들이 사용되고 있는데 그것들을 나열하자면 다음과 같다: 말씀,ὁ λόγος, 1:1,14 메시아,그리스도, 1:17, 41; 4:25; 11:27 독생하신 하나님,1:18 하나님의 어린 양,1:29,36 하나님의 아들,1:34,49; 11:4,27; 20:31 이스라엘유대인의 왕,1:49; 12:13, 18:39; 19:19 인자,人子, 1:51; 3:13,14; 5:27; 6:27,53,62; 8:28; 9:35; 12:23,34; 13:31 외아들,3:16,18 그 아들,3:17,35,36 등 하나님께로부터 오신 선생,3:2 세상에 오실 그 선지자,6:14 하나님의 거룩하신 자,6:69 하나님이 보내신 자,3:34; 5:38; 6:29; 17:3 하나님으로부터 오신 분,9:33 주,κύριος, 20:18; 21:7 하나님20:28.

요한복음에서 나타나는 예수상은 첫째, 로고스로서의 예수다. 우선 복음서의 시작 구절에서와 서언1:1~18에서 예수가 '말씀'으로 소개되는 것은 독특한 것이다. 말씀λόγος이란 단어는 요한복음 전체를 통해서 많이 사용되지만, 이 서언에서만 예수를 가리키는 용어로 사용되며 다른 구절들에서는 보통 '말' word을 가리키는 일반적인 의미로 사용되고 있어서 그 의미를 파악하기가 쉽지 않다. 저자가 복음서 서두에서 예수를 말씀으로 제시하는 것은 우선 구약적인 배경에서 나온 것으로 보인다. 잠언에서는 '지혜'가 의인화되어 나타나며, 그는 태초부터 있었던 자로 등장하며, 하나님의 창조에 참여한 자로 나타나며, 생명을 주는 자로 나타난다.잠8:22~36 또한, 구약 외경의 지혜 문학에서 지혜는 빛과 연관되어 나타나기도 하며,솔로몬의 지혜 7:10,26,29 20) 하늘에서 땅에 내려와 하늘의 것들을 계시하는 역할을 하는 것으로 나타나기도 한다집회서 24:8; 솔로몬의 지혜 9:10,16~18. 요한복음에서 말씀이신 예수는 구약의 지혜와 마찬가지로 태초부터 계시며, 창조에 참여하시며, 땅에 내려오셔서 하나님을 계시하시며, 세상의 빛이 되신 분으로 나타나고 있다. 이처럼 요한이 예수를 태초부터 계셔서 창조에 참여하신 말씀으로 제시하는 것은 구약의 지혜 사상을 반영한 것으로 보인다.

요한복음이 예수를 말씀으로 제시하는 것은 헬라의 스토아 철학 영향도

---

20) Ibid., 93.

받은 것으로 생각할 수 있다. 보통 스토아 철학에서 '로고스' λόγος는 우주를 지배하는 원리로서의 이성을 의미하는데, 저자는 아마도 헬라 독자들을 위해서 특히 이러한 두 배경을 지닌 단어를 사용했던 것으로 보인다.[21] 요한복음의 저자는 특별히 그 말씀이 '육신이 되어' 자신들 가운데 '거하시고' 자신들은 그의 영광을 보았고 그분은 '은혜와 진리로 충만' 했다고 선포한다.1:14 말씀이신 예수가 구약의 지혜이든지 또는 헬라 철학의 로고스이든지 간에 그 말씀이 사람의 육신이 되어서 사람들 가운데 하나님이 임재하신 성소처럼 거하셔서 은혜와 진리가 충만했다는 사상은 요한복음의 독특한 사상이다.

이처럼 예수는 처음부터 로고스로서 선언되며, 이러한 생명과 자연을 다스리는 창조의 참여자로서, 빛으로서, 계시자로서의 예수의 모습은 요한복음 전체의 배경적 이미지가 된다. 이러한 모습들을 넘어서 화자는 사실상 처음부터 이 로고스는 "하나님이시니라"1:1라고 분명히 선언하고 있다. 즉, 로고스 사상의 절정은 그분이 하나님이시라는 데에 있다. 복음서 이야기의 거의 마지막에서 도마는 부활한 예수를 보고 "나의 주님이시요 나의 하나님이시니이다"20:28라고 고백한다. 이는 당시 하나님을 찬양하며 하나님께 드리는 고백이었던 것으로 보인다. 이처럼 예수가 하나님이시라는 주제는 마태복음에서 임마누엘로서 예수가 그렇듯이, 복음서 이야기의 처음과 마지막에 나타나서 수미상관首尾相關, inclusio을 이루며 복음서 전체를 받쳐주는 기둥 역할을 하며 이야기 전체의 큰 중심이 된다.

둘째, 예수는 하나님의 아들로 나타난다. 요한복음의 기록 목적에서 나타나듯이 요한복음이 특히 중요하게 제시하는 예수상은 '하나님의 아들'과 '그리스도' 메시아라고 할 수 있다.20:31 요한복음에서는 처음 세 복음서에서와같이 하늘에서 하나님께서 음성으로 예수를 아들이라고 선언하는 장면은 나타나지 않으며, 마가복음과 마태복음에서와같이 십자가 아래서

---

[21] 이처럼 λόγος가 이중적인 배경에서 두 가지 의미 모두를 나타내도록 사용되었다고 한다면, λόγος를 말씀이라고 번역하는 대신 그대로 '로고스' 로 음역하는 것이 적절할 것이다.

백부장이 "이는 진실로 하나님의 아들이었도다"라고 고백하는 장면도 나타나지 않는다. 요한복음에서는 처음부터 세(침)례자 요한은 예수를 하나님의 아들이라고 증언하며,1:34 나다나엘과 마르다가 그렇게 고백하며,1:49; 11:27 화자가 그렇게 언급하며,20:31 예수 자신이 스스로 하나님의 아들이라고 언급한다5:25; 10:36; 11:4; 19:7. 예수가 스스로 하나님의 아들이라고 선언하는 것은 독특한데, 사실상 요한복음에서 예수는 여러 번 자신을 '아들'로, 하나님을 '아버지'로 언급하며 그 부자 관계를 강조하고 있다. 요한복음에서 예수가 '그 아들' the Son로 언급되는 것은 18회나 되는데, 이는 세 복음서에서 예수가 각각 1회씩 '그 아들'로 언급되고 있는 것과 비교할 때에 현저하게 많은 횟수다. 예수가 하나님의 아들이라는 사실의 주요 의미는 아버지로서의 하나님과 아들로서의 예수의 관계에서 찾아볼 수 있다. 예수는 '외아들'로서 원래 아버지와 함께 선재하신 분이다.1:18 마태복음에서는 믿는 자들도 하나님의 아들로 언급되기도 하지만,마5:9,45 요한복음에서는 예수만이 하나님의 '아들' υἱός로 언급되며, 믿는 자들에게는 이 단어가 사용되지 않고 '자녀' τέκνον라는 단어가 사용된다.1:12 이처럼 요한복음에서 예수는 독특하고 유일한 외아들이다. 예수를 하나님의 '외아들'로 언급하는 것은 요한 문서뿐이다.요1:14,18; 3:16,18; 요일4:9 그는 아버지의 품속에 있던 외아들로서 아버지를 가장 잘 아는 분으로서 아버지를 드러내 보여주시는 '계시자' revealer로 나타난다.1:18

아버지와 아들은 하나로서 아들을 믿는 것은 곧 아버지를 믿는 것이며,12:44 아들을 보는 것은 곧 하나님을 보는 것이다12:45; 14:9. 이처럼 아버지와 아들은 하나이며 아들은 아버지를 완벽하게 계시하셔서 그는 곧 하나님처럼 인식된다.20:28 그는 또한 아버지께서 '보내신' 분으로서 하나님의 아들이다. 보통 보냄을 받은 자는 보낸 자의 대리자로 인식된다. 아들은 보냄을 받은 자로서 보내신 분에게 전적으로 순종하는 분으로서 하나님께서 명령하신 것만 말씀하시며,12:49 자신의 뜻을 행하지 않고 보내신 분의 뜻을 행하며 그분의 일을 온전히 이루신다.4:34; 6:38 이처럼 아들이 하시는 말씀과 행동은 모두 하나님의 권위를 지닌 것으로서17:2 하나님의 영광을 나타낸다14:13. 아버지가 아들을 보낸 목적은 그들 믿는 자에게 영생을 주셔서 세상을 구원하려는 것이다.3:16; 10:10 아들은 자신이 보내심을 받은 목적을 이루려고 죽으시기까지 순종하심으로 결국 자신과 아버지 모두를 영화롭게 한다.17:1 아버지로부터 보냄을 받은 아들은 아버지가 자신에게 임무를 주셔서 보내신 것처럼 제자들을 보내며, 자신은 다시 아버지께로 돌아가신다.14:12 아버지의 권위로 큰일을 행하신 예수처럼 예수가 보내신 제자들도 예수의 권위로 큰 일을 할 수 있게 된다.14:12 이처럼 순종과 권위는 예수가 하나님 아들이라는 사상에 있어서 중요한 요소로 나타난다.

셋째, 예수는 메시아로 나타난다. 하나님의 아들이라는 표현은 세 번 메시아그리스도 또는 메시아적 표현과 함께 나타나는데, 실제로 하나님의 아들과 메시아의 개념은 연관된 것으로 보인다. 복음서 중에서 요한복음만 히브리어 단어를 그대로 음역하여 $Μεσσίας$메시아라는 표현을 사용한다.1:41; 4:25 요한복음은 물론 $χριστός$그리스도라는 헬라어 표현도 19회 사용한다. 처음 세 복음서에서 그리스도라는 호칭은 아주 제한적으로 사용되고, 주로 베드로의 고백에서 처음 사용되며,[22] 그 호칭을 말하지 말도록 요구되고 있다.마16:20; 막8:30; 눅9:21 하지만, 요한복음에서 예수는 초기부터 공개적으로 그리스도라고 고백 되는데, 예수의 최초의 두 제자 중 하나인 안드레는 처음부터 예수를 그리스도로 이해하며 베드로에게 그렇게 전한다.1:42 안드레는 단지 예수가 계신 곳을 와서 보고 예수를 그리스도라고 이해한다.1:39 예수께서는 사마리아 여인이 그리스도에 대해 언급하자 자신이 그라고 말하신다.4:25~26 사람들은 그리스도는 그 기원을 알 수 없다고 생각하거나,7:27 표적을 행하시는 분으로 이해하거나,7:31 베들레헴에서 오신다고 생각하거나,7:42 영원히 머물러 계시는 분으로 생각한다.12:34 이처럼 사람들이 그리스도에 대해 생각하는 견해들이 다르게 나타나는데 화

---

22) 누가복음에서는 천사가 양치기들에게 예수 탄생 소식을 전할 때에 이 호칭을 사용하지만 등장인물로서 처음 예수께 이런 고백을 하는 사람은 베드로다(2:11; 9:20).

자나 예수 자신이 생각하는 의미를 알 수 있는 언급은 요한복음에 나타나지 않는다. 따라서 요한복음에서 나타나는 그리스도의 의미를 분명히 알 수 없다. 처음 세 복음서에서 베드로의 최초의 고백과 이어지는 예수의 말씀으로 볼 때에 그리스도는 '고난과 죽으심, 그리고 부활'과 긴밀히 연관되어 있다고 할 수 있지만, 요한복음에서 이 호칭은 예수의 고난과 죽으심과 관련된 것으로 나타나지도 않는다.

요한복음에서는 예수가 그리스도라는 의미가 분명하지 않으며 실제로 큰 중요성을 지닌 것으로 나타나지는 않는 것으로 보인다. 하지만, 요한공동체의 기원이나 역사를 가장 잘 보여주고 있다고 생각되는 요한복음 9장에서 예수를 '그리스도'로 고백하는 것은 곧 회당으로부터의 축출을 의미하는 것으로서 요한공동체에 있어서 이것은 핵심적인 고백으로 나타난다.9:22 또한, 요한복음의 기록 목적에도 예수를 그리스도로 고백하는 것은 중요하게 나타나고 있다.20:31 아마도 이것은 유대인 그리스도인들을 회당으로부터의 축출당하게 했던 근본적인 고백으로서, 그들은 축출당하고 나서 요한공동체를 이루어 이 고백을 중요하게 간직했던 것으로 보인다. 시간이 지나고 공동체에 이방인들이 합류하면서 유대적인 성격을 지닌 그리스도라는 명칭의 의미는 사라져가고 오늘날처럼 그것은 단순한 이름으로 남아있게 되었을 것이다. 즉, 요한공동체는 그 공동체가 처음 결성될 때 중요한 신앙 내용이었던 '예수는 그리스도시다'라는 고백을 이후에도 계속 중요하게 보존하였지만, 그 신앙의 의미는 시간과 상황의 변화에 의해 함께 보존할 수 없었던 것으로 보인다. 그들은 그리스도라는 명칭보다 더 예수의 신성을 잘 드러내 줄 수 있는 하나님의 아들이라는 명칭을 선호했던 것으로 보인다. 따라서 전통적인 호칭인 그리스도와 함께 하나님의 아들이란 호칭이 사용되었던 것으로 보이며, 이 두 호칭은 이처럼 상호 연결된 것으로 보인다.

넷째, 예수는 '왕'으로 나타나신다. 요한복음에서 그리스도라는 호칭 자체에 대한 분명한 설명이 나타나지 않지만, 그리스도의 개념과 관련된

'왕'의 모습으로서 예수는 더욱 분명히 나타나고 있다. 왕은 일반적으로 기대되었던 그리스도의 모습 중 하나라고 할 수 있다. 살펴본 바와 같이 요한복음에서는 그리스도의 개념이 분명히 나타나고 있지 않지만, 왕이신 예수의 모습을 통해 그 일면을 볼 수 있다. 복음서 이야기의 초기에 나다나엘은 예수께 와서 예수를 '랍비'라고 부르며 '하나님의 아들'이며 '이스라엘의 임금(왕)'이라고 고백한다.1:49 예수께서 오천 명을 먹이신 표적을 행하신 것을 보고 체험한 사람들은 예수를 억지로 '왕'으로 세우려고 하지만 예수께서는 거절하신다.6:15 사람들이 예수께 기대하는 것은 세상의 왕으로서의 메시아지만 예수는 그러한 메시아가 아니라는 것을 보여준다. 예수께서 예루살렘에 입성하실 때에 사람들은 "호산나 찬송하리로다 주의 이름으로 오시는 이 곧 이스라엘의 왕이시여"12:13라고 외친다. 하지만, 그는 나귀를 타고 오심으로써 군사력을 가진 정치적인 왕으로 나타나지 않는다.12:15 요한복음이 인용한 스가랴의 문맥으로 볼 때에슥9:9~10 나귀를 타고 오는 왕은 '겸손'과 '평화'를 상징한다고 할 수 있다. 즉, 예수는 구원을 베푸시며,슥9:9 겸손하시며,슥9:9 평화를 전하시는슥9:10 왕으로서 정치적 해방(구원)이나 지배나 전쟁과는 관련이 없는 분이다. 빌라도는 예수를 심문할 때에 예수께 "네가 유대인의 왕이냐"라고 묻는데 예수께서는 자신의 왕권통치왕국, βασιλεία는 이 세상에 속한 것이 아니라는 것을 분명히 말씀하신다.18:37 빌라도는 다시 "네가 왕이냐"라고 묻자 예수께서는 "내가 왕이라고 네가 말한다"Σὺ λέγεις ὅτι βασιλεύς εἰμι라고 대답하시는데 이는 자신이 왕이라는 것을 긍정하는 것으로 이해된다. 하지만, 예수께서는 곧이어 자신이 "진리를 증언하기 위해" 태어나셨으며 세상에 왔다고 말씀하심으로써 자신은 세상적이며 정치적인 왕이 아님을 분명히 하신다.18:37 진리를 증언하는 왕이라는 개념은 참으로 독특하다. 군병들은 예수를 '유대인의 왕'이라고 부르며 조롱하고19:3 빌라도는 유대인들 앞에서 예수를 '너희 왕'이라고 칭하며19:14,15 십자가의 명패에도 '나사렛 예수 유대인의 왕'이라고 쓴다.19:19 예수의 왕권은 이처럼 지배나 통치나 권력 등과 관련이 없으며, 세상에 속하지 않으며, 진리를 증언하는 기능을 한다. 예수의 왕 되심의 이러한 모습은 그리스도 개념과도 연관된다.

다섯째, 예수는 인자人子로 나타난다. 사람의 아들이란 의미의 '인자'라는 호칭은 요한복음에서도 처음 세 복음서에서처럼 주로 예수가 자신을 가리킬 때에 사용된다. 처음 세 복음서에서 인자는 주로 예수의 특별한 지상 사역이나 고난과 관련되며, 또한 미래의 영광스런 통치 및 심판과 관련되어 사용되었다. 하지만, 요한복음에서 인자의 기능은 하나님의 아들의 임무에 통합되고 있는 것으로 보인다.23) 요한복음에서 그는 독특하게 하늘에 계셨던 분으로 하늘에서 내려온 분이며,3:13 그래서 하나님과 사람을 중재하는 분이며,1:51 다시 아버지께 돌아가실 분으로 나타난다6:62. 세 복음서에서 인자는 영광 가운데 다시 오시는 분으로 묘사되고 있는 한편, 요한복음에서 인자는 영광을 얻어 하나님께로 돌아가시는 분으로 나타난다.6:62 세 복음서에서처럼 요한복음에서도 인자는 죽으셔야 하는 분으로 나타나지만, 요한복음은 명확히 고난이나 죽음이란 단어를 사용하지 않고 '들려야' 한다고 언급한다.3:14; 8:28; 12:34 '들린다' lifted up는 표현은 십자가에 들리는 것을 의미할 수도 있지만, 승천이나 높이 고양高揚되는 것exaltation을 의미할 수도 있다. 요한복음은 이처럼 예수의 죽음을 예수의 들리심으로 언급하며 또한 그것을 영화롭게 되는 것으로 언급한다.12:23; 13:31 인자는 또한 생명을 주시는 분이며,6:27,53 심판하시는 분으로 나타나기도 한다5:27. 이처럼 요한복음에서 인자의 의미는 독특하게 나타나고 있다.

여섯째, 예수께서는 자신을 ἐγώ εἰμι라는 표현을 통해 나타내신다. 요한복음에서 예수는 특히 일곱 번 ἐγώ εἰμι라는 표현과 그다음에 이어지는 서술을 사용하여 자신을 밝히시는데 이러한 표현은 신성을 나타내는 자기 선언으로 이해된다. 또는 이러한 서술형에서 나타나는 ἐγώ εἰμι는 보냄을 받은 사자使者, messenger가 자신을 말하는 방법이라고 이해되기도 한다. 창

---

23) George R. Beasley-Murray, *John*, *Word Biblical Commentary* (Waco: Word Books, 1987), lxxxii.

24:34,54 참조 24) 예수는 오천 명을 먹이신 표적을 행하시고 나서, 자신이 '생명의 떡(빵)'이라고 선언하신다.6:35 생명 제공자life-giver로서의 예수의 이미지는 요한복음에서 여러 번 나타난다. 그는 목숨을 되돌려주실 뿐만 아니라11:43~44 영생에 이르게 하시는 분이다3:16. 예수는 또한 자신을 '세상의 빛'이라고 선언하신다. 화자는 처음부터 그를 빛이라고 소개하는데, 그는 빛으로서 어둠이 이길 수 없는 분이다.1:4~5 또한, 이 빛을 따르는 자들은 생명의 빛을 얻게 된다.8:12 예수는 자신을 '양의 문'이라고 선언하신다. 그는 양의 문으로서 양들이 구원되고 꼴을 얻는 통로가 되는데,10:7 양들은 결국 생명을 얻고 더 풍성히 얻게 된다.10:10 예수는 '선한 목자'로서 양들의 생명을 구하려고 자신의 생명을 버리는 자이다.10:11,14 예수는 '부활이요 생명'으로서 그를 믿는 자는 죽어도 살고 영원히 죽지 않게 된다.11:25~26 예수는 '길이요 진리요 생명'으로서 하나님께로 가는 바로 그 길이며, 사람이 따라 살아야 하는 그 진리이며 하나님이 주신 그 생명이다.14:6 예수는 '참 포도나무'로서 그에게 붙어서 거하는 가지가 열매를 맺도록 생명을 공급해 주신다.15:1~4 이처럼 신적인 자기 선언으로 알려진 $\dot{\epsilon}\gamma\dot{\omega}$ $\epsilon\dot{\iota}\mu\iota$… 선언은 요한복음 서언에서 화자가 "그 안에 생명이 있었다"1:4 라고 언급한 대로 전체적으로 '생명'과 관련되어 있으며 생명을 주시는 분이신 신적인 예수를 강조해주고 있다.

또한, $\dot{\epsilon}\gamma\dot{\omega}$ $\epsilon\dot{\iota}\mu\iota$는 서술적 문구 없이 독립적으로 나타나기도 한다. 예수께서는 자신이 위에서 났으며 이 세상에 속하지 않았다고 하시며 '내가 그라는 것' $\dot{\epsilon}\gamma\dot{\omega}$ $\epsilon\dot{\iota}\mu\iota$을 믿지 않으면 죄 가운데 죽을 것이라고 말씀하신다.8:23~24 또한, 사람들에게 너희가 인자를 든 후에 '내가 그인 줄' $\dot{\epsilon}\gamma\dot{\omega}$ $\epsilon\dot{\iota}\mu\iota$을 알게 될 것이라고 말씀하신다.8:28 예수께서는 아브라함이 나기 전부터 '내가 있느니라' $\dot{\epsilon}\gamma\dot{\omega}$ $\epsilon\dot{\iota}\mu\iota$라고 선언하신다.8:58 8장에서는 주로 예수께서 자신은 아버지로부터 보냄을 받았다는 것,8:18 아버지께로 간다는 것,8:21 자

---

24) George R. Beasley-Murray, *Gospel of Life: Theology in the Fourth Gospel* (Peabody: Hendrickson Publishers, 1991), 26-7.

신은 위에서 났으며 세상에 속하지 않는다는 것,8:23 하나님이 자신과 함께 계신다는 것,8:29 자신은 아버지에게서 본 것을 말한다는 것,8:38 자신은 진리를 말하며 죄가 없다는 것,8:46 하나님께서 자신을 영화롭게 하신다는 것,8:54 아브라함보다 자신이 먼저 이미 계셨다는 것8:58 등을 말씀하신다. 즉, 이처럼 주로 자신이 하나님께로부터 오신 분이며 선재先在하신 분이라는 것을 말씀하시는 문맥에서 ἐγώ εἰμι를 사용하고 있는데, 여기서 ἐγώ εἰμι는 분명히 신적인 의미를 담고 있다. 예수께서는 제자들에게 자신이 배신당하실 것을 말씀하시며, "지금부터 일이 일어나기 전에 미리 너희에게 일러둠은 일이 일어날 때에 내가 그인 줄ὅτι ἐγώ εἰμι 너희가 믿게 하려 함이로라"13:19라고 말씀하신다. 이러한 독립적인 선언들은 구약에서 하나님께서 유일하신 자신을 선언하는 것을 연상시키는데, 70인 역에서 ἐγώ εἰμι는 이러한 하나님의 선언에 사용되고 있다.사41:4; 43:10, 25; 45:18~19; 46:4; 51:12; 52:6

링컨Andrew T. Lincoln은 ἐγώ εἰμι가 독립적으로 사용된 나머지 세 경우는 일반적인 의미와 신적인 선언 모두를 포함하는 것으로 분류한다.25) 사마리아 여인이 그리스도가 오실 것을 말하자 예수께서는 "내가 그라" Ἐγώ εἰμι라고 답하시는데, 이는 자신이 그리스도라고 시인하는 한편 자신이 신적인 그리스도이심을 선언하는 것으로 보인다. 바다에서 파도를 만난 제자들을 찾아 바다 위로 걸어오시는데 제자들이 두려워하자, "나다 Ἐγώ εἰμι 두려워 말라"라고 하시는데 이 역시 선생님으로서의 자신과 물 위로 걸으시는 초월자로서의 자신을 나타내고 있다.6:20 사람들이 예수를 체포하러 와서 그들이 나사렛 예수를 찾는다고 하자 예수께서는 "내가 그니라" Ἐγώ εἰμι라고 대답하며, 그들은 이 대답을 듣고 물러가서 땅에 엎드러진다.18:6 예수는 자신이 나사렛 예수이며 동시에 신적인 분임을 선언하고 있다. 이러한 독립적인 용례는 처음 세 복음서에서도 나타나고 있지만 아주 드물게

---

25) Andrew T. Lincoln, *The Gospel According to Saint John*, Black's New Testament Commentaries (New York: Hendrickson Publishers, 2005), 68-9.

나타나고 있다.막6:50; 14:62; 마14:27; 눅24:39 이처럼 요한복음에서는 예수 자신이 ἐγώ εἰμι를 자주 사용하며 이 표현은 전체적으로 예수의 신성을 나타내고 있다.

일곱째, 예수는 '예언자(선지자)'로 고백 된다. 세(침)례자 요한이 누구인지 유대인들이 제사장들과 레위인들을 세(침)례자 요한에게 보내어 질문하는데 그들의 질문 중에는 "네가 그 선지자냐"Ο προφήτης εἶ σύ라는 물음이 포함된다.1:21 '그 선지자'란 신명기에 언급된 모세와 같은 선지자로서 하나님이 자신의 말씀을 그의 입에 두게 될 선지자를 말하는 것으로 보인다. 신18:18 모세와 같은 선지자는 종말 때에 나타날 것으로 기대되었으며, 사마리아 사람들은 그를 메시아와 동일시했던 것으로 보인다.26) 세(침)례자 요한은 자신이 '그 선지자'가 아니라고 대답하는데 이러한 문답은 당시 유대인들의 관심의 일면을 보여준다. 예수를 만난 사마리아 여인은 예수가 자신의 처지를 파악하고 계신 것을 알고 예수를 '선지자'로 인식하며 고백한다.4:19 여기서 사마리아 여인은 예수를 '그' 선지자로 인식한 것은 아니며 '한' 선지자로 생각했던 것으로 보인다.27) 사마리아를 떠나 갈릴리로 가시면서 예수께서는 "선지자가 고향에서는 높임을 받지 못한다"4:44라고 친히 증언하신다. 일반적인 격언과 같은 말씀이지만 예수께서는 자신을 선지자에 비유해서 말씀하신다. 예수께서 오병이어로 오천 명을 먹이시는 표적을 행하시는 것을 본 사람들은 "이는 참으로 세상에 오실 그 선지자"6:14라고 말한다. 이들이 언급하는 그 선지자는 앞서 언급했던 모세와 같은 선지자를 의미함이 거의 분명하다. 바로 이어서 사람들이 예수를 왕으로 세우려고 했다는 것을 볼 때에6:15 그들이 이해한 '그 선지자'는 '메시아—왕'으로서의 선지자인 것으로 보인다. 예수의 말씀을 들은 어떤 이들은 "이 사람이 참으로 그 선지자"7:40라고 고백하기도 한다. 맹인으로 태어났다가 예수에 의해 고침을 받은 사람은 예수를 처음에는 '한 선지자'로 이해한다.9:17 하

---

26) D. A. Carson, *The Gospel According to John* (Grand Rapids: William B. Eerdmans Publishing Company, 1991), 143.
27) 헬라어 원문에서도 정관사 없이 단지 προφήτης만 사용되고 있다.

지만, 후에 그는 예수가 하나님으로부터 오신 분이라는 것을 고백하며,9:33 다음에는 예수를 '인자'라고 믿으며 절한다.9:38 이처럼 예수는 '한 선지자' 또는 모세와 같은 '그 선지자'로 고백 되기도 하지만 예수 자신이 명확히 이를 긍정하지 않으시며, 이러한 이해는 때로는 잘못된 이해로 나타나기도 하고,6:15 때로는 예수에 대한 초기 단계의 이해 정도로 나타나기도 한다.9:17

여덟째, 예수는 예언의 성취자로 나타난다. 특히 화자는 예수가 하신 여러 가지 일이 구약 예언을 성취하신 것이라는 것을 강조해서 설명해 줌으로써 예수께서는 하나님의 계획에 순종하심으로써 그것을 이루시는 분이라는 것을 보여주고 있다. 화자는 예수의 성전 정화 사건을 보며 제자들이 구약의 예언을 기억했다고 설명한다.2:17 나귀를 타고 예루살렘에 입성하시는 화자는 제자들이 예수가 영광을 얻으시고 나서 이 사건이 구약 예언대로 이루어진 것임을 깨닫게 되었다고 설명한다.12:16 사람들이 예수가 표적을 행해도 믿지 않는 것도 선지자 이사야의 말씀을 이루려는 것이었다.12:38~41 예수가 유대인이 아닌 빌라도에 의해 처형당해야 하는 것도 성경을 이루게 하기 위해서라고 화자는 설명하고 있다.18:32 군병들이 예수의 옷을 제비 뽑아 나눈 것도,19:24 '목마르다'라고 말씀하신 것도,19:28 예수의 뼈가 꺾이지 않은 것도,19:36 그의 부활도20:9 모두 성경을 이루려는 것이었다. 이렇게 특히 예수의 죽음과 부활에 관련하여 주로 그것이 구약을 성취하는 것이라는 화자의 해설이 많이 등장하는데, 이는 예수가 고난받고, 죽고, 부활하는 사건이 당시 예수를 따르는 자들에게도 이해하기 어려웠다는 것을 반증해 주는 것으로 보인다. 또한, 예수의 사역이나 기독교 신앙에서 이러한 예수의 고난과 죽음, 그리고 부활이 중요하다는 것을 보여준다.

아홉째, 예수는 초월적인 분으로 나타난다. 다른 복음서들과 비교해 볼 때에 요한복음에서는 예수가 더욱 초월적인 분으로 나타나며 그의 신성神性이 더욱 강조되고 있다. 요한복음 서두에서부터 예수는 태초부터 존재하고 계신, 선재하신 로고스*λόγος*이며 하나님으로서 초월적인 분으로 나타난다.1:1 세(침)례자 요한은 예수가 자신보다 먼저 계셨다고 고백하는데,1:15 처음 세 복음서에서 요한은 예수를 자신보다 강하신*ἰσχυρότερός* 분으로 고백할 뿐, 자신보다 선재한 분으로 고백하지는 않는다. 요한복음에서 예수는 "진실로 진실로 너희에게 이르노니 아브라함이 나기 전부터 내가 있느니라*ἐγὼ εἰμί*"8:58라고 스스로 분명하게 선언하신다.

예수는 또한 만물 위에 계신 초월자로 나타난다. 모든 것이 그를 통해서 만들어졌으므로 그는 만물을 다스리는 권위를 가지신 초월자가 된다.1:3 따라서 예수는 물을 포도주로 만드실 수도 있으며,2:7~9 빵을 얼마든지 많이 만드셔서 오천 명의 사람들을 먹이기도 하시며6:11~12 바다 위로 걷기도 하신다.6:19 이처럼 예수는 자연 위에 초월해 있을 뿐만 아니라, 사람들의 질병이나 생명까지 다스리신다. 그는 서른여덟 해 된 병자를 고치시며,5:8 맹인으로 태어난 사람을 보게 하시며,9:11 죽은 지 나흘이나 되는 나사로를 살리신다.11:43~44

예수는 초월적인 분으로서 전지全知하신 분이다. 그는 나다나엘의 마음속까지 아시며,1:47 모든 사람의 속을 아시며,2:24~25 자신이 죽으실 '때'를 아시며,13:1 하나님께로 돌아가실 것을 아시며,13:3 자신의 체포와 심문을 다 아신다13:3. 예수는 모든 것을 아시는 분으로서 당연히 사람들의 필요를 알고 계시지만, 사람들의 요구나 상황에 의해서가 아니라 하나님의 뜻과 자신의 때에 맞추어 스스로 말씀하시고 행동하신다.

예수는 초월적인 분으로서 요한복음에서 예수는 사람들의 요구들을 거절하시는 등 사람들에게 비교적 냉담하며 거리감이 느껴진다. 예수께서는 가나의 혼례에서 포도주가 없다고 하는 어머니의 말씀에 "여자여 나와 무슨 상관이 있나이까 내 때가 아직 이르지 아니하였나이다"2:3~4라고 냉담하게 반응한다. 베드로는 "주여 영생의 말씀이 주께 있사오니 우리가 누구에게로 가오리이까 우리가 주는 하나님의 거룩하신 자이신 줄 믿고 알았사옵나이다"라는 대단한 고백을 하지만, 예수께서는 이에 대해 한 마디 반응이나 칭찬도 하지 않으시고 대신에 "내가 너희 열둘을 택하지 아니하였느냐 그러나 너희 중의 한 사람은 마귀니라"6:68~70라고 연관성 없어 보이며 부정적인 대답을 하신다.28) 마가복음과 마태복음에는 예수께서 사람들을 '불쌍히 여겼다'는 표현이 등장하지만, 막1:41; 8:2; 마15:32; 20:34 요한복음은 이 동사 σπλαγχνίζομαι를 한 번도 사용하지 않는다.29) 나사로의 누이들은 사람을 보내 당신의 "사랑하시는 자가 병들었나이다"라고 예수께 말하지만, 예수께서는 고쳐 주신다는 언급도 하지 않으시고 실제로 바로 고쳐 주러 가지도 않으시고 오히려 이틀을 더 지체하신다.11:3~6 그렇다고 해서 예수가 인성을 지니지 않았거나 사랑이 결핍된 분으로 나타나지는 않는다. 예수께서는 '육신'이 되신 분이며1:14 사람으로서 피blood를 지니신 분으로서 19:34 '괴로워하시며' ἐτάραξεν, 11:33, '우시는' 등11:35인간적인 감정을 나타내기도 하신다. 예수께서 사람들의 고백이나 요구에 냉담한 것처럼 보이지만 예수는 사람들을 사랑하신다. 나사로와11:36 이름이 밝혀지지 않은 한 제자는13:23 예수가 사랑하신 자들로 나타난다. 화자는 예수께서 자기의 죽음을 알고 자기 사람들(제자들)을 '끝까지' 사랑하셨다고 전한다.13:1 예수는 제자들을 사랑하신 모본을 보이시며 이는 제자들도 따르도록 요구된다.13:14,34 이처럼 요한복음에서 예수는 사람들을 사랑하지만 그렇다고 해서 사람들의 요구나 필요에 따라 말씀하거나 행동하지 않으신다.

처음 세 복음서가 종종 예수의 정체에 관한 고백을 제자도에 대한 교훈으로 연결하는 반면에 요한복음에서는 그러한 부분을 발견하기 어려우며, 예수의 고난도 마가복음이나 마태복음에서만큼 강조되지 않는다. 예수의 죽음은 오히려 높이 들리심과 영광으로 묘사된다. 하지만, 예수를 그리스도로 고백하는 것은 단순히 그의 정체를 아는 것을 의미하지 않고 출교나

---

28) 마태복음에서 베드로가 예수에 대한 고백을 한 후 예수는 그에게 복을 선언하시며 칭찬하시는데(마 16:17-19), 이처럼 요한복음의 예수의 모습과는 대조를 이룬다.
29) 우리말 개역개정판은 요한복음 11장 33절에서 '불쌍히 여기사'라는 표현을 사용하고 있지만, 여기서 사용된 ἐτάραξεν는 '괴로워하셨다' (was troubled)라고 번역하는 것이 적절하다.

죽음을 각오하고 예수를 따르는 것을 의미한다. 이런 면에서 요한복음에서도 역시 기독론은 제자도와 연결되고 있다고 할 수 있다.

영생/생명. 요한복음에서 '생명'은 '영생'과 같은 의미로 이해되는데, 이 두 단어는 모두 36회 사용되고 있다. 요한복음에서 독자들이 믿고 '생명'을 얻게 하려는 것이 이 복음서의 기록 목적이라고 밝힌 바와 같이 '생명'은 요한복음에서 핵심적인 주제다.20:31 처음 세 복음서에서 예수의 선포의 중심 주제는 '하나님의 통치/왕국'이라고 할 수 있으며, 생명이나 영생에 대한 언급은 상대적으로 아주 적은 편이다. 반대로 요한복음에서는 생명이 주된 사상으로 등장하며, 하나님의 통치에 대한 언급은 니고데모와의 대화에서 2회 언급될 뿐이다.요3:3,5 요한이 하나님의 통치 대신에 생명을 중심 개념으로 삼은 이유는 구원의 인격적, 개인적 측면이나 구원의 내적 경험을 생명이라는 개념이 하나님의 통치라는 개념보다 더 잘 전달할 수 있으며, 또한 이것이 헬라인 독자들에게도 더욱 쉽게 이해될 수 있는 개념이었기 때문이라고 생각된다.30) '하나님께로서',1:13 '위로부터',3:3 또는 '영으로' 3:5~6 '태어난다' be born는 표현들은 생명이란 개념을 잘 설명해주고 있다.

요한복음은 우선 하나님 안에 생명이 있으며, 하나님이 그것을 아들에게 주셔서 아들 안에도 생명이 있다고 선언한다.1:4; 5:26 사실상 요한복음에서 사랑이나 다른 어떤 것도 아버지 안에 있다고 언급되지 않으며 단지 예수 자신과 생명만이 아버지 안에 있는 것으로 언급된다. 이처럼 요한복음은 생명을 하나님과 예수 안에 있는 본질로 이해한다. 하나님이 자신의 외아들을 세상에 보낸 이유는 바로 이 생명을 사람들도 갖도록 하려는 것이다.3:15,16; 6:33,40,47,51; 20:31 이미 육적인 생명(목숨)을 지닌 사람들이 하나님의 생명을 가지는 방법은 결국 다시 태어나는 것인데, 그것은 육체적으로 다시 나는 것이 아니라 '위로부터' 성령으로 다시 태어나는 것이다.3:5~6 앞서 언급한 바와 같이 ἄνωθεν은 '다시' again와 '위로부터' from

---

30) "요한복음," 『예수 복음서 사전』.

above의 두 가지 의미가 있을 수 있다. 즉, 이것은 사람의 혈통으로나 육정으로 나는 것이 아니라 하나님께로부터 다시 태어나는 것을 의미하며, 이렇게 해서 하나님의 생명을 부여받는 자는 당연히 하나님의 자녀가 된다.1:12~13 이러한 거듭남은 하나님께로부터 성령으로 태어나는 것이기 때문에 사람이 알 수 있거나 조절할 수 있는 것이 아니다.3:7~8 또한, 하나님께서 이끌지 않으시면 아무도 생명을 얻으러 예수께 나올 수 없다.6:44 하지만, 이러한 하나님의 이끄심과 더불어 사람들에게도 반응이 요구되는데, 사람들에게 요구되는 가장 본질적 응답은 '믿는' 것이다. 요한복음은 믿는 자가 생명을 지닐 수 있음을 거듭해서 언급한다.3:15,16, 36; 5:24; 6:40,47; 11:25,26; 20:31 생명을 얻으려고 믿는다는 것은 본질적으로 예수 자신과 **하나님을 믿는 것을** 의미하며5:24; 6:29; 12:44 단순히 어떤 사실이나 사건을 믿는 것을 의미하지 않는다. 요한복음에서 말씀이나 증언이나 부활의 사실도 사람들이 믿는 대상으로 언급되지만 이런 믿음은 생명을 얻는 것과 연관되는 경우가 없다.19:35; 20:8

생명을 얻는 믿음은 예수가 그리스도시며 하나님의 아들이란 것을 믿는 것으로서, 이것은 요한복음의 전체적인 맥락으로 볼 때에 단순히 예수의 정체나 신분 그 사실을 믿는 것을 의미한다고 볼 수 없다.20:31 오히려 그것은 하나님의 아들이시며 메시아이신 '그분을' 믿는 것이라고 보는 것이 좋다. 즉, 예수를 하나님이 보내신 아들로서 생명을 주시는 분으로 믿는 것이다. 이러한 생명을 얻는 믿음의 본질은 요한복음의 독자 또는 요한공동체를 염두에 둘 때보다 분명해진다. 그들에게 있어서 예수를 메시아와 하나님의 아들로 고백하는 것은 곧 회당으로부터의 축출과 박해와 죽음을 의미하는 것이었다.9:22; 16:2 이것은 요한복음 독자뿐만 아니라 초기 모든 그리스도인에게 있어서도 마찬가지였다고 볼 수 있다. 그들에게 예수를 믿는다는 것은 이렇듯 죽음까지 각오하고 자신의 온 삶을 드려 믿는 것을 의미했다. 또한, 복음서의 기록 목적 서술에서도 그렇게 나타나듯이 생명을 가져오는 믿음에 대해서 언급할 때에 요한복음은 그것을 언제나 현재형 동사

(또는 분사)로 나타낸다. 가장 많은 경우 현재 분사 πιστεύων이 사용되고 있는데, 즉, 그것은 단순히 일순간 믿는 것을 의미하는 것이 아니라 어려움 속에서도 계속해서 믿음을 끝까지 유지하고 지키는 것을 의미한다. 바로 이러한 자들에게 영생이 약속된다.

믿는 것은 곧 어떤 상황에서도 하나님의 계명대로 순종하는 것을 의미하기도 하며,3:36; 12:50 예수의 고난에 동참하는 것을 의미하기도 한다.6:53; 12:25 영생은 또한 "유일하신 참 하나님과 그가 보내신 자 예수 그리스도를 아는 것"17:3이라고 예수께서 말씀하신다. 여기서 아는 것은 단순히 지식적으로 아는 것을 의미하지 않으며 "교제하고, 신뢰하고, 개인적인 관계를 맺으며, 믿는 것"을 의미한다고 할 수 있다.[31] 영생이란 말은 두 단어로 이루어진 용어로서 말 그대로 '영원한 생명' αἰώνιος ζωή을 의미하는데, 여기서 영원하다는 단어는 원래는 주로 시작이나 끝이 없는 기간을 의미하며 대부분 하나님께만 사용되어 하나님의 속성을 표현하는 단어다. 따라서 영생을 단순히 영원히 지속하는 시간적인 의미의 생명으로만 이해하기보다는 영원하신 하나님의 속성을 지닌 하나님적인 생명으로 이해하는 것이 좋다. 즉, 영생은 하나님 안에 있는 생명, 위로부터 하나님께로부터 다시 태어나 사람들에게 주어진 하나님의 생명으로서 그것은 믿는 자들이 '현재' 지니게 되는 생명이다.

요한복음에서 '하나님의 통치'는 니고데모에게 하신 말씀에서 단 2회 사용되며 거듭난 자가 현재 그것에 참여하는 것으로 나타난다.3:3,5 예수께서는 사람이 거듭나지 않으면 하나님 통치를 볼 수 없다고 하시며, 또한 물과 성령으로 나지 않으면 하나님 통치에 들어갈 수 없다고 말씀하신다. 여기서 "…할 수 없다"는 표현은 두 번 모두 미래형이 아닌 현재형 동사 δύναται가 사용되어 하나님의 통치는 거듭난 사람이라면 현재 참여할 수 있는 것으로 나타나며, 문맥에서 볼 때에 생명을 얻는 것과 같은 의미로 사용되고 있는 것으로 보인다. '구원되다'라는 표현은 모두 6회 사용되어 역

---

31) D. A. Carson, *The Gospel According to John*, 556.

시 생명에 비하면 훨씬 적게 나타난다. '구원하다' 는 의미의 $\sigma\dot\omega\zeta\omega$는 종말론적 구원의 의미가 아닌 구조나 구출을 의미하는 데에 한번 사용되었다.12:27 심판을 하는 것과 상대되는 개념으로 예수께서 세상을 심판하러 오시지 않았고 구원하러 오셨다고 말씀하실 때에도 $\sigma\dot\omega\zeta\omega$가 2회 사용되었다.3:17; 12:47 요한복음에서는 심판을 주로 현재로 언급하고 있어서 여기서 구원은 현재로 이해할 수 있다. 하지만, 요한복음은 미래에 있을 마지막 심판도 언급하고 있다.5:29; 12:48 나머지 3회는 종말적 구원을 의미하는 것으로 보이는데,5:34; 10:9; 11:12 이 중 2회는 분명히 미래시제로 사용되고 있다.10:9; 11:12 특히 "내가 문이니 누구든지 나로 말미암아 들어가면 구원을 받고$\sigma\omega\theta\acute\eta\sigma\epsilon\tau\alpha\iota$ 또는 들어가며 나오며 꼴을 얻으리라"라는 말씀에서 구원은 미래로 나타난다.10:9 이처럼 구원은 현재적인 의미로도 나타나며 종말론적인 의미로도 사용된다. 구원이라는 명사 $\sigma\omega\tau\eta\rho\acute\iota\alpha$는 요한복음 전체에서 단 1회 사용되며,4:22 구원자(구주)라는 단어 $\sigma\omega\tau\acute\eta\rho$도 단 1회 사용된다.4:42 이처럼 구원은 요한복음에서 중심적인 개념으로 나타나지 않으며 생명이 그 중심적인 개념으로 나타난다.

믿기.Believing 요한복음은 그 목적 서술에서 나타나듯이 독자들로 하여금 '믿고' 생명을 얻게 하려고 기록된 것이다. 요한복음에는 '믿음' $\pi\acute\iota\sigma\tau\iota\varsigma$이라는 명사는 전혀 사용되지 않으며, '믿는다' $\pi\iota\sigma\tau\epsilon\acute\upsilon\omega$는 동사(또는 분사) 형태로만 98회 사용된다. 요한복음에서 믿는다는 동사의 목적어(대상)는 대부분 예수로 나타나며, 하나님인 경우도 몇 번 나타난다.5:24,38; 6:29; 14:1 또한, 성경이나 말씀도 믿는 대상으로 나타나기도 하며,2:22; 3:12; 5:47 저자의 증언,19:38 예수의 일,10:38 맹인이 눈을 뜬 사실,9:18 부활,20:8,25 예수께서 하나님께로부터 오심,16:30 하나님이 예수를 보내심,17:21 아버지가 아들 안에 아들이 아버지 안에 있다는 것,14:10,11 예수가 하나님의 아들 그리스도라는 것20:31 등도 믿는 대상으로 나타난다. 하지만, 대부분은 어떤 말씀이나 사실보다는 예수나 하나님 자신이 믿음의 대상으로 나타나고 있는데, 이 경우들에서 $\pi\iota\sigma\tau\epsilon\acute\upsilon\omega$는 '믿는다' 는 의미보다는 '신뢰한다' 는 의미로 이해하는 것이 더 적절할 것이다. 믿는 자들에게는 하나님의 생명(영생)이 현재에 주어지기 때문에 그들은 하나님의 자녀가 되며,1:12; 3:15,16; 5:24 그들은 심판을 받지 않으며,3:18 마지막 날에 예수께서 그들을 다시 살리실 것이라고 약속하신다.6:40; 11:25 그들은 영원히 목마르지 않을 것이며,6:35 그 배에서 생수의 강성령이 흘러나오게 된다.7:38~39 믿는 자는 어둠에 거하지 않으며,12:46 예수께서 하는 일이나 그보다 큰일도 하게 된다14:12. 이처럼 믿는 자들에게는 여러 가지 약속이 주어지는데, 이 모든 구절에서 믿는다는 표현은 원어에서 현재 분사로 되어 있어서 단순히 예수를 믿기 시작한 것을 의미하기보다는 계속해서 예수를 신뢰해야 함을 보여주고 있다.

앞서 언급했듯이 요한복음에서 믿는다는 것은 예수나 어떤 진리에 대한 단순한 이해를 의미하지 않으며, 어떠한 외부적인 어려움에도 굴하지 않고 하나님의 아들 그리스도이신 예수에 대한 신뢰를 계속 지켜나가며 사는 것을 의미한다. 그러한 면에서 예수를 믿는 것은 곧 예수와 깊은 개인적인 관계를 통해서 예수를 '알고'6:69 그분께 '순종하는' 것이다.3:36; 12:50 베드로는 "우리가 주는 하나님의 거룩하신 자이신 줄 믿고 알았사옵나이다"6:69라고 고백하며, 예수께서는 믿은 유대인들이 예수의 말씀에 거한다면 참 제자가 되고 진리를 '알게 되며,' 그 진리는 그들을 자유하게 해 준다고 말씀하신다.8:31~32 제자들은 예수께서 모든 것을 아신다는 것을 알고 믿는다고 고백한다.16:30 이처럼 요한복음에서 믿는 것과 아는 것은 연관되어 나타난다. 이 둘이 서로 바뀌어 나타나는 용례들을 볼 때에6:69; 16:30 사실상 이 둘은 같은 의미로 사용되고 있는 것으로 보인다. 여기서 안다는 것은 개인적인 관계를 통해 체험적으로 아는 것을 의미한다고 할 수 있다.32) 선한 목자와 양들은 서로 아는데,10:14 그런 관계에서 선한 목자는 양들을 위해 목숨을 버리며10:15 양들은 목자의 음성을 듣고 목자를 따른다.10:27 믿음도 이처럼 예수와 개인적인 관계를 통해서 그 분을 알고 그 분의 말을 들어 순종하며 그 분을 따르는 것을 의미한다고 할 수 있다.

---

32) Robert Kysar, *John the Maverick Gospel* (Atalanta: John Knox Press, 1976), 78-9.

요한복음에서 나타나는 믿음에는 일종의 단계나 수준이 있다는 견해가 제시되기도 한다.33) 가장 낮은 단계의 믿음은 예수께서 행하신 표적을 보고 믿는 믿음이라고 할 수 있다.34) 예수께서는 갈릴리 가나 혼례에서 첫 번째 표적을 행하시며 제자들은 믿게 된다.ἐπίστευσαν, 2:11 하지만, 제자들은 그다음 성전 정화 사건 후에 "너희가 이 성전을 헐라 내가 사흘 동안에 일으키리라"라고 하신 예수의 말씀이 자기 육체를 가리켜 하신 것인 줄 모르고 믿지 못하고 있으며, 화자는 그들이 예수의 부활 후에야 "믿게 되었다"라고 독자에게 알려준다.2:19~22 또한, 예루살렘에서 많은 사람이 예수의 표적을 보고 "믿었지만"ἐπίστευσαν 예수는 그들에게 자신을 의탁하지ἐπίστευεν 않으신다.2:23~24 그들은 믿게 되었지만, 예수가 인정할만한 믿음을 지니지 못했던 것으로 보인다. 이처럼 표적을 보고 믿는 믿음은 더 깊은 진정한 믿음으로 나아가지 못하고 그것에 머물러 있을 수도 있다. 하지만, 표적이나 예수의 일은 본질적으로 하나님이 예수 안에 계셔서 예수를 통해 일하고 계신다는 것을 나타내주고 있으므로 표적을 믿는 것은 불신보다 나은 것이라고 할 수 있다.10:37~38 예수께서 오병이어의 표적을 행하시고 나서 많은 사람이 호수 건너까지 예수를 따라오지만, 예수께서는 "너희가 나를 찾는 것은 표적을 본 까닭이 아니요 떡을 먹고 배부른 까닭이로다"라고 말씀하심으로써 그들이 표적을 올바로 보고(이해하고) 예수를 따르지 않는 것을 지적하신다.6:26 즉, 표적을 보고 예수를 믿는 것 자체는 요한복음에서 특별히 문제 있는 믿음으로 나타나지 않는 것으로 보인다. 표적을 올바로 또는 충분히 이해하지 못했거나 그것을 보고 올바른 믿음을 지니지 못하는 것이 문제이지 표적을 통한 믿음이 문제라고 할 수 없다.

표적을 보고 믿는 것보다 나은 단계는 말씀을 듣고 믿는 것이라고 할 수 있다. 사마리아 여인은 예수의 어떤 표적도 보지 못하였음에도 예수를 동

---

33) R. Alan Culpepper, *The Gospel and Letters of John*, 99-100.
34) 표적에 근거한 신앙을 완전히 무의미한 것으로 이해하거나, 믿음의 준비 단계 정도로 이해하는 견해도 있는데, 이에 대해서는 Robert Kysar, *John the Maverick Gospel*, 70-1을 보라.

네 사람들에게 전하며, 많은 동네 사람들은 그 여인의 증언을 듣고,4:39 또한 예수의 말씀으로 말미암아 믿는다4:41. 베드로는 "너희도 가려느냐"라는 예수의 도전에 "주여 영생의 말씀이 주께 있사오니 우리가 누구에게로 가오리이까 우리가 주는 하나님의 거룩하신 자이신 줄 믿고 알았사옵나이다"라고 대답한다.6:68~69 물론 베드로도 예수가 행하신 표적들을 보았겠지만, 그는 지금 자신이 예수를 떠나지 않는 이유가 예수께 영생의 '말씀'이 있고, 예수를 믿고, 알고 있기 때문이라고 말한다. 실제로 많은 제자가 예수를 따르다가 떠나게 된 이유는 그들이 표적을 보지 못해서가 아니라 말씀을 이해하지 못했거나 받아들이지 못했기 때문이다.6:60,66 이처럼 말씀을 이해하며 말씀에 근거해서 예수를 믿고 따르는 믿음은 진보된 단계의 믿음이라고 볼 수 있다. 하지만, 베드로는 이후의 사건들에서 계속 예수를 이해하지 못하는 자로 등장하며, 예수를 세 번 부인하고 예수의 십자가 처형 장면에는 나타나지 않는다. 또한, 예수의 부활을 처음으로 확인한 제자로 등장하면서도 그가 믿었다는 언급은 요한복음에 나타나지 않는다. 즉, 단순히 표적을 보고 믿었는지 말씀을 듣고 믿었는지 하는 것이 그 사람의 믿음의 수준을 결정하는 것으로 보이지 않는다.

다음으로, 최고 수준의 단계의 이상적인 믿음으로 사랑하시는 제자와 같은 믿음이 제시되기도 한다.35) 예수가 하나님의 품에 계셔서 하나님을 가장 잘 알고 있던 것처럼 사랑하시는 제자는 예수의 품에 기댄 자로서 예수를 가장 잘 아는 자로 그려지는 것으로 보이는데, 그는 이러한 이상적인 제자로서 복음서 저술을 통해서 예수를 증언한다. 요한복음에서 그는 부활을 최초로 믿은 제자로 나타난다.20:8 이처럼 그는 예수를 가장 잘 인식하는 자이며 처음으로 부활을 믿은 자다. 하지만, 사실상 사랑하시는 제자나 요한복음에서 가장 위대한 고백을 하는 도마도 모두 '보고 믿은' 자들에 포함된다.20:8,29 실제로 요한복음이 제시한 가장 높은 단계의 믿음은 '보지 않고' 믿는 것인데, 이것은 예수의 말씀을 듣고 믿는 것을 의미하는 것이

---

35) R. Alan Culpepper, *The Gospel and Letters of John*, 100.

아니라, 예수로부터 직접적인 말씀조차 듣지 못했음에도 믿는 것을 말한다. 즉, 요한복음의 독자들처럼 예수 자신이나 예수의 삶을 보지 못하고, 직접 말씀도 듣지 못했지만, 단지 제자의 증언을 통해 전해서 들은 이야기나 그들이 기록해서 전한 말씀을 통해서 예수를 믿는 것을 의미한다. 요한복음에 나타난 제자들은 모두 보고 듣고 믿은 자들로서, 사실상 요한복음의 저자의 기준으로 볼 때에 요한공동체 그리스도인들은 모두 제자들보다 높은 수준의 믿음을 가진 자들이라고 할 수 있다. 예수께서는 산상설교나 평지설교에서처럼 지복至福을 선언하시는데 보지 않고도 믿는 자들이 '복되다' $μακάριοι$고 말씀하신다.20:29 하반절 이러한 지복 선언은 보지 않고도 믿었던 요한공동체를 향한 선언이고 예수 시대에 살지 않았으면서도 그를 믿는 모든 그리스도인을 향한 것이다.

요한복음이 권하는 믿음은 예수를 직접 보지 못한 시대에 살면서도 그분을 믿으며 출교나 박해에도 계속하여 믿음을 지키고 유지하는 것으로서, 이렇게 믿는 자들에게는 생명이 약속된다.20:31 당시 그리스도인들에게 있어서 예수를 그리스도와 하나님의 아들로 믿는다고 고백하거나 선언하는 것은 곧 출교, 박해, 순교를 의미하는 것이었을 수 있다. 믿는다는 것은 단순히 예수나 예수 사건을 생각으로 이해하거나 입으로 고백하는 차원의 일이 아니라 자신의 생명과 삶을 바쳐서 지켜야 하는 일이었다. 요한복음은 예수나 표적을 보지 않고도 믿으며 어떠한 어려움이나 박해나 목숨의 위협에도 믿음을 유지하고 끝까지 지키는 그러한 믿음을 이상적인 믿음으로 제시하고 있다고 할 수 있다.

성령. 처음 세 복음서에서 성령은 누가복음에서 17회, 마태복음에서 12회, 마가복음에서 5회 나타나는데, 누가복음이 비교적 성령을 강조하는 것을 제외한다면 사실상 크게 중요하게 나타나지 않는다. 요한복음에서 $πνεῦμα$영, 성령라는 단어는 모두 24회 사용되는데 이 중에 15회 이상이 성령을 가리키는 것으로 보이며, 요한복음만 독특하게 성령을 가리키는 데 $παράκλητος$라는 용어를 4회 사용한다.14:16,26; 15:26; 16:7 요한복음에는 예수께서 성령에 이끌려 시험을 받았다거나,마4:1 성령을 힘입어 귀신을 내어 쫓는다거나,마12:28 성령으로 충만하게 된다거나,눅1:15,41,67; 2:40; 4:1 성령을 모독하는 것마12:31 등에 대한 언급이 전혀 등장하지 않는다. 사실상 성령은 예수가 부활하시고 나서 그리스도인들에게 임하신 것으로서 예수의 지상 사역에서는 크게 중요하게 나타나지 않으며, 누가복음에서만 비교적 중요하게 나타날 뿐이다. 네 복음서는 공통으로 그리스도인들이 끌려가서 말할 때에 성령이 말씀해 주실 것에 대해 언급하고 있는데,막13:11; 마10:20; 눅12:12; 요15:24~26 이는 예수의 사후死後에 제자들과 그리스도인들이 겪게 될 일이다. 요한복음에서는 특히 예수께서 자신이 떠나는 것에 대해 말씀하실 때에 제자들에게 미래를 준비시키며 해주신 고별강화에서 성령의 역할을 중요하게 언급하고 계신다. 특히 예수의 대행자로서 인격을 지닌 성령의 모습이 요한복음에 두드러지게 나타난다.

다른 복음서들과 마찬가지로 요한복음도 예수가 세(침)례를 받으실 때에 성령이 비둘기같이 그 위에 머물렀음을 언급하며,1:32 36) 예수를 성령으로 세(침)례 주시는 분으로 언급한다1:33. 요한복음에만 있는 니고데모와의 대화에서 예수는 물과 성령으로 나지 않으면 하나님 통치에 참여할 수 없다고 말씀하신다.3:5 성령은 이처럼 사람이 다시 위로부터 태어나는 일을 해 주시는 분으로 나타나는데, 하나님은 영이시며4:24 생명을 주는 것도 영이시기 때문이다6:63. 예수의 제자들을 향한 고별강화에서 성령은 특별히 παράκλητος라고 불리는데, 이는 '옆에서 부르는 자'라는 어원적 의미가 있으며 법정에서 대변해 주는 자나, 조언자, 위로자 등으로 이해된다. 따라서 '보혜사'保惠師라는 개역개정판의 번역은 그 의미를 적절히 또는 충분히 전달하지 못하는 것으로 보인다.37) 이러한 의미의 다양성 때문에 영어권의 일부 학자들은 종종 이 단어를 번역하지 않고 그대로 음역하여 'Para-

---

36) 다른 복음서들에서는 이 사실을 화자가 서술해 주지만 요한복음에서는 세(침)례자 요한이 증언하고 있다.
37) 영어 성서에서는 이 단어가 'Counselor' (조언자, NIV), 'Advocate' (변호자, NRS), 'Helper' (협조자, ESV), 'Comforter' (위로자, KJV) 등으로 번역된다.

clete'이라고 사용하기도 한다. '파라클레토스' παράκλητος라는 용어는 신약성서 전체에서 오직 요한복음과 요한일서에서만 모두 5회 사용되고 있는 요한의 독특한 용어다.14:16,26; 15:26; 16:7; 요일2:1

파라클레토스는 요한복음 14장에서 처음 언급되는데, 예수께서는 "내가 아버지께 구하겠으니 그가 또 다른 보혜사를 너희에게 주사 영원토록 너희와 함께 있게 하리니 그는 진리의 영이라…그는 너희와 함께 거하심이요 또 너희 속에 계시겠음이라"라고 말씀하신다(14:16-17). 여기서 하나님께서 보내실 성령은 '또 다른' άλλος, another 파라클레토스로 언급되고 있는데, 이는 이미 파라클레토스가 존재한다는 것을 의미한다. 실제로 요한일서에서는 예수가 파라클레토스라고 불리는데, 개역개정판에는 '대언자' advocate로 번역되어있다.요일2:1 즉, 요한일서에서는 예수 자신이 파라클레토스로 언급되어 있다. 이처럼 요한문서에 의하면 예수 자신은 파라클레토스이며 예수께서 아버지께 돌아가시면 파라클레토스이신 예수와 같은 역할을 하실 또 다른 파라클레토스인 성령을 하나님께서 보내 주실 것이다. 터너M. M. B. Turner는 이 두 파라클레토스를 비교해서 공통점을 언급하는데 이를 요약하면 다음과 같다:38) (1) 둘 다 성부에서 세상으로 보내진다 3:16; 16:7~8; (2) 둘 다 '거룩하다'고 불리며, 진리로 특징지어진다14:6; 16:13; (3) 둘 다 가르치는 역할을 한다13:13; 14:26; (4) 예수가 하나님을 증언하듯이 성령은 예수를 증언한다4:25~26; 15:26. 하지만, 예수와 성령은 완전히 같은 역할을 하고 있다고 할 수는 없으며 성령은 예수의 사역을 이어받아 예수의 사역을 계속한다. 사실상 예수 자신이 또 다른 파라클레토스로 오셔서 자신의 사역을 계속하신다고 이해할 수도 있다.14:18~20

또 다른 파라클레토스인 성령은, 첫째, 제자들 속에서 영원히 제자들과 함께 계실 것이다. 즉, 성령은 예수가 제자들을 떠나 아버지께 돌아가시듯이 한시적으로 제자들과 함께 계실 분이 아니라 '영원히' εἰς τὸν αἰῶνα 함께 계실 분이다. 이러한 점만으로도 새로 오시는 보혜사는 위로자로서의 역할

---

38) "성령," 『예수 복음서 사전』.

을 충분히 하게 된다. 둘째, 파라클레토스는 예수께서 하신 말씀들을 가르치시고 생각나게 할 것이다.14:26 즉, 파라클레토스는 새로운 계시를 하지 않으시고 단지 이미 예수께서 말씀해주신 계시를 기억나게 하고 이해시키는 역할을 하신다. 이런 면에서 파라클레토스는 예수께서 말씀하시고 가르치신 사역을 계속 수행하신다. 셋째, 파라클레토스는 예수를 증언하신다.15:26 이 구절의 앞선 문맥으로 볼 때에 이 말씀은 세상이 제자들을 미워하고 박해하는 상황을 염두에 둔 것으로 보이는데,15:18~25 이러한 박해의 상황에서 박해받는 사람들에게 말할 것을 알려주셔서 예수를 증언하게 하신다는 의미로 이해된다. 여기서 파라클레토스의 역할은 "너희를 넘겨 줄 때에 어떻게 또는 무엇을 말할까 염려하지 말라 그 때에 너희에게 할 말을 주시리니 말하는 이는 너희가 아니라 너희 속에서 말씀하시는 이 곧 너희 아버지의 성령이시니라"라는 마태복음의 말씀에서의 성령의 역할과 유사하다고 할 수 있다.마10:19~20 넷째, 파라클레토스는 세상을 책망하는 역할을 하신다.16:8 이는 하나님 앞에서 파라클레토스가 세상을 재판하는 모습을 연상시킨다. 파라클레토스는 우선 세상이 예수를 믿지 않은 죄에 대해 유죄선언을 하시며,16:9 아버지께 순종함으로써 아버지께로 돌아가는 예수를 의롭다고 선언하실 것이며,16:10 이 세상 임금에 대해서는 인자가 들릴 때 이미 심판받아 쫓겨났음을 선언하실 것이다.12:30~31; 16:11 다섯째, 파라클레토스는 제자들을 모든 진리 가운데로 인도하실 것이다.16:13 제자들은 예수의 부활 후에야 예수께서 하신 여러 가지 말씀들을 깨닫게 될 것인데,2:22 참조 성령은 그들이 모든 진리를 이해하도록 도우실 것이다. 여섯째, 그는 스스로 말하지 않고 들은 것을 말하며, 장래의 일을 알릴 것이다.16:13 예수가 아버지께 들은 것을 말씀하셨듯이 성령은 예수께 들은 것을 말해주실 것이다.16:14 성령은 이후에 종말의 시대에 이르기까지 앞으로 영원히 사람들과 함께 하시면서 미래를 포함한 모든 시대에 해당하는 예수의 말씀을 알리며 깨닫게 하실 것이다. 일곱째, 파라클레토스는 예수를 영화롭게 할 것이다.16:14 예수께서는 하나님의 것 또는 하나님 그분을 선언하심으로써 하나님을 영화롭게 하듯이, 성령은 예수의 것 또는 예수 그분을 선언하심으로써 예수를 영화롭게 할 것이다.

요한공동체는 예수가 세상에 계시지 않은 시대에 살았다. 요한공동체가 비주류에 속한 분파였다면 그들에게 있어서 정체성이나 정통성의 문제는 특히 중요했을 것이다. 요한복음에서 자주 베드로와 함께 등장하며 베드로에 필적하는 인물로 나타나는 사랑하시는 제자는 초기 요한공동체의 지도자였던 것으로 보인다. 예수의 중요한 제자이며 증인이었던 사랑하시는 제자를 지도자로 따르고 있던 요한공동체에게 있어서 그에 대한 신뢰와 자부심은 자신들의 정통성과 정체성을 지닐 수 있도록 큰 도움을 주었을 것이다. 요한공동체는 베드로로 대표되는 사도 계열의 주류 교회들이 지닌 것보다도 더 확실한 증언을 사랑하시는 제자에게서 듣고 있다는 것에서, 그리고 그러한 통찰력 있는 목격자를 자신들의 지도자로 갖고 있다는 자체에서 큰 힘을 얻었을 것이다. 하지만, 요한복음 기록 당시에는 그들을 이끌던 사랑하시는 제자가 세상을 떠났을 가능성이 크다.21:23 참조 그들을 이끌던 사랑하시는 제자가 세상을 떠났다면 그들은 자신들을 가르치고 이끌어 줄 지도자의 부재에 위기를 느꼈을 수도 있다. 그랬다면 이제 그들이 의지할 수 있는 지도자는 오직 성령뿐이었을 것이며, 성령이 자신들을 직접 모든 진리 가운데로 인도하고 가르치신다는 확신은 그 공동체를 계속 유지하는 힘이 되었을 것이다. 요한공동체의 이런 특별한 상황에서 요한복음의 특별한 성령 이해가 나왔을 수 있다. 물론 이 모든 것은 추론이며 아무것도 증명해낼 수는 없다. 하지만, 이러한 공동체 상황에 대한 추정은 요한복음의 독특한 성령 이해를 잘 설명해 줄 수 있다. 살펴본 바와 같이 요한복음에서 파라클레토스는 예수의 대행자로서, 따라서 인격체로 나타나며, 계속해서 예수의 일을 이어서 하시는 분으로 독특하게 나타나고 있다.

제자/제자도. 요한복음은 세 복음서와 비교할 때에 열두 제자들을 중심으로 제자들을 언급하고 있지 않으며, 처음 제자들을 부르시는 장면도 다르게 서술하며, '사도'라는 용어도 사용하지 않고, 열두 제자의 명단도 제시하지 않는다. 또한, 요한복음에서는 아리마대 사람 요셉도 제자로 언급된다. 또한, 제자 중 베드로가 세 복음서에서만큼 주도적인 인물로 등장하지도 않으며, 야고보와 요한은 이름조차 언급되지 않고 단지 세베대의 아들들이라는 표현이 한번 나타날 뿐이다. 세 복음서에서 처음 부르심을 받은 제자들은 베드로와 안드레로 나타나는 한편, 요한복음에서는 원래 세(침)례자 요한의 제자였던 두 사람이 최초로 예수를 따르는 것으로 서술되고 있다.1:35~37 그들은 예수가 하나님의 어린 양이라고 하는 자신들의 스승 요한의 증언을 듣고 예수를 따르게 되는데, 즉, 예수가 먼저 그들을 부르신 것이 아니다.1:36~37 그 두 사람 중 하나는 안드레이며 나머지 한 사람의 이름은 밝혀져 있지 않다.1:40 안드레는 베드로를 데리고 예수께로 오는데1:41, 이처럼 요한복음은 마가복음이나 마태복음에서처럼 고기 잡는 베드로와 안드레를 예수께서 직접 부르신 것으로 서술하지 않고, 안드레는 요한에 의해 그리고 베드로는 안드레에 의해 예수께 온 것으로 서술한다.

	막1:16~20	마4:18~22	눅5:1~11	요1:35~42
처음 제자들을 부르신 장소와 제자들	갈릴리 시몬(베드로)와 안드레를 부르심 야고보와 요한을 부르심	갈릴리 베드로와 안드레를 부르심 야고보와 요한을 부르심	게네사렛 호수 시몬 베드로를 부르심 야고보와 요한은 예수를 따름	베다니 세(침)례자 요한의 제자들인 안드레와 익명의 제자가 요한의 소개로 예수를 따름 베드로를 안드레가 데려옴
				갈릴리 빌립을 부르심 나다나엘이 빌립의 소개로 예수께 옴

또한, 이 처음 제자들이 예수를 따른 곳은 갈릴리가 아니라 베다니로 언

급된다.1:28 안드레는 처음부터 예수를 메시아로 인식하는데, 세 복음서에서 전체적으로 제자들이 예수의 정체를 인식하지 못하는 것과는 대조를 이룬다. 예수께서는 갈릴리로 가시려다 빌립을 만나셔서 "나를 따르라"1:43고 부르신다. 이처럼 빌립은 다른 제자의 말을 듣고 예수를 따른 제자가 아니라, 예수께서 처음으로 **직접 부르신 제자**로 나타난다. 빌립은 다시 나다나엘에게 예수를 소개하는데, 이처럼 제자들은 처음부터 예수를 다른 이들에게 전하여 그들도 제자가 되게 한다. 즉, 제자의 역할은 처음부터 예수를 다른 사람에게 전해서 그들도 예수를 따르도록 하는 것이다.

갈릴리 가나의 혼례에서 예수께서 행하신 표적을 보고 제자들은 그를 믿게 된다.2:11 하지만, 이후에도 제자들은 아직 예수의 말씀을 충분히 이해하지 못하고, 믿지 못하고 있었다는 것을 화자는 독자에게 알려준다.2:22

요한복음에 나타나는 제자들	
안드레(1:36-37)	세(침)례자 요한의 제자로서 스승의 소개로 예수를 따름
이름이 밝혀지지 않은 제자	세(침)례자 요한의 제자로서 스승의 소개로 예수를 따름
베드로(1:41-42)	안드레가 데려 옴
빌립(1:43)	예수께서 부르심
나다나엘(1:47)	빌립의 권유로 예수께 옴
많은 제자들(6:66)	예수의 말씀을 받아들이지 못하고 예수를 떠남
열두 제자(6:67)	명단은 제시되지 않고 '열둘'이라고 언급됨
도마(11:16; 14:5)	디두모라는 별명을 지니며 열둘 중 하나(20:24)
가룟 유다(12:4)	제자 중 하나로 예수를 잡아 줄 자
사랑하시는 제자(13:23)	예수의 제자 중 하나, 예수의 품에 의지하여 누운 자
유다(14:22)	가룟인 아닌 유다
또 다른 제자(사랑하시는 제자? 18:15)	예수를 따라 대제사장의 집 뜰에 들어간 자
요셉(19:38)	아리마대 사람
세베대의 아들들(21:2)	이름이 언급되지 않음
다른 제자 둘(21:2)	이름이 언급되지 않음
처음 세 복음서와 비교할 때에 빌립, 나다나엘, 도마, 베드로, 사랑하시는 제자, 가룟 유다 등이 주요한 역할을 하며 상대적으로 야고보와 요한은 이름조차 언급되지 않는다. 또한, 예수께서 직접 부르셨다고 언급된 제자는 빌립뿐이다.	

제자들은 사람들에게 세(침)례를 베풀며,4:2 예수와 함께하지만, 예수의 말씀을 잘 이해하지 못한다.4:31~34 사실상 요한복음에서 '오해'는 제자들의 잘못을 보여주기보다는 예수의 차원 높은 메시지를 독자에게 더 잘 전달하기 위한 수단으로 사용되며, 요한복음에서는 제자들뿐만 아니라 대부분의 등장인물이 이러한 오해의 희생물이 된다. 요한복음 5장에서는 제자들에 대한 언급이 전혀 없는데, 제자들은 항상 예수와 동행한 것이 아니며, 때로는 일부 제자들만 예수를 따르고 있었던 것으로 보인다.39) 오병이어의 표적 이후 사람들이 억지로 자신을 왕으로 세우려는 것을 아신 예수는 혼자 산으로 떠나시는데,6:15 제자들도 따로 바다로 보내진다.6:16~17 제자들은 이러한 정치적 행동에 개입했을 수도 있고, 아니면 제자들이 무리의 잘못된 열광에 물들지 않도록 예수께서 따로 보내셨을 수도 있다.40) 예수께서는 바다에서 제자들과 함께하시고 바다 건너에서 무리와 다시 만나셔서 자신이 생명의 떡이심을 가르치신다. 자신이 하늘에서 내려온 떡이며 이 떡을 먹는 자는 영원히 살 것이라는 예수의 말씀을 이해하지 못하는 여러 제자가 예수를 떠난다.6:66 요한복음은 이처럼 열두 제자 이외에 다른 많은 제자가 한때 예수를 따랐음을 언급한다. '열둘' 열두 제자라는 언급은 여기서 처음 나타나는데,6:67 예수께서는 그들에게 "너희도 가려느냐"6:67라고 물으신다. 예수가 하늘에서 오신 분이며 영생을 주시는 분이라는 진리에 대한 이해는 참 제자 됨의 시금석이 된다.6:68 베드로는 예수께 영생이 있음을 고백하며 예수를 하나님의 거룩한 자라고 고백한다.6:68~69 하지만, 예수께서는 그러한 베드로의 고백에 대해 어떤 평가도 하지 않으시고 가룟 유다의 배신을 예고하신다.6:70 제자들은 나사로를 살리시는 사건에서도 "나사로가 잠들었도다"라고 하신 예수의 은유적인 말씀을 이해하지 못하고 그 의미를 문자적으로 받아들인다.11:12

요한복음의 고별강화13~17장는 산상수훈이나 평지설교처럼 제자들에게

---

39) Ibid., 185.
40) D. A. Carson, *The Gospel According to John*, 273.

주신 메시지다. 예수께서는 자신의 제자들을 끝까지 사랑하셨는데, 우선 제자들의 발을 씻기심으로 죄 사함과 섬김과 용서를 가르치신다.13:14 베드로는 역시 발을 씻기시는 의미를 이해하지 못한다.13:8~9 마지막 만찬 자리에서는 '사랑하시는 제자'가 처음 등장한다.13:23 가룟 유다는 예수를 팔려고 나간다.13:30 예수께서는 제자들에게 "서로 사랑하라"라는 새 계명을 주신다.13:34 그들이 서로 사랑하는 것은 그들이 예수의 제자라는 것을 나타내는 핵심적인 증거가 된다.13:35 베드로는 예수가 가시는 것의 의미나 가시는 곳을 알지도 못하면서 주를 위해 목숨을 버리겠다고 단언하지만, 예수께서는 그가 세 번 자신을 부인할 것을 예고하신다.13:36~38 예수께서는 제자들이 근심하지 않도록 권면 하며,14:1 가서 그들을 위해 거처를 예비하신다고 말씀하신다14:2. 도마는 예수가 가시는 곳이 어디인지 모르고 있으며,14:5 빌립은 예수께 아버지를 보여 달라고 한다14:8. 이처럼 예수께서 돌아가실 때가 가까워지면서 제자들은 더욱 예수에 대해 이해하지 못함을 드러낸다. 예수께서는 제자들이 자신 안에 거하도록 요구하시며15:1~5, 그들이 받을 고난에 대해서도 언급하신다15:18~20; 16:2. 또한, 자신이 떠나가시면 보혜사가 오셔서 그들을 인도하실 것이라고 말씀하신다.16:7~13 제자들은 예수가 하나님께로부터 나오심을 믿는다고 고백하지만, 예수께서는 그들이 예수를 두고 떠날 것을 예고하신다.16:31~32

　예수께서 체포되고 심문받으실 때에 제자들이 다 도망했다는 언급은 없지만, 예수의 십자가 처형 시에는 다른 제자들은 나타나지 않으며 사랑하시는 제자만 등장한다.19:26 예수는 이 제자에게 자신의 어머니를 부탁하며 그는 예수의 말씀에 따라 어머니를 모신다.19:26~27 아리마대 사람 요셉이 예수의 시체를 가져다 안장하는데 그도 예수의 '제자'라고 언급된다.19:38 안식 후 첫 날 막달라 마리아의 말을 듣고 베드로와 사랑하시는 제자는 무덤에 간다.20:1~2 세 복음서 중에서는 오직 누가복음만이 제자 중 베드로가 무덤에 가 본 것을 기록하고 있는데,눅24:12 화자는 사랑하시는 제자가 베드로와 함께 갔고 그는 '보고 믿었다'고 서술한다.20:8 부활하신 예수가 제자들에게 나타나셔서 제자들은 믿게 되지만, 도마는 그 자리에 없어서 믿지 못한다. 20:25 예수께서는 다시 도마와 제자들에게 나타나셔서 도마에게 "믿음 없는 자가 되지 말고 믿는 자가 되라"라고 교훈하시며, 곧 도마는 믿게 된다. 20:28 예수께서는 다시 몇 제자들에게 나타나시며 베드로를 회복시키셔서 목양의 임무를 주신다. 21:1~17 또한, 그의 순교도 암시해 주신다. 21:18~19 전체적으로 요한복음에서는 안드레, 베드로, 빌립, 나다나엘, 사랑하시는 제자, 도마, 가룟 유다가 주요 제자들로 언급되고 있다.

요한복음의 원저자로 추정되는 사랑하시는 제자는 요한복음에서 독특하게 언급되고 있으며, 그가 처음 언급되는 마지막 만찬 장면에서부터 끝까지 그는 줄곧 베드로와 함께 등장하고 있다. 사랑하시는 제자의 정체와 역할 그리고 이 두 제자의 관계는 많은 학자의 관심을 불러 일으켰다. 요한복음에서 사랑하시는 제자는 마지막 만찬에서 처음 등장한다. 13:23 그는 처음부터 예수의 품에 기대어 누운 제자로서 예수와 아주 친근한 모습으로 등장한다. 요한복음 전체에서 '품'$\kappa \acute{o} \lambda \pi o \varsigma$이라는 단어는 단 2회 사용되고 있는데, 우선 예수는 처음부터 아버지의 품속에 계신 분으로 등장하며, 1:18 사랑하시는 제자는 예수의 품에 기댄 자로 등장한다. 13:23 이처럼 화자는 사랑하시는 제자를 이렇게 묘사함으로써 예수와 사랑하시는 제자를 처음부터 유사하게 제시하려고 의도한 것으로 보인다. 즉, 화자는 예수가 아버지 품속에 계셔서 아버지를 가장 잘 알고 있으므로 아버지를 가장 잘 나타내시는 계시자로서의 기능을 하시듯이, 사랑하시는 제자는 예수의 품에서 예수를 가장 잘 알고 예수를 가장 잘 보여주는 역할을 하는 자로 제시하려는 것으로 보인다.

요한복음에서 베드로, 빌립, 도마, 다른 제자들은 모두 예수나 그의 말씀을 올바로 이해하지 못하는 오해의 희생물이 되기도 한다. 하지만, 사랑하시는 제자는 예수를 가장 잘 아는 제자로서 한 번도 오해하는 모습을 나타내지 않는다. 마지막 만찬 자리에서 예수께서 제자 중 하나가 자신을 팔 것을 예고하셨을 때에 베드로는 그가 누구인지 예수께 직접 질문하지 못하고 사랑하시는 제자를 통해서 질문한다.13:24 예수께서 체포되어 대제사장 집으로 끌려가실 때에 베드로와 '또 다른 제자 한 사람'이 따라갔다고 화자는 설명해주는데, 베드로는 안에까지 들어가지 못했지만, 이 제자는 대제사장과 아는 사이이며 그 안에까지 들어갔다고 하고 있다.18:15~16 이 제자가 사랑하시는 제자인지는 확실하지 않지만, 그가 사랑하시는 제자라면 그는 예수의 심문과정을 지켜본 유일한 제자인 셈이다. 한편, 베드로는 밖에서 세 번이나 자신이 예수의 제자임을 부인한다.18:17~27 예수의 십자가 처형 때에 십자가 아래에 베드로를 비롯한 다른 어떤 제자도 등장하지 않지만, 사랑하시는 제자는 그곳에 있고 예수로부터 어머니를 부탁받고 자기 집에 모신다.19:25~27 역시 사랑하시는 제자는 예수의 처형을 목격한 유일한 제자로 등장한다. 예수의 부활 후 막달라 마리아로부터 그 소식을 전해 들은 베드로와 사랑하시는 제자는 무덤으로 달려가며, 베드로가 먼저 무덤으로 들어가고 사랑하시는 제자는 나중에 들어가지만, 사랑하시는 제자는 '보고 믿는다.' 20:1~8 먼저 빈 무덤을 본 막달라 마리아는 단지 시체가 없어진 것만 언급할 뿐 예수의 부활을 알지 못하며,20:2 무덤에 가서 본 베드로도 믿었다고는 서술되지 않고 있는데, 이처럼 사랑하시는 제자는 부활을 보고 믿은 첫 번째 제자가 된다. 사랑하시는 제자는 예수의 심문과 처형 과정, 죽음, 부활을 모두 직접 목격한 아주 중요한 목격자로 나타나는 데 따라서 그의 '증언'은 참되다고 인정된다.21:24

부활하신 예수가 두 번이나 제자들에게 나타나시고 난 후, 세 번째로 디베랴 호수에서 나타나셨을 때에 사랑하시는 제자는 주님을 가장 먼저 알아보고 베드로에게 알려준다.21:7 이처럼 베드로와 비교해 볼 때에, 사랑하시는 제자는 그와 동등하게 등장하면서 특히 예수를 아는 인식력에서 뛰어난 자로 제시되고 있고 따라서 누구보다도 더 잘 예수를 나타내 알려줄 수 있는 자로 나타난다. 예수께서는 베드로에게는 자신을 사랑하는지 질문하며, 그에게 목자의 사명을 주시며 순교자가 되는 영예를 주신다.21:15~24 사랑하시는 제자에 대해서는 예수께서는 나름대로 다른 계획을 세우고 계신 것으로 보인다.21:22 예수께서는 베드로에게는 "네가 나를 사랑하느냐"라고 세 번이나 확인하시지만, 사랑하시는 제자에게는 그러한 확인을 하지 않으신다. 그의 별명이었을 수 있는 '사랑하시는 제자'라는 호칭이 말해 주듯이 화자는 그를 예수가 사랑하신 자로 나타내고 있다. 이처럼 사랑하시는 제자는 베드로보다 예수를 더 잘 알고 잘 인식하는 이상적인 제자이며 특히 예수 사건의 목격자로서 참된 증언을 하는 자로서 드러난다.21:24 최초에 예수를 따랐던 두 제자 중 한 사람의 이름은 밝혀지지 않고 있는데, 만일 그가 사랑하시는 제자라면 그는 초기부터 예수를 따른 자로서 예수의 거의 모든 공생애를 목격한 자가 되었을 것이다. 그는 대제사장의 뜰 안에 들어가 있어서 예수의 심문 과정을 증언할 수 있는 유일한 제자였을 것이며, 십자가 아래에 있어서 그의 죽음을 증언한 제자이며, 빈 무덤과 부활 사실을 증언하며, 부활한 예수를 증언할 수 있는 제자였다. 베드로가 목회자이며 순교자로서의 역할을 한다면 그는 특별한 인식력을 가진 목격자이며, 예수의 품에서 예수를 가장 잘 아는 자로서 증언자의 역할을 하고 있다. 요한복음의 최종 편집자는 "이 일들을 증언하고 이 일들을 기록한 제자가 이 사람이라 우리는 그의 증언이 참된 줄 아노라"21:24라고 분명히 선언한다. 아마도 요한공동체의 초기 지도자였을 것으로 보이는 이 제자는 요한공동체에 있어서 베드로보다 더 신뢰할만한 예수의 증인으로 추앙받았던 것으로 보인다. 요한공동체는 이러한 참된 증인의 증언을 바탕으로 더욱 확신을 하고 예수를 그리스도와 하나님의 아들로 믿었을 것이다.

예수의 부활에 대한 믿음과 관련하여 요한복음에서는 도마가 특별하게 언급된다. 요한복음에만 기록되어 있는 도마 이야기는 기독교 교회에서 종종 불신이나 의심에 관련되어 사용되고 있으며, 도마는 보통 의심하는 자로 알려졌다. 하지만, 실제로 요한복음은 도마를 부정적인 인물로 묘사하지 않고 있다. 예수께서 부활하셔서 처음으로 제자들에게 나타나셨을 때에 도마는 그곳에 없었다.20:24 부활한 예수를 본 제자들은 믿었지만, 도마는 그 자리에 없어서 예수를 보지 못했기 때문에 믿지 못했다. 도마는 다른 제자들이 주를 보았다는 말에 "내가 그의 손의 못 자국을 보며 내 손가락을 그 못 자국에 넣으며 내 손을 그 옆구리에 넣어 보지 않고는 믿지 아니하겠노라"20:25라고 반문한다. 하지만, 다음에 실제로 예수께서 그에게 나타나셔서 손을 넣어 보라고 하자 그는 바로 "나의 주님이시요 나의 하나님이시니이다"20:27~28라고 고백한다. 화자는 도마가 예수를 만져 보았다고 말하지 않으며, 예수께서도 "너는 나를 '본 고로' 믿느냐"20:29라고 말씀하신다. 즉, 도마는 예수를 보고 나서야 믿는 대표자로 등장한다고 할 수 있는데, 이런 면에서 도마는 앞서 믿은 제자들과 동등하다. 앞서 먼저 믿게 된 제자들도 사실상 예수께서 그들에게 나타나셔서 보고 믿게 된 것이며, 도마는 그 자리에 없었기 때문에 믿지 못하다가 예수께서 자신에게 나타나셨을 때에 믿게 되었다. 가장 먼저 부활을 믿은 자로 나타나는 사랑하시는 제자도 역시 **보고 믿었다**고 언급되고 있다.20:8 이런 면에서 제자들 모두는 '보고 믿는 자' 들로서 같다. 실제로 요한복음 이야기는 먼저 믿게 된 제자들과 처음에는 의심하였다가 나중에 믿게 된 도마를 비교하여 도마의 의심을 비판하는 것이 아니다. 저자는 도마를 포함해서 보고 믿은 모든 제자와 보지 않고도 믿는 요한복음의 독자들을 비교하는 것이다. 예수께서는 분명하게 "보지 못하고 믿는 자들은 복되도다"20:29라고 선언하신다. 화자는 도마 이야기에서 보고 믿게 된 제자들보다 보지 못했는데도 믿게 되거나 믿는 사람들이 더 복된 자들이라는 것을 보여주려고 하고 있다.

도마는 실제로 다른 제자들보다 특별히 열등하게 나타나지 않고 있으며 보고 믿은 모든 제자 중 하나로 나타난다. 오히려 도마는 실제로 예수를 보고 믿은 제자 중 예수에 대해 가장 위대한 고백을 하는데 "나의 주님이시요 나의 하나님이시니이다"20:28라고 고백한다. 요한복음뿐만 아니라 네 복음서 모두에서 예수를 '하나님' 이라고 고백하는 자는 도마뿐이다. 이처럼 도마는 부활을 의심하는 부정적인 인물이 아니라 보고 믿은 자 중에서 가장 위대한 고백을 하는 제자로 나타난다.[41] 하지만, 그보다 더 복된 자들은 보지 않고도 믿는 독자들과 같은 사람들이다. 또한, 도마는 사실상 고대 교회에서도 부정적으로 인식되었다는 것을 보여주는 어떤 기록도 없다. 오히려 후대에 신약의 외경 중에 『도마 복음서』, 『도마 행전』, 『도마의 예수 유년기 복음서』 등 그의 이름으로 기독교 문서가 기록된 것은 그가 당시에 기독교 교회에서 존경받던 인물임을 보여준다. 부정적으로 인식되던 인물의 이름으로 기독교 문서가 기록되었을 리가 없다. 실제로 교부들의 저술에서도 도마에 대한 어떠한 부정적인 언급도 찾아볼 수 없다. 오히려 도마는 인도까지 가서 선교한 자로 알려졌다. 이처럼 요한복음에서 도마는 일반적으로 오늘날의 교회에서 인식되고 있는 것과 같이 부정적인 인물로 나타나지 않으며, 중요하게 언급되는 제자 중 하나로서 보고 믿은 자의 대표이며, 보고 믿은 자로서는 가장 위대한 고백을 하는 자로 나타난다.

요한복음에는 세 복음서에서처럼 고난의 제자도나 포기의 제자도가 강조되지는 않는다. 요한복음에서 강조되는 제자도는 첫째, 믿음의 제자도다. '믿는 것'은 요한복음 전체를 통해서 가장 중요하게 요구되는 신앙의 모습이며 요한복음의 기록 목적이기도 하다. 믿는 자들은 하나님의 자녀가 되는 특권을 지닌다.1:12 믿는 자는 누구나 영생을 소유하게 된다.3:15~16 믿는 것은 하나님의 일이기도 하다.6:29 도마 이야기에서 살펴보았듯이 특히 보지 않고도 믿는 사람은 복된 자로 선언된다. 또한, 독자들처럼 보지 않고도 믿고 있으며, 또한 박해에도 그러한 믿음을 계속 지키는 것은 요한복음 전체를 통해서 강조된다.

둘째, 사랑의 제자도다. 예수께서는 긴 고별강화를 통해 여러 가지 교훈을 제자들에게 해 주시지만 특히 제자들에게 새 계명을 주시며 그것을 지키기를 당부 하신다.13:34; 14:15,21; 15:10,12 요한복음에는 '원수 사랑'이나 '이웃 사랑'에 대한 교훈은 나타나지 않으며 대신에 '서로 사랑'에 대한 교훈이 강조된다. 요한복음에서 예수께서 요구하는 사랑은 자신이 제자들을 사랑한 것처럼 그들도 서로 사랑하는 것이다.13:34 요한공동체가 분파였다

---

41) James Charlesworth, *The Beloved Disciple*, 115-26은 도마가 사랑하시는 제자로서 요한복음의 저자라고 결론을 내리는데, 이처럼 그는 도마를 요한복음에서 중요한 위치에 올려놓고 있다.

면 그들에게는 특히 자신들의 정체성 확립이 필요했을 것이며 더욱이 외부로부터 박해가 있었다면 내적 결속은 가장 중요했을 것이다. 박해 시에 친구를 위해 목숨을 버릴 수 있는 사랑은 공동체 결속에 큰 힘이 될 수 있음이 분명하다.15:13 또한, 학자들이 추정하듯이 공동체 내부에 일종의 분열이 생기기 시작했다면 그러한 분열을 막고 내적 결속을 다지려고 서로 사랑하라는 계명은 그 무엇보다도 우선하여 필요한 중요한 요구였을 것이다. 위기의 시기에 혹시 일시적으로 예수의 제자 됨을 부인했거나 믿는 공동체의 일원一員임을 부인했다고 하더라도 예수에 대한 '사랑'이 재확인된다면 그는 다시 제자로서 회복될 수 있다. 부인否認한 베드로가 회복된 이야기는 그러한 강한 가능성을 보여준다.21:15~17 '서로 사랑하는 것'은 다른 사람들이 그들이 예수의 제자라는 것을 알게 되는 표시로서 그들의 정체성을 나타내는 표시이기도 하다.13:35 예수를 사랑하라는 명령은 요한복음에 나타나지 않지만, 그것은 사랑의 제자도의 당연한 전제로 나타난다.14:15,21,28 예수를 사랑하는 것은 단순한 감정이 아니라, 예수의 말이나 계명을 지키는 것과 같은 행동으로 표현되어야 한다.14:21,23,24; 15:10

셋째, 전도의 제자도다. 요한복음에서는 가서 제자 삼으라는 명령은 나타나지 않으며 복음 선포에 대한 명시적 강조도 나타나지 않는다. 하지만 세(침)례자 요한은 자신의 제자 둘에게 예수를 소개하여 그를 따르게 만들며,1:36 그렇게 예수를 따르게 된 안드레는 자기 형제 시몬에게 예수를 소개하여 예수께 데리고 오며,1:41~42 예수께서 부르신 빌립은 나다나엘을 '찾아서' εὑρίσκει 예수를 알려 예수께 데리고 온다.1:45~46 처음 세 복음서에서 예수의 부르심을 입은 제자들은 즉각적으로 자신의 가족과 생업을 포기하고 예수를 따랐다는 것이 강조되고 있는 한편, 요한복음에서는 예수를 따르게 된 사람들은 바로 다른 사람에게 예수를 소개하여 그도 예수를 따르게 하는 모습이 강조된다. 모든 족속에게 나가지는 않지만 주로 자신과 가까운 개인에게 가서, 또는 사람을 찾아서 예수를 전하고 예수께 데리고 오는 모습이 인상적이다. 제자는 아니지만, 예수의 말씀을 들은 사마리아 여인은 동네 사람들에게 전하여 그들이 예수께 나오며,4:28~30 많은 사람이 예수를 알고 믿게 된다.4:41~42 이처럼 특히 가까운 사람들에게 개인적으로 예수를 전하는 것은 요한복음이 강조하는 제자도의 일면이라고 할 수 있다.

표적. 보통 복음서에서 기적을 가리키는 말로는 기사奇事, τέρας, 표적 σημεῖον, 권능δυνάμει, 일ἔργα 등의 단어가 사용되고 있다. 처음 세 복음서는 예수의 기적에 대해 주로 '권능'이란 용어를 사용하고 있다.막6:2,14; 마11:20 권능은 보통 예수가 하나님의 권위를 가지신 분임을 드러내며마9:8 하나님 통치의 능력을 나타내는 일로 이해되며,마12:28 참조 사람들을 회개시키는 수단으로 이해되기도 한다.마11:21 또는 믿음이 권능을 가능케 하기도 한다.마13:58 '기사'란 단어는 세 복음서에서 단독으로 사용되지 않고 '표적'과 함께 사용되어 '표적과 기사'라고 언급되는데,마13:22; 마24:24 이 경우는 모두 거짓 그리스도나 거짓 선지자들이 마지막 때에 사람들을 미혹하기 위해 행하는 일들을 언급하는 데 사용되어 부정적인 의미를 지닌다. 예를 들어, 예수께서는 종말에 관한 말씀에서 "거짓 그리스도들과 거짓 선지자들이 일어나 큰 표적과 기사를 보여 할 수만 있으면 택하신 자들도 미혹하리라"라고 경고하신다.마24:24 세 복음서에서 표적이란 용어가 단독으로 사용된 경우는 주로 바리새인들이나 서기관들처럼 예수에 대해 근본적인 믿음이 없는 자들이 예수를 시험하거나 확인하기 위해 요구하는 것으로서 역시 부정적인 의미로 사용된다.막8:11; 마16:1

누가복음에서는 예수의 탄생을 표적이라고 언급하기도 하며,눅2:12,34 마지막 때에 있게 될 일들을 표적이라고 부르기도 하며 특별히 부정적이지 않은 의미로 이 용어를 사용하기도 한다.눅21:11,25 이처럼 표적이 부정적인 의미로 사용되지 않는 때도 있지만 세 복음서 어디서도 표적을 예수를 믿는 근거나 그의 영광을 나타내는 수단으로 제시하는 경우는 없다. 또한, 예수께서는 표적을 요구하는 사람들을 '악하고 음란한 세대'라고 책망하시며 표적을 보여 달라는 요구를 항상 거절하신다.마12:38~39; 16:4 표적이란 용어를 부정적으로 사용하지 않는 누가복음에서도 표적을 구하는 세대는 '악한 세대'로 불린다.눅11:29 이처럼 처음 세 복음서에서 표적은 부정적인 의미로 사용되거나(마태, 마가), 또는 부정적으로 사용되지는 않지만 적극적으로 긍정적인 것으로도 사용되지 않고 있다(누가).

요한복음에서는 기적과 관련된 용어나 의미가 세 복음서에서와는 다르게 사용된다. 요한복음에서는 예수가 행하신 기적을 가리키는 데에 대부분 '표적'이라는 용어를 사용하고 있다.[42] 요한복음에서는 표적이라는 단어가 처음 세 복음서와 같이 부정적인 의미로 사용되지 않으며 오히려 예수를 그리스도로 믿게 하여 생명을 얻게 하는 중요한 수단으로서 긍정적인 의미로 사용되고 있다.요20:30~31 요한복음에서 사람들은 표적을 보고 믿게 되고,2:11,23 예수를 따르고,6:2 예수를 인식하게 된다6:14. 요한복음이 특별히 표적表蹟, sign이란 용어를 사용하는 것은 그것이 그 자체로서 의미가 있기보다는 그것이 예수와 그의 사역에 관련된 중요한 진리를 가리켜주는 표징表徵, sign으로서 의미를 지니고 있기 때문으로 보인다. 요한복음의 표적들은 대부분 중요한 진리를 보여주는 표지標識, sign로서 사람들로 하여금 그 표지가 가리키는 예수와 예수에 관한 진리를 인식하게 하고 믿게 하는 수단이 된다.

요한복음에는 보통 7개의 표적이 기록되어 있다고 보는데, 이들은 주로 요한복음 전반부에 나타나고 있어서 2~12장까지를 하나의 단위로 '표적의 책'이라고도 부르기도 한다.C. H. Dodd 요한복음에 나타나는 첫 번째 표적은 예수께서 갈릴리 가나 혼례에서 물로 포도주를 만드신 일이다.2:1~12 이 표적은 일종의 자연 이적이란 점에서 그 자체가 예수의 능력을 드러내고 있다. 요한복음은 서언에서 말씀이신 예수가 창조에 참여하신 것을 이미 언급한 바 있다. 화자는 이 표적을 통해서 예수가 '그의 영광'을 나타냈다고 해설한다.2:11 하지만, 이 일은 '표적'으로서 또한 예수에 대한 어떤

---

[42] 요한복음에서는 때때로 기적에 대한 일반적인 표현으로 그것이 그저 '일'($ἔργα$, works)이라고도 언급된다.

중요한 진리나 메시지를 나타내는 것이 분명하다. 예수께서 만드신 포도주를 맛본 연회장은 신랑에게 "사람마다 먼저 좋은 포도주를 내고 취한 후에 낮은 것을 내거늘 그대는 지금까지 좋은 포도주를 두었도다"2:10라고 말한다. 일반적인 관습은 좋은 포도주를 먼저 내놓는 법이지만 오히려 신랑이 마지막까지 간직했다가 지금 내놓는 포도주가 더 좋은 것이라고 말하고 있다. 세 복음서에 나타나는 "새 포도주는 새 부대에" 넣어야 한다는 말씀에서처럼 새 포도주는 새로운 시대를 의미한다고 볼 수 있다. 일반적으로 학자들은 예수께서 새로 만드신 좋은 포도주는 예수로 말미암아 시작된 새로운 시대의 복됨과 우월성을 의미하고 있다고 이해한다. 그것은 하나님의 통치가 가져다주는 '영생'을 의미할 수도 있고Beasley-Murray, 종말론적 기대에 대한 예수의 성취를 의미할 수도 있다Culpepper. 이 표적을 통해서 제자들은 예수를 믿게 된다.2:11

두 번째 표적은 예수께서 가나에서 왕의 신하의 아들을 고치신 일이다.4:46~54 예수께서는 "너희는 표적과 기사를 보지 못하면 도무지 믿지 아니하리라"라고 말씀하시며, 결국 온 집안이 다 믿게 되었다는 화자의 설명으로 볼 때에 이 표적도 사람들로 하여금 믿게 하려고 행하신 것으로 볼 수 있다. 하지만, 사실상 그 왕의 신하는 표적을 보기 전에 말씀을 믿는 자로 나타나고 있다.4:50 표적은 그에 대한 사람들의 반응의 관점보다는 예수 자신에 대한 관점에서 진리를 보여주려고 한다고 할 수 있다. 화자는 서언에서 로고스이신 예수 안에 "생명이 있었다"라고 선언하고 있는데,1:4 죽어가는 사람을 고치신 이 표적은 생명 되신 예수, 생명을 주시는 예수를 가리키고 있다고 볼 수 있다.

표적	의미
1. 물로 포도주를 만드심(2:1-12)	예수는 창조의 참여자이며 축복 된 새 시대의 성취자
2. 왕의 신하의 아들을 고치심(4:46-54)	예수는 생명이며 생명을 주시는 자
3. 베데스다 못가의 병자를 고치심(5:1-19)	예수는 아버지와 동등한 분이며 생명을 주시는 자

4. 오천 명을 먹이심(6:1-15)	예수는 생명의 빵이며 절대 주리지 않는 풍성한 생명을 주시는 자
5. 물 위로 걸어오심(6:16-21)	예수는 구원하시는 하나님
6. 맹인으로 태어난 사람을 고치심(9:1-41)	예수는 세상의 생명의 빛
7. 나사로를 살리심(11:1-44)	예수는 부활이요 생명

세 번째 표적은 예루살렘 베데스다 못가에 있던 38년 된 병자를 예수께서 고치신 일이다.5:1~19 이 치유 이야기는 그 내용으로 볼 때에 독특하다고 할 수 있는데 여기서는 아무도 믿었다는 언급이 없다. 화자는 이 병자를 치유하신 날이 '안식일'이었다고 언급하며 이 때문에 유대인들이 예수를 박해하게 되었다고 해설한다.5:9,16 여기서 이 표적은 그 자체로 큰 의미가 있기보다는 그 일을 행하신 날이 안식일이었기 때문에 유대인들로부터 반대가 일어났음을 독자에게 알리고, 이어지는 예수의 가르침에 주목하게 하고 있다. 세 복음서에서 예수께서 중풍병자를 고치신 일이나막2:1~12와 병행본문들 안식일에 손 마른 사람을 고치신 일도막3:1~5과 병행본문들 그 일들 자체보다는 그 일들을 계기로 예수께서 중요한 진리를 선포하고 계신 것에 주목하도록 해주는 것과 마찬가지다. 예수는 이어지는 가르침에서 하나님을 아버지로 언급하시며 아버지가 행하시는 일을 아들도 그대로 행하신다고 선언하신다.5:17~19 이렇게 볼 때에 이 표적은 예수는 아버지와 동등한 분으로서 안식일에도 사람을 고치시는 일을 하시는 분임을 나타내준다고 할 수 있다.

네 번째 표적은 예수께서 오천 명을 먹이신 일이다.6:1~15 네 복음서 모두에 나타나는 이 표적은 단순히 빵과 물고기를 증가시키는 예수의 능력뿐만 아니라 넘쳐나는 풍성한 종말론적 잔치를 성취하시는 예수를 보여주는 것으로 보인다. 사람들은 이 표적을 보고 예수에 대해 "이는 참으로 세상에 오실 그 선지자"6:14라고 고백한다. 이는 신명기에 나타나는 장차 오게 될 모세와 같은 선지자를 가리키는 것으로 보인다.신18:18 사람들은 예수께서 사람들을 먹이신 일을 과거에 모세가 광야에서 사람들을 먹이신 일과 연관시켰던 것으로 보인다.6:30~32 참조 이 표적 이야기는 그 자체로 끝나지 않고 긴 예수의 말씀과 대화로 이어지고 있으며, 따라서 이 표적은 이어지는 예수의 메시지의 서론 역할을 하기도 한다. 이어지는 예수의 메시지의 핵심은 예수 자신이 '생명의 빵'이라는 것이다.6:35 즉, 이 표적은 단순히 빵을 증가시키는 예수의 능력을 보여주는 것이 아니라 오천 명을 먹이고도 남은 것처럼, 생명의 빵 되신 예수께 오는 자들은 결코 주리지 않는 풍성한 생명을 얻게 된다는 것을 보여주고 있다. 이처럼 이 표적은 '결코 주리지 않고 영원히 목마르지 않은' 6:35 풍성한 생명을 주시는 '생명의 빵' 이신 예수를 나타낸다.

다섯 번째 표적은 예수께서 물 위로 걸어오신 일이다.6:16~21 이 표적에는 자연을 초월해서 계신 예수의 능력이 나타나고 있다. 그것은 단순한 능력일 뿐만 아니라 바람과 파도로 두려워하는 제자들을 구원해주신 구원의 행동이기도 하다. 이 표적은 하나님이 구원자로서 물에서 이스라엘 백성을 구해 내셨듯이 물에서 제자를 구원해 주시는 신적인 예수를 나타내는 것으로 보인다.43) 예수께서는 두려워하는 제자들에게 "내니 Ἐγώ εἰμι 두려워 말라"라고 말씀하시는데6:20 이러한 신적神的인 자기 선언을 통해서 제자들을 위로하시고 구원하신다. 이처럼 이 표적은 구원자이며 하나님이신 예수를 나타내 보여준다.

여섯 번째 표적은 맹인으로 태어난 사람을 고치신 일이다.9:1~41 우선 맹인의 눈을 뜨게 한 것은 그 자체로서 그것은 예수가 그들이 기대하던 메시아라는 것을 보여주는 표적이기도 하다. 당시 사람들은 맹인이 눈을 뜨게 되는 일은 메시아 시대에나 가능한 일로 생각했을 것이다.사35:5~6 참조 이 표적 이야기에서도 맹인을 고치신 일에 뒤이어 예수의 가르침들과 사람들의 여러 반응이 함께 서술되고 있다. 예수께서는 이전에 이미 자신이 '세상의 그 빛'이며 자신을 따르는 자는 어둠에 다니지 않고 '생명의 그 빛'을 얻을 것이라고 말씀하신 일이 있다.8:12 또한, 맹인을 고치시기 전에 다시 자신이 '세상의 빛'이라고 선언하시고 나서 그를 고치신다.9:5 이처럼 이

---

43) George R. Beasley-Murray, *John*, 89.

표적은 '세상의 빛'이며 '생명의 빛' 되신 예수를 보여주고 있다. 예수는 생명의 빛으로서 단순히 육적인 눈을 뜨게 해주시는 분이 아니라 영적인 생명의 빛을 주시는 분으로 나타난다.9:39 고침을 받은 맹인은 예수를 올바로 보게 되며9:33 실제로 맹인이 아니었던 바리새인들은 영적인 맹인으로 드러나며 죄인으로 선언된다9:41.

일곱 번째 표적은 죽은 나사로를 살리신 일이다.11:1~44 죽은 지 나흘이나 되어 냄새가 나는 사람을 살리신 기적은 성서 전체에서 요한복음 이외에 다른 어떤 책에서도 나타나지 않는다. 이 표적은 그 자체로도 예수는 생명이시며 생명을 주시는 분이라는 것을 잘 나타내 준다. 예수께서는 나사로가 병들었다는 소식을 처음 들으셨을 때에 이것은 '아들이 영화롭게 되도록' 하려는 일이라고 말씀하신다.11:4 요한복음은 예수의 죽음 또는 죽음과 관련된 부활이나 높이 들리심을 언급하는 데에 '영화롭게 된다'는 단어를 사용하고 있다.12:16,23 이렇게 볼 때에 나사로의 죽음은 예수의 죽음을 가리키고 있고 나사로가 살게 된 것은 예수의 부활을 가리키고 있다고 할 수 있다. 즉, 이 표적은 예수의 부활을 나타내고 있으며 예수 자신이 '부활이요 생명'이라는 것을 보여준다.11:25

저자가 이 모든 표적을 선택해서 기록하는 이유는 예수가 하나님의 아들 그리스도이심을 독자가 계속 믿어서 생명을 얻게 하려는 데에 있다고 밝힌다.20:30~31 여기서 저자가 생각하는 예수가 하나님의 아들 그리스도라는 것의 의미를 정리해 볼 수 있다. 즉, 표적들을 통해서 제시되고 있는 예수의 모습이 곧 저자가 생각한 하나님의 아들 그리스도의 모습이라고 할 수 있다. 그것은 예수는 생명이며 창조의 참여자로서 사람들에게 생명을 주시며, 새 시대의 축복과 생명을 절대로 주리지 않게 풍성히 주시며, 하나님의 구원으로 함께 해주시며, 자신이 빛으로서 영적인 눈을 뜨게 하시며, 자신이 부활로서 사람들에게 부활을 주시는 분이시라는 것이다. 예수를 하나님의 아들 그리스도로 믿는다는 것은 이처럼 단지 그 명제적 선언이나 그러한 예수의 정체나 사실을 믿는다는 것을 의미하지 않는다. 그것은 그리스도인의 생명, 영적인 생활, 삶과 죽음, 부활을 포함한 모든 것이 전적으로 예수께 달렸음을 인정하는 것을 의미한다. 요한복음은 표적을 보고 믿는 믿음 자체를 잘못된 것으로 언급하는 경우가 없다. 단지 경우에 따라 표적을 보았지만 잘못 이해한 것에 문제가 있던 것으로 보인다. 표적을 제대로 이해하고 보는 사람들은 당연히 올바른 믿음을 가지게 된다. 예수께서는 오천 명을 먹이신 표적을 행하시고 나서 자신을 따르는 무리에게 "너희가 나를 찾는 것은 표적을 본 까닭이 아니요 떡을 먹고 배부른 까닭이로다" 6:26라고 책망하신다.44) 그들은 표적을 눈으로 보았지만, 그 의미를 제대로 보지 못했다. 표적의 의미를 제대로 볼 수 있었다면 그들은 생명에 이르는 믿음을 가질 수 있었을 것이다. 실제로 요한복음의 독자들은 과거나 현재에서 모두 예수의 표적을 눈으로 보지 못한 자들이며 표적을 '읽고' (듣고) 믿는 자들이다. 이처럼 요한복음의 독자들이 표적을 보는 방법은 영적인 눈으로 보는 방법뿐이며, 이러한 눈으로 표적을 제대로 보고 믿는 독자들은 진정한 진리를 소유하게 될 것이다.

문학적 장치. 누가복음을 문학적 아름다움을 지닌 복음서라고 말할 수 있다면, 요한복음은 분명히 문학적 기법에서 뛰어난 복음서라고 말할 수 있다. 요한복음은 처음 세 복음서와 그 내용이나 신학적인 면에서 다르고 독특할 뿐만 아니라, 그 표현 또는 서술 방식이나 서술 기술技術 또는 수사법에서도 독특하다. 요한복음을 읽는 독자들은 보통 교리상으로 많이 사용하여 익숙한 구절들을 제외하고는 나머지 이야기를 읽고 이해하는 데에 어려움을 느낄 것이 분명하다. 사실상 요한복음은 현대 독자들에게 있어서 가장 이해하기 어려운 책 중의 하나라고 할 수 있다. 니고데모와 예수와의 대화나 사마리아 여인과의 대화에서 보듯이 요한복음 이야기에서 예수와 사람들과의 대화는 종종 서로 다른 차원이나 세계에서 말을 하는 것처럼 접점 없이 평행선을 달리는 경우가 많다. 사람들의 질문에 예수께서는 대

---

44) 여기서 '보다' (εἴδετε, 원형 ὁράω)라는 단어는 예수께서 니고데모에게 "사람이 거듭나지 아니하면 하나님의 나라를 볼 수 없느니라"라고 말씀하실 때도 사용되고 있어서(3:3), 단순히 눈으로 보는 것을 의미하는 것이 아니라고 이해할 수 있다.

답하시지만, 그 질문에 답하시고 있다기보다는 자신이 하실 말을 그저 하신다고 느끼게 한다. 또한, 그런 대답마저도 분명하지 않고 모호한 경우도 많다. 예수께서는 이중적인 의미가 있는 단어를 사용하심으로써 듣는 사람들을 혼란스럽게 하기도 하신다. 자신이 누구인지 'Ἐγώ εἰμι라는 표현을 통해서 알리시지만 일곱 번 모두 '은유'metaphor를 사용하시며 명백한 표현을 사용하지 않으신다. 또한, 빛과 어둠, 물, 떡 등의 상징도 자주 사용된다. 이야기에서 등장인물들은 엉뚱한 말이나 대답을 하는 것이 일상이고 베드로를 포함한 제자들마저도 예수의 말씀이나 상황 파악을 못 해서 당황한다. 이러한 대화나 상황 속에서 독자들은 분명한 예수의 메시지를 이해하기도 하지만 등장인물들과 함께 오해 속에 빠져들기도 한다. 특히 현대의 독자들은 당시의 독자들과 저자가 공유하고 있던 독특한 언어의 의미들을 파악하는 데에 큰 어려움을 겪는다.

처음 세 복음서에서 비유가 그렇듯이, 저자가 직접적이고 명백한 언어로 이야기를 서술하지 않고 비유적이고 암시적으로 서술하는 이유는 독자를 혼란에 빠뜨리기 위한 것이 아니라 독자에게 더욱 명백히 진리를 전달하려는 것이 분명하다. 단지 현재 독자들이 원래 독자들과는 전혀 다른 시간과 문화 속에 살고 있으며 당시의 독자들의 독특한 표현이나 서술 방식에 익숙하지 않다는 것 때문에 그 진리를 파악하는 데에 어려움이 있는 것이다. 이처럼 화자가 명백한 언어로 설명해 주지 않고, 비유적인 표현이나 등장인물들의 오해 등을 통해 독자에게 메시지를 전하거나 말씀의 의미를 전달해 주는 것을 서사론적인 용어로 '암시적 해설' implicit commentary이라고 한다. 독자는 이러한 암시적 해설에 귀를 기울이고 그것을 잘 이해함으로써 더 높고 깊은 차원에서 이야기를 이해할 수 있게 된다. 이러한 암시적 해설에는 대표적으로 오해, 아이러니 등이 포함된다.

첫째, 오해misunderstanding는 요한복음에서 자주 나타나는 문학적 장치로서, 요한복음의 등장인물들은 거의 오해의 희생물이 된다. 보통 예수는 자신의 수준과 차원 즉, 위above의 차원에서 말씀하시며, 사람들은 역시 자신들의 차원 즉, 아래below의 차원에서 대답하며 질문한다. 또한, 예수께서는 이중적인 의미가 있는 단어를 사용하시면서 그 특별한 의미에 관심을 두는 한편, 사람들은 그 일상적 의미로 그 단어를 이해함으로써 오해가 생기기도 하며, 예수는 비유적으로 표현하시지만, 사람들은 일반적인 의미로 이해함으로써 오해가 생기기도 한다.[45] 대부분 예수의 제자들과 유대인들이 이러한 오해의 희생물로 나타나는데, 사실상 그들의 희생의 대가代價로 독자는 이해를 얻게 된다. 요한복음에서는 일반적으로 예수께서 진리를 말씀하실 때에 처음부터 스스로 분명하게 선언하거나 설명해주지 않으신다. 예수께서는 사람들과의 대화를 통해 진리를 말씀하실 때에 일반적으로 사람들이 쉽게 이해하기 어려운 말씀으로 시작하시며, 따라서 듣는 사람들은 이해하지 못하는 반응을 보이며, 예수께서는 점점 더 깊은 진리로 진행하신다. 니고데모나 사마리아 여인과의 대화는 그러한 패턴에 따라 진행되고 있는 대화의 전형적인 실례들이라고 할 수 있다. 화자는 사실상 독자가 가질 수 있는 오해의 경우들을 등장인물들의 오해들을 통해서 독자에게 미리 알려줌으로써 독자들로 하여금 그러한 오해를 피해서 더욱 분명한 진리에 이르도록 이끌어주는 것이다. 이처럼 화자는 등장인물들을 오해로써 희생시키며 독자를 이해로 이끈다.

요한복음에서는 유대인의 지도자인 니고데모도 오해하며, 사마리아 여인도 오해하며, 베드로를 포함한 다른 제자들도 오해하고, 유대인들도 오해하는 등, 거의 모든 등장인물이 예수나 예수의 말씀에 대해 오해를 한다. 화자가 그들의 오해를 서술하는 목적은 그들의 어리석음이나 인식력 부족을 드러내려는 것이 아니다. 니고데모는 거듭남에 대해 오해하는데, 화자는 니고데모가 나이 든 유대인 지도자로서 거듭남의 의미조차 모르는 그의 어리석음을 드러내려고 이야기를 서술하고 있지 않다. 오히려 화자는 그의 잘못된 생각과 대답을 미리 보여주어 독자로 하여금 그와 같은 오해를 하

---

45) Norman R. Peterson, *The Gospel of John and the Sociology of Light: Language and Characterization in the Fourth Gospel* (Valley Forge: Trinity Press International, 1993), 42-53.

지 않도록 미연에 방지하며 독자에게 진정한 거듭남이 무엇인지 올바로 보려 주려고 하는 것이다. 마찬가지로, 사마리아 여인의 오해도 그 여인의 무식함이나 어리석음을 드러내려 주는 것이 아니라 예수가 주시는 생수의 참 의미가 무엇인지를 독자에게 더욱 잘 알려주려고 화자가 사용하는 문학적 기술이다. 베드로의 오해도 역시 세족洗足의 참 의미가 무엇인지를 보다 분명하게 보여주고 있다. 이처럼 화자는 등장인물들의 오해에서 나온 대화나 행동을 통해서 **독자에게 참된 의미들을 간접적으로 설명해주는 것이다**(암시적 해설). 따라서 등장인물의 오해를 잘 이해하는 것은 곧 화자의 해설을 잘 이해하는 것이고, 그것은 또한 복음서 진리를 잘 이해하는 것이 된다.

   요한복음에서 가장 빈번히 오해가 되는 주제는 주로 예수의 신적인 기원에 대한 것이다. 특히 예수께서 자신을 보내셨던 아버지께로 '돌아가신다'는 것은 제자들까지도 이해하기 어려운 말씀으로 나타난다. 유대인들은 예수께서 자신을 보내신 이에게로 돌아가기 때문에 만날 수 없을 것이라는 말씀을 이해하지 못하며,7:33~36 예수께서 자결하려는 것으로 오해하기도 한다8:21~22.

   베드로도 예수가 가는 곳을 이해하지 못하며 예수를 따르겠다고 말한다.13:36~38 도마도 예수가 어디로 가시는지 알지 못한다고 말한다.14:4~6 예수께서 하나님께로 돌아가신다는 주제는 예수의 죽으심과도 관련이 있는데, 무리는 예수께서 "내가 땅에서 들리면…"이라고 하신 말씀이 예수의 죽음에 관한 것임을 모르고 있다.12:33~34 이처럼 예수는 하나님께로부터 오셨고, 들려서 다시 하나님께로 가신다는 주제는 종종 사람들의 오해의 대상이 되고 있는데, 이는 곧 이 주제에 대한 올바른 이해가 그만큼 중요하다는 것을 의미한다. 화자가 이러한 주제에 대해 여러 사람이 오해하고 있음을 보여주는 것은 오히려 예수의 신적인 기원과 정체, 죽음과 부활을 독자에게 더 명확히 보여주며, 이미 그것을 이해하고 믿는 독자에게 일종의 특권 의식을 갖게 하려는 것이다.46) 요한복음에 나타난 오해는 다음과 같이 정리할 수 있다.47)

구절	오해된 말씀	오해 주체	오해 이유	참 의미
2:19-21	너희가 이 성전을 헐라 내가 사흘 동안에 일으키리라	유대인들	은유적 표현 (성전)	예수의 죽음과 부활
3:3-5	사람이 거듭나지 아니하면 하나님의 나라를 볼 수 없느니라	니고데모	ἄνωθεν의 이중적 의미	위로부터 남
4:1-10	내가 주는 물을 마시는 자는 영원히 목마르지 아니하리니 내가 주는 물은 그 속에서 영생하도록 솟아나는 샘물이 되리라	사마리아 여인	은유적 표현 (물)	영생(?)
6:32-35	하나님의 떡은 하늘에서 내려 세상에 생명을 주는 것이니라	무리	은유적 표현 (떡)	생명의 근원이신 예수
6:51-53	나는 하늘에서 내려온 살아 있는 떡이니 사람이 이 떡을 먹으면 영생하리라 내가 줄 떡은 곧 세상의 생명을 위한 내 살이니라	유대인들	은유적 표현 (살)	예수의 죽음
7:33-36	내가 너희와 함께 조금 더 있다가 나를 보내신 이에게로 돌아가겠노라 너희가 나를 찾아도 만나지 못할 터이요 나 있는 곳에 오지도 못하리라	유대인들	'간다'는 단어의 오해	예수의 아버지께로 가심
8:21-22	내가 가리니 너희가 나를 찾다가 너희 죄 가운데서 죽겠고 내가 가는 곳에는 너희가 오지 못하리라	유대인들	'간다'는 단어의 오해	예수의 아버지께로 가심
8:31-35	너희가 내 말에 거하면 참으로 내 제자가 되고 진리를 알지니 진리가 너희를 자유롭게 하리라	유대인들	자유의 의미 오해	죄로부터의 자유
8:51-53	사람이 내 말을 지키면 영원히 죽음을 보지 아니하리라	유대인들	영적 죽음을 육적으로 오해	영생
11:11-15	나사로가 잠들었도다 그러나 내가 깨우러 가노라	제자들	은유적 표현 (잠들었다)	죽음

11:23-25	네 오라비가 다시 살아나리라	마르다	'살아난다'는 의미 오해	실제로 살아남
12:32-34	내가 땅에서 들리면 모든 사람을 내게로 이끌겠노라	무리	'들린다'의 이중적 의미	죽음과 영화
13:8-10	내가 너를 씻어 주지 아니하면 네가 나와 상관이 없느니라	베드로	씻는 것의 의미를 오해	죄 사함
13:36-38	내가 가는 곳에 네가 지금은 따라올 수 없으나 후에는 따라오리라	베드로	가는 곳에 대한 오해	아버지께로 가심
14:7-9	나를 알았더라면 내 아버지도 알았으리로다 이제부터는 너희가 그를 알았고 또 보았느니라	빌립	예수를 오해	하나님의 계시자 예수

둘째, 요한복음에는 아이러니가 풍부하게 나타난다. 아이러니는 주로 외적으로 표현되는 표현과 실제의 의미가 대조를 이루는 데서 나타나는 문학적 효과를 말하는데, 그것은 "문학적 장치의 하나로서 두 개의 의미가 어느 정도 서로 상반되고 있으며 어느 정도 알려지지 않거나 암시된 상태로 나타나는 이중적 의미의 문학적 현상"이라고 정의 되기도 한다.[48] 간단히 분류하자면 아이러니는 그 말을 하는 등장인물이 의미를 이해하면서 의도적으로 말하는 '언어적 아이러니' verbal irony와 자신은 그 의미를 모르면서 말하지만, 독자에게 중요한 의미를 전해주는 '극적 아이러니' dramatic irony로 구분된다. 오해에서 등장인물들은 오해하지만, 독자들은 오히려 이해함으로써 일종의 자부심을 느끼고 더 특권적인 위치에서 이야기를 읽을 수 있는 것처럼, 특히 극적 아이러니는 등장인물들은 전혀 모르고 하는 말에

---

46) 요한공동체와 대립했던 유대인들에게 있어서 아마도 예수의 신적인 기원과 정체는 그들이 가장 이해하지 못했고 받아들이지 않았던 주제였던 것으로 보인다. 화자는 이러한 오해들을 통해 한편 그들의 오해와 불신을 비판하며, 다른 한편으로는 독자들의 이해와 믿음을 독려하고 있다고 할 수 있다.

47) 이 표는 주로 R. Alan Culpepper, 『요한복음 해부』, 239-63의 설명과 목록을 근거로 다시 정리한 것이다.

48) Paul D. Duke, *Irony in the Fourth Gospel* (Atlanta: John Knox Press, 1985), 17.

서 독자는 중요한 진리를 발견하기 때문에 역시 뻐기면서 특권적인 위치에서 이야기를 읽을 수 있게 된다.

오해와 마찬가지로 아이러니 기법으로 서술되고 있는 주요 주제 중 하나는 예수의 정체나 기원에 관한 것이다. 무리 중 어떤 이가 예수를 그리스도라고 하자 어떤 이들은 "그리스도가 어찌 갈릴리에서 나오겠느냐 성경에 이르기를 그리스도는 다윗의 씨로 또 다윗이 살던 마을 베들레헴에서 나오리라 하지 아니하였느냐"라고 반문한다.7:41~42 그들은 그렇게 성경을 올바로 알고 있지만 바로 예수가 다윗의 씨로 베들레헴에서 태어나셨다는 것을 모르고 그렇게 반문한다. 그들은 자신들이 의도하지도 않았고 실제로 모르고 있지만, 독자에게 예수는 그리스도로서 베들레헴에서 나신 분이라는 것을 알려주고 있다. 사마리아 여인은 "당신이 야곱보다 더 크니이까"라고 질문하며,4:12 유대인들은 "너는 이미 죽은 우리 조상 아브라함보다 크냐"라고 반문하지만 그들의 물음은 실제로 독자에게 예수의 진정한 정체를 선언해 준다. 빌라도는 유대인들에게 예수를 가리켜, "보라 너희 왕이로다"라고 선언하며,19:14 "나사렛 예수 유대인의 왕"이라는 패를 써서 십자가 위에 붙인다19:19. 그는 예수께 대한 진정한 이해나 고백으로 그렇게 한 것이 아니며 자신도 모르고 했지만, 주위 사람들과 독자에게 예수가 왕이시라는 것을 선언하고 있다(극적 아이러니).

아이러니의 또 다른 주제는 예수의 죽음과 관련되어 있다. "나는 하늘에서 내려온 살아 있는 떡이니 사람이 이 떡을 먹으면 영생하리라 내가 줄 떡은 곧 세상의 생명을 위한 내 살이니라"라는 예수의 말씀에6:51 유대인들은 "이 사람이 어찌 능히 자기 살을 우리에게 주어 먹게 하겠느냐"6:52라고 논쟁한다. 실제로 예수께서는 죽음을 통해서 모든 사람이 먹어서 생명을 지니게 되는 생명의 빵이 되신다. 예수는 자기 살을 주어 먹이신 것이라고 할 수 있다. 그들은 이런 심오한 진리를 선포하고 있다. 또한, 예수께서는 자신의 살을 먹고 피를 마셔야 한다고 말씀하신다.6:53~56 "너희가 어찌하여 나를 죽이려 하느냐"라는 예수의 말씀에 대해서7:19 무리는 "누가 당신을 죽이려 하나이까"7:20라고 반문한다. 화자는 이미 유대인들이 예수를 죽이고자 했다는 언급을 독자에게 해 주었으며5:18; 7:1 예수 자신도 이를 언급하셨다7:19. 이처럼 유대인 무리는 반문하고 있지만, 독자들은 그들이 사실을 말하고 있다는 것을 안다. 대제사장 가야바는 공회에서 "한 사람이 백성을 위하여 죽어서 온 민족이 망하지 않게 되는 것이 너희에게 유익한 줄을 생각하지 아니하는도다"라는 말로 유대인의 국가적 안위를 위해 예수가 죽어야 하는 당위성을 설명하지만,11:50 화자는 분명하게 가야바의 이러한 말이 만인을 위한 예수의 죽음에 대한 예언이었다고 설명해 준다.11:51~52 즉, 가야바는 자신도 모르는 사이에 심오한 진리를 공회에 선포하고 있으며 그것을 독자에게 확인시켜주고 있다. 또한, 요한복음 서언에서 화자가 이미 처음부터 언급한 '말씀'이시며, '하나님'이시며, '생명'이시며, '참 빛'이신 분이 자기 땅에 왔지만 자기 백성이 영접하지 않았다는 말씀대로, 자기 백성인 유대인들은 예수를 알지 못하고 믿지 않고 오히려 그를 죽였다는 것은 가장 큰 '사건의 아이러니' 다.49) 다음은 요한복음에 나타난 아이러니를 정리한 것이다.50)

구절	아이러니	설명	주제
1:46	나사렛에서 무슨 선한 것이 날 수 있느냐	자신은 모르지만, 진리를 선포	예수의 기원
2:10	사람마다 먼저 좋은 포도주를 내고 취한 후에 낮은 것을 내거늘 그대는 지금까지 좋은 포도주를 두었도다	진리 선포	예수는 새시대의 성취자
3:10	너는 이스라엘의 선생으로서 이러한 것들을 알지 못하느냐	칭찬하는 형식으로 비난함	예수의 정체

---

49) '상황의 아이러니'(situational irony)라고도 할 수 있는 '사건의 아이러니'(irony of event)는 발설하는 말에서 나타나는 '언어적 아이러니'(verbal irony)와는 구분되는, 상황이나 사건을 통해 나타나는 아이러니를 말한다.
50) 이 표는 주로 Paul D. Duke, *Irony in the Fourth Gospel*을 바탕으로 R. Alan Culpepper, 『요한복음 해부』에서 제시하고 있는 아이러니들을 참고해서 정리한 것이다.

구절	아이러니	설명	주제
4:12	당신이 야곱보다 더 크니이까	진리 선포	예수의 정체
6:42	이는 요셉의 아들 예수가 아니냐 그 부모를 우리가 아는데 자기가 지금 어찌하여 하늘에서 내려왔다 하느냐	진리 선포	예수의 기원
7:23	모세의 율법을 범하지 아니하려고 사람이 안식일에도 할례를 받는 일이 있거든 내가 안식일에 사람의 전신을 건전하게 한 것으로 너희가 내게 노여워하느냐	모순을 지적함	안식일의 의미
7:35	이 사람이 어디로 가기에 우리가 그를 만나지 못하리요 헬라인 중에 흩어져 사는 자들에게로 가서 헬라인을 가르칠 터인가	진리 선포	예수 부활 후의 제자들의 선교
7:41-42	그리스도가 어찌 갈릴리에서 나오겠느냐 성경에 이르기를 그리스도는 다윗의 씨로 또 다윗이 살던 마을 베들레헴에서 나오리라 하지 아니하였느냐	진리 선포	예수의 고향
8:22	그가 말하기를 내가 가는 곳에는 너희가 오지 못하리라 하니 그가 자결하려는가	진리 선포	예수의 죽음
8:53	너는 이미 죽은 우리 조상 아브라함보다 크냐	진리 선포	예수의 기원
8:57	네가 아직 오십 세도 못 되었는데 아브라함을 보았느냐	진리 선포	예수의 기원
9:40	우리도 맹인인가	진리 선포	영적인 맹인
11:50	한 사람이 백성을 위하여 죽어서 온 민족이 망하지 않게 되는 것이 너희에게 유익한 줄을 생각하지 아니하는도다	진리 선포	예수의 구원자로서의 죽음
13:38	네가 나를 위하여 네 목숨을 버리겠느냐	질문과 불신이 혼합된 말씀	고난의 제자도
19:3	유대인의 왕이여 평안할지어다	진리 선포	왕이신 예수
19:14	너희 왕이로다	진리 선포	왕이신 예수

요한복음에서 오해의 희생이 되거나 자신도 모르는 진리를 선포하는 아이러니를 말하는 자들은 주로 예수의 반대자로 나타나는 유대인들이다. 이는 예수를 받아들이지 않고 반대하는 사람들의 문제가 주로 어떤 것들이었는지를 보여준다고 할 수 있다. 그들은 주로 예수의 참된 정체나 기원을 이해하지 못하고 예수의 죽으심의 의미를 알지 못했던 것으로 보인다. 요한공동체는 자신을 축출한 유대인들이 특히 예수의 기원, 정체, 죽음 등에 대해 알지 못하며 믿지 못하는 것에 대해 공격하며 그것들을 아는 자신들을 변증 하기 위한 수단으로 이러한 아이러니들을 사용했을 수 있다.[51] 요한복음에서 유대인들은 자신들이 지닌 지식을 바탕으로 예수에 대해 비난하는 말을 하는 것을 종종 볼 수 있는데, 사실상 그것은 한편 예수에 대한 진리를 잘 선포해 주는 말이 되기도 한다. 이처럼 아이러니는 마치 전쟁에서 적의 무기를 빼앗아 적을 공격하는 것과 같은 쾌감을 주는 효과적인 진리 선포의 도구가 된다. 이러한 오해나 아이러니는 독자에게 다른 일반 사람들이 쉽게 이해하지 못하는 진리들을 자신들은 분명히 알고 있다는 강한 자부심과 특권의식을 갖고 요한복음을 읽도록 해준다. 최초의 독자였던 요한공동체가 분파였다면 이러한 자부심과 특권의식은 곧 자신들의 정체성을 확고히 하는 데도 큰 힘을 주었을 것이다. 은유나 상징 등을 빈번히 사용한 것은 자신들 집단 내에서만 잘 이해할 수 있는 언어나 표현들인 '그룹 내적(內的) 언어' in-group language를 사용한 것으로 볼 수 있다. 이러한 그룹 내적 언어는 공동체 회원들의 동질감을 확인하고 자신들의 특별한 인식력에 대한 자부심을 느끼게 했을 것이며, 요한공동체의 정체감 유지에 이바지했을 것이다.

---

51) Paul D. Duke, *Irony in the Fourth Gospel*, 149.

참고자료

Beasley-Murray, George R. *Gospel of Life: Theology in the Fourth Gospel*. Peabody: Hindrickson Publishers, 1991.

_____. *John. Word Biblical Commentary*. Waco: Word Books, 1987.

Brown, Raymond E. *The Community of the Beloved Disciple: The Life, Loves, and Hates of an Individual Church in New Testament Times*. New York: Paulist Press, 1979.

Carson, D. A. *The Gospel According to John*. Grand Rapids: William B. Eerdmans Publishing Company, 1991.

Culpepper, R. Alan. 『요한복음 해부』. 권종선 역. 서울: 요단출판사, 2000.

_____. *The Gospel and Letters of John*. Nashville: Abingdon Press, 1998.

Culpepper, R Alan and C. Clifton Black. Eds. *Exploring the Gospel of John*. Louisville: Westminster John Knox Press, 1996.

Köstenberger, Andreas J. *Encountering John: The Gospel in Historical, Literary, and Theological Perspective*. Grand Rapid: Baker Books, 1999.

_____. *John. Baker Exegetical Commentary on the New Testament*. Grand Rapid: Baker Books, 2004.

Kysar, Robert. *Voyages with John: Charting the Fourth Gospel*. Waco: Baylor University Press, 2005.

Lincoln, Andrew T. *The Gospel According to Saint John. Black's New Testament Commentaries*. New York: Hendrickson Publishers, 2005.

Neyrey, Jerome H. *The Gospel of John. The New Cambridge Bible Commentary*. Cambridge: Cambridge University Press, 2007.

Segovia, Fernando F. *"What Is John?": Readers and Readings of the Fourth Gospel*. Atlanta: Scholars Press, 1996.

Sloyan, Gerard S. *What Are They Saying about John?* Mahwah: Paulist Press, 1991.

Waetjen, Herman C. *The Gospel of the Beloved Disciple: A Work in Two Editions*. New York: T & T Clark, 2005.